Anonymus

Katalog des Museums Wallraf-Richartz in Köln

Anonymus

Katalog des Museums Wallraf-Richartz in Köln

ISBN/EAN: 9783743346956

Hergestellt in Europa, USA, Kanada, Australien, Japan

Cover: Foto ©ninafisch / pixelio.de

Manufactured and distributed by brebook publishing software (www.brebook.com)

Anonymus

Katalog des Museums Wallraf-Richartz in Köln

Verzeichniss

der

Gemälde-Sammlung

des

Museums Wallraf-Richartz

in Köln.

Aufgestellt und mit kunstgeschichtlichen Erläuterungen versehen

von

J. Niessen,

Conservator.

Köln.
Druck der Chr. Gehly'schen Buchdruckerei.

Vorwort.

> „Nicht das, was dem Sinn dargestellt ist, sondern das, was das Gemüth durch diese Wahrnehmung erregt, ist das Kunstwerk."
>
> **Heinrich von Kleist.**

Zum zweitenmale erscheint hiermit ein Verzeichniss der in unserem Museum vereinigten Gemälde-Sammlung, eine Arbeit, deren besondere Schwierigkeiten Derjenige zu würdigen weiss, welchem die Entstehungsgeschichte unserer Sammlungen bekannt ist und der in Betracht zieht, dass wir es in dem wichtigsten Theil derselben mit einer der dunkelsten Parthien der deutschen Kunstgeschichte zu thun haben.

Von Jugend auf heimisch in der Welt dieser Kunsteindrücke, und dem als Sammler weit bekannten Stadtbaumeister J. P. Weyer nahe befreundet, dessen tiefeingehender Kenntniss wir in Gemeinschaft mit dem 1866 verstorbenen Conservator Ramboux den grössten Theil der ersten Bestimmungen so vieler namenlosen Kunstwerke verdanken, wurde ich nunmehr durch das Amt zu dieser Aufgabe hingeführt. Was zur Erfüllung derselben von dem Herausgeber des in zwei Auflagen erschienenen ersten Katalogs Herrn Dr. med. W. Müller mit gemeinnützigem Eifer vorgearbeitet worden, wurde von mir dankbar benutzt und von dieser gegebenen Grundlage aus es möglich gemacht, den Erfordernissen des Gegenstandes in weiterem Umfange und mit vielfach genaueren sachlichen Nachweisungen gerecht zu werden. Die bedeutendsten Werke der Kunstschriftsteller (der neueren wie der alten†), haben theilweise als Hülfsmittel gedient, und da ich's nicht für einen „Irrthum" ansehen konnte, wenn ich „das Wahre anerkenne, was von Andern schon anerkannt worden", so musste ich Einzelnes, wenn auch nur Weniges, wo ich empfand, dass es nicht bezeichnender, dem besonderen Zweck entsprechender gegeben werden könne, bis auf den Wortlaut adoptiren. Der wesentliche Kern, die besondere Fassung entstand aber aus den Erfahrungen und selbstständigen Forschungen, welche ich in vielen Gallerieen in Deutschland, Frankreich, Italien, Belgien und Holland gemacht hatte. Dort war mir auch als Selbsterlebtes deutlich geworden, dass kunstgeschichtliche Belehrung nur in Verbindung mit der lebendigen Anschauung wahrhaft nutzenbringend sein kann; zugleich aber, dass durch Beleuchtung der Verdienste eines Kunstwerkes vielmehr das Verständniss dafür gefördert wird, als durch zersetzende, dabei aber vielfach absprechende Kritik und ich habe demzufolge den künstlerischen Standpunkt (der mir, dem ausübenden Künstler, näher liegt, als dem bloss literarischen Beurtheiler) zu zeigen gesucht, von dem aus am Ersten dem Laien ein bisher unbekannt gewesener Genuss vermittelt werden möchte. In unserer Zeit aber, in welcher die Kunst nur so selten als der Ausdruck der sittlichen und religiösen treibenden Ideen, als der Ausfluss der wahren moralischen Grösse erscheint und daher auch ihr rein ästhetischer, Geistes- und Herzensbildung fördernder Einfluss kaum recht erkannt, vielmehr nur ihre materielle Seite im Auge behalten wird, glaubte ich verfahren zu müssen nach Böhmers so

---

†) Die nachfolgende kleine Uebersicht nennt ausser von mir bei der gegenwärtigen Arbeit direkt benutzten Hülfsmitteln auch andere Werke, die ich den mit näherem Interesse an die Sache Herantretenden empfohlen wissen möchte: Füssli, Allgemeines Künstlerlexikon, Zürich 1779. Florillo, Geschichte der zeichnenden Künste, Göttingen 1805. Vasari, Leben der Maler etc. von Ludwig Schorn, Stuttgart und Tübingen 1837. Dr. G. K. Nagler, Künstlerlexikon, München 1837 fg. Dr. G. F. Waagen, Kunstwerke und Künstler in Deutschland, Leipzig 1843. Vie des peintres par Descamps und D'Argensville, Marseille 1842. C. Schnaase, Geschichte der bildenden Künste, Düsseldorf 1846 fg. Merlo, Nachrichten von dem Leben und den Werken Kölnischer Künstler, Köln 1852. Passavant, Raphael, Leipzig 1858. Herman Grimm, Michel Angelos Leben, Hannover 1862. Dr. Ernst Guhl, Künstlerbriefe, Berlin 1853. Wiegmann, Die Königliche Kunst-Akademie zu Düsseldorf, 1856. Dr. Ernst Förster, Geschichte der deutschen Kunst, Leipzig 1860. Stern und Oppermann, Leben der Maler, Leipzig 1862. Fernow, Carstens Leben, neu herausgegeben von Herman Riegel, Hannover 1868. Julius Meyer, Geschichte der französischen Malerei, Leipzig 1868.

treffendem Worte: „Ich liess die Andern über Verzeichnungen der Hände und Füsse sich unterhalten, womit sie sich, wie ich höre, auch noch beschäftigen und so wohl nie, die Extremitäten verlassend, zu dem Herzen vordringen werden" und da so leicht der äusserlichste Schein von Naturwahrheit in Gemälden schon als Kunst angesehen wird, dünkte es mich besonders wichtig auf Werke hinzuweisen, in denen das künstlerisch Bedeutsame waltet im Gegensatze zu dem viel verbreiteten modernen Naturalismus, dessen Werke, oft von sinnverwirrendem Glanze und trügerischer Blendung, doch nur eine ephemere Scheinexistenz haben, wogegen jene einen dauernden und rein beglückenden Genuss zu bieten vermögen. Es ward mir zur Pflicht, den alten Erfahrungssatz: „Res severa verum gaudium" (es ist eine tiefernste Sache um den wahren Genuss) in die Erinnerung zu rufen und eingedenk der Worte Winkelmanns: „Da die Einbildung, welche zur Empfindung des Schönen in der Kunst mehr als in der Natur gefordert wird, weit feuriger in der Jugend als im männlichen Alter ist, so soll jene Fähigkeit zeitig geübt und auf das Schöne geführt werden, ehe das Alter kommt, in welchem wir uns entsetzen, zu bekennen es nicht zu fühlen", glaubte ich besonders dem jugendlichen Alter, namentlich auch den meiner Leitung anvertrauten Schülern ein ernsteres und gründlicheres Umgehen mit echter Kunst nach meinem besten Wissen und Gewissen empfehlen zu sollen. Viel ist schon durch dieses Buch geschehen, wenn es dazu beiträgt, dass man vor den bessern Werken länger und öfter verweilt, denn gerade diese sind es oft, die nach Goethes, von vielen Anderer durchlebter, Erfahrung „anfangs missfallen, weil man ihnen noch nicht gewachsen ist" und die dessen Ausspruch bestätigen „dass man, um zur Erkenntniss der alten Kunst zu gelangen, mit der Bewunderung beginnen müsse, ohne Enthusiasmus dringe man nicht in das innere Heiligthum ein", so wie des Novalis Wort, das die höchsten Kunstwerke „ästhetische Imperative" nennt, „die nur approximando gefallen können und sollen".

VIII

Möge es im Sinne des Altmeisters:

> „Sprichst Du von Natur und Kunst,
> Habe beide stets vor Augen
> Denn was will die Rede taugen
> Ohne Gegenwart und Gunst?"

ein angenehmer Begleiter durch unsere Sammlung sein und auch an seinem bescheidenen Theile dazu mitwirken, dass die Erkenntniss künstlerischer Dinge in's „Ewige des Wahren, Guten und Schönen" segenbringend wachse.

Köln, den 1. Januar 1869.

Johannes Niessen.

Die Fresken des Treppenhauses

von Professor Eduard Steinle.†)

Die sämmtlichen Gemälde dieses Raumes enthalten die Cultur- und Kunstgeschichte Kölns. Der Cyklus beginnt mit der ältesten Zeit und schliesst mit der neuesten, dem Ausbaue des Domes, ab. Der Ausgang der bildlichen Erzählung ist von der Linken zur Rechten angeordnet und theilt sich durch die architektonischen Räume in drei Haupt-Perioden, in die römische, romanische, in die des Mittelalters, und im dritten und vierten kleineren Bilde in die moderne Zeit. Ueber der mittleren Eingangsthür auf dem oberen Treppenraume ist das kölnische Wappen, mit Marsilius, dem kölnischen Helden, und Agrippina, der römischen Kaiserin, angebracht. In den kleinen Schildern des Sterngewölbes, welches den ganzen Raum bedeckt, befinden sich die Wappen der kölnischen Patricier-Familien.

Das erste grosse Bild zur Linken. Die römische und romanische Periode.

16 vor Christus bis 1248.

Die linke Ecke des Gemäldes nimmt der Vater Rhein mit den Zeichen seiner Würde, Krone und Scepter, der König der Flüsse, ein und seine Wellen begrenzen das ganze Bild. Auf einem erhöhten Throne sitzt Constantin der Grosse, nach dem Kreuze blickend, welches die obere Mitte des Bildes einnimmt; er ist umgeben von seinen Hauptleuten, einem Senator und Künstler, welche die Pläne seiner trierischen Bauten, so wie den Brückenplan seiner kölner Brücke halten; der vor dem Throne stehende Soldat hält die constantinische Fahne, Labarum, mit dem Siegeszeichen gekrönt. Hinter dem Throne des Kaisers sitzt ein ubischer Barde mit seiner Harfe, welcher von

---

†) E. Steinle, geboren in Wien 1810, ward frühe schon Schüler der dortigen Akademie. 1837 ging er nach München, wo ihn Cornelius in seinem auf religiöse Kunst hingewandten Sinne bestärkte und bald darauf nach Rom, wo er sich durch den Umgang mit Overbeck und seinen Arbeiten, in dessen Anschauung, die ihm vielfach verwandt ist, in hohem Grade hineinlebte. Schon im folgenden Jahre erhielt er durch Professor Bethmann-Hollweg in Bonn den Auftrag die Capelle des Schlosses Rheineck mit Fresken zu schmücken. 1843 begann er die Fresken in unserem Domchore zu Köln: Cherubim, Seraphim und Thronen, die Erzengel Gabriel, Michael und Raphael, sowie die Schutzengel in ermahnender, lobender, wehrender und schützender Stellung. Er wurde zum Professor am Städel'schen Institut zu Frankfurt ernannt. Nebst vielen anderen Arbeiten meist religiösen, zum Theil symbolischen und mystischen Inhaltes entstanden von dem Jahre 1861 an, die hier erwähnten Fresken, deren Gegenstände wohl nicht alle in gleichem Maasse dem besonderen Talente des Künstlers sowohl, als der Ausführung in Frescomalerei entsprechend erscheinen. Das zuerst erwähnte Bild „die römische und romanische Periode" und die kleinen grau in Grau gemalten Sockelbilder sind grossentheils von hervorragender Schönheit. Die obige Erklärung wurde von dem Künstler mitgetheilt.

römischen Soldaten belauscht wird. In der Mitte des Bildes steht mit ihrem Gefolge die Kaiserin Helena auf einer ambonenartigen Erhöhung, zu welcher Stufen führen. Architekten und Mosaikmeister legen ihre Pläne vor. — Zwischen Helena und Constantin im Mittelgrunde tritt der heilige Severin mit seinen Gefährten, der erste Verkündiger des Christenthums am Rheine, auf. Um darauf hinzuweisen, was die Römer den Deutschen an Kunst zugebracht, erhebt sich hinter Constantin eine Höhe, auf welcher sich die grossen Griechen Homer, Phidias, Praxiteles und Apelles versammelt finden, ferner eine Gruppe römischer Bauten, noch ferner die Akropolis von Athen, und endlich aegyptische Pyramiden. Zur Rechten des Bildes sitzt auf einem ebenfalls erhöhten Throne Karl der Grosse, umgeben von seinen Baumeistern Eginhard, Alcuin und Paulus Lombardus. Ein Schreiber kniet vor dem Throne, an welchem der römische Sarkophag steht, welcher in Karls des Grossen Grab gefunden wurde. — Zwei Grafen schliessen zur Linken diese Gruppe ab, zur Rechten aber ein Mönch, welcher Knaben unterrichtet. Hinter diesem steht der grosse aachener Schrein mit dem Plane der dortigen kaiserlichen Capelle. Die rechte Ecke des Bildes endlich nehmen die grossen Erzbischöfe Kölns, die Erbauer der romanischen Kirchen ein: der heilige Anno mit Gereon, Heribert mit der Apostel-Kirche, der grosse Bruno mit St. Pantaleon und Hildebold mit dem Plane des alten Domes. — An diese Gruppe reiht sich die fränkische Königin Plektrudis mit dem Plane der Kirche St. Maria im Capitol, der heilige Cunibert und die Pfalzgräfin Mathilde, die Erbauerin der Abtei Brauweiler. Hinter den Erzbischöfen steht der Kölner, der heilige Ordensstifter Bruno, und Heribert von Deutz. Den Hintergrund dieser Seite bildet ein altes romanisches Stadtthor Kölns, aus welchem Kreuzritter ziehen.

Die vier Sockelbilder dieses Gemäldes enthalten die kölnische Legende: St. Maternus, der erste Bischof Kölns, im Rheine taufend, St. Geron mit seinen Gefährten, St. Ursula mit ihren Gefährtinnen und St. Hermann Joseph in Maria im Capitol.

Das zweite grosse Bild zur Rechten. Die mittelalterliche Periode.
1248 bis gegen 1550.

Die Mitte des Bildes nimmt hier Albertus Magnus, der bedeutendste Lehrer der kölner Universität, ein. Er hat einen Fuss auf eine Eisscholle gestellt, um welche sich eine blühende Rose rankt, — Symbole seiner Wissenschaft und zugleich eine Andeutung der Fabel, welche ihn zum Zauberer machte. — Zu seinen Füssen sitzt Thomas von Aquin, sein bedeutender Schüler, als Doctor Angelicus hält ihm ein Engel das Dintenfass. Von Albertus etwas abgewendet und doch ihn hörend steht links Duns Scotus und hinter demselben zwei Scotisten, der Bischof Trompetta und Johannes von Köln, beide Minoriten. Mehr im Hintergrunde ist Wilhelm von Holland mit anderen weltlichen Hörern des Albertus angebracht. Diese Gruppe repräsentirt die scholastische Richtung in Theologie und Philosophie. An diesen Mittelpunkt schliesst sich nach vorn tretend zur Linken des Beschauers die Gruppe der Mystiker an. Meister Eckard von Köln steht in der Mitte, rechts von ihm Tauler, links Heinrich Suso. — Zu den Füssen dieser Gruppe liegt ein Rosenkranz und ein Dornenkranz, die Symbole der Mystik. Ueber dieser Gruppe mehr im Mittelpunkte steht Caesarius von Heisterbach, welcher dem Mönch Apollonius seine Geschichten erzählt; er ist von Novizen, deren Meister er war, umgeben. In der Ecke links des Bildes sitzt erhöht Petrarka, der erste der Humanisten, und unter ihm Agrippa von Nettesheim, von astrologischen Instrumenten umgeben; er weis't auf seine Schrift: „De incertitudine et vanitate scientiarum" hin. Hinter Petrarka sitzt Lorenz von Medicis, welcher eine antike Venus-Statue hält; er erscheint hier als der Repräsentant der Renaissance in der Kunst, welche sich zugleich mit dem Humanismus entwickelte. Zwischen Caesarius von Heisterbach und Petrarka steht allein und nach der Mitte hinsehend Johann von Fiesole; dieser hervorragende Meister findet hier seine Stelle wegen seiner Verwandtschaft mit der kölnischen Malerschule. In der oberen Ecke links finden sich aber auch Johann van Eyck und Albrecht Dürer, die Repräsentanten der ober- und niederdeutschen Malerschulen. Zwischen der Gruppe der Humanisten und der Mystiker sitzt mit einer Laute jener Johann von Köln, welcher der Erfinder der Mensural-Theorie in der Musik gewesen. Rechts von Albertus Magnus steht Conrad von Hochstaden mit seinen Begleitern, ihm wird von dem Dombaumeister des jetzigen Domes der Plan vorgelegt. Zunächst dem Dombaumeister erscheint hier Meister Stephan, der Maler des Dombildes, und sein Vorfahr und Meister, der alte Wilhelm von Köln; ein paar Malergesellen schauen auf die Palette des Meisters Stephan. Ueber dieser Gruppe steht erhöht der kölnische Chronist Gottfried von Hagen; er überblickt schreibend die ganze Gesellschaft. An diese Gruppen kölnischer Wissenschaft und Kunst reihen sich rechts nach vorn die Gruppen ihrer städtischen Macht und ihres Handels. Die beiden Bürgermeister, gefolgt von Pagen, treten an den Fluss, um eine Gesandtschaft des Hansabundes auf einem reich bewimpelten Schiffe zu begrüssen. Das Schiff ist mit dem Städtewappen des Bundes geschmückt, und auf seinem Vordertheile sitzt ein Mohr, welcher die Entdeckung der neuen Welt andeutet. Am Uferrande neben den Bürgermeistern sitzt ein Weib aus dem Volke, ein Kind an der Brust, ein älterer Knabe, der sich an sie lehnt, sieht nach dem sich mehr im Hintergrunde bäumenden Rosse eines Overstolzen, der, im Kampfe verwundet, sich mit Mühe im Sattel hält, während ihm gegenüber ein Weise über sein Pferd hingestürzt liegt. Ganz im Vordergrunde rechts finden sich zwei der sich oft empörenden Repräsentanten der Gewerke Kölns, Wollenweber mit hoch geschürzten Aermeln, der eine mit fest verschränkten Armen sieht nach dem Kampfe der Ritter hin, der andere wetzt auf dem Steine, der ihm zum Sitze dient, sein Messer. Die linke Seite des Gemäldes ist von den Anfängen des Dombaues überragt, welche hier den Hintergrund bilden, die rechte aber lässt den Blick auf den grossen Rheinstrom offen.

Die vier Sockelbilder dieses Gemäldes umfassen das mittelalterliche Volksleben der Stadt, und zwar zuerst das von Petrarka erzählte Volksfest des Johannistages, ferner die Ueberbringung der Reliquien der heiligen drei Könige und die beginnenden Pilgerzüge, ein Turnier und Lanzenbrechen unter Kaiser Maximilian und ein Bild kölnischer Kaufleute und ihres Handels.

Das dritte kleinere Bild, links von der mittleren Eingangsthür.
Die Periode der neuesten Renaissance in der Kunst.
Von 1550 bis 1825.

Die linke Seite dieses Bildes bildet den Uebergang der mittelalterlichen Kunst in die moderne. Rubens steht im Vordergrunde mit dem kölnischen Patricier Jabach. Zwischen beiden der Maler Geltorp, der Vermittler von Jabachs Auftrag an Rubens, das Altarbild der St. Peterskirche betreffend. Hinter ihnen steht van Vondel, der berühmte holländische Dichter, ein geborner Kölner, im Gespräche mit der gelehrten Anna von Schürmann. Auf erhöhtem Boden steht links Winckelmann, in die Beschreibung der Laokoon-Gruppe vertieft, und neben ihm aufschreitend Goethe. Die Mitte des Bildes nimmt hier Friedrich von Schlegel ein, welcher zuerst wieder den Werth mittelalterlicher Kunst erkannt hat und anregend durch die Gebrüder Boisserée und Bertram dieselbe in ein neues Leben einführte. Die beiden Boisserée umgeben ihn mit Bertram, und sind dieselben, Sulpiz durch sein Domwerk und Melchior durch ein altdeutsches Bild, gekennzeichnet. Im Vordergrunde der Rubensgruppe gegenüber steht der Gründer der Sammlung Wallraf und die Hand auf seine Schulter legend der grossmüthige Erbauer des Museums, Heinrich Richartz; Wallraf horcht auf Schlegel und Richartz hält den Bauplan des Museums in seiner Linken. In der Mitte des Vordergrundes sitzt ein Knabe, vertieft zeichnend; er repräsentirt die neu aufblühende Kunst und hat an seiner Seite das Symbol des Phönix und seinen Fuss auf einem abgeschnittenen Zopfe stehen.

Das Sockelbild stellt den kölnischen Carneval mit seinen charakteristischen Figuren dar.

Das vierte und letzte kleinere Bild. Der Ausbau des kölner Domes.
Von 1825 bis jetzt.

In Gegenwart des Königs Friedrich Wilhelm des IV., des hohen Protectors des Baues, wird die grosse Kreuzblume, welche den Giebel des südlichen Portals schliesst, aufgezogen. Der König steht auf einer erhöhten Bühne, umgeben von seinem erlauchten Bruder und dem Cardinal Erzbischof von Köln, Johannes von Geissel. Um die Bühne stehen die Repräsentanten der Stadt, des Dombauvereins und der Dombaumeister. — Den Vordergrund füllen die Bauhandwerker, beschäftigt mit den Vorbereitungen zum Aufziehen der Blume. Der Steinmetz links lässt seinen Meissel über dem kunstreichen Baldachin ruhen und horcht nach den begeisterten Worten des Königs. Den Hintergrund bildet eine theilnehmende Volksmenge und der noch unausgebaute grosse Thurm.

Das Sockelbild enthält hier den Dombauverein und die darbringenden und opfernden Bürger, so wie die berühmten Gesangvereine Kölns.

Alte kölnische Malerschule.

Byzantinisch-romanische Epoche.

Nachdem im neunten Jahrhundert durch Carl den Grossen das Christenthum verbreitet worden, beginnen die alten vaterländischen Sagen, das Volkslied und die Heldenpoesie, wenn auch noch vielfach gekannt und gesungen, doch nach und nach mehr zurückzutreten gegen die neue Bildung, die fast nur theologischer Art ist und das Evangelium, die Legenden und das, was wir heut zu Tage Mystik nennen, gewinnt immer mehr die Neigung zu künstlerischer Aussprache. So entstehen denn ausser den Miniaturen und Mosaiken auch Wandmalereien geschichtlichen und religiösen Inhalts, die Anfangs wol nur meist von, aus dem byzantinischen Reiche hinübergezogenen, griechischen Künstlern, die die dortige Kunst nach einem traditionellen Schulkanon übten, ausgeführt wurden in ähnlicher, wenn auch lange nicht so vollendeter Weise, wie sie später Cimabue in Italien vervollkommnete. Vorzugsweise liebte man es noch isolirte Heiligenfiguren in geistiger Charakteristik darzustellen. Die vollendeten Gläubigen, die ihr Leben in freudiger Begeisterung hingeopfert, wurden, hinausgehoben über alles menschliche Thun und Leiden, als selige Geister vorgestellt, von denen jeglicher Affect abgethan ist. Nicht sollten sie mehr gleich den Sterblichen handelnd, kämpfend, duldend erscheinen, es sind die verklärten Glieder der triumphirenden Kirche. — Jene Kunstweise, in der sich dann immer mehr römisches und germanisches Element vereinigte, nahm um die Mitte des zwölften Jahrhunderts einen wesentlichen Aufschwung, der sich dann bis in's dreizehnte Jahrhundert erhielt und sich durch hohe ernste Feierlichkeit, bei immer noch vielen Mängeln in der Zeichnung dennoch durch einen überirdischen Ernst, strenge Erhabenheit, machtvolle Hoheit der Heiligengestalten, dabei durch grosse, der Anschauung der griechischen Antike verwandte, scharf umschriebene Formen, theilweise auch durch mit Goldstreifen und Punkten bezeichnete Lichter der Gewänder besonders charakterisirt. Nicht als ob der Künstler sich gedacht, dass seine dargestellten Scenen wirklich so vorgekommen seien, oder so sich ereignen würden, wie er sie malte, sondern wie alle wahrhaft höchste Kunstsprache dies immer beibehalten musste, verfuhr man symbolisirend und die Klarheit, die innere harmonische

Symmetrie, der architektonische Gliederungs-Rhythmus der Composition, ihre wohlabgewogene Abrundung in sich bei dem eigentlichen Lapidarstyl der Form war unerlässliche Bedingung. Das die natürlichen Dinge Ueberragende, das Erhabene, das tiefsinnige göttlicher Mysterien und somit das Symbol des Himmlischen einer unendlich hohen und weisen Weltordnung darzustellen war die Aufgabe. Um dieser nachzukommen genügten nicht die gewöhnlichen Formen und so nahm das über ihre Schranke hinaustrachtende Bedürfniss des Künstlergemüths seine Zuflucht zu all jenen Hilfsmitteln des symbolischen Ausdrucks, welche, wie der Goldgrund bei Heiligengestalten, der Heiligenschein, die Strahlenglorie, das Wandeln und Ruhen auf Wolken und Regenbogen, das Bilden der Flügel bei Engelgestalten, das Schweben in der Luft auch ohne Flügel und so mancherlei anderes dem Naturgesetz, den Bedingungen der natürlichen Welt Widerstrebende, in ihrem Zusammenwirken sich allmälich zu einer neuen inhaltvollen und eindringlichen Bildsprache gestalteten. — Diese Sprache in möglichster Schönheit der Formbildung, würdig des tiefsinnigen Gedankengangs ihrer Begeisterung, zu sprechen, war das einzige Bestreben der Kunst. — Während dieser und der darauf folgenden Zeit, in welcher dann das germanische Kunstelement den Sieg behielt und die eigentliche gothische Kunstepoche beginnt, wurde noch vorzugsweise die Wandmalerei gepflegt, doch beginnt dann auch schon die Tafelmalerei mehr und mehr in Anwendung zu kommen. Man bediente sich der Leim-, Honig-, Fresko- und später der Tempera-Farben. Als das hervorragendste Denkmal jener byzantinisch-romanischen Epoche, die ungemein reich an tiefen Gedanken und phantasievoller Auffassung und in der man den Regungen des Seelenlebens schon bedeutend gerecht zu werden, hohe Majestät der Gestalten, wie die durch das Christenthum gebrachte Innerlichkeit und gläubige Hingebung, in ergreifendster Weise schon darzustellen vermochte, durften vor deren, vor einigen Jahren erfolgten, Uebermalung die Originale der 24 Nummern des folgenden Werkes angesehen werden, in denen ein gewaltiger Ernst, grosse Feierlichkeit, eine vielumfassende Kraft, ein bussfertiges, demüthiges, die Welt verleugnendes Leben, in würdiger Form künstlerischen Ausdruck gefunden hat. Es sind tiefernste Vorstellungen aus der Geschichte des alten und neuen Testamentes, so wie aus dem Leben der Heiligen, die die Macht in sich haben, den Menschen über die kümmerlichen Verhältnisse des Alltagslebens hinauszuheben und die das hohe und höchste Können, den christlichen Muth und die geistliche Tapferkeit, das wahre Heldenthum vergegenwärtigen. Schon hier beginnt die Kunst eines der wesentlichsten Culturmittel zu werden, weil sie in echter Weise gepflegt und der Masse nicht als blosser Zeitvertreib, sondern als ein Mittel, die besten Seelenkräfte zu stärken, geboten wird. Hörte man später auf, sie in so echter

Weise zu fördern, so war auch die Verflachung der Masse in ihrem Gefolge. Bei liebevollem Sichversenken und wahrer Hingebung findet man schon. grosse Schönheiten in diesem Werke. Trotz mannichfacher Mängel ist die Zeichnung doch in vielen Intentionen sowohl, wie in der Feinheit und Klarheit des Gefühls für schön gegliederte Formenverhältnisse und Linien, in den feinen Silhouetten, so wie in dem zartbehandelten Gefälte manchmal von einer Noblesse, die an die besten Arbeiten der klassisch-griechischen Zeit erinnert. Es sind dies:

Darstellungen der Macht des Glaubens.

Im Jahre 1845 in Aquarellfarben (hoch 10½", breit 1' 8") copirt nach den Freskogemälden, welche gegen Ende des 12. Jahrhunderts im Kapitelsaal der Benedictiner-Abtei zu Brauweiler bei Köln gemalt worden. Der Brief des Apostels Paulus an die Hebräer, insbesondere das 11. Kapitel dieses Briefes gab dem Maler den leitenden Gedanken.*)

Unter den 24 Gewölbe-Kappenfeldern

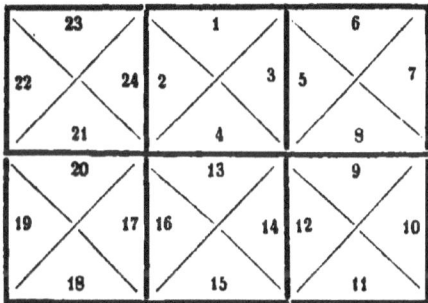

tritt zuerst dem Beschauer das folgende in kolossaler Dimension ausgeführte Bild entgegen.

1. **Christus** mit der Rechten nach griechischem Ritus segnend, in der Linken das Evangelium haltend, als der „Anfänger und Vollender des Glaubens". (Hebr. XII. 2.)

Alle nun folgenden Bilder sind in nahezu Lebensgrösse ausgeführt.

2. **Maria**, die Mutter des Heilandes und der Prophet Jeremias.
3. **Der Prophet Jesaias und Johannes** der Täufer, der Vorläufer Christi, der letzte Prophet und zugleich der erste Bekenner des Herrn, den Spruch symbolisirend „eine Wolke von Zeugen". (Hebr. XII. 1.)
4. **Gideon und Judas** der Maccabäer, der letzte Martyrer des alten Bundes; „welche durch den Glauben Königreiche bezwangen". (Hebr. XI. 33.)

---

*) Dr. A. Reichensperger war es, der zuerst diesen leitenden Gedanken wieder auffand und 1847 eine scharfsinnige Abhandlung über die Bilder schrieb. (S. dessen „Vermischte Schriften über christliche Kunst". Leipzig 1856.)

5. a) **Die Gestalt eines Heiligen** (vielleicht Noah).
   b) **Abraham** seinen Sohn Isaac zum Altar führend, um ihn Gott zum Opfer darzubringen; „Gerechtigkeit erwirkten." (Hebr. XI. 33.)
6. a) **Maria Magdalena** und
   b) der mit Christus gekreuzigte gute Schächer **Dismas**, als die „Verheissungen erlangten". (Hebr. XI. 3.)
7. a) **Daniel** in der Löwengrube.
   b) **Die heilige Thekla**, den Löwen vorgeworfen, wird von diesen verschont; „der Löwen Rachen verstopften". (Hebr. XI. 33.)
8. a) **Die drei Jünglinge im Feuerofen**, die, indem sie Gott loben, in den Flammen unversehrt blieben.
   b) **Cyprianus und Justina** in einem mit siedendem Pech gefüllten Kessel den Martertod erleidend. Sie bleiben beide unversehrt in der Gluth; „des Feuers Kraft auslöschten". (Hebr. XI. 34.)
9. Der heilige **Aemilianus** soll in Gegenwart von Liktoren den Martyrertod erleiden, aber das Schwert in der Hand des Henkers hat sich umgebogen; „der Schärfe des Schwertes entrannen". (Hebr. XI. 34.)
10. Der auf dem Todtenbette liegende König **Ezechias**, welchem der Prophet Jesaias ankündet, dass Gott ihm auf sein inbrünstiges Gebet die Weisung ertheilt, ihm noch ein fünfzehnjähriges Leben zuzusichern; „aus Schwachen Starke wurden". (Hebr. XI. 34.)
11. **Simson** und die von ihm mit dem Eselskinnbacken erschlagenen Philister; „kraftvoll im Streite". (Hebr. XI. 34.)
12. Nachdem **Judas Maccabäus** zu Gott gebetet, überwinden er und seine Krieger Nicanor und sein Heer; „Heerlager der Fremden in die Flucht trieben". (Hebr. XI. 34.)
13. **Die Auferweckung** des Sohnes der Wittwe zu Zargpath durch den Propheten Elias. Der Prophet überreicht das vom Tode erweckte Kind seiner Mutter; „Weiber bekamen durch Auferstehung ihre Verstorbenen wieder". (Hebr. XI. 35.)
14. **Das Martyrium** des heiligen Simeon, Bischofs von Jerusalem, aus dem Stamme Davids und mit Jesus Christus verwandt. „Einige wurden auf die Folter gespannt und mochten die Freilassung nicht annehmen, um die bessere Auferstehung zu erlangen." (Hebr. XI. 35.)
15. **Das Martyrium** des heiligen Hippolitus, Bischofs von Oporto. Er ist an Pferden befestigt, welche eben im Begriff sind, über einen Steinhaufen zu setzen; wie bei Nro. 14. (Hebr. XI. 35.)
16. **Die Geisselung** des an einen Galgen gebundenen heiligen Dorotheus; „Andere haben Spott und Schläge ertragen". (Hebr. XI. 36.)
17. **Der Apostel Petrus** im Kerker, bewacht von Kriegern; „dazu Bande und Gefängnisse". (Hebr. XI. 36.)

18. **Die Steinigung** des heiligen Stephanus, des ersten Martyrers der christlichen Kirche, der junge Saulus, damals noch der eifrigste Verfolger des neuen Glaubens, später dessen glorreichster Bekenner, hütet die Kleider der Steinigenden; „wurden gesteinigt". (Hebr. XL 37.)

19. **Das Martyrium** des Propheten Josaias, welcher am Fusse einer Eiche in Jerusalem auf Befehl des Königs Manasse zersägt wurde; „zersägt". (Hebr. XI. 37.)

20. **Hiob** im Elende, von seinem Weibe verhöhnt und von seinen Freunden Eliphas, Baldad und Sophar bedauert; „versucht". (Hebr. XI. 37.)

21. **Das Martyrium** des heiligen Marcellin und Petrus, welche in einer waldigen Einöde von einem Henker Namens Dorothous hingerichtet worden, der sich in Folge dieser Hinrichtung feierlich bekehrte; „durch's Schwert getödtet". (Hebr. XI. 37.)

22. Drei verschiedene Gruppen:

    a) Der heilige Einsiedler **Hieronimus** vor seiner Höhle sitzend;

    b) Die heilige Einsiedlerin **Maria** mit dem Beinamen Egypterin, welcher der Priester Zosimaas ein Kleid hinreicht, um sich zu bedecken.

    c) Die heilige **Melania** auf ihrer Reise nach Jerusalem, dem Kloster Nitria in Egypten einen Besuch abstattend; „gingen umher in Schafpelzen und Ziegenfellen, Mangel leidend, gedrängt, gemisshandelt". (Hebr. XI. 37.)

23. a) **Der heilige Simeon**, die Verlockungen eines Centauren (Symbol des fleischlichen, des eigentlichen thierischen Menschen) abweisend; „Ihrer war die Welt nicht werth". (Hebr. XI. 38.)

    b) **Eine Mutter** ihr Kind der Kirche weihend, nachdem der heilige Bischof Martinus dasselbe vom Tode erweckt und getauft hat. „Ihrer war die Welt nicht werth". (Hebr. XI. 38.)

24. **Der heilige Paulus**, der erste Eremit und Begründer des Mönchslebens nebst seinem Freunde, dem heiligen Antonius, seinem langjährigen Genossen in der Wüste und die heiligen Siebenschläfer, sämmtlich in ihren Höhlen; „sie sind umhergeirrt in Wüsten und Gebirgen, in Höhlen und Klüften der Erde". (Hebr. XI. 38.)

---

25. Die christlichen Philosophen **Martianus Capella und Boethius**. Aquarellcopie nach einem in der Nähe der Apostelkirche aufgefundenen, der byzantinisch-romanischen Epoche angehörenden Freskobilde, das einen edlen und ernsten Kunstgeschmack in Bezug auf Gruppirung, Arrangement der Gewänder und Anwendung der Ornamentik zeigt. H. $9^{1}/_{2}$", br. 1' 5".

26. **Christus** am Kreuze, zu beiden Seiten Maria und Johannes; unten zwei in betender Betrachtung Knieende. Oben ist das Bild in Rundbogenform und romanischem Ornamentschmuck abgeschlossen. Grossartige Bewegungen, wie Anordnung der Gewandungen geben dem Bilde, das den

romanisch-byzantinischen Styl schön repräsentirt, besondern Werth. Das Original dieses vom Conservator Ramboux in Tempera-Farben copirten Bildes befand sich im Kreuzgang der St. Kunibertskirche. Leinwand. H. 2′ 11¾″, br. 4′ 4″.

27. **Der Apostel Philippus.** Auch dieses Bild ist eine Copie in Tempera-Farben, nach einer der Apostelgestalten der byzantinisch-romanischen Epoche, welche sich noch in der St. Ursulakirche auf Steinplatten ausgeführt befinden und wurde von Herrn Conservator Ramboux im Auftrage des Stadtbaumeisters J. P. Weyer, der sie dann dem Museum schenkte, angefertigt. Es besitzt viele der in der Besprechung über die „byzantinisch-romanische Epoche" besonders erwähnten Vorzüge. Zeit 1224. Leinwand. H. 3′, br. 2′ 1/2″.

28. **Die heilige Margaretha.** Sie erlitt als Bekennerin des Christenthums um 252 den Martyrtod. Eine aus einer ernsten Anschauung entsprungene grossartige Gestalt. Mit der Krone und dem königlichen Mantel geschmückt, hält sie in der rechten Hand den an eine Kette gebundenen, überwundenen Drachen (das Symbol des Christusfeindlichen), in der linken einen Hammer. Das Bild ist auf einem mit Kreidemasse grundirten Steine in breiten Massen, in einem hellen Tone gemalt, offenbar auf weite Distanz zu sehen und darum mit Conturen umzogen, für einen nicht hell beleuchteten Ort ursprünglich bestimmt gewesen. Es ist im byzantinisch-romanischen Styl ausgeführt, doch ist schon ein Uebergang zur gothischen Kunstform darin zu erkennen. Es stammt aus der Zeit des vorhergenannten Bildes und war früher in der hiesigen St. Ursulakirche. Stein. H. 2′ 11″, br. 1′ 10″.

29. **Der Heiland** am Kreuze, zu beiden Seiten Maria und Johannes. Bruchstücke eines Freskogemäldes, welches sich an einer provisorisch errichteten Mauer, an der Südportalseite des Domes befand. Trotzdem diese Reste sehr gelitten, ist noch immer ein feiner, edler Sinn in Form und Ausdruck, und der Uebergang zur gothischen Epoche hier unverkennbar. Mittelbild h. 1′ 7½″, br. 2′ 2½″. Seitenbilder h. 2′ 2″, br. 1′ 7½″.

Gothische Epoche.

Der streng germanische Styl der gothischen Epoche ist die Kunstform, in welcher der germanische Geist, nachdem er die Bildungs-Elemente der antiken Welt in sich aufgenommen hatte, nun in kühner, origineller, durchaus selbstständiger Weise Ausdruck erhält und die nun als eine neue Basis von vollkommenstem Formensymbol des vom Geiste tiefdurchdrungenen Wesens des Christenthums für unendliche Zeiten als Zeugniss seiner Siegeskraft dasteht. Namentlich entsprechend den höchsten geistigen Bestrebungen der

Scholastik jener Epoche, tiefsinnige Erkenntniss des religiösen Dogmas zu erringen und dasselbe zu durchgeistigen, erscheint als Kunstausdruck die gothische Architektur. Wie aber bei aller Kunstentwicklung die tiefe Anschauung der Natur, das Durchdringen ihres Gesetzes als die echte wahre Basis zu erkennen, aber der freie, für das Edle der Natur empfängliche Blick nur bei reinen harmonisch gestimmten, somit wahrhaft im Geiste frommen Menschen vorkommt, so auch besonders die echte Anwendung der Natur-Organisation auf die Kunst-Entfaltung. Und die gothische Architektur, hervorgegangen und gepflegt in einer Zeit, wo sowohl bei dem Priester wie dem Laien Geistesbildung und Frömmigkeit unzertrennlich erscheint, gibt in ihrer mehr als irgend eine andere Construktion an die Pflanzenbildung anklingenden Gestaltung besonders hiervon Zeugniss. Sehr bezeichnend das „Strebesystem" genannt, erscheint sie wie eine Vergeistigung der Masse zu himmelanstrebender Schlankheit aller Theile, an die in der strengen Uebereinstimmung der Formen mit den constructiven Bedingungen sich die Verzierungen belebend und in ungezwungener Weise anschliessen. Sie ist ein wunderbares Formengefüge von lebendigstem, freiestem Aufstreben, ein klarstes, subtilstes Berechnen organisch gesetzlich zusammenhängenden Details in graziösester Gliederung unendlichen Reichthums. Doch lag noch eine andere geistige Macht in dem Entwicklungsgange jener Zeit der Begeisterung für die Heldenthaten der Ritter der Kreuzzüge, die nicht minder ihren Kunstausdruck fand, jedoch, während geistliche Logik vorherrschenden Ausdruck in der Architektur hatte, mehr in der Skulptur und Malerei Gestaltung annahm. Es war dies das Aufleben des rein und geistig geübten Mariencultus, der, verbunden mit der Verehrung der Frauen, zu einer heiligen Poesie der Minne führte und der sich als eine tiefe innige Empfindung für weiche, weibliche Bewegungen seelischen Lebens, namentlich reiner, geheiligter für göttliche Tugenden begeisterter Liebe, auch in der Kunst in einer niemals bis dahin ähnlich geoffenbarten Schönheit aussprach. Ohne dass die Malerei eine durchaus bestimmte Aehnlichkeit mit der Skulptur jener Epoche hat, liegt doch in beiden Künsten das der Architektur verwandte Gesetz reiner Verhältnisse, schöner Gliederung als Ebenmaass zu Grunde, zugleich aber eine eigenthümlich grossartige, dabei zarte Schwingung der Silhouetten der Figuren, die fein und schlank gebildet, aus denen bei aller Innigkeit und Sinnigkeit der Erscheinung, auch eine gewisse Feierlichkeit spricht, so wie die der Spitzbogenform ähnliche Rundung der Faltenmassen der lang und weich geschwungen herabwallenden Gewänder, die als echt harmonischer Formenrhythmus und Formengesang unwiderstehlich den empfänglichen Beschauer berührt. Alle drei Künste aber vereinigt geben den Eindruck, dass der Grad von Gedankentiefe, von Treue, Charakterfestigkeit und aufopfernder Liebe, so wie die Sehnsucht nach einer friedlichen ewigen Heimath und ihren Himmelsgütern, wie sie durch das Christenthum in die echten Jünger desselben gekommen, in dieser Kunstform entsprechenden Ausdruck gefunden, welcher aber namentlich in der Malerei eine bei weitem grössere Vollendung noch zulässt. Denn wir können den Grad ihrer Entwicklung nur als Grundlage betrachten und wie eine höhere Sittlichkeit, eine tiefere Durchdringung der christlichen Wahrheiten in ihrer Anwendung im Leben als echte Humanität und echte Kultur der Zukunft gewiss noch bevorsteht, so auch wird der echt künstlerische Ausdruck als eine Consequenz derselben in künftigen Zeiten erst vollendet zur Erscheinung kommen müssen und Kunstgenuss heiligster Art für den Schaffenden, wie den treuen Beschauenden im Gefolge haben. Ein bedeutsamer Grad der Entwicklung des Styls gothischer Malerei ist schon in unserem Meister Wilhelm und Meister Stephan von Cöln, in Italien aber durch Giotto und seine Nachfolger, in der sienesischen Schule und später vorzugsweise in Fiesole und seinen Schülern Benozzo Gozzoli und Gentile da Fabriano vertreten. An sie schliessen sich unsere Zeitgenossen Cornelius, Overbeck und manche Andere wieder an. Die zunächst folgenden 5 Bilder sind in besonderer Weise als charakteristisch für jene gothische Epoche von 1250 bis 1330, die übrigen bis um 1360, anzusehen.

30. **Die Kreuzigung** nimmt die mittlere Tafel dieses in Tempera-Farben ausgeführten Triptychons ein. Kleine Engelgestalten umschweben den an's Kreuz gehefteten Heiland. Zur Linken des Beschauers steht Maria die Mutter des Herrn in grossartig ernster Bewegung und die anderen heiligen Frauen. Unten und weiter entfernt kniet Longinus; seine rechte Hand drückt die Geberde des Staunens aus, in der Linken hält er eine Lanze. Am Fusse des Kreuzes kniet in kleinerem Maassstabe und im Kostüm einer Ordensgeistlichen dargestellt die Donatrix, zur Rechten derselben sieht man Johannes, den Lieblingsjünger, hinter demselben mehrere vornehme Juden, denen der Hauptmann sein Bekenntniss: „dieser war Gottes Sohn" ausspricht. Der linke Flügel hat zwei Felder; in der oberen Abtheilung befindet sich die Verkündigung der Hirten und die Geburt Christi, in der unteren die Anbetung der Könige. Auf dem oberen Felde des rechten Flügels ist die Himmelfahrt, auf dem unteren die Ausgiessung des heiligen Geistes dargestellt. Von Aussen zeigt sich auf den Flügeln der englische Gruss, so wie die heilige Katharina und die heilige Barbara. Ohne Zweifel war das Gemälde auf einer nicht sehr hell beleuchteten, polychromisch ausgeführten Wandfläche, ursprünglich auf ziemliche Distanz gesehen zu werden bestimmt, deshalb die hellen Farben und die scharfen Conturen, welche in der Ferne erst harmonisch wirken, so wie die breite massige Gruppirung gewählt wurden. Aus tief-ernster Anschauung entstanden gehört das Bild zu den kunsthistorisch wichtigsten unserer Sammlung, weil darin, wenn auch bei weitem nicht

die Höhe der Entfaltung des echten Kirchenstyls, doch die gediegenste Grundlage dafür niedergelegt ist. Der Goldgrund, der vom rechten Standpunkte aus gesehen, auch die hellsten Farben in einen Ton mystischen Helldunkels übersetzt, ist als der für die kirchliche Malerei besonders passende Hintergrund auch hier gewählt. Holz. Mittelbild h. 1' 9", br. 1' 1¼". Flügel h. 1' 9", br. 9¼".

31 u. 32. St. Johannes und St. Paulus. Die grossgedachten Motive dieser ernsten Figuren deuten durch den Abschluss der auf den Goldgrund gemalten architektonisch componirten Ornamente ganz besonders darauf hin, dass sie ursprünglich als im Anschluss und in Uebereinstimmung der Formengebung gothischer Architektur gedacht waren. Die im Vergleich mit den vorher besprochenen Bildern kräftigeren Farben, die stärkere Modellirung, die grosse Bestimmtheit, feste Begrenzung und Formgebung dieser Gestalten kommen auf grosse Distanz angesehen, erst voll zur Wirkung und beweisen, dass sie für einen heller beleuchteten Raum ursprünglich bestimmt gewesen. In ähnlicher Linienführung, jedoch noch kräftigeren, glühenderen Farben, der dadurch nöthig gewordenen geringeren Modellirung kommt der Styl dieser Figuren auch in den besten Glasfenstern des hohen Schiffes des Kölner Domes vor, der dem würdigen Inhalt der Darstellung als bedeutsame würdige Form überaus edel entspricht. Diese und die beiden folgenden können als wahre Normalbilder echt kirchlichen Styls angesehen werden, womit die Möglichkeit, die Formen in Bezug auf Richtigkeit der Zeichnung zu übertreffen, keineswegs abgesprochen sein soll. Goldgrund. Holz. H. 1' 11½", br. 8½".

33 u. 34. Die Verkündigung und die Darstellung im Tempel. In ähnlicher Weise wie bei den vorgenannten Bildern geht bei weniger herben Formen dabei aber klarerer, transparenterer Farbe durch diese Darstellungen ein architektonisch-ornamentaler Sinn durch. Ein herrlicher Rhythmus der Gewandungslinien sowohl als aller anderen Formen, ein erhabener Schwung der Bewegung der Gestalten, verleiht dem Ganzen eine besondere ernste Feier, den Ausdruck hoher Würde, wie sie selten von diesem Grade der Bedeutsamkeit gefunden wird. Hier ist jede Linie, jede Modellirung als künstlerisch maassvoll wohl überdacht und wirkt mit, dass, wenn man das Bild als Gesammtheit auf Distanz betrachtet, die innerliche Erregtheit der grossartigen Figuren zu bedeutsamem, erhabenem Ernste erhoben wird. Die Form, der Ausdruck dieser Bilder, mit musikalischen Eindrücken verglichen, erinnert an einen mit majestätischem Orgelton vorgetragenen Hymnus der alten christlichen Kirche. Man fühlt, wie eine mächtige Begeisterung diese Bilder entstehen liess und es dem Künstler gewaltig ernst mit seiner Aufgabe war. Darum imponiren, trotz mannichfacher Mängel, solche Werke als Aeusserung sittlicher Macht und geistigen Adels. Ist auch die Kenntniss der körperlich-organischen Formen des Menschen hier weit geringer als bei dem grössten der Maler, nämlich Michel Angelo, derselbe gewaltig erhabene und tiefsinnige Geist hat hier, wenn auch unbeholfener und dadurch der Menge noch unverständlicher, oder gar abstossender, für den Eingeweihten Ausdruck bekommen. Goldgrund. Holz. H. 1' 4'', br. 1' 1''.

35. **Darstellungen aus dem Leben Christi und sechs Heiligengestalten.**
In ähnlich ernstem Sinne gehalten, wie die vorher erwähnten Werke, erinnert das Bild, das leider vielfach gelitten hat, in seiner Formengebung und Behandlung schon sehr an den berühmten St. Claren-Altar im Kölner Dome. In der Mitte auf einem vierfach grösseren Raum als die übrigen 26 Eintheilungen ist der Heiland am Kreuze, neben ihm zu beiden Seiten sind die Embleme der Leidensgeschichte dargestellt, ferner: 1) Die Verkündigung und Maria bei Elisabeth. 2) Die Engel auf dem Felde bei den Hirten. 3) Die Geburt. 4) Die Anbetung der heiligen drei Könige. 5) Die Darstellung im Tempel. 6) Die Flucht nach Aegypten. 7) Jesus bei den Eltern. 8) Einzug in Jerusalem. 9) Das Abendmahl. 10) Christus am Oelberg. 11) Die Gefangennehmung. 12) Christus vor Pilatus. 13) Die Geisselung. 14) Die Kreuztragung. 15) Die Kreuzabnahme. 16) Die Grablegung. 17) Die Auferstehung. 18) Die Erlösung aus der Vorhölle. 19) Der Engel am Grabe mit den heiligen Frauen. 20) Erscheinung Christi vor Maria Magdalena. 21) Thomas legt die Hand in die Wundmale. 22) Die Himmelfahrt. 23) Ausgiessung des heiligen Geistes. 24) Das Weltgericht. Die beiden Felder 25 und 26 die Heiligen: Katharina, Barbara, Margaretha, Agnes, Clara und Franciscus. Goldgrund. Holz. H. 2' 4½'', br. 2' 11½''.

Darstellungen aus dem Leben Christi.

36. Linker Flügel in vier Abtheilungen: a) Die Verkündigung. b) Die Geburt Christi. c) Anbetung der heiligen drei Könige. d) Darstellung im Tempel.

37. Das Mittelbild: a) Einzug in Jerusalem. b) Kreuztragung und c) auf einem vierfach grösseren Raume dargestellt: Christus und die Verbrecher am Kreuz. Unten links Maria, Johannes und die heiligen Frauen, rechts die Kriegsknechte mit dem römischen Hauptmanne der ausruft: „Vere filius dei erat iste." d) Die Kreuzabnahme. e) Grablegung.

38. Rechter Flügel in vier Abtheilungen: a) Die Erlösung aus der Vorhölle. b) Auferstehung. c) Himmelfahrt. d) Pfingsten. Weniger bedeutsam als die vorherbenannten Bilder zeigt die kräftige Modellirung der starken Lokaltöne, dass diese ursprünglich für eine hell beleuchtete Stelle bestimmt gewesen. Goldgrund. Holz. Mitteltafel h. 3' 9½'', br. 8' 4'' Flügel h. 3' 9½'', br. 3' 11''.

39. **Eine Tafel mit Darstellungen,** welche auf die Erlösung durch Christus Bezug haben. Auf der linken Seite der oberen Abtheilung ruht der Leichnam des Herrn im Grabe, an dessen Fuss die Wächter liegen. Auf dem linken Rande sitzt in trauervoller Bewegung die Mutter des Herrn, unterstützt durch den hinter ihr stehenden Jünger Johannes. Mitten

über dem Grabe erblicken wir eine Darstellung der Trinität: Gott Vater, auf dem Regenbogen thronend, hält in seinen ausgebreiteten Armen den gekreuzigten Sohn, zwischen beiden in Gestalt einer Taube der heilige Geist. Rechts steigt Christus aus dem Grabe und kündigt den Ureltern Adam und Eva die Erlösung aus der in Form eines mit Feuerflammen erfüllten Drachenrachens dargestellten Vorhölle an. Von diesen müssen die quälenden Teufel ablassen, während andere Gestalten noch von Letzteren gepeinigt am rechten Rande des durch und durch symbolisch gedachten Bildes dargestellt sind. In der unteren Abtheilung ist links das „noli me tangere" (Christus der Auferstandene und Magdalena) in der Mitte Thomas, der die Hand in die Seitenwunde Christi legt und rechts die Gestalt des leidenden Heilandes, der so wie die zu seiner Seite schwebenden, ihn halb mit einem Prachtgewande verhüllenden Engel, Martyrwerkzeug trägt, dargestellt. Ein gewaltiger Ernst, ein mächtig grossartiger künstlerischer Sinn und symbolischer Verstand spricht aus der ganzen Darstellungsweise dieses Bildes, das wahrscheinlich nur als vorbereitende Skizze zu einem danach gross ausgeführten Wandgemälde gedient hat. Goldgrund. Holz. H. 11½", br. 1' 4½".

Die altkölnische Schule.

Diese Bezeichnung darf im engeren Sinne des Wortes nur auf die Zeit von 1358 bis 1480 angewandt werden und begreift somit nur die Wirksamkeit des Meisters Wilhelm und des Meisters Stephan Lochner sowie ihre entschiedensten Nachfolger in sich.

Meister Wilhelm.

So wird der Meister genannt, der nach den neuesten Forschungen auch die in den letzten Jahren entdeckten Wandmalereien im Hansesaale des hiesigen Rathhauses ausführte, von denen einzelne Reste im unteren Kreuzgange des Museums aufgestellt sind und erscheint es in Uebereinstimmung mit den Forschungen des Herrn Stadtarchivars Dr. Ennen zweifellos, dass dies derselbe Meister Wilhelm von Köln ist, von dem auch in der Limburger Chronik (1380) als dem „besten in deutschen Landen" gesprochen wird. Seine Wirksamkeit beginnt etwa um 1358[*]) und scheint es, dass er eine bedeutende Schule um sich versammelt hatte. Denn in mannichfacher Aehnlichkeit, wenn auch mit solchen Abweichungen, welche die mehr oder minder

---

[*]) Die, seine für die Stadt geleisteten Arbeiten betreffenden Posten in dem hiesigen Ausgaberegister reichen vom Jahre 1370 bis 1380.

besondere Individualität der Schüler oder Nachfolger mit sich bringt, kehrt der eigenthümliche Typus seiner Darstellungen noch vielfach wieder. In dieses Meisters anmuthig schlanken Gestalten herrscht besonders ein reiner Geschmack für Linienführung, ein Adel der Gewandform, besonders aber der Ausdruck seelenvoller Schönheit die sich als holdseligste, lieblichste Kinderunschuld und Reinheit kund giebt und zu den mehr grossartigen auf das majestätisch Erhabene hinlenkenden Formen der gothischen wie byzantinisch-romanischen Kunstwerke, die indess, wie aus den oben erwähnten Resten des Hansesaales hervorgeht, auch durch ihn eine besondere höhere Durchbildung erhielten, in einer Art von Gegensatz steht. Seine Bilder erinnern ganz besonders an die Meister der sienesischen Schule und eine besondere Verwandtschaft der idealsten Geistesanschauung mit Fiesole's Werken spricht aus ihnen. Derselbe Ton der Verklärung, ein Hauch überirdischen Lebens, der uns wie Himmelsfriede berührt, umgiebt seine Schöpfungen. Dieselbe ungesuchte einfache Weise auch in Bezug auf Färbung, die indess im Gegensatz zu den früher besprochenen Werken schon in einem grösseren Reichthum und mannichfacherem Anwenden auch fein gebrochener Töne, mitunter in ernsterer tieferer Stimmung sich kund giebt.

Dass das folgende kleine Altarblatt mit Flügeln von Meister Wilhelms Hand herrührt, ist bis jetzt nicht bezweifelt worden.

*40. **Madonna mit dem Kinde.** Die Jungfrau, aus deren Antlitz ein Ausdruck unbeschreiblicher engelreiner Lauterkeit und seligsten Friedens spricht, trägt auf ihrem rechten Arme das göttliche Kind, das, in der Linken einen Rosenkranz haltend, mit der Rechten das Kinn der himmlisch Reinen liebkosend berührt. Goldiges Haar umgibt ihr demüthig stilles, rundlich geformtes, hell leuchtendes Angesicht, über das sich ein Kopftuch von bräunlich-violetter Farbe mit blauem Futter, in schön und sehr bestimmt geformten Falten legt, die eine köstliche Silhouette auf dem Goldgrunde bilden, der zum Ganzen als Hintergrund gewählt ist. In ihrer fein geformten linken Hand, die leicht unter der rechten liegt, hält sie eine Bohnenblüthe. Der Zusammenfluss der Körperbewegungen, die, wenn auch noch nicht vollkommen richtig gezeichnet, doch aus einer wahren geistigen und lautern Grazie entspringen, hat, verbunden mit den Gewandlinien, etwas rein Rhythmisches und durch den damit verbundenen Seelenausdruck, der ungemein beruhigende Wirkung macht, fühlt sich der empfängliche Beschauer in eine Welt himmlisch stillen Glückes versetzt und lange wunderbar gefesselt. Gewiss gehört dieses Werk zu den Bildern, bei denen man nicht an Farbe denkt, weil sie so ganz harmonisch mit der so reinen geistigen Form zusammenwirkt. Aus demselben Schönheitssinne, derselben edlen Anschauung entsprangen die Seitenfiguren, deren Einzelnheiten jedoch in dem kleineren Maassstabe nicht die gleiche Vollendung erhalten konnten. — Der linke Flügel

---

*) Die mit Sternchen bezeichneten Bilder gehören zu den vortrefflichsten der Sammlung.

zeigt die heilige **Katharina von Alexandrien**. Sie starb den Martyrtod 307. Nachdem ein Blitzstrahl das Rad, welches das Werkzeug ihres Todes hätte sein sollen, zerschmettert hatte, wurde sie durch das Schwert hingerichtet. Deshalb sind Rad und Schwert ihre Attribute. Die Krone auf ihrem Haupte deutet auf ihre vornehme Abstammung. Der **rechte Flügel** zeigt die heilige **Barbara**. Sie starb den Martyrtod 235, nach Andern 306. Nach der Legende hatte ihr Vater sie in einen Thurm eingeschlossen, in welchen sie zum Ausdruck ihres Glaubens an die heilige Dreifaltigkeit ein drittes Fenster brechen liess; ihr heidnischer Vater gerieth darüber in solche Wuth, dass er sie selbst mit einem Schwerte enthauptete, in demselben Augenblicke wurde er vom Blitz erschlagen. Ihr Attribut ist der Thurm den sie in der Rechten hält, die Palme in ihrer Linken ist das Zeichen des Sieges über den Tod und der Wiederauferstehung nach dem Tode. Holz. Mitteltafel h. 1' 8¾''', br. 1' 1''. Flügel h. 1' 8¾''', br. 1' 1''.

*41. **Christus** am Kreuze, umgeben von **Maria** und **Aposteln**. Die Mitte der grossen Tafel stellt unserem Blicke Christus am Kreuze dar, welches sechs Engel umschweben, zur Seite links stehen die Apostel Jacobus minor, Andreas, Petrus, Johannes, und die Mutter Maria; rechts Paulus, Bartholomäus, Thomas und Philippus. (Die übrigen Apostel waren ohne Zweifel auf den leider fehlenden Flügeln des Bildes dargestellt). Es sind ungemein edle Gestalten, voll heiliger Würde. Reine rhythmische Linien der Gewandung, die sich in sanftem, weichem Flusse bewegen, so wie edel gestimmte Farben geben demselben besonderen Werth. Edel, gross in breiten einfachen Formen, ist alles in diesem Bilde gedacht und sind besonders auch die Köpfe, ausser denen der Mutter des Herrn und des Lieblingsjüngers, aus welchen ein heiliger Schmerz spricht, von einem Verklärungsausdruck des Glaubensglückes gleichsam durchweht. Sie stehen da wie die mächtigen Bekenner der Erlösungsthat Christi; durch sein Beispiel und seine Lehre, durch seine Hingabe bis in den Tod, sind auch sie zu Helden geworden, die nun auch die Kraft in sich fühlen, für die Erlösung der Menschheit zu wirken, zu leiden und zu sterben. Es ruht eine ungemeine Feierlichkeit auf dem ganzen Bilde, das von einem geistigen Aether umgeben, wie ein tief christliches, mysteriöses Künstlerbekenntniss edelster Art uns berührt und des Meisters Wilhelm würdig erscheint. Diesem inneren Zeugnisse seiner Abkunft steht indessen eine genügende äussere Beglaubigung nicht zur Seite. Goldgrund. Holz. (Rahmen mit gothischen Verzierungen.) H. 5' 3'', br. 7' 9''.

42. **Kreuzigung.** In der Mitte Golgatha mit dem an's Kreuz gehefteten Heilande und den beiden Schächern. Magdalena umfasst den Kreuzesstamm. Grosse Innerlichkeit des Gesichtsausdruckes, ein Geschmack von seltener Noblesse charakterisirt vorzüglich die vorderen Gruppen und vor Allem die heilige Veronica, die das Antlitz des Heilandes, auf einem Leinentuche abgebildet, vor sich hinhält, neben ihr der von rohen Juden

verspottete Jünger Johannes, In der Mitte unten sitzt die schmerzenreiche Mutter des Herrn, umgeben von heiligen Frauen, die sie trösten möchten, in deren Gewandung ein besonders reicher und reiner Fluss der Linien und doch zugleich ungewöhnlich scharfe Begränzung der Formen vorherrscht. Ein grosser Reichthum der Farbenabstufungen ist dadurch hervorgebracht, dass die innere Seite der Gewänder andere, von der äusseren verschiedene Töne zeigt. Die ungleich grössere Schönheit der genannten Gruppen im Gegensatze zu den übrigen der Krieger etc. zeigt recht deutlich, wie die eigentlich ideal-historische Draperie (namentlich der Mantel) allein so recht den besonderen Reiz rhythmischer Linienschönheit zulässt, und alles spezifisch, wir möchten sagen, profan Costümartige, sich dieser Behandlung entzieht. Schule Meister Wilhelms, in einzelnen Theilen seiner selbst nicht unwürdig. Goldgrund. Holz. H. 6' 2", br. 4' 1/4".

43. **Altar mit Flügeln.** Mittelbild: Christus am Kreuz, unter welchem ein geistlicher Donator kniet, links davon Maria und Petrus, rechts Johannes und Barbara. Linker Flügel: St. Catharina und Andreas. Rechter Flügel: Paulus und Justina. Aussenseiten: linker Flügel, Apollonia und Johannes der Täufer; rechter Flügel: Valerian und Cäcilia. Von einem Zeitgenossen Wilhelms wahrscheinlich herrührend, hat das Bild grosse Verdienste und bei aller Aehnlichkeit mit dem Meister der Schule selbstständige besondere Schönheit. Holz. Mitteltafel h. 3' 1¼", br. 3' ¾". Flügel h. 3' 1¼", br. 1' 3½".

44. **Kreuzigung.** Reich gehaltene Composition aus vielen Gruppen bestehend, welche verschiedene Scenen der Leidensgeschichte Christi darstellen. Im Vordergrunde erblickt man Christus mit dem Kreuz beladen. Unter den ihm folgenden klagenden Frauen, voll pathetischen' Ausdrucks in Mienen und Geberden, ist besonders die bemerkenswerth, welche ihr Gesicht verhüllt und dadurch unsere Phantasie zur Vorstellung eines noch grösseren Schmerzes, als der, welcher in den anderen Köpfen sichtbar ist, anregt. Weiter im Mittelgrunde sehen wir Christus und den Schächer am Kreuze. Die Geberden der Kriegsknechte sind theilweise von besonderer Lebendigkeit. Das Bild stammt wohl aus der Schule des Meisters Wilhelm, doch ist die Farbe desselben gesteigerter, schärfer als es darin üblich ist. Auch manche grossartige Züge darin, erinnern an die frühere gothische Periode, die jedenfalls von bedeutendem Einfluss auf diesen Meister war. Nach den Wappen zu urtheilen, welche sich bei den zu beiden Seiten unten knieenden Donatoren befinden, ist das Bild eine Stiftung der Familie Wasserfass.*) Hinter der Landschaft Goldgrund. Holz. H. 3' 1", br. 5' 7".

45. **Kreuzigung.** In der Mitte Christus am Kreuz, links Maria und Magdalena in deren Nähe ein Kriegsknecht, der dem auf der linken Seite nochmals dargestellten Christus das Kleid auszieht. Zur Rechten sieht

---

*) Gerard von Wasserfass wurde mehrmals, zuerst 1417 zum Rathsherrn der Stadt Cöln erwählt.

man Johannes, Joseph von Arimathia, den Hauptmann und andere Gestalten. Ersterer hält ein Tuch, die Letzteren halten eine Leiter und sind bereit den Heiland vom Kreuze zu nehmen und in das offene Grab zu legen. Die Tafel ist in der Mitte rund überhöht. Goldgrund. Holz. H. 3′, br. 2′ 10″.

46. **Die Geisselung.**
47. **Die Kreuztragung.**
48. **Die Himmelfahrt.**
49. **Die Ausgiessung des h. Geistes.**

Diese Bilder dürften von einem Zeitgenossen des Meisters Wilhelm, unter dessen Einwirkung entstanden sein und befanden sich früher in der H. Schmitz'chen Sammlung. Goldgrund. Holz. H. 2′ 4½″, br. 1′ 4½″.

Es folgen nun **Passion in zwölf Tafeln** (50—62) auf grosse Distanz zu sehen berechnete, breit gebaute Compositionen in welchen die grosse Innerlichkeit, weiche edle Empfindung für Form und klare leuchtende Farbe uns ungemein wohlthuend berührt; wie schön ist z. B. die

50. **Oelbergscene** wo im Vordergrunde die drei Jünger: Petrus, Jakobus und Johannes schlafend ruhen und aus dem nächtlichen Dunkel des Mittelgrundes heraustretend der Heiland den Jünger Petrus mit den Worten weckt: „Habet ihr denn nicht eine Stunde mit mir wachen können? wachet und betet, damit ihr nicht in Versuchung fallet! Der Geist ist zwar willig, aber das Fleisch ist schwach." Math. 26, 40 und 41. Die ganze malerische Stimmung dieses Bildes drückt in klangvollen Tönen, man darf wohl vergleichsweise sagen, einer Palestrina'schen elegischen Passionsmusik ähnlich, den tiefen Seelenschmerz des Heilandes aus. Von einem Verklärungsscheine echter Kunst umflossen, ist das Bild wie der Ausdruck einer erwachenden Poesie der Malerei als Stimmung in welcher die stärksten Accorde angeschlagen sind, anzusehen. Auch findet man in demselben schon die den Gegenstand selbstständig beherrschende Freiheit des Künstlers ausgesprochen, denn, nicht den Wortlaut der erzählten Begebenheit malt er, sondern er übersetzt in seine Sprache der Malerei die Situation. Der mystische und symbolische Sinn der im Lapidarstyle geschriebenen Bibelworte ist ihm die Aufgabe. Darum sehen wir in einer Wolke Jehova selber (nicht den Engel) über dem im Mittelgrunde nochmals als betend dargestellten Heiland schweben und vor ihm auf einem Felsen stehend, den Kelch, das Symbol seiner Leiden. Wendet man sich von diesem Bilde, in welchem Alles den Eindruck ernster heiliger Schauer, tiefen Leidens macht, die selbst in der Naturstimmung Ausdruck erhalten hat zu dem folgenden:

51. **Christus** vor Pilatus; wie fühlt man da, dass ausser der Gestalt des Heilandes, auf der der ganze Druck der Sünde des Menschengeschlechts zu liegen scheint, alles Uebrige uns den Eindruck weltlicher Zerfahrenheit und des Unstäten in einer Pracht äusseren Glanzes entgegenbringt. Wie ist durch den hohnlächelnden Pagen, welcher dem sich die Hände wa-

schenden Pilatus das Wasser reicht, die ganze Gesellschaft, in der für die Gerechtigkeit keine Stätte zu hoffen ist, charakterisirt. Aber auch in allen anderen Gestalten sowohl, wie in der Architektur geht eine Art Dissonanz der Stimmung durch, die, wenn auch durch Gegensätze der Farbe und Form wieder zur Harmonie aufgelöst, doch den Eindruck von Unfrieden und Zerrissenheit gibt. Und diese Art von Seelenmalerei, erhöht durch die Stimmungsmittel der Farbe und der Form, geht durch sämmtliche zwölf Darstellungen durch, die ein Künstler schuf, der so weit es ihm Zeitverhältnisse gestatteten, sein grosses Talent edel entfaltete und seiner Liebe zu Christus, seinem Glauben an die Unsterblichkeit der Seele, klaren und begeisterten Ausdruck in diesem Werke verliehen hat. Er scheint ein Zeitgenosse des Meisters Wilhelm gewesen zu sein und unter seinem Einfluss gewirkt zu haben.

52. **Christi Geisselung.**
53. **Die Dornenkrönung und Verspottung.**
54. **Christus am Kreuze.**
55. **Christi Kreuzschleppung.**
56. **Christi Kreuzabnahme.**
57. **Die Grablegung.**
58. **Christus in der Vorhölle.**
59. **Auferstehung.**
60. **Christus begegnet der Maria Magdalena.**
61. **Himmelfahrt.**

Sämmtliche Tafeln haben ähnliche Grösse. Goldgrund. Holz. H. 2' 10", br. 1' 9".

62 u. 63. Auf zwei gleich grossen Tafeln je zwei **Apostel** von gothischer Architektur überdacht. Edle und würdige Gestalten. Die Gewandungen sind von besonders schönen Verhältnissen der Linien und Massen. Schule des Meisters Wilhelm. Goldgrund. Holz. H. 1' 10", br. 1' 2".

64. **Kreuzabnahme.** Maria und Joseph von Arimathia hinter denen in Schmerz versunken der Jünger Johannes steht, umfangen den schon theilweise vom Kreuze losgelösten Leichnam Christi. Ein Bild von grosser Intensität des Ausdrucks und der Farbe. Schwarzer Grund mit Goldornamenten. Das folgende Bild war die Rückseite dieses Bildes. Holz. H. 3' 10³/₄" br. 1' 5³/₄".

65. **Die heilige Elisabeth.** Auf der oberen Hälfte des in zwei Felder getheilten Bildes theilt die Heilige, welche im Ordensgewande der Franciscanerinnen dargestellt ist, Kleider aus; auf der unteren speist sie einen Kranken. Die beiden Hauptgestalten, denen die Wohlthat erwiesen wird, tragen den Typus und die Form des Nimbus wie Christus dargestellt wird und symbolisiren somit den Spruch: „Was ihr einem dieser meiner geringsten Brüder gethan habt, das habt ihr mir gethan." Matth. XXV, 40. Goldgrund. Holz. H. 3' 10¹/₄", br. 1' 5³/₄".

Meister Wilhelm und seine Schule.

66. **Ein Begräbniss.** Bruchstück eines Bildes, welches zu den beiden vorhergenannten Compositionen und somit zu einer Serie gehörte, welche die sieben Werke der Barmherzigkeit darstellte. Goldgrund. Holz. H. 1' 7", br. 1' 6".

67. Die Heiligen: **Stephanus, Laurentius, Aegidius und Nicolaus,** zwischen denselben und zu deren Füssen knieen drei geistliche Donatoren. Schule des Meisters Wilhelm. Figuren von weicher edler Empfindung. Rother Grund mit Goldmuster. Holz. H. 2' 10", br. 5' 6".

68. **Christus** am Kreuze, zu dessen Füssen kniet die geistliche Stifterin aus der Familie von Walburgh. Links stehen die Heiligen: **Katharina, Clara, Maria;** rechts **Johannes, Franciscus und Ludwig.** Zu demselben gehört:

69. Die Heiligen: **Agatha, Agnes, Cäcilia, Barbara, Antonius, Dionysius, Aegidius, Pantaleon.** Dieses und das zuvor genannte Bild gehören zu einander und offenbar fehlt das dritte Bild, welches so arrangirt sein musste, dass die Gestalt des gekreuzigten Jesus die Mitte sämmtlicher heiligen Gestalten einnahm. Es sind ungemein edle Erscheinungen. Im zartesten Flusse der Linienführung schön in einander gruppirt, stehen sie, im Ausdrucke des Gesichtes eine stille, fast wehmuthsvolle Feier zeigend, wie eine Versammlung von, durch den Umgang mit dem gekreuzigten Heiland geläuterten, verklärten Naturen, die gewissermaassen in ihrer Stellung unter dem Kreuze Bekenntniss ihrer Erlösung durch den daran gehefteten Heiland ablegen. Bei der sanften Stimmung der Farben zu einander liegt es wie ein milder, ätherischer Hauch einer höheren, harmonischen Welt auf der ganzen Darstellung, die zu den schönsten dieser Richtung gehört und aus der Schule des Meisters Wilhelm stammt. Leinwand. H. 2' 8½", br. 3' 8½".

70. **Die Verkündigung.** Dazu gehört:

71. **Maria bei Elisabeth.**
Beide auf schwarzem Grunde ausgeführte Bilder zeigen mysteriös ernste Gestalten, die den Eindruck machen von Traumerscheinungen, von Trägern geheimnissvoller Botschaft, die ferne dem nüchternen Alltagsleben liegt. Kirchliche Würde und Reinheit der künstlerischen Gesinnung zeichnet diese Bilder aus, in denen fern von naturalistischem Streben, schöne strenge Gliederung der Gewänder, so wie edle Linienführung sich zeigt, und welche, indem sie das Auge des Beschauers musikalisch berühren, eine feierliche Stimmung erregen. Holz. H. 2' 7", br. 2' 6½".

72. Die Heiligen: **Johannes der Täufer, Katharina, Georg und Margaretha.** Die edle feierliche Haltung der Figuren, klare brillante Farbe und eine für weite Distanz bestimmte Behandlung sind besonders hervorragende Schönheiten. Die abgesägte Rückseite dieses Bildes ist:

73. **Die heilige Maria** liegt sterbend auf einem Bette, rings um sie her sieht man elf Apostelgestalten, theilweise mit kirchlichen Insignien

(Geräthschaften des Ritus), über ihr in Wolken, von anbetenden Engelgestalten umgeben, Christus mit der Rechten segnend, auf dem linken Arme ein die Seele seiner reinen Mutter symbolisch darstellendes kleines Figürchen. Wie die meisten dieser Darstellungen aus Meister Wilhelm's Schule, ist auch diese noch unbeholfen gezeichnet, aber von tiefinnigem, ungemein rührendem Ausdruck. Damit die Hauptgestalt um so mehr imponiren soll, sind alle andere in kleinerem Maassstabe gegeben. Goldgrund. H. 2' 5'', br. 2' 5¼''.

74. **Christus am Oelberg**, unten die schlafenden drei Jünger.
75. **Christus vor Pilatus** misshandelt.
76. **Die Kreuzabnahme**, die Mutter, Johannes und heilige Frauen dabei.
77. **Jüngstes Gericht.** Lebhaft empfundene und grossartig gebaute Compositionen. Goldgrund. Holz. H. 2' 4½'', br. 1' 4¾''.
78 u. 79. **Die Verkündigung.** Holz. Rother Grund. H. 1' 6½'', br. 1' 1¾''.
80. Der heilige **Laurenzius** und der heilige **Stephanus**. Ein frommer weicher Ausdruck ist in diesem Bildchen vorwaltend. Die drei zuletzt genannten Bilder stammen aus der H. Schmitz'schen Sammlung. Rother Grund. Holz. H. 1' 6½'', br. 1' 1¾''.
81. **Christus** am Kreuze mit Blut befleckt. Links Maria, rechts Johannes. Grosse ernste Anschauung. In rhythmisch-schwungvollen Linien componirt ist das Bild auf weite Distanz berechnet und vortrefflich ausgeführt. Rother Grund. Leinwand. H. 3' 1'', br. 2' 5''.
82. **Zwei Könige** (der dritte fehlt) mit ihren Geschenken. Schwarzer Grund mit Goldblumen. Holz. H. 1', br. 7''.
83. **Christus** am Kreuze, neben demselben stehen Maria und Johannes und zwei Bischöfe, zu seinen Füssen zwei Nonnen in kleineren Proportionen, dargestellt als Stifterinnen, das Kreuz umfassend. Blauer Grund mit Sternen. Leinwand. H. 1' 8'', br. 1' 3½''.
84. **Der Prophet Jesaias.** Blaue Luft und Wolken bilden den Grund. Das Bild wurde erst vor einigen Jahren erworben. Holz. H. 2' 6'', br. 1' 9''.
85. **Christus** am Oelberg und Gefangennehmung Christi.
86. **Christus** vor Pilatus und Geisselung.
87. **Christus** mit der Dornenkrone gekrönt, verspottet und Kreuztragung Christi.
88. **Christus** am Kreuze, zu beiden Seiten Maria und Johannes.
89. **Die Kreuzabnahme.**
90. **Die Grablegung.**

Die sechs genannten Bilder gehören zusammen, dürften von einem tüchtigen Schüler des Meisters Wilhelm herrühren und stammen aus der H. Schmitz'schen Sammlung. Tief empfundenes schon bedeutend dramatisches Leben hat in ihnen bestimmten Ausdruck erhalten. Blauer Grund mit goldenen Sternen. Holz. H. 1' 1½'', br. 1' ¾''.

91. **Madonna** mit dem Kinde. Hintergrund Luft und mit Bäumen bewachsener Hügel. Das Bildchen wurde aus dem Ertrag des von Dr. W. Müller verfassten Gemälde-Catalogs erworben, 1865. Holz. H. 8″, br. 5″.

92. **Christus** am Kreuze, zu beiden Seiten Maria und Johannes, unten am Kreuzesstamm der Donator in geistlichem Costüm. Goldgrund. Holz. H. 1′, br. 7″.

93. **Die Anbetung** der heiligen drei Könige. Ein für sehr weite Distanz bestimmtes Bild mit breiten grossartigen, in rhythmischem Zusammenfluss componirten Motiven. Goldgrund. Holz. H. 1′ 9″, br. 1′ 2½″.

94. **Der heilige Franciscus**, dem Christus als Seraph erscheint, zur Linken die heilige Clara, rechts der heilige Laurentius. Schwarzer Grund. Holz. H. 1′ 8¼″, br. 2′ ½″.

95. **Maria** mit dem Kinde auf dem Halbmonde thronend, umgeben von einer Strahlenglorie. Zu ihren Füssen das Lamm, aus dessen Brustwunde Blut in einen Kelch fliesst (Symbol des geopferten Heilandes). Zu beiden Seiten die Apostel Petrus und Paulus. Majestätisch ernste Würde spricht trotz mangelhafter Technik aus diesem, wie dem vorhergenannten Bilde. Schwarzer Grund. Holz. H. 1′ 7½″, br. 2′ ½″.

96. **Bilder** aus dem Leben Jesu. In dem mittleren Raume, der sechsmal grösser ist, als die übrigen 30 Felder, ist der Heiland am Kreuze dargestellt, Engel die das Blut seiner 5 Wunden in Kelchen auffangen, umschweben ihn. Zur Linken steht auf diesem Bilde, das die ganze Höhe der Tafel einnimmt, Maria und Johannes (das schönste grossartigste Motiv des sehr ernst empfundenen phantasiereichen Bildes.) Zur Rechten der Kriegshauptmann mit den Worten: „Vere filius dei erat iste" und Kriegsknechte.

Erste Reihe. Links: 1) Taufe im Jordan. 2) Versuchung durch den Teufel. 3) Erweckung des Lazarus. 4) Einzug in Jerusalem. 5) Abschied Jesu von Maria. Rechts: 6) Abendmahl. 7) Fusswaschung. 8) Christus geht zum Oelberge. 9) Christus am Oelberge. 10) Verrath durch Judas.

Zweite Reihe. Links: 11) Gefangennehmung. 12) Christus vor dem Richter. 13) Christus vor Kaiphas. 14) Christus vor Pilatus. 15) Christus vor Herodes. Rechts: 16) Christi Auslieferung. 17) Geisselung. 18) Dornenkrönung. 19) Ecce homo. 20) Fortführung.

Dritte Reihe. Links: 21) Kreuztragung. 22) Misshandlung. 23) Christus an's Kreuz geschlagen. 24) Kreuzabnahme. 25) Grablegung. Rechts: 26) Erlösung aus dem Fegfeuer. 27) Auferstehung. 28) Himmelfahrt. 29) Pfingsten. 30) Weltgericht. Sehr concentrirte klare Compositionen. Leinwand. H. 3′ 9¾″, br. 12′ 7½″.

97. **Martyrium** der zehntausend Heiligen. In der Mitte der Bischof Achatius, welchem die Augen ausgebohrt werden, nebst vielen andern um ihn herliegenden Martyrern, die von dornigen in den Erdboden

befestigten Pfählen durchbohrt sind. Rechts eine Schaar von gebundenen Heiligen, links berittene Krieger der Mordscene zuschauend. Blauer Grund mit Sternen. Leinwand. H. 1' 8", br. 2' 1½".

98. **Die heilige Veronika** mit dem Schweisstuche. Das Antlitz des Heilandes, das auf einem durchsichtigen Schleier sichtbar, ist im Verhältniss zu der Heiligen in sehr grossem Maassstabe dargestellt. Das Bild ist aus der Schule des Meisters Wilhelm. Geschenk des Herrn H. Dackes. Holz. H. 1' 10½", br. 11¾".

99. **Die Legende** der heiligen Ursula. Die den ganzen Vordergrund des Bildes einnehmende Handlung entwickelt sich am Ufer des Rheines. Im Mittelgrunde links liegt die in zusammengedrängter Weise dargestellte Stadt Köln, hauptsächlich den Dom*) und die übrigen Kirchen zeigend. Im Strome sieht man links einen Kahn mit zwei Fischern, sowie eine grosse Menge Fische im Wasser; rechts davon ein Fahrzeug mit Wallfahrern. Ganz zur rechten Seite landen zwei Schiffe mit vielen Gruppen und Gestalten, darunter ein Pabst, Bischöfe und Cardinäle: die Ankunft der heiligen Ursula mit ihrem Gefolge in Köln. Die Heilige, neben ihr König Etzel, der sie zu überreden sucht und drohende Krieger stehen am Ufer. Im Hintergrunde die Darstellung des beginnenden Martyriums ihrer Begleiterinnen, welche von den Kriegsknechten angegriffen und niedergemacht werden. H. 1' 11", br. 5' 7¾".

100. Der heilige **Petrus** und der heilige **Andreas**. Geschenk des Herrn J. J. Merlo. Ein Bild von eigenthümlich weicher und heller Farbenstimmung. Goldgrund. H. 2' 11", br 1' 9".

Vier grosse Tafeln mit der Verkündigung und 2 Heiligen:

101. **Der Erzengel Gabriel**, in der linken Hand ein Scepter tragend, bringt in knieender Stellung die Botschaft.

102. **Maria**, an einem gothischen Betpulte knieend, empfängt die Botschaft. Ueber ihr links, oben in Wolken Christus (Personificirung der Gottheit), von dem Strahlen ausgehen und der segnend herniederblickt. Zwischen Beiden, über dem Haupte der Jungfrau, die Taube, das Symbol des heiligen Geistes. Rother Grund mit Ornamenten.

103. **Der heilige Bischof Agilolf.** Dieses und das folgende Bild sind die abgesägten Aussenseiten der beiden Vorhergenannten.

104. **Der heilige Bischof Anno.**

Beide auf tiefblauem Grunde mit Sternen. In diesen vier Bildern ist Ernst und Würde verbunden mit zierlicher Bewegung und graziöser Noblesse sehr schön zum Ausdruck gelangt. Holz. H. 5' 1", br. 2, 3½".

---

*) Der südliche Thurm desselben ist noch im romanischen Style dargestellt, wie er vor 1347 bestand.

105. **Der gekreuzigte Heiland.** Links Maria, rechts Johannes. Rother Grund. Leider sind in einer späteren Zeit die Köpfe aus geschnitztem Holze hervorragend angebracht worden, die weniger schön sind als die Gewänder, welche des Meisters Wilhelm Schule zeigen. Holz. H. 2' 10", br. 1' 11¾".

106. **Antipendium.** Eine im romanischen Style ausgeführte Metall- und Emaillearbeit von ausserordentlichem Geschmacke und reicher Phantasie. In der Mitte dieses Kunstgebildes die Mutter Gottes mit dem Kinde, umgeben von vier musicirenden Engeln. Die sechs linken Felder enthalten die Gestalten der Heiligen: Andreas, Paulus, Petrus, Pinnola, Cordula und Ursula; die sechs rechten die Heiligen: Nicolaus, Laurentius, Sixtus, Severinus, Hippolytus und Cunibertus, deren Gesichter, in feiner Vollendung farbig ausgeführt, an die Hand Meister Wilhelm's erinnern. Die Kronen und Attribute der Heiligen, so wie die ungemein schön in rhythmischem Flusse edler Linienführung angedeuteten Gewänder aber sind in schwarzen Contouren gegeben. Bedeutsamer Ausdruck der Köpfe. Das Ganze macht einen überaus edlen Eindruck; man fühlt, wie es um ideale Darstellung hier zu thun war, die weit entfernt vom naturalistischen Streben. Echt christlicher Sinn spricht hier als Kunstform. Goldgrund mit Rahmen. H. 3' 8", br. 6' 11¼".

Altar mit Flügeln:

107. **Die heiligen Sippen.** Ueber einer gothischen Bank, auf welcher in der Mitte **Maria** mit dem Kinde, links die h. Anna, rechts die h. Elisabeth mit dem kleinen Johannes so wie noch andere heilige Mütter sitzend dargestellt, die auf dem Schoosse ihre Kinder halten (im Kindesalter dargestellte h. Männer) sind die Väter derselben sichtbar. Die Namen derselben, auf Zetteln geschrieben, von links aus gelesen sind: Zebedäus, Alphäus, Salomas, Cleophas, Joachim, Joseph, Zacharias, Eliud, Emry. Die der Kindergestalten: Jacobus major und Johannes evangelista, Judas Thadeus, Symon, Joseph justus, Jacobus minor und rechts unten Servatius. Der linke Flügel zeigt in der oberen Hälfte die Verkündigung in der unteren die Geburt; der rechte Flügel oben Maria bei Elisabeth, unten die Anbetung der h. drei Könige. Die Aussenseite der Flügel: links Christus umgeben von Marterwerkzeugen, rechts der h. Andreas, der h. Gregor, die h. Elisabeth und die h. Anna. Goldgrund. Holz. Mittelbild h. 2' 8¾", br. 3¼". Flügel h. 2' 8¾", br. 1' 3¼".

Altar mit Flügeln:

108. **Anbetung der heiligen drei Könige.**

109. **Die Geburt Christi.** Oben der segnende Jehova, im Mittelgrunde singende Engel.

110. **Die Kreuzigung.** Bilder die für weite Distanz bestimmt waren. Goldgrund. Holz. Mittelbild h. 1' 10¼", br. 1' 7½". Flügel h. 1' 10¼", br. 8¼".

Zwei lange Tafeln:

111. **Anbetung der heiligen drei Könige.** Rechts sitzt die Gottesmutter, über welcher Engel mit einer Krone schweben, mit dem Christuskinde. Einer der Könige kniet vor ihr, die andern treten ehrerbietig mit ihren Geschenken in grossen Zwischenräumen näher. Links deren Gefolge. Rother Grund mit Goldmuster. Holz. H. 1' 8½", br. 7' 8½".

112. Links: **Maria Magdalena,** Christus das Haupt salbend.
Rechts: **Maria Magdalena,** Christus die Füsse salbend. Rother Grund mit Goldmuster. H. 1' 8½", br. 7' 8½".

113. **St. Antonius,** der Vater der Einsiedler, lebte der Legende zufolge um die Zeit der Decius'schen Christenverfolgung in der thebaischen Wüste. Unser Gemälde zeigt ihn wie er: a) von Teufeln geschlagen wird, über ihm aber schwebt der segnende Heiland; b) er kniet von Flammen umgeben (Symbol der Begierden), ein verlockendes Weib erscheint ihm, er aber wendet sich weg und betet; c) ihm begegnet ein Centaur (Symbol des thierisch-gesinnten Menschen), der ihn vergeblich zu überreden sucht ihm zu folgen; d) er hat den ihm noch unbekannten Einsiedler Paulus besucht und ein Engel, der jenem täglich seine Nahrung brachte, bringt diese nun für beide betend beisammen Knieenden; e) er wird von zwei Einsiedlern begraben. Ein über ihm schwebender Engel nimmt seine Seele auf. Hintergrund Felsenschluchten, Wald, blaue Luft mit goldenen Sternen. Leinwand. H. 1' 8", br. 2' 1½".

114. **Madonna** mit dem Kinde. Sie steht vor dem Eingange einer mit reichen Thürmen geschmückten Kirche. Erworben aus dem Ertrag des von Dr. Müller verfassten Catalogs 1865 und war früher in der Essingh'schen Sammlung. Holz. H. 1' 10", br. 1' 1".

115. **Ecce Homo** und: **Christus** erscheint dem heiligen Franciscus von Assisi als Cherub und theilt ihm die Wundenmale mit. Das Bild war früher in der H. Schmitz'schen Sammlung und gehört zu den weniger verdienstvollen dieses Theils der Sammlung. Holz. H. 3' 6½", br. 2' 2½".

Die Verkündigung:

116. **Der Engel Gabriel.**
117. **Die Jungfrau Maria.**
Leinwand. H. 4' 8", br. 3' 2".

Meister Stephan und seine Schule.
Zeit 1420—1460.

Die einzige Kunde, welche uns den Namen Meister Stephan als den des Dombildmalers überliefert, findet sich in dem Tagebuche Albrecht Dürer's, der, als er 1521 auf seiner niederländischen

Reise Köln besuchte, zwei Weisspfennige anschrieb, die er bezahlte „um die Tafel aufzusperren, die Meister Steffen zu Köln gemacht hat." Nach J. J. Merlo's Forschung in den kölnischen Urkunden fand sich unter den vielen Malern dieser Zeit einer, aber auch nur einer, dieses Namens. Er wird Stephan Lochner (nach des Stadtarchivars Dr. Ennen Berichtigung anstatt Loethener) genannt, scheint aus Konstanz gebürtig zu sein; im Jahr 1442 kaufte er zwei Häuser genannt „Carbunkel" und „der alte Gryne" (Ecke von „St. Alban" und Höhle), wurde zwei Mal, 1448 und 1451, in den Rath der Stadt Köln gewählt, starb aber im Jahre 1451 und zwar, wie es scheint, in Dürftigkeit, der Sage nach sogar im Hospital. In seinen Arbeiten tritt uns eine besondere Stufe der Entwicklung entgegen, nicht nur als Form, sondern auch Aussprache edelster seelischer Bewegungen und Kräfte. Zu dem Ausdrucke von Innigkeit, feierlicher Heiterkeit, Seligkeit, himmlischer Freude und gotterfüllten Friedens, den er gleich seinen Vorgängern schön, ja theils noch schöner zu geben weiss, kommt nun bei ihm auch ein Ausdruck von besonderer Hoheit, Glaubensmuth und geistiger Kraft hinzu und mit diesen in Uebereinstimmung eine festere bestimmtere individuellere Form, eine theilweise schärfere Auffassung. Die frühere Rundung der weiblich-idealen Köpfe wird länglichter. Die Behandlung des Faltenwurfs, in seinen späteren Arbeiten, wird schärfer und eckiger, mehr an die Weise der van Eyck erinnernd. Dabei zeigt eine leuchtende, aber theils tiefer gestimmte Farbe, als sie bei den früheren Meistern und seinen eigenen Jugendarbeiten vorherrscht, dass er sich des neu in Anwendung gekommenen Mittels der Oelfarbe bedient haben wird. Gestützt auf den Anhalt, den uns die Betrachtung des hochberühmten Dombildes gewährt, dürfen wir das hier zunächst angeführte Bild einer früheren Periode des so wunderbar edel begabten, so rein entwickelten Künstlers zuschreiben, dessen Werke durch ihre echt germanische Schönheit dem deutschen Gemüthe so besonders anziehend werden.

*118. **Madonna in der Rosenlaube.** Es gehört dieses von Herrn F. J. v. Herwegh 1848 dem Museum geschenkte Bild zu den seltensten Kleinodien jener Darstellungen, die man „Paradiesesbilder" nennt. Die höchsten Seelenschönheiten haben darin Ausdruck gefunden, heilige Anmuth, gotterfüllte Innigkeit, selige Heiterkeit und Frieden, besonders aber in dem Madonnenantlitz eine mit Reinheit und Kindlichkeit verbundene Hoheit und herrschende Majestät der sündlos Gebornen und Gebenedeiten. Mit unsäglicher Vollendung ist es ausgeführt, so dass es sowohl in den lieblichen Engelköpfchen, in den Draperien, in den köstlichen Schmucksachen, z. B. der herrlichen Agraffe, auf der eine Jungfrau mit dem Einhorn (das Symbol der Reinheit) dargestellt ist, bis zu den Blumen und Gräsern die seltenste Zierlichkeit zeigt. Schwer ist es für eine solche Verkörperung eines „Bildes heiliger Minne" den würdigsten Ausdruck im Worte zu finden. Möge es gestattet sein, die folgenden Sonette †) beizufügen, die wenn ich dem Zeugniss einzelner Freunde trauen darf, nicht ganz ungeeignet sind, die rechte Stimmung einigermaassen vorzubereiten.

> Die Gott als Mutter hatte auserkoren
> Des Weltenheilands, der aus Engelmunde
> Einst ward die heilige Erlösungskunde
> Und Himmel jauchzten als sie ihn geboren —
> In seligstem Entzücken ganz verloren
> Ruht sie, als ob sie dächte jener Kunde
> Vom Gottesreich, vom ew'gen Friedensbunde,
> Den einst Jehova selber hat beschworen.
> Dass ihre Seele werd' ein Schwert durchdringen,
> Wie's Simeon prophetisch ahnend schaute, —
> Es schweigt in ihr, — fremd sind ihr Schmerzgefühle.
> Nur holder Engel Lied hört sie erklingen,
> Die zu der Erde bringen sel'ge Laute,
> Vom Friedensloos, dem Glück am Himmelsziele.

> Demüth'ge Jungfrau, lieblichste der Frauen;
> Dein Lob ertönt aus wonnevollen Reichen —
> Dir möchten Erd' und Himmel Gaben reichen,
> Dir, die der Engelbotschaft wollte trauen.
> Ein Rosenhag will sich als Thron dir bauen,
> Und über ihm der Höchste ohne Gleichen
> Schwebt zu dir nieder mit des Segens Zeichen,
> Welch hohe Feier ist es, dies zu schauen!
> Denn Farb' und Linien fühlt man sich beleben
> Zu rhythmischen Accorden, ein Erheben
> Des Geistes durch entzückend reine Formen.
> Heil dem der so harmonisch echte Normen
> Als laut'rer Künstler schaffend kann erfinden,
> Heil dem, der, was du schufst, kann nachempfinden.

Goldgrund. Holz. H. 1' 4½", br. 1' 2".

Zwei Flügelbilder:
(Theile des in der Galerie zu Darmstadt befindlichen Werkes von Meister Stephan, welches die Darbringung Jesu im Tempel vorstellt.)

*119. **Der heilige Ambrosius**, Bischof von Mailand. Unter ihm kniet ein betender Donator. Die heilige Cäcilia, in der Linken das Evangelium, in der Rechten den Palmenzweig (das Symbol des Sieges über den Tod) haltend. — Der heilige Augustinus (der Theologos). Er trägt ein durchbohrtes Herz in seiner Linken (Anspielung auf eine Stelle im neunten Buche seiner Bekenntnisse, wo er sich dieses Bildes bedient.) Das Gegenstück zu diesem Bilde ist

*120. **Der heilige Marcus** (vor ihm die symbolische Gestalt des Löwen). Die heilige Barbara. Der heilige Lucas. (Der Evangelist ist hier als Maler dargestellt, in seiner Hand ein Bild der Madonna mit dem Kinde haltend. Unter ihm die symbolische Gestalt des Stier's. — Die Bilder

---

†) Wurden zuerst im „Organ für christliche Kunst" abgedruckt. Februar 1867.

sind oben durch gothische Bögen, unter denen die Heiligen stehen, gekrönt. Zarte ätherische Gestalten von erhabener Würde in der ganzen Erscheinung. Die Gewänder sind von wunderbarer Feinheit und Klarheit der Form und Farbe, und die Gesichter zeigen den Ausdruck jungfräulicher Reinheit und heiligen Friedens. Macht und Milde, Hoheit und Kindlichkeit leuchten in vereinigtem Glanze aus diesem Werke, das uns so wie auch das vorhergenannte voll die Empfindung giebt, dass der Maler nicht von vor sich gehabter Erscheinung entlehnte, sondern von so mächtiger innerster Seelenempfindung erfüllt, so durchdrungen von innerlichster Anschauung war, dass er schaffend den plastischen Ausdruck dafür finden musste, der in unvergleichlicher Feinheit hier waltet. Goldgrund. Holz. H. 2′ 6″, br. 1′ 10″.

*121. **Das jüngste Gericht.** Hoch auf einem Regenbogen sitzend erscheint der Heiland als Weltenrichter, die Hände erhoben; die Rechte zum Segnen der Seligen, die Linke zum Abweisen der Verdammten. Tiefer links kniet seine Mutter Maria in fürbittender Stellung auf einem Hügel, rechts Johannes der Täufer. Ueber diesen schweben Engel mit Leidenswerkzeugen. Zwischen denselben, unter der majestätischen Gestalt des Heilands, zwei Engel, welche die Posaunen des jüngsten Gerichtes blasen. Rechts werden die verschieden charakterisirten Lasterhaften, von phantastisch-lebendig componirten Teufelsgestalten mit Gewalt weggeführt und gepeinigt. Vor dem Höllenfürsten Lucifer sind alle Menschenstände versammelt und harren voll Entsetzen auf das ihnen beschiedene Loos. In der Luft oben rechts, wie unten links sind Engel und Teufel noch im Streite über einzelne Auferstandene, während links, von Engeln geleitet, die Seligen zu den Pforten des Paradieses eingehen, wo St. Petrus mit dem Himmelsschlüssel in der Hand zwischen musicirenden Engeln steht. — Grosser Ernst und dramatisches Leben charakterisirt in hohem Grade die unteren Gruppen, während grossartig Majestät in den drei, auch in grösserem Maassstabe dargestellten Hauptgestalten sich kund gibt. Das Bild war in der ehemaligen St. Lorenzkirche in Cöln. Die dazu gehörenden Flügel sind in den Gallerien von München und Frankfurt a. M. Sehr verschieden sind die Meinungen der Kunstgelehrten über dieses Bild, die es bald als Werk des Meisters Stephan, bald als das eines seiner Zeitgenossen ansehen. Ich stimme der ersteren bei und finde das Befremdende des Bildes erklärlich durch die dramatischere Handlung und die dem Meister ungewohnte Absicht, auch das Böse charakterisiren zu wollen. Goldgrund. Holz. H. 3′ 10½″, br. 5′ 5½″.

*122. **Die Geisselung Christi.** Die Kriegsknechte erheben die Ruthen und Geissel gegen den an einer Säule gefesselten Christus. In einer Halle rechts ist die Verspottung Christi, als Königs der Juden, dargestellt. Grosse Zartheit der oft zauberisch weichen Modellirung, edle Farbenstimmung, fein empfundene Zeichnung der Köpfe voller Innerlichkeit. Holz. H. 3′ 1½″, br. 2′ 3¾″. Zu dem Bilde gehört:

*123. Die Grablegung. Joseph von Arimathia und mehrere Jünger des Herrn legen den Leichnam Christi in ein in den Felsen gehauenes Grab. Hinter demselben stehen Maria, Johannes und heilige Frauen. Wie das vorige Bild behandelt, indessen zeigt es einen noch wunderbareren Reiz im Schmelz der Farben beim grössten Reichthum der Pracht, eine Klarheit, duftiges Licht und geschmackvoll gewählte Zusammenstellung der Farben, wie sie kaum schöner gedacht werden kann. — Die fromme künstlerische Hingebung, die nicht ruht, bis sie dem geliebten Gegenstande die möglichste Verklärung der Darstellung verliehen, ist hier auf's Bestimmteste nach zu empfinden. — Hintergrund ein kleiner bewachsener Hügel, anstatt Luft ein mit prächtig rothen Ornamenten und Gold durchwirkter Teppich. Beide Bilder sind des Meisters Stephan würdig. Holz. H. 3' 1½'', br. 2' 3¾''.

124. Die heilige Ursula. Eine Gestalt, in welcher Hoheit und Anmuth verbunden sind, in den Händen Pfeil und Palmzweig haltend, die Krone auf dem Haupte, unter ihrem von den ausgebreiteten Armen herabfallenden grünen Mantel vier Jungfrauen schützend. Der Fall des Gewandes ist vom schönsten Schwunge der Linien und erinnert an die frühere Periode der altkölnischen Kunstweise. Das Bild, das leider sehr gelitten hat, dürfte von einem Zeitgenossen des Meisters Stephan herrühren. Holz. H. 5' 9'', br. 3' 9½''.

Altar mit Flügeln:

125. Mittelbild. **Die Anbetung der heiligen drei Könige.**

126. Linker Flügel. **Die heilige Ursula** mit ihren Gefährtinnen.

127. Rechter Flügel: **Der heilige Gereon** mit seinen Gefährten. Wir halten das Werk für die Reproduction einer Jugendarbeit des Meisters Stephan, mit vermuthlicher Benutzung eines Miniaturbildes, die als ein schwacher Versuch einer noch nicht zur vollen Formengebung und Abrundung durchgedrungenen grossen Künstlernatur anzusehen ist. — Man sieht ein Ringen, die überkommene Schultradition mit der eigenen reicheren, bewegteren Phantasie zu vereinigen, was dem Meister dann erst nach längeren Jahren in dem berühmten Dombilde gelang, das einen Höhepunkt dieser überaus edlen Kunstrichtung gibt. Das wunderbare Madonnenbild im erzbischöflichen Museum zu Köln möchte als Zwischenglied der verschiedenen Entwicklungsstadien des Künstlers anzusehen sein, so wie auch die Nro. 119 und 120 erwähnten Bilder. Goldgrund. Holz. H. 2' 6½'', br. 2' 11½''.

128. Maria mit dem Kinde, rechts der heilige Hieronimus, den in der Mitte knieenden Donator empfehlend. Im Sinne der Schule des Meisters Stephan gemalt. Holz. H. 3' 1¾'', br. 2' 3''. Der Rahmen des Bildes trägt die Jahreszahl 1431.

Altar mit Flügeln:

129. Mittelbild. **Das Martyrium** des heiligen Bischofs **Erasmus.**

Henkersknechte winden die Eingeweide aus seinem Leibe. Drei Gestalten schauen bewundernd der Geduld des Heiligen zu. Oben in blauer Luft und leichten Wolken erscheint Christus in segnender Bewegung.

130. Linker Flügel desselben: **Maria** in einem tiefblauen, fast schwarzen Kleide und Mantel mit grünem Futter; neben ihr Johannes der Evangelist in rother Tunika und weissem Mantel, in der Linken den Kelch haltend.

131. Rechter Flügel: der Apostel **Bartholomäus** und ein **Bischof.** Beide Flügel auf rothem Grunde.

Es sind drei tiefinnerlich empfundene, farbenprächtige Bilder, in denen des Meisters Stephan wie van Eyck'scher Einfluss höchst erfreulich sichtbar ist und die trotz der starken Restauration, welche sie erfahren haben, noch köstlich leuchtend wirken. Holz. Mittelbild. H. 1' 7", br. 1' 3"; Flügel H. 1' 7", br. 8".

Legende der heiligen Ursula in fünfzehn Tafeln von nahezu gleicher Höhe. 1' 8½" bis 1' 9".

132. Geburt der heiligen Ursula. Br. 2' 10".
133. Ihre Taufe. Br. 5' 2½".
134. Ein Bote bringt die Brautwerbung des Prinzen Conan. Br. 5' 4½".
135. Sie betet mit ihren Eltern in der Kirche. Br. 5' 6".
136. Der Prinz überbringt die Brautwerbung. Br. 5' 5".
137. Die Bewerbung wird angenommen. Br. 5' 4".
138. Ursula landet mit ihren Gefährtinnen in Köln. Br. 5' 1".
139. Sie landet in Strassburg. Br. 4' 9".
140. Sie landet in Basel. Br. 4' 3½".
141. Sie kommt nach Rom und wird vom Papste empfangen. Br. 4' 3½".
142. Der Papst betet. Ihre Gefährtinnen werden getauft. Br. 4' 3½".
143. Fortsetzung der Taufe. Abfahrt. Br. 7' 11".
144. Ankunft in Basel in Begleitung des Papstes. Br. 4' 3½".
145. Ankunft in Mainz. Br. 4' 3½".
146. Ankunft in Köln und Martyrium daselbst. Br. 4' 3½",

Dieser ungemein sinnig componirte Cyclus zeigt besonders in den weniger bewegten und frei dastehenden Gestalten die besonderen Tugenden der Schule des Meisters Stephan, aus der sie zweifellos hervorgegangen sind. Grosse Innigkeit, Kindlichkeit mit Hoheit gepaart, Sinn für schöne Linienführung und edle Silhouetten, in denen immer noch das Stylgefühl für Uebereinstimmung mit gothischer Architektur obwaltet. Wie schwer es ist, landschaftlichen und architektonischen Hintergrund mit letzterem zu verbinden, geben sie Zeugniss, und in den folgenden Bildern tritt uns die interessante Erscheinung entgegen, wie die Schule der Brüggeschen Meister, die früher selbst unter kölnischem Einflusse stand*), nun wieder entschieden auf die kölnischen Künstler zurückwirkt.

Gemälde altkölnischer Meister, welche unter den Einflüssen der Schule Hubert's und Johann's van Eyck entstanden.

Zeit 1430—1550.

So müssen wir die Werke bezeichnen, welche in der chronologischen Folge unserer Sammlung nur noch in modificirter Weise den in der früheren Epoche üblich gewesenen Typus der Gesichter und Gestalten bewahren, aus welchem einestheils die reine Kindesunschuld, eine unbefangene Zierlichkeit, eine sanfte Anmuth des Wesens und oft eine an die Braut im hohen Liede erinnernde Schönheit, anderntheils die durchgreifende Macht, der Heldenmuth des im Glauben ernst zusammengefassten Gemüthes, die festgewordene strenge Individualität aufrichtiger treuer Charakter uns anspricht. Auch findet man schon weniger die Grossartigkeit der Gewandung und die Breite der Modellirung. Dagegen tritt in den Werken dieser späteren Schule ein mehr coloristisches Element auf, das durch Anwendung von Farben, die bald von grösserer Intensität, bald von weicherem sanfterem Grade der Abstufung und Kraft zusammengestellt und theilweise, um die Wirkung der Transparenz zu erreichen, übereinander gelegt sind, erzielt wird, welche man als „Farbenaccord" bezeichnen kann, der so zu dem musikalisch-malerischen Prinzipe führt. Zugleich ist es die von den Malern nun mehr in Anwendung gebrachte directe Benutzung der Natur als Vorbild, die zu dem im Beleuchtungs-Gesetze beruhenden Modellirungs-Prinzipe, zur Auffassung schärferer charakteristischerer und in den Gewändern besonders eckigerer Formen leitet, so wie zu mannichfachen anderen Consequenzen, derer in dem Vorworte zur Abtheilung der altniederländischen Schule Erwähnung geschieht. So ist denn die ganze Anschauungsweise eine andere geworden die zu ganz neuer Art von besonderer Harmonie führt, die aber vor dem um die Mitte des XVI. Jahrhunderts hereinbrechenden Verfall der Kunst immer noch als Aehnlichkeit so viel Zusammenhang mit der früheren Richtung der durch tiefstes Versenken in den Gegenstand nach absolutester Schönheitsform und Norm strebenden altkölnischen Schule hat, dass man, obschon die Namen der Meister jener Zeit nicht bekannt sind, doch Anstand nehmen muss, sie den in ihrer Ausdrucksweise wieder so verschiedenen

---

*) Ich spreche mit Obigem eine persönliche Wahrnehmung aus, die sich mir bei meiner jüngsten Reise in den Niederlanden überzeugend aufgedrängt hat.

Meistern anderer Schulen zuzuschreiben. Wir benennen demzufolge in Ermanglung jeder anderen Signatur die hervorragendsten Maler dieser Epoche nach den von ihnen vorhandenen Gemälden bis uns in Bartholomäus Bruyn und Anton von Worms zuerst wieder ein bestimmter Anhalt gegeben wird. Nach diesen Meistern tritt um die Mitte des XVI. Jahrhunderts der Verfall mehr und mehr ein. Suchen wir im Entwicklungsgange der Geschichte die Grundursache jenes Verfalls der ursprünglich edelsten Kunstweise, wie sie die ihre ganze Zeit überstrahlende altkölnische Schule ausübte, so darf man annehmen, dass nebst der sinnverwirrenden Blendung, welche durch das nun besonders angewandte Material: die Oelfarbe und die ihm mögliche glänzende, das Auge bestechende Technik sich bot, dieser doch auch im allgemeinen Bildungsgange seinen Grund hatte. An die Stelle der in der früheren Epoche noch vorherrschenden begeisterten Vertiefung in Religion und Philosophie trat nun einestheils mehr Spitzfindigkeit, anderentheils mehr Schematismus und die Rückwirkung hiervon war, dass auch die Sprache der bildenden Kunst mehr zur blossen Redensart herabgewürdigt wurde. Als eine stets deutlich zu gewahrende Consequenz verlor sich wie aus dem Leben so auch aus der Kunst die idealistischere Anschauung mehr und mehr und der ganze Ernst, die tiefe Weihe, die noch in den Werken der früheren Meister zu empfinden, wird mehr und mehr vermisst und die gemeinere plattere Wirklichkeit, dazu aber auch das mit klarem Blick erfasste individuelle Portrait, in welchem zuweilen noch echt kernhaftes, wenn auch schwungloses Wesen, Ehrbarkeit und Treue sich zeigt, kommt mehr und mehr zur Geltung. Vom begeisterten Ausdruck zartester Minne blieb ja auch im Leben nur mehr die Galanterie, die höfische den äusseren Anstand leitende Form, die, unter dem wachsenden Einfluss französischen Wesens vielfach zur sanctionirten gewohnheitsmässigen Unwahrheit herabsank. Unreligiöser Sinn behandelte vielfach religiöse Gegenstände und so war die Kunstsprache eine Aeusserlichkeit geworden, mehr oder minder voll Pomp in der Erscheinung, der indess mitunter fast pathetisch wirken konnte. Denn weder der Grad von philosophischer Vertiefung, der zu wohlberechtigter freier symbolischer Auffassung religiöser Anschauungen gelangt, noch auch jene Kindlichkeit, die in treuer Hingabe in einer buchstäblichen Auffassung genügende reine geistige Nahrung empfing, lag im Geiste der Zeit, in der die noch nicht zum vollen Durchbruch gelangte humanistische Bildung zunächst nur zerstörend auf den Bestand des künstlerischen Lebens wirken konnte, bis dann mit dem Ende des vorigen, mit dem Beginn des jetzigen Jahrhunderts ein neues und echtes Geistesleben wieder erwachte.

147. Christus am Kreuze, links Maria, rechts Johannes. Am Stamm des Kreuzes kniet in kleinerem Maassstabe dargestellt der Donator des

Bildes, der Canonicus Werner Wilmerinck, der, wie aus der Inschrift im Rahmen hervorgeht, dasselbe 1458 stiftete. Ich halte das Bild für die Reproduction einer Arbeit aus früherer Zeit, bei welcher dann die Formgebung, die durch die van Eyck und den älteren Roger van der Weyden bestimmte Styl-Anschauung der genannten Zeit durch den Maler modificirt wurde. Schwarzer Grund. Holz. H. 5' 8½'', br. 4' 4½''.

148. **Mitte des Bildes**: **Christus am Kreuze**, links Maria und Johannes, neben diesen Jacobus der ältere und Matthäus; rechts Petrus, Andreas und Bartholomäus.

149. Linker Flügel: **Simon, Philippus und Thomas.**

150. Rechter Flügel: **Judas Taddäus, Jacobus der jüngere und Mathias.**

Auch bei diesen drei Bildern ist der bei dem früheren genannte Einfluss nicht zu verkennen, doch sind sie zu milderer harmonischerer Abrundung gelangt. Oben tiefblauer Grund mit Goldsternen, unten Goldgrund. Holz. Mittelbild h. 2' 10¾'', br. 5' 8¼''. Flügel h. 2' 10¾'', br. 2' 8¼''.

Der **Meister der Lyversberg'schen Passion** wird der Maler der folgenden Bilder genannt, welche sich im Besitz des Stadtraths Lyversberg zu Köln befanden, dann in die Hand von dessen Tochter, der Frau Landgerichtsrath Baumeister, übergegangen und 1864 für das Museum erworben worden sind. Unser Meister, früher vielfach ohne genügenden Grund Israel von Meckenem genannt, hat zwischen 1463 und 1490 gearbeitet, scheint den Einfluss des ihn freilich weit übertreffenden Zeitgenossen Hans Memlinck in Brügge erfahren zu haben, denn vielfach erinnert er an denselben, sowohl in Bezug auf das brillante Colorit als dramatisch-lebendigen, tief empfundenen Ausdruck und Formengebung.

*Die Lyversberg'sche Passion in 8 Bildern:
(Erworben aus dem Richartz-Fonds 1864.)

151. **Das Abendmahl.** Johannes ruht an der Brust des Herrn.

152. **Die Gefangennehmung.** Christus heilt das von Petrus dem Malchus abgeschlagene Ohr wieder an.

153. **Christus vor Pilatus**, der seine Hände wäscht und von seiner Frau Mittheilungen über ihren Traum erhält.

154. **Geisselung und Verspottung und Dornenkrönung.**

155. **Kreuztragung.** Simon von Kyrene hilft Jesu das Kreuz tragen.

156. **Kreuzigung.** Maria sinkt in Ohnmacht. Der Hauptmann spricht sein Bekenntniss aus.

157. **Kreuzabnahme.** Rechts im Mittelgrunde wird in einer Höhle der Leichnam Christi in's Grab gelegt.

158. **Auferstehung.** Im Grabe steht ein Engel und spricht zu den mit Salbgefässen herannahenden drei Marien. Goldgrund. Holz. H. 3', br. 2' 2''.

*159. Mittelbild: **Kreuzabnahme.** Joseph von Arimathia und Nicodemus tragen den Leichnam Christi, dessen herabhängende rechte Hand von dem an der linken Seite vorne knienden, in etwas kleinerem Maassstabe dargestellten Donator wie zum ehrerbietigen Kusse umfasst wird. Hinter dem Letzteren steht der heilige Andreas in einer Bewegung, die den Ausdruck verleiht, dass er es ist, der ihn in die Nähe des Heilands geleitet. Hinter Nicodemus steht Thomas in einem Buche lesend und sein Attribut die Lanze haltend. In der Mitte über dieser Gruppe, am Fusse des Kreuzes, sehen wir die in Schmerz zusammensinkende, von dem neben ihr knienden Jünger Johannes aber unterstützte, Mutter des Herrn. Prächtig, feierlich wirkende Farben, charaktervolle Köpfe, scharfe, eckige, fast herbe, dabei aber in rhythmischer Linienführung arrangirte Gewandformen, die mit dazu beitragen, die aus seelenvoller Empfindung entsprungene Körperbewegung noch zu erhöhen, charakterisiren besonders diesen Meister, der neben vielen Schönheiten der Schule des Meisters Stephan in vortrefflichem Sinne den Einfluss van Eyck'scher und Memlink'scher Anschauung zeigt. Das Bild stammt aus dem Jahre 1480. Ueber der zartgebildeten Landschaft ist anstatt Luft der Goldgrund hier ungemein günstig wirkend angewandt. Holz. H. 4' 7'', br. 3' 1½''.

160. Der linke Flügel zeigt den Apostel **Andreas** mit einem Donator aus der Familie de Monte und stammt aus dem Jahre 1499.

161. Der rechte Flügel, aus dem Jahre 1508 stammend, zeigt den Apostel **Thomas.** Auch vor ihm ist ein Stifter, aus derselben Familie, im Ordenscostüm dargestellt. Die beiden Porträtköpfe dieser Seitenbilder sind fein charakterisirt, doch sind die Heiligengestalten derselben sowohl in Farbe als Form weniger bedeutend als auf dem Hauptbilde.

162. Der äussere linke Flügel zeigt die den Gruss erhaltende knieende **Maria.**

163. Der äussere rechte Flügel: Der grüssende Erzengel **Gabriel.** Holz. Die vier Flügel sind h. 4' 7'', br. 1' 2''.

*164. In der Mitte: **Christus** am Kreuz. Links Johannes, der die in Ohnmacht sinkende Maria (eine grossartig in edlen Zügen, rhythmischschwungvollen Gewandlinien componirte Gestalt) unterstützt. Rechts der sein Bekenntniss aussprechende römische Hauptmann, dann ein heiliger Bischof und der heilige Augustinus. Den Grund bildet Landschaft und eine weisslich helle, nur nach oben zu dunkel gestimmte Luft. Ohne so fein charakterisirt, so energisch durchgebildet zu sein, wie Nro. 159, macht das Bild doch einen sehr edlen Eindruck, und erinnert an das folgende Bild, das indess in ungleich zarteren, reicher gegliederten, aber eben so schwungvollen Linien componirt, von ungemein innigem, seelenvollem, elegischem Ausdruck und für nähere Distanz bestimmt ist. Leinwand. H. 5′, br. 5′.

165. An der rechten Seite des Bildes: **Christus** am Kreuze. Engel, die ihn umschweben, fangen in Kelchen das Blut der Wunden seiner Seite und Hände auf. Rechts vom Kreuzesstamme kniet, wehmuthsvollen Ausdruck in den Zügen, Maria Magdalena in anbetender Bewegung. Links steht die der Ohnmacht nahe, grossartig ernste Gestalt der Maria, neben ihr der sie stützende Johannes. Eine schöne ernste in grossartigen Formen componirte Landschaft verbindet die Gestalten, die zu den seelischst empfundenen dieser Richtung gehören, in schwungvoller Form und Linienführung der Gewänder an Martin Schöngauer, in der Färbung aber an die volle Klarheit Memlinck'scher Stimmung, erinnern. Holz. H. 2′ 8″, br. 2′ 3½″.

166. **St. Damianus, St. Cosmas und St. Pantaleon**, in den Händen Arzneigläser haltend. Die Ersteren waren Brüder, die ihre medicinischen Kenntnisse im Dienst der christlichen Frömmigkeit ausübten. Sie wurden in der Diocletianischen Christenverfolgung im Jahre 303 in Sicilien enthauptet. Der Letztere ist der Patron der Aerzte. Holz. H. 4′ 1¾″, br. 2′ 3″.

Zwei Flügelbilder:

167. Linkes Feld: Im Mittelgrunde schreitet die kleine Maria zum Altar, auf dem die Bundeslade, zu deren Seiten Statuetten, Moses und Aaron darstellend, und vor der ein Priester das Weihrauchfass schwingt. Vorne links steht Anna die Mutter und rechts Joachim der Vater der heiligen Maria.
Rechtes Feld: Rechts Maria an einem Betpulte kniend, über ihrem Haupte eine Taube, das Symbol des heiligen Geistes und in der Höhe über einem von Engeln getragenen grün- und golddurchwirkten Teppich Jehova segnend die Hände ausbreitend von dem aus ein kleines Kinderfigürchen, das ein kleines Kreuzchen trägt, hinunter schwebt. Zu beiden Seiten bewundernde, anbetende und lobsingende Engel. Unten links der verkündigende Engel, von dessen linken Hand aus die Worte geschrieben: „Ave gratia plena". Holz. H. 3′ ¾″, br. 3′ 2″.

168. Linkes Feld: **Die Darbringung des Kindes Jesu im Tempel.** Vorn kniet Maria zwei Tauben (das Reinigungsopfer) in den Händen haltend; links Joseph, hinter demselben (wahrscheinlich) die Prophetin Anna, rechts auf dem Altartische ruht in redender Bewegung der kleine Jesus; neben ihm steht Simeon:

Rechtes Feld: **Die Verklärung Christi.** Das Bild erscheint besonders wichtig auch dadurch, dass es eine rein symbolische, in echter Freiheit des denkenden Künstlers ausgeführte Behandlung dieses Gegenstandes gibt, und zwar eines Künstlers, der aus dem Wortlaute den geistigen Inhalt nimmt und in die Form der Kunstsprache als Malerei übersetzt. So hat der Maler hier den mit einem Glorienschein umgebenen Heiland allein und in die Mitte auf einen Berg gestellt, an dessen Fusse die Jünger: Petrus, Jacobus und Johannes knieen und entzückt hinaufschauen. Bei denselben, an der linken Seite, kniet noch der Donator des Bildes im Costüme eines Geistlichen, von dem aus die Worte: transfigurate Christe me glorficato. Auffallend ist es, dass der Heiland, zu dessen beiden Seiten Moses und Elias schweben, in seiner Linken eine mit einem Kreuze geschmückte Erdkugel hält, auf die er niederschaut und mit der rechten Hand segnet. Diese Licenz ist einzig in ihrer Art, aber durchaus künstlerisch zulässig; denn auch hier darf das Wort angewandt werden: „Die Worte, die ich zu euch rede, sind Geist und sind Leben, — das Fleisch wäre nichts nütze." — Es ist in dieser Behandlungsweise ein Wesen echtchristlicher Kunst ausgesprochen, das anderswo oft weniger nachweisbar, aber eigentlich die ganze altchristliche Kunst durchzieht, die für sich den Beweis in sich trägt, dass, „wo der Geist des Herrn ist, da ist Freiheit!" Die beiden Bilder stammen aus der 1846 versteigerten J. G. Schmitz'schen Sammlung. Holz. H. 3' 3/4", br. 3' 2".

169. **Jehova** auf einem Throne, der von Engeln umgeben in einer Glorie schwebt, zu dessen Füssen Christus und Maria in fürbittender Bewegung, die auch aus den beiden unten in der Landschaft angebrachten knieenden Figuren spricht. Diese sind Johannes der Täufer und die heilige Euphemia, zwischen beiden ein geistlicher Donator. Von letzterer Gruppe links sitzt Johannes der Evangelist den Giftkelch segnend, aus welchem sich eine Schlange hervorringelt, rechts die heilige Cäcilia die Orgel spielend. Ohne sehr ideale Formen zu zeigen, ist das Bild doch in strengem und feinem Sinne durchgeführt. Es stammt aus der J. P. Weyer'schen Sammlung, erinnert sehr an die Werke des Israel von Meckenem und wurde 1862 von der Stadt angekauft. Holz. H. 3', br. 3' 2".

170. **Christus** am Kreuze, zu beiden Seiten Maria und Johannes. Unten knieen in kleinerem Maassstabe dargestellt Donatoren, rechts Mädchen verschiedener Altersstufen, die älteren in Nonnentracht, links viele Knaben. Holz. H. 3' 2½", br. 2' 3".

171. **Die heilige Clara** von Siena. Temperabild. Leinwand. H. 3', br. 2' 4".

172—176. **Grosser Altar in fünf Tafeln.**

Das Mittelbild und die beiden dazu gehörigen Flügel zeigen die Legende des heiligen Georg, des von den frühesten Zeiten an im Morgenlande und Abendlande hochverehrten Schutzpatrones der christlichen Heere, welche nach einzelnen Auffassungen die Befreiung Cappadociens vom Götzendienste in allegorischen Darstellungen ausdrückt, nach anderen historische Schilderungen der Ereignisse aus dem Leben des grossen Martyrers geben soll. An diese knüpft sich die Legende des heiligen Hippolyt. Die Darstellungen ziehen sich auf den Feldern, die theilweise nochmals getrennt sind, von links nach rechts.

172a. Oberes Feld des linken Flügels. Von dem Thurme einer Burg, auf deren Brücke die trauernden fürstlichen Eltern ihre Tochter herbeiführen, wird dem rechts unten lagernden Drachen ein Lamm zugeworfen.

173a. Oberes linkes Feld des Mittelbildes. Im Mittelgrunde links kniet der heilige Georg betend. Die über ihm in der Luft schwebende Madonna mit dem Kinde reicht ihm einen Schild. Im Vordergrunde reitet der heilige Georg dem Drachen entgegen und durchsticht mit einer Lanze dessen Kopf. Rechts steht die königliche Jungfrau, ihren Gürtel (das Symbol der Reinheit) vor sich hinhaltend. Im Mittelgrunde rechts. reitet der heilige Georg. neben ihm schreitet die Jungfrau und zieht den verwundeten Drachen an ihrem Gürtel hinter sich her nach der Stadt zu.

173b. Rechtes oberes Feld des Mittelbildes. Linke Seite: Der heilige **Georg** durchsticht mit seinem Schwerte die Brust des Drachen. Die befreite Jungfrau, ihre staunenden Eltern und Angehörigen stehen rechts. Rechte Seite: Der heilige Hippolytus steht, seine Hand zum Segen erhoben, neben einem Taufbecken, in welchem ein König, eine Königin und viele andere Täuflinge sichtbar sind. Hinter diesen steht ein betender Priester.

174a. Obere Abtheilung des rechten Flügels. Linke Seite: Der heilige **Hippolyt** weigert sich, der Aufforderung des neben ihm stehenden Landpflegers **Valerianus**, ein Götzenbild zu verehren, Folge zu leisten. Rechte Seite: Mit den Händen an einem Kreuze befestigt, hängt der Heilige, den rohe Schergen mit eisernen Haken und glühenden Kohlen verwunden. Valerianus steht als Zuschauer dabei.

172b. Unteres Feld des linken Flügels. Links: der heilige **Hippolyt** im Kerker wird von Christus besucht und getröstet. Daneben der heilige Hippolyt mit einem Gefässe, dessen giftiger Inhalt durch die Macht seiner segnenden Hand in Gestalt sich emporringelnder Schlangen offenbar wird. Rechts, hinter dem vor ihm knieenden Alten, der staunende Valerianus.

173c. Linkes unteres Feld des Mittelbildes. Links kniet der heilige **Hippolyt** vor den brennenden Rädern, mit welchen er gepeinigt werden sollte und deren brennende Stücke auf die zu seiner Peinigung bestimmten niedergestürzten Männer herabfallen. Rechts steht der Heilige in einem mit siedendem Oele gefüllten Kessel. Der links stehende Valerianus und sein Gefolge staunen über die Erfolglosigkeit der ihm zugedachten Todesart.

173d. Rechtes unteres Feld des Mittelbildes. Der heilige **Hippolyt** wird an Pferden befestigt geschleift. Neben ihm reitet Valerianus und sein Gefolge.

174b. Unteres Feld des rechten Flügels. Links liegt der enthauptete heilige **Hippolyt**. Im Mittelgrunde fällt auf Valerianus und sein heimkehrendes Gefolge Feuer vom Himmel herab. Rechts wird die Leiche des heiligen Hippolyt in einen Sarg gelegt.

175. **Die abgetrennte Rückseite des linken Flügels** zeigt **Maria** und **Joseph** knieend vor dem mit Engeln umgebenen, auf dem Boden liegenden, Christkinde.

176. **Des rechten Flügels:** der gegeisselte und dornengekrönte **Christus** von Pilatus dem Volke vorgestellt. Auf beiden Flügeln Donatoren der Familie Kannegiesser †) und Blittersweg angehörend. Die lebendig, ausdrucksvoll componirten Bilder erinnern in ihrer ernsten Auffassung, in ihrer klaren hellen Stimmung vielfach an Memlink's Arbeiten. Holz. Mittelbild h. 3′ 10³/₄″, br. 5′ 3¹/₂″. Flügel h. 3′ 10³/₄″, br. 2′ 4¹/₂″.

177. **Vision des Evangelisten Johannes.** In der Mitte Gott Vater auf dem Throne, in der rechten Hand das mit sieben Siegeln verschlossene Buch des Lebens, das Symbol der geoffenbarten Heilslehre haltend, vor demselben „das Lamm mit sieben Hörnern und sieben Augen, welche die sieben Geister Gottes sind, ausgesandt in alle Welt," Offb. V. 6. das „überwunden hat zu lösen die sieben Siegel". Diese Gruppe wird umgeben von den geflügelten Sinnbildern der Evangelisten, den vier lebenden Wesen „der Löwe, der Stier, der Mensch und der Adler". Um diese schlingen sich zwei Regenbogen, zwischen denen unten die „sieben Leuchter, welche sind die sieben Gemeinden" Offb. I. 10, zu beiden Seiten die „vierundzwanzig Aeltesten, angethan mit weissen Kleidern und auf ihren Häuptern goldene Kronen" Offb. IV. 4. und „alle hatten Harfen und goldene Schalen voll Rauchwerk, welche die Gebete der Heiligen sind." V. 7. Unten links Johannes der Evangelist auf der Insel Patmos, über ihm schwebt ein Engel, der ihn die Apocalypse zu schreiben auffordert. Rechts unten im Bilde der Stifter und die Stifterin aus der Familie Landskrone. Goldgrund. H. 4′ 1¹/₂″, br. 5′ 1″.

178. **Das jüngste Gericht.** Christus als Weltenrichter, die Arme weit ausbreitend, sitzt auf einem Regenbogen, und auf einem kleinen Regenbogen ruhen seine Füsse. Rechts und links blasen schwebende Engel die Posaunen des jüngsten Tages zur Erweckung der Todten, welche unten in der Mitte aus den Gräbern aufsteigen, theils von Engeln links zu Petrus in den Himmel, theils von Teufeln rechts zu Lucifer in die Hölle (beide in symbolischer Andeutung gemalt) gebracht werden. Links von der Hauptgestalt aus schwebt Maria, rechts Johannes der Täufer. In möglichster Concentrirung ist der Gegenstand behandelt. Holz. H. 1′ 6″, br. 1′ 4″.

179. **Die heilige Anna,** auf deren Schoosse ruht die in kleinerem Maassstabe dargestellte Jungfrau Maria, die in ihren Armen das Christkind hält. In der Landschaft rechts im Mittelgrunde erblickt man Christus, dem ein roher Kriegsknecht das Kleid auszieht. Holz. H. 1′ 6″, br. 1′ 3″.

---

†) Gottfried von Kannegiesser wurde 1515 zum Bürgermeister von Köln erwählt; starb 1531.

180. **Die Verkündigung.** In einem offenen Gemache kniet rechts Maria, vor derselben im Freien der Engel Gabriel, in der Rechten ein Scepter, in der Linken einen Bandstreifen auf welchem der Anfang des Grusses steht, haltend. Holz. H. 1' 4", br. 1'.

181. **Die heiligen Sippen,** (Verwandten). In einem von gothischen Mauern umfassten Garten sitzen, umgeben von Kindern, welche die Attribute von Aposteln und Heiligen zeigen, die Mütter derselben. In der Mitte Maria und Anna, zwischen beiden das Christuskind einen Apfel (Symbol der Erlösung vom Sündenfall) in der Hand haltend. Links unten Elisabeth, zu ihrer Linken der kleine Johannes der Täufer, der auf das in der Mitte des Bildes stehende Lamm Gottes, dessen Blut in einen Kelch fliesst, zeigt. Rechts die Mutter des heiligen Georg (vielleicht auch des heiligen Petrus, denn der kleine Kämpfer trägt in seiner Linken einen Schlüssel), der neben ihr schon mit dem Drachen kämpft. Links von der Mitte der kleine Johannes der Evangelist, Jacobus minor und ihre Mutter, rechts eine Mutter von vier Kindern umgeben, von denen drei die Attribute der Aposteln Jacobus, Thaddaeus und Philippus zeigen. Oben über der Mauer heilige Männer, die Väter der im Kindesalter dargestellten Heiligen, von denen einer einen Rosenkranz hält, andere Schriftrollen zeigen. Aus den Frauen- und Männergestalten spricht heilige Friedensfeier und die Bezeichnung „Paradiesesbild" erscheint auch hier recht am Platze. Vgl. Nro. 107. Holz. H. 4' 5", br. 4' 4½".

182. **Glorification der heiligen Jungfrau.** In der Mitte der oberen Abtheilung ruht auf einem von Engeln getragenen Throne Maria mit dem Christkinde. Ueber der Jungfrau halten zwei schwebende Engel eine goldene Krone. Auf der linken Seite oben schwebt, umgeben von einer Engelschaar, segnend und nach der mittleren Gruppe blickend, Gott Vater. Auf der entgegengesetzten Seite gleichfalls von vielen Engeln umkreist die Taube, das Sinnbild des heiligen Geistes. Unten in der Landschaft steht in der Mitte das Lamm Gottes, aus dessen Brustwunde Blut in den Kelch fliesst (das Sinnbild der Erlösung durch Christus). Auf dieses zeigt der rechts davon sitzende Johannes der Täufer. Hinter demselben sehen wir St. Medartus einem Armen Almosen spendend, St. Petrus, St. Gereon und viele andere heilige Männergestalten. Auf der entgegengesetzten Seite die Heiligen: Katharina, Brigida, Barbara, Ursula, Magdalena und viele andere heilige Frauen. Glückesstimmung, Begeisterung und Friede ist in den edlen Gestalten und oft charaktervollen Gesichtern zum Ausdruck gelangt. Das Bild befand sich in der (heute nicht mehr existirenden) Brigidenkirche in Köln und bildete ein Tabernakel. Aus den verschiedenen Bruchstücken setzte Herr Conservator Ramboux es wieder zur ursprünglichen Form zusammen. Goldgrund. Holz. H. 5' 1¼", br. 6' 3½".

183. In der Mitte **Maria-mit dem Kinde.** Ueber ihr Engel die Krone tragend. Zu beiden Seiten in der Luft schwebend, so wie zu ihren Füssen

singende und musicirende Engel. Von der heiligen Jungfrau aus links sitzen die Heiligen: Magdalena, ihr Attribut das Salbgefäss in der Hand (aus welchem sie die Füsse Christi gesalbt), Dorothea, Rosen und Früchte in der Hand (weil diese bei ihrem Martyrtode einem sie Verhöhnenden von einem Engel dargeboten worden). St. Katharina, ein zerbrochenes Rad neben sich, das Schwert in der Rechten (Martyrium), mit königlicher Krone geschmückt als Patronin der Philosophen und der Schulen. Rechts die Heiligen: Apollonia, eine Zange haltend in welcher ein Zahn (Martyrium), Schutzpatronin gegen Zahnschmerz. Agnes, ein Lamm tragend (Symbol der Erlösung), so erschien sie ihren Eltern im Traum und Barbara, einen Thurm tragend (Martyrium), Schutzpatronin gegen den Blitz und gegen unbussfertigen Tod. Architektonischer und landschaftlicher Hintergrund. Ein edles und feines Bild voll zartem Seelenausdruck, in reicher Zierlichkeit, heller, klarer Färbung dargestellt. Holz. H. 4′ 2″, br. 5′ 2½″.

184. **Das jüngste Gericht.** Geschenk des Herrn Stadtbaumeisters J. P. Weyer 1829. In der Mitte Christus als Weltenrichter auf dem Regenbogen thronend. Von seinem Haupte aus schwebt rechts eine Lilie, links ein Schwert, Erlösung und Gericht symbolisirend. Zu seinen Seiten schweben Engel, Posaunen blasend, auf deren Schall die Erde sich aufthut und die Todten wiedergibt, welche auf der linken Seite von Engeln durch ein gothisches Thor in den Himmel geführt, auf der rechten durch Teufel in einen brennenden Abgrund, die Hölle, gedrängt werden. Im Vordergrunde knieen in anbetender Stellung links Maria, rechts Johannes der Täufer. Holz. H. 4′ 6½″, br. 5′ 4½″.

185. **Christus** erscheint am Ostermorgen der Maria Magdalena im Garten. Grund Landschaft. Holz. H. 2′ 10¾″, br. 1′ 5″.

186. **Maria,** auf dem rechten Arme das Christkind, in der linken Hand eine Lilie haltend. Unter ihrem, von zwei Engeln ausgebreiteten Mantel, knieen viele in kleinerem Maassstabe dargestellte Stifter und Stifterinnen. Grund blaue Luft. Holz. H. 2′ 11″, br. 2′ 10¾″.

187. **Maria von Aegypten** wird von Engeln gen Himmel getragen. Unten rechts Felsen, die Wohnung der Büsserin bezeichnend, links ein geistlicher Donator. Holz. H. 2′ 10¾″, br. 9¼″.

188. Links **Maria** in offener Halle, rechts der Engel. Oben auf einer Gallerie der Besuch Maria's bei Elisabeth. Der Einfluss der Schule der Meister Wilhelm und Stephan ist hier mehr, als bei vielen der letztgenannten Bilder fühlbar. Goldgrund. Holz. H. 2′ 5″, br. 1′ 3¼″.

189 u. 190. Der verkündigende Erzengel **Gabriel** und die Jungfrau **Maria.** Oben durch gothische Baldachine abgeschlossen. Dunkelblauer Grund mit goldenen Sternen. Memlink'scher Einfluss ist besonders zu erkennen. Holz. H. 5′ 4½″, br. 1′ 3″.

Vier hohe Flügelbilder:

191. Christus als Salvator mundi. In der linken Hand die mit dem Kreuze geschmückte Erdkugel haltend, mit der rechten segnend. Schwarzer Grund. Oben ein gothischer Baldachin.

192. Der heilige Aegidius. In derselben Grösse und demselben Abschlusse ausgeführt wie Nro. 191.

193 u. 194. Zwei von den heiligen **drei Königen.** In ähnlicher, sehr vollendeter Weise wie die zuvor genannten vier Bilder ausgeführt, jedoch auf vollem Goldgrunde. Der Einfluss der Meister von Brügge ist in diesen vortrefflichen Bildern besonders zu erkennen. H. 5' 6'', br. 1' 4''.

195. Die Anbetung der heiligen drei Könige. Rechts, vor der in der Mitte ruhenden Maria mit dem Kinde, deren Häupter anstatt des hergebrachten Nimbus mit Strahlen umgeben sind, kniet der älteste der Könige seine Schale öffnend; links der zweite und rechts der hier in unserer Sammlung zuerst mit brauner Gesichtsfarbe vorkommende dritte König. Zu beiden Seiten des von schwebenden Engeln gehaltenen Teppichs sieht man noch reiches Gefolge der Könige. An den beiden äussersten Seiten des Bildes steht links der heilige Ludwig von Frankreich, die Krone auf dem Haupte, das Lilienscepter in seiner Linken, hinter einem knieenden Donator; rechts die heilige Ursula unter deren Mantel noch Schutzempfohlene sich finden, eine Donatrix. Ungemein fein, zu weichstem Accorde gestimmte Farben, die oft durch Anwendung feiner Ornamentmuster vermittelt werden, so wie eine portraitartige, wenn auch nicht immer edelste Charakteristik, zeichnen das Bild besonders aus. Anstatt Luft Goldgrund. Holz. H. 3' 9'', br. 6' 6''.

196. Die Messe des heiligen Gregorius. Man nimmt an, die Künstler, welchen die ersten Compositionen dieses Gegenstandes zu verdanken sind, haben wegen Gregors hoher Verdienste um die Feier der Liturgie denselben bei der feierlichen Pontificalmesse darstellen wollen. Unter vergoldeter gothischer Architektur kniet in reichstem kirchlichem Ornate der Heilige, umgeben von Cardinälen, Bischöfen, Mönchen, Administranten und Volk, vor einem Altartische, über welchem nebst verschiedenen Emblemen auch Darstellungen aus der Passion zu sehen: der Judaskuss, die Verläugnung Petri, des Pilatus Händewaschung, Petrus dem Malchus das Ohr abschlagend, Hohepriester, Barrabas und Krieger. Zu beiden Seiten oben schweben kleine Engel, die anbetend und bewundernd dem heiligen Messamte beiwohnen. Das Bild zeigt viel portraitartige Charakteristik, einen schönen, hellen, freundlichen Farbenton. Holz. H. 5' 9'', br. 6' 8''.

197. Flügel mit Heiligen. Links der heilige Christoph, auf seinen Schultern das segnende Jesuskind tragend. Neben ihm St. Gereon, Petrus in päpstlichem Ornate mit Doppelkreuz und Schlüssel in den Händen. Dann Maria von deren Mutter Anna das Christkind welches in der

Rechten eine rothe Schnur hält, hingereicht wird. Auf getäfeltem Boden und vor einem reich ornamentirten Teppiche stehen die prächtig gemalten in scharfer Individualisirung, die namentlich in den Köpfen wohlthuend berühlt, ausgeprägten Gestalten. Im Mittelgrunde sehen wir die Stadt Köln dargestellt, in ihr den Dom, anstatt des auf Nro. 99 noch gefundenen romanischen Thurmes mit dem gothischen Thurme und dem Krahnen darauf. Weiter entfernt ist in concentrirter Vereinigung das Rhein- und Ahrthal, sowie die Eifel mit Bergen und Burgen sichtbar. Anstatt der Luft ist Goldgrund gewählt.

198. **Flügel mit Heiligen.** Zu dem vorigen Bilde gehörend, sehen wir links: die heilige Clara, neben ihr den heiligen Bernardin von Siena, dann den heiligen Bonaventura und den heiligen Franz von Assisi. Hier ist in gleichfalls concentrirter Auffassung eine reiche offenbar italienische Landschaft gegeben. Verschwimmend in die hell gemalte Luft sehen wir das Meer mit den Inseln und Felsengebirgen, zwischen Letzteren im Mittelgrunde eine Stadt mit gothischer Kirche. Es ist bei diesem und dem vorigen Bilde auffallend bemerkbar, wie die Behandlung der Prachtcostüme eine malerische Kraft, Glanz und Modellirung erlaubt, eine Schönheit des Tones entwickeln lässt, welche in schlichten Gestalten unmöglich ist. Der Uebergang zur Freude an dem mehr Blendenden der Aeusserlichkeit ist, wenn auch hier noch mit grösserem Ernste vermählt, als Geist der Zeit sichtbar. Holz. H. 4' 1¼", br. 4' 7½".

*199. Mittelbild: **Die mystische Vermählung der heiligen Katharina** mit dem Christuskinde. Letzteres von den in der Mitte des Bildes auf einem Throne sitzenden Maria und Mutter Anna gehalten, ist im Begriff, der vom Beschauer links sitzenden heiligen Katharina den Ring zu reichen. Zu den Füssen der Heiligen sitzen die als Kinder dargestellten Apostel Judas Thaddaeus mit seinem Attribut der Keule und Jacobus minor mit der Walkerstange. Auf der rechten Seite sehen wir die heilige Barbara. Die nahe hinten der mittleren Gruppe stehenden ernsten Männergestalten dürften links Joachim, rechts Joseph vorstellen. Ganz im Vordergrunde links ruht eine Mutter, ihr Kind säugend, welchem ein anderer Knabe, es ist der als Kind dargestellte Apostel Simon (er hält in der Linken sein Attribut die Säge), einen Apfel reicht und rechts eine Mutter, bei der die Söhne Zebodäi, die Apostel Jacobus und Johannes, mit ihren Attributen versehen, als Kindergestalten dargestellt sitzen. Nebst andern, nicht wohl zu erklärenden Gestalten, sehen wir über dem reichen Teppichthrone und zwischen den gothischen Säulen gar liebliche und musicirende Engel dargestellt und im Mittelgrunde links die Aufopferung im Tempel (das Christkind umarmt Simeon) rechts den Tod der Jungfrau Maria. Ein strenger keusch-ernster Sinn, würdevolle Haltung und Hoheit liegt in allen Köpfen des brillant und heiter gemalten Bildes ausgesprochen. In fast noch grösserer Schönheit ist dieser zur Geltung gekommen in den dazu gehörigen Flügelbildern:

Links: Der heilige Rochus mit einem Engel und der heilige Nicasius mit dem Donator; oben klein die Geburt Christi und herrliche Landschaft.

Rechter Flügel: Die heilige Gudula eine brennende Laterne in der rechten Hand haltend und eine Donatrix. Die heilige Elisabeth auf deren Haupt und in deren Rechten eine Krone, in der Linken hat sie Brod für den neben ihr knienden krüppelhaften Bettler. Oben im Mittelgrunde die Apostel am leeren Grabe, der hoch in der Luft von Engeln gegen Himmel getragenen Maria. Trotz der eigenthümlichen, etwas in Form von Baumästen mitunter gebrochenen Falten und mancher Ueberladung gehört das Bild zu den köstlichsten und würdigsten seiner Art. Paradiesische Verklärung und Glück hat darin Ausdruck gefunden.

Die äussere Seite des linken Flügels zeigt den heiligen Bischof Achatius und einzelne, auf seine Legende, welche ihm zehntausend Martyrer zuzählt, Beziehung habende Gestalten. Unter diesen knieen drei Stifter verschiedenster Altersstufen;

des rechten Flügels: Die heilige Cäcilia, die heilige Gudula, die heilige Helena und eine andere Heilige. Zu dieser Füssen knieen fünf Stifterinnen, theils frommen Orden angehörend. Auf beiden bildet eine gelbe Teppichwand mit Säulengewölbe den Hintergrund. Holz. Mittelbild h. 4′ 3″, br. 5′ 6″. Flügel h. 4′ 3″, br. 2′ 8½″.

200. Mittelbild: **Die heilige Barbara** in einem Buche lesend und die heilige **Dorothea**, vor ihr der Christusknabe, der ihr in goldenem Gefässe Blumen reicht.

Linker Flügel: **Der heilige Bruno** mit dem Oelzweige, vor ihm ein gleichfalls im Karthäusercostüm dargestellter knieender Donator.

Rechter Flügel: **Der heilige Hugo** von Grenoble, vor ihm eine Donatrix. Das gar liebliche, zart, luftig und fein ausgeführte, hellleuchtende Bildchen mit lieblichster Landschaft, könnte vom Meister des vorhergenannten Bildes sein und erinnert in seiner Vollendung an ein Bild von Herrebout, eine der kostbarsten Perlen der Antwerpener Gallerie. Holz. Mittelbild h. 1′ 2½″, br. 1′ 1″. Flügel h. 1′ 2½″, br. 5½″.

201. **Der hingestreckte Leichnam Christi** wird links von Johannes aufgehoben. Vor demselben kniet Maria die Mutter des Herrn in betender und weinender Bewegung, von der gleichfalls trauervollen Maria Magdalena und den links stehenden Nicodemus und Joseph von Arimathia umgeben. Rechts zu den Füssen des Leichnams kniet die Donatrix, hinter derselben steht der Apostel Bartholomäus. Ein tiefempfundenes, einigermaassen an Quentin Metsis'sche Werke erinnerndes Bild. Holz. H. 3′ 10″, br. 2′ 5″.

Altarwerk mit der Legende des heiligen Sebastian.

202. Linker Flügel: **St. Sebastian** predigt andächtigen Zuhörern verschiedener Stände das Christenthum. In der Mitte des Bildes erblickt man die gefangenen heiligen Christen Processus und Martinianus, welche durch St. Sebastian im Glauben gestärkt wurden.
Mittelbild: der Heilige an einen Baum gebunden, im Angesichte den Ausdruck reinster Ergebung, wird von Bogenschützen beschossen. Links oben hoch zu Rosse nebst andern Kriegern, nach der Weise der damaligen Kunstepoche im altdeutschen Costüm dargestellt, der Kaiser Dioclctian. Rechts nach der Mitte hin ist der Heilige nochmals dargestellt, wie er durch Irene, Schwester des Martyrers Castellus, welche dem Scheintodten die Pfeile aus den Wunden zieht, die ein dabei stehender Engel heilt, gerettet wird.
Rechter Flügel: der Heilige wird auf Befehl des links im Bilde stehenden Dioclctian mit Stöcken und Geisseln so lange geschlagen, bis er den Geist aufgibt.

203. Linker äusserer Flügel: **Der heilige Rochus, der heilige Nicolaus** von Tolentino und ein anderer Heiliger.

204. Rechter äusserer Flügel: In der Mitte **Maria** mit dem Kinde, links die heilige **Dorothea**, rechts die heilige **Agnes**. Das in ernstem, strengem Sinne gehaltene Bild, wird vielfach, wie ich glaube mit Recht, für die Arbeit desselben Meisters gehalten, von dem die Compositionen zu den Glasgemälden im nördlichen Schiffe des Domes, welche 1508—1509 entstanden sind, herrühren. Das Bild bedingt durch seine Behandlung, dass es, so wie fast alle früheren Kirchenbilder, auf weite Distanz angesehen werde. Die drei erst genannten Bilder haben Goldgrund, die beiden letzteren Goldteppiche, Säulen und Luft als Hintergrund und sind abgeschnittene Theile der vorerwähnten. Holz. Mittelbild h. 5' 11", br. 8' 2". Flügel h. 5' 11", br. 3' 9¾".

*Der St. Thomas Altar.
Vermächtniss des 1868 in Köln verstorbenen Banquiers Herrn Carl Stein.

205. Mittelbild: **Der Heiland**, in seiner Linken die mit dem Kreuze geschmückte Auferstehungsfahne haltend, erscheint dem zu seiner Rechten vor ihm knieenden heiligen Thomas und legt dessen rechte Hand in seine Seitenwunde. Sein gnadenreicher Blick begegnet dem vom Zweifel nun zum freudigen Schauen gelangten Apostel. Diese Hauptgestalten sind umgeben von vielen Seligen, welche theilnehmen an der Freude derselben. Zu beiden Seiten der die Thomasgruppe tragenden gothisch geformten und mit Blumen bestreuten Marmorbasis knieen auf Rasen musicirende und lobsingende Kinderengel und über ihnen von Wolken getragen links die heilige Helena, das Kreuz an sich drückend und selig gerührt nach der Hauptgruppe hinschauend,

rechts die heilige Maria Magdalena das Salbgefäss öffnend, als wolle
sie nochmals dem göttlichen Retter ihre Huldigung darbringen, an dessen
verklärter von einer Glorie umgebener Erscheinung in stillem reinem
Entzücken ihr seelenvolles Auge hängt. Im Mittelgrunde des Bildes,
hoch·über dem Haupte des Gottessohnes, sehen wir die milde, majestätische, im Verklärungsglanze erscheinende segnende Gestalt des
Gottvater; vor ihr die Taube des heiligen Geistes, zu ihren beiden
Seiten Cherubim Weihrauchgefässe schwingend, darunter drei lobsingende Kinderengel, nach ihr hinschauend voll seligster Entzückung
den auf Wolken knieenden, wie von heiliger Sehnsucht getriebenen
heiligen Hieronymus, so auch diesem gegenüber, den heiligen Ambrosius.
Auch in dieser Darstellung ist das Aufhören jeglichen Zweifels, der
freude- und friedenreiche Zustand einer überirdischen Welt, in der
nicht mehr der Gegensatz von Erkennen und Glauben, von philoso-
phischem Denken und religiösem Fühlen, von Naturgesetz und Wunder
ist, sondern das Glück seligen höchsten Schauens göttlicher Herrlichkeit in herrlicher, echt künstlerisch mystischer Weise zum Ausdruck
gekommen. Die Gestalten setzen nach oben und nach den Seiten auf
Goldgrund ab, der in den beiden Ecken mit gothischem Ornament abschliesst. Die vollste Begeisterungsfülle und künstlerische Hingebung
leuchten aus sämmtlichen Theilen des auf's äusserste durchgebildeten
Werkes hervor. Ohne vollkommen richtig gezeichnet zu sein und die
äussere Grazie der Form zu zeigen, offenbart sich in demselben eine
ungemein tiefe seelische Anmuth und Schönheit und eine Verkörperung geistlicher Freude, wie sie selten ihres Gleichen hat. Dabei ruht
auf ihm der ganze edle Zauber der auf den Gesetzen der reinen Architektonik basirenden Raumbenutzung der Composition, die in ihrem
Aufbau, ihrer Formengliederung und dem klaren klangvollen Rhythmus
ihrer Linienführung und Zusammenstellung von sanften und kraftvollen Farben einen reinen ästhetischen Totaleindruck gewährt und von
dem durchgebildeten Stylgefühl des auch in seinen anderen Bildern
stets die höchsten geistigen Aufgaben behandelnden Künstlers Zeugniss gibt. Als nothwendige Ergänzung, den Totaleindruck noch
erhöhend zeigt

Der linke Flügel: **Maria** auf ihren Armen das Christuskind tragend, welches mit dem rechten Händchen den mit Gift gefüllten Kelch
segnet, den der rechts neben ihr stehende Johannes in seiner Linken
hält. Auch dieser erhebt seine Rechte zum Segnen des Kelches (in
welchem um den giftigen Inhalt desselben zu bezeichnen Scorpionen und
Schlangen sichtbar sind), den er der Legende zufolge, als Beweis für
die Wahrheit seiner Lehre austrinken sollte, welches dann auch ohne
schädliche Folgen geschah. Ueber dem auf Goldgrund gemalten Teppich,
der diesen Figuren als Hintergrund dient, ist der heilige Einsiedler
Aegidius nebst der ihn ernährenden Hirschkuh dargestellt, bei deren
Verfolgung der Gothenkönig Flavius ihn verwundete und entdeckte.

Der rechte Flügel zeigt den heiligen **Hippolyt**, zu dessen Füssen die Attribute seines Martyrertodes: den Haken, mit dem sein Körper zerrissen und die Gurte, mit welcher er an den Pferden befestigt ward, die ihn zu Tode schleiften. Er ist als im freudigen Gespräch mit der neben ihm stehenden heiligen Büsserin Afra begriffen dargestellt. Diese hat eine brennende Fackel in der Rechten und es liegen brennende Holzstücke zu ihren Füssen. Es sind die Wahrzeichen ihres auf dem Scheiterhaufen erduldeten Martyrtodes. Ueber dem auch hier als Grund für die Figuren angewandten Goldteppich erblickt man die heilige Maria von Aegypten im Gebet an einer Felsenküste knieend. Sie hält in ihren Händen die drei Brode, welche sie, als sie als Büsserin in die in der Nähe des Jordans gelegene Wüste ging, mitnahm.

Die Rückseiten der Flügel zeigen grau in Grau gemalt links: Die heilige **Symphorosa** umgeben von ihren mit Siegespalmen geschmückten sieben Söhnen: Crescentius, Julianus, Nemesius, Primitivus, Justinus, Stactius und Eugenius. Sie war die Wittwe des Martyrers Getulius und wurde unter Kaiser Hadrian ihres Glaubens wegen in Tivoli hingerichtet und bald darauf traf ihre Söhne das gleiche Loos, rechts die heilige **Felicitas**, gleichfalls von ihren sieben Söhnen umgeben: Januarius, Felix, Philippus, Silvanus, Alexander, Vitalis und Martialis, deren Martyrtode sie unerschüttert zusah und dann selbst vier Monate später durch Enthauptung ihr Leben für den Glauben verlor. Leider wissen wir nicht einmal den Namen des so vorzugsweise tief mystisch-symbolisch schaffenden kölnischen Meisters*) dieses Bildes, welches in neuerer Zeit laut Kuglers Zeugniss aufgefundenen, uns jedoch nicht weiter bekannten Urkunden zufolge, von dem Kölner Rechtsgelehrten und Patrizier Peter Rink am Ende des 15. Jahrhunderts mit der Summe von 250 Goldgulden bezahlt und in die Karthause zu Köln gestiftet wurde. Aus der Kirche derselben wurde es um die Zeit der durch die Franzosen Anfangs dieses Jahrhunderts veranlassten Säcularisation der Klostergüter von dem kölnischen Stadtrath Lyversberg gekauft, von ihm kam es durch Erbschaft an den ihm verwandten Kaufmann Jacob Haan, von welchem es im Jahre 1862 Herr Banquier Carl Stein zu dem Preise von 2500 Thalern erwarb. Holz. Mittelbild h. 4' 7", br. 3' 4½". Flügel h. 4' 7", br. 1' 6".

*Der Altar vom heiligen Kreuze.
Erworben aus dem Richartz-Fonds 1862.

206. Mittelbild: **Der Heiland**, dessen Haupt schmerzvoll gesenkt, hängt am Kreuzesstamme, der von Maria Magdalena, die im Angesichte den

---

*) Ohne genügenden Grund hat man ihn Christophorus (dieser Meister arbeitete um 1470 für die Karthause) später Lucas von Leyden genannt. Ausser dem in unserem Museum diesem Bilde vis-à-vis angebrachten berühmten Bilde vom heiligen Kreuz befindet sich in den Gallerien zu Paris, München, Darmstadt, Mainz und bei Dr. Pormagen in Köln je ein Werk desselben Künstlers.

Ausdruck tiefen Seelenschmerzes zeigt, umfasst wird. Links davon steht seine gottergebene und doch schmerzvoll ringende Mutter. Hinter dieser in Cardinalstracht der heilige Hieronymus, der dem Löwen den Dorn aus dem Fusse zieht. Rechts vom Kreuze steht der im Schmerze klagende Johannes. Hinter demselben der Apostel Thomas, sein Attribut das Winkelmaass zeigend und in einem Buche lesend. Hinter dem Heilande, den kleine klagende Engel umschweben, ist ein Gerippe gemalt, den überwundenen Tod symbolisirend, vielleicht Bezug nehmend auf die Sage, nach welcher an der Stelle wo Christus gekreuzigt wurde, Adam begraben gewesen, dessen Gerippe dann beim Erdbeben während der Kreuzigung von der Erde ausgeworfen worden. Der Grund des Bildes ist Gold, welches durch zarte Ornamente am flachen Rundbogen oben abschliesst und durch Schraffirungen eine perspectivische Vertiefung erhalten hat.

Linker Flügel: **Johannes der Täufer** hält in der Linken das Lamm (Symbol des Heilandes), worauf er mit der Rechten zeigt. St. Cäcilia auf einer Orgel spielend, die von einem schwebenden Engel getragen wird.

Rechter Flügel: **St. Agnes** in den Händen Buch und Palme haltend, zu ihren Füssen ein Lamm und St. Alexius, in den Händen eine Rolle und einen Pilgerhut haltend, auf welchem ein schwarzes Christusgesicht als Schmuck angebracht ist. Ueber den Gestalten der beiden Flügelbilder, die oben mit herrlichem gothischen Laubwerke abschliessen, ist eine ungemein freundliche helle und klare Landschaft gemalt und in der cristallhellen Luft sieht man nach dem Heilande hinziehend, kleine Engel mit Kerzen, auf dem rechten Flügel mit Weihrauchgefässen (den Symbolen der Anbetung).

Die äusseren Seiten der Flügel zeigen grau in Grau gemalt, oben auf Ranken sitzend die Apostel Petrus und Paulus, unten den englischen Gruss.

Das Werk rührt von demselben Meister her, dem wir das unter Nro. 205 besprochene zu danken haben und wurde von demselben genannten Stifter, welcher jenes bestellte, derselben Klosterkirche einige Jahre später (im Jahr 1501) durch Hinterlassenschaft von 200 Goldgulden bestimmt. Es kam auch in den Besitz des Stadtrath Lyversberg, fiel durch Erbschaft an dessen Schwiegersohn Freiherrn von Geyr, der es 1862 der Stadt für die aus dem Richartz'schen Nachlasse entnommene Summe von 5000 Thaler überliess. Es zeigt dieselben beim vorhergenannten Bilde hervorgehobenen geistigen Schönheiten, dabei aber in noch concentrirterer Weise die tiefe Gewalt seelischen Ausdrucks in noch manichfacheren Abstufungen. Denn nicht nur finden wir dasselbe heilige Glück, denselben himmlischen Frieden, den des Künstlers reine Hingebung und heilige Vertiefung, seine glühende Herzenswärme mit so grenzenlos liebevollem Fleiss und hoher

Geschicklichkeit verbunden in jenem Bilde zur Darstellung brachte, auch hier bei den Gestalten der Flügelbilder in den Körperbewegungen, im Ausdrucke der Gesichter, in der Farbe der Gewänder, ja selbst in den Linienschwingungen der Falten wie in einer Art Allegro musikalischer Composition offenbart, sondern es durchklingt auch in den Hauptfiguren des Mittelbildes ein unendlich tiefer Schmerzenston die Gesichter und Bewegungen und die, man darf wohl sagen elegische Linienführung und Farbengebung †) hilft die in denselben ausgesprochenen Seelenleiden noch musikalisch erhöhen und verklären. Holz. Mittelbild h. 3′ 5″, br. 2′ 6¾″. Flügel h. 3′ 5″, br. 1′ 1″.

Der Meister vom Tode der Maria wird der Maler des folgenden Bildes genannt. Es stammt so wie das in München befindliche, denselben Gegenstand in verschiedener Weise behandelnde, jedoch von demselben Künstler herrührende Werk aus der Boisserée'schen Sammlung und wurde dort ohne genügenden Grund dem Johann Schoreel zugeschrieben.

*207. Mittelbild: **Die heilige Maria** liegt sterbend auf einem breiten Himmelbette. Mit ihrer Linken hält sie eine Sterbekerze, wobei sie der hinter ihr stehende Johannes unterstützt. An ihrer rechten Seite kniet der heilige Petrus, der mit dem päpstlichen Ornate bekleidet ist und ihr aus einem Buche vorliest. Noch andere Apostel zu beiden Enden, Gruppen bildend, sind mit dem Beten aus heiligen Büchern beschäftigt, während rechts einer den Weihwasserkessel mit dem Quaste eiligst herbeibringt, links mehrere beschäftigt sind das Feuer im Weihrauchfasse zu beleben. Durch eine Thüre, rechts im Hintergrunde des Bildes, die den Blick in ein Vorgemach zulässt, schreitet eben ein Apostel herein, den man nach seiner Kleidung für den älteren Jacobus ansehen muss. Auf einem Fussschemel im Vordergrunde sieht man einen Rosenkranz und ein Weihrauchnäpfchen. Ein kleines an der Wand im Mittelgrunde befestigtes Hausaltärchen zeigt im Mittelbilde die Erschaffung der Eva, auf seinen Flügeln die Gestalten der Propheten Moses und Aaron. Ernste, scharf bestimmte und schwungvolle, fast etwas manierirt herbe Formen zeigt ganz besonders dieses prächtig juwelenartig leuchtende, farbenfrische Bild, in welchem neben einzelnen an's Genreartige streifenden Motiven, zugleich reine Seelenschönheit und mächtige Seelenerregungen überaus lebendig dargestellt sind, von der stillen, jetzt schon im Tode gottseligen Friedens- und Verklärungsausdruck zeigenden Jungfrau ††) dem neben ihr betenden Petrus, dem trauernden Johannes und dem bei ihm stehenden beobach-

---

†) Leider hat die Lasurfarbe des Mantels des Johannes etwas gelitten.
††) Haug schrieb einst von diesem Bilde:
  In seliger Beruhigung
  Legt sie zum langen Schlaf sich nieder;
  Sie scheint im Tode wieder jung.
  So gleicht die Abenddämmerung
  Der Morgenröthe wieder.

tenden Apostel bis zu den übrigen Aposteln. Geistig gesunde Frische, klarstes Bewusstsein in Bezug auf den ihm eigenen passenden Styl, dessen Formengebung eine gewisse Schärfe innewohnt, charakterisiren diesen Meister ganz vorzugsweise. In den Flügelbildern ist eine gar feine Charakteristik in individuellster Weise gegeben. Diese zeigen:

Linker Flügel: **Zwei Stifter** aus der altkölnischen Familie von Hackeney in knieender betender Stellung; der ältere, der in dunkler Stahlrüstung gekleideten Männer ist Nicasius, der andere sein Bruder Georg. Hinter beiden Rittergestalten stehen die Schutzheiligen gleichen Namens und berühren deren Schultern.

Rechter Flügel: Des Nicasius von Hackeney Frau, **Christina**, geborene von Hardenrath, Wittwe des Bürgermeisters Johannes von Merle. Hinter ihr steht ihre Schutzheilige Christina, die mit ihrer Linken die Schulter der Stifterin berührt, mit ihrer Rechten das Attribut ihres Martyriums, den Mühlstein, an den man sie band und in die See warf. Die andere jugendlichere, gleichfalls knieende Stifterin ist die Tochter der Ersteren aus deren erster Ehe, des Georg von Hackeney Gattin Sibylla, somit der eigenen Mutter Schwägerin. Hinter ihr steht die heilige Gudula (wahrscheinlich erwählt, weil in der Jconographie der Heiligen eine heilige Sibylla vermisst wird) die mit der Linken der Stifterin Haupt berührt, in der Rechten eine brennende Laterne hält, an die sich ein kleiner Satan klammert, der sich vergeblich bemüht das Licht auszulöschen. Beide Flügelbilder zeigen als Hintergrund herrliche, die Gruppen harmonisch verbindende Landschaften. Die auf dem Rahmen eingeschnittene Jahreszahl 1515 darf als die Zeit der Entstehung des Bildes angesehen werden. Die Aussenseiten der Flügel, die theilweise sehr gelitten haben zeigen: St. Maria(?) und St. Christophorus; rechts St. Sebastian und St. Rochus, grau in Grau gemalt. Holz. Mittelbild h. 2′, br. 3′ 11′′. Flügel h. 2′, br. 1′ 9½′′.

208. In der Mitte **Christus am Kreuze**. Links unterstützt der heilige Johannes die in Ohnmacht sinkende Maria. Hinter denselben stehen die heiligen Frauen. Rechts sicht man den heiligen Anno, neben ihm den heiligen Stephanus, an welchen sich Longinus reiht, hinter diesem noch Kriegsknechte. In der Ecke rechts knieen zwei Donatoren. Grund Landschaft. Das Bild erinnert an die Schule des Johann van Eyck. Holz. H. 4′ 11′′, br. 5′ 11′′.

---

209. **Die heilige Dreieinigkeit.** Das Bild ist durch goldene gothische Bogen in drei Abtheilungen getrennt. Die mittlere zeigt Gott Vater, den gestorbenen Erlöser, der auf seine Seitenwunde zeigt, dem Beschauer des Bildes vorhaltend. Zwischen Beiden ist die Taube als Symbol des heiligen Geistes. Zwei Engel mit tücherumwundenen Händen unterstützen den Leichnam Christi, oben zwei andere zeigen Kreuzigungsembleme.

Linke Abtheilung: **Die heilige Barbara und die heilige Katharina.**

Rechte Abtheilung: **Der heilige Hubertus und der heilige Papst Cornelius.**

Ungemein harmonische Farbenstimmung voll Pracht und feierlichem Glanze, ein bei der portraitartigen Behandlung der Figuren doch feierlicher Ernst charakterisirt dieses sehr interessante reiche Bild. Grund über einem Goldteppich feingestimmte Fernsicht. Die unten angebrachten Wappen gehören den Kölner Familien von Aich und von Rheidt an. Holz. H. 3' 1½", br. 4' 10½".

210. In der Mitte **Christus am Kreuze.** Links unterstützt Johannes die ohnmächtige Maria. Rechts Petrus und Johannes der Täufer. Unten am Stamm des Kreuzes knieen in kleinerem Massstabe ausgeführt links der Donator, rechts die Donatrix. Grund Landschaft. Holz. H. 2' 7½", br. 2' 1½".

211. **Martyrium** der heiligen Ursula. Oben mit Ornamenten abschliessend im Hintergrunde Köln. Goldgrund. Nicht ohne Ernst der Empfindung doch unbedeutender durchgebildet als viele der frühergenannten Bilder. Goldgrund. Holz. H. 4½', br. 3' 9½".

212. **Martyrium** der zehntausend heiligen Soldaten, welche nebst ihrem Anführer dem heiligen Achatius unter dem Kaiser Decius sollen gemartert worden sein. Die Martyrer wurden in spitze Pfähle geworfen. Geschenk des Stadtbaumeisters Weyer, 1829. Goldgrund. Holz. H. 4' 4½". br. 3' 10".

213. **Aus dem Leben der heiligen Elisabeth.**

Sie speist Hungrige, belehrt Unwissende, pflegt Kranke, übt Geduld und demüthige Liebe. Geschenk des Herrn Stadtbaumeisters Weyer, 1829. Holz. H. 4' 4¾", br. 3' 10".

214. **Die Hinrichtung des heiligen Felix.** Als man unter Diocletian die Vernichtung der christlichen heiligen Schriften eifrig betrieb, wurde er, weil er diese nicht ausliefern wollte, hingerichtet. Da nahte sich ein Unbekannter, den man später Adauctus (Zusatzmann) nannte und drängte sich, indem er sich öffentlich als Christ bekannte, zu demselben Martyrtode. Im Mittelgrunde des Bildes sehen wir, wie der heilige Felix vor die Götterbilder gebracht wird, um sie zu verehren, die aber vor der Gewalt seiner Rede zusammenbrechen. Nach einer Inschrift auf dem Rahmen des Bildes wurde es 1494 gemalt. Holz. 4' 4½", br. 3' 9½".

215 u. 216. **Die Jungfrau** und der verkündigende **Engel.** Die Gewänder sind grau in Grau gemalt. Kniestücke auf schwarzem Grunde. Holz. H. 2' 4", br. 10".

217. **Der heilige Christophorus** auf seiner Schulter das Christkind tragend.

Alte kölnische Malerschule.

218. **Der heilige Rochus.** Ein Engel pflegt seine Wunde. Holz. H. 2' 4", br. 10".

219. **Der Martyrtod** der heiligen Ursula. Zart behandeltes Bildchen. Holz. H. 1' 6¼", br. 1' 2½".

220. **Die Verkündigung.** Links Maria rechts der Engel. Spruchbänder auf denen der Gruss des Engels und die Antwort Maria's angedeutet, umgeben die Gestalten. Leinwand. H. 5' 8½", br. 5' 8½".

221. **Maria** mit dem Kinde auf dem Schoosse, das in seiner Linken eine Nelke hält. Rechts sitzt die heilige Anna mit der Rechten dem Kinde eine Birne reichend. Rother Grund mit goldnen Sternen. Holz. H. 2' 1¾", br. 1' 11½".

222. **Die Verkündigung.** Maria, die rechts kniet, wendet sich nach dem sie grüssenden Engel, über dessen Haupt die Taube als Sinnbild des heiligen Geistes schwebt. Holz. H. 2' 8¾", br. 1' 5¾".

223. **Die Geburt Christi.** †) Die Jungfrau, deren Hände nach unten gefaltet sind, betet das Christkind an, das auf dem Boden liegt und von vielen Engeln umgeben ist. Rechts kniet Joseph die Hände über der Brust zusammengelegt. Hirten und im Hintergrunde der verkündigende Engel sowie eine liebliche Landschaft geben dem in schönen Linien componirten Bilde den vollen Abschluss. Holz. H. 2' 9", br. 1' 4".

224. **Anbetung der Könige.** Seitenflügel links St. Petrus, rechts St. Andreas. Holz. Mittelbild h. 1' 8½", br. 1' 2½". Flügel h. 1' 8½", br. 6¼".

225. **Ecce homo.** Rechts oben Pilatus die Hände waschend. Holz. H. 1' 7", br. 10¾".

226. **Der heilige Ludwig** von Toulouse. Zu demselben gehört:

227. **Der heilige Bonaventura.** Holz. H. 4' 1½", br. 1' 1½".

228. **Die Kreuzfindung** der heiligen Helena. An die Bilder des Lebens der heiligen Ursula aus Meister Stephan's Schule erinnernd. Holz. H. 1' 9", br. 9' 5". Desgleichen das folgende.

229. **Maria** mit dem Leichnam Christi. Rother Grund mit goldenen Blumen. Holz. H. 1' 9", br. 2' 11".

230. **Maria mit dem Kinde** unter einem gothischen Baldachin stehend. Links steht der in Köln geborene heilige Bruno in weissem Karthäuserkleide, rechts der heilige Hugo von Grenoble (welchem Christus als Kind in der heiligen Hostie erschien), rechts neben ihm steht ein Schwan (das Symbol der Einsamkeit und seiner Liebe zum Schweigen). Beide Heilige breiten den Mantel der Gottesmutter aus, unter welchem zehn schutzbefohlene Karthäusermönche knieen. Das Bild ist in ernstem

---

†) Dieses und das vorhergenannte Bild wurden erst vor wenig Jahren erworben.

strengem, durchaus keuschem Sinne ausgeführt. Das Antlitz der Maria ist ungemein reinen Ausdrucks. Memlink'sche Werke, scheint es, haben auf den sonst originell und einzig dastehenden Meister gewirkt. Leinwand. H. 6' 3", br. 5' 5".

231 u. 232. Zwei knieende Donatoren die ursprünglich zu Nro. 230 gehörten. Leinwand. H. 1' 7½", br. 1' 6".

Legende aus dem Leben des heiligen Bruno.

233. Das oben gerundete Bild zeigt das Innere einer dreischiffigen Kirche. In jedem der drei Schiffe ist ein Sarg aufgestellt in dem eine Leiche sichtbar ist die im ersten ruhig, im zweiten und dritten aber aufgerichtet und den sie Umgebenden Schrecken verursachend erscheint. Vier unten angebrachte in lateinischer Sprache abgefasste Texte deuten den Vorfall, der in einer 1449 erschienenen Chronik der Stadt Köln und auch bei Gelenius Erwähnung findet. Nach Letzterem war der Name des im Sarge liegenden Doctors, der während der Zeit, dass der heilige Bruno, welcher Zeuge der Begebenheit gewesen sein soll, in Paris studirte, im Kloster für einen Heiligen galt, Raymundus. Seine Leiche soll sich, als sie in der Kirche stand, aufgerichtet und die Worte gesprochen haben: „Ich bin im gerechten Gericht Gottes angeklagt worden;" in derselben Weise am zweiten Tage, „ich bin im gerechten Gericht Gottes verurtheilt" und am dritten Tage „ich bin im gerechten Gericht Gottes ewig verdammt worden" ausgerufen haben. Dieser Ausruf soll auf den heiligen Bruno und seine Schüler einen so tiefen Eindruck gemacht haben, dass sie in eine Wildniss, die Einöde von (Chartreuse) Karthaus, gingen, dort ein Kloster bauten und ein sehr strenges Leben führten. Der Orden der Karthäuser soll so in Frankreich im Jahre 1084, unter der Regierung Kaiser Heinrich IV., in dem Bisthum Grenoble entstanden sein. Das Bild, das leider sehr gelitten hat, gehörte zu einer Folge von noch elf anderen Bildern und war ein Geschenk des Kaisers Maximilian an die Karthäuser. Des Kaisers Bild ist unten angebracht. Zeit um 1488. Leinwand. H. 7' 2", br. 12' 3".

234. **Christus am Kreuze**, links Maria, rechts Johannes, unten Donatoren. Architektur und landschaftlicher Grund. Leinwand. H. 5' 4¾", br. 4' 3½".

235. **Christus am Kreuze**, links Maria und die heilige Agnes; rechts der heilige Johannes und die heilige Euphemia. Leinwand. H. 5' 6½", br. 5' 6".

236. **Ecce homo.** Christus von Pilatus dem Volke vorgestellt, das seine Kreuzigung verlangt. Holz. H. 4' 3½", br. 1' 8½".

237 u. 238. Maria und der verkündende Engel. Holz. H. 4' 8½", br. 10½".

239 u. 240. Maria und der verkündende Engel. Auf jedem der Bilder knieen vier Stifterinnen. Dazu gehören:

241 u. 242. Christi Geburt und Anbetung der heiligen drei Könige. Holz. H. 4' 10'', br. 2' 10''.

243. Maria vor dem Betpulte. Holz. H. 4' 3³/₄'', br. 1' 4³/₄''.

244. Christus der gute Hirt. Rother Grund mit goldenen Blumen. Oben die Inschrift „durch meine Schmerzen und durch meine Wunden hab ich dich verloren Schaf wiedergefunden". Holz. H. 4' 3³/₄'', br. 1' 4³/₄''.

245. Anbetung der heiligen drei Könige. Holz. H. 4' 3¹/₂'', br. 2' 1¹/₂''.

246. Christus am Kreuze, rechts Johannes der Apostel, neben demselben ein geistlicher knieender Donator, von dessen Munde aus die Worte geschrieben spes mea in deo est, hinter welchem Johannes der Täufer steht, der ihn der Gnade Christi empfiehlt. Links neben der anbetenden Gottesmutter steht der heilige Achatius, der Anführer der 10,000 Martyrer, in goldener Rüstung, die Dornenkrone auf dem Haupte, das Kreuz in der Rechten, die Geissel in der Linken und unter seinem Mantel noch viele Ecce homo-artige Gestalten. Die letzteren Gestalten erinnern in ihrer mystischen Behandlung an den Spruch „Christus der erstgeborene unter vielen Brüdern". Hintergrund Landschaft. Holz. H. 2' 8'', br. 4' 2''.

247 u. 248. Der heilige Franciscus in der Linken ein Crucifix und die heilige Clara die Monstranz haltend. Unter jedem eine Anzahl Stifterinnen in Nonnenkleidung. Oben Goldgrund unten Teppich als Hintergrund. Holz. H. 2' 1/₂'', br. 8¹/₄''.

249. Christus vor Pilatus. Im Mittelgrunde Christus am Oelberg, der Judaskuss, die Verspottung, Ecce homo und die Geisselung. Das Bild stammt aus der H. Schmitz'schen Sammlung. Holz. H. 4' 1¹/₄'', br. 4' 4¹/₂''.

Von demselben Meister herrührend ist:

250. Christus vor Pilatus. Die Hauptgruppe mit geringen Aenderungen dieselbe wie auf dem vorhergenannten Bilde; nur fehlen die äusseren Figuren und anstatt der vielen Passionsscenen ist im Mittelgrunde etwas grösser und freier componirt die Geisselung dargestellt. Holz. H. 3' 11'', br. 3' 3''.

251. Die heilige Dreieinigkeit. Auf einem goldenen Throne, der in der Luft schwebt, sitzt in der Mitte Gott Vater in seinem Schoosse den gestorbenen Heiland dem Beschauer des Bildes zeigend. Ueber dieser Gruppe der heilige Geist. Unten auf dem Erdboden rechts und links beginnend, bis hoch in der Luft schwebend eine Schaar von Engeln, welche die verschiedenen Leidenswerkzeuge zeigen: das Kreuz, die Säule, den Speer, die Dornenkrone, die Geissel, den Schwamm, die Nägel, den Hammer. Viele andere Engel noch in anbetender Stellung. In dem Bilde ist offenbar die Freude über die vollbrachte Erlösung (nicht mehr die Klage um den, der für die Menschheit litt) ausgesprochen. H. 3′ 10″, br. 3′ 1½″.

252. **Die Messe des heiligen Gregorius.** Der Papst erblickt während des heiligen Messopfers, dass durch das Blut Christi eine Seele aus dem Fegfeuer gerettet wird. Holz. H. 2′ 10¾″, br. 2′ 5″.

253. **Die Anbetung der heiligen drei Könige.** Vor der in der Mitte sitzenden Maria mit dem Kinde kniet rechts einer der heiligen drei Könige und öffnet sein Gefäss, hinter diesem steht ein zweiter König und links von dieser Gruppe der Mohr, hinter ihm ein Windspiel. In der reichen architektonischen und landschaftlichen Ferne ist noch vieles Gefolge sichtbar. Viel Pomp und frischer Glanz, bei manchen Mängeln doch ein grossartiger Schwung, ist in dem Bilde zur Darstellung gekommen. Holz. H. 4′ 5″, br. 4′ 3″.

254. **Moses** empfängt die zehn Gebote von Gott. Unten Zelte.

255. **Elias,** auf feurigem Wagen gegen Himmel fahrend, hinterlässt dem Elisa seinen Mantel.

256 u. 257. **Zwei Bischöfe.** Diese beiden waren die Rückseiten der zuvorgenannten zusammengehörigen Bilder. Goldgrund. Holz. H. 1′ 11½″, br. 9¼″.

258. **Christus erscheint dem Saulus.** Im Mittelgrunde wird der durch die Erscheinung erblindete Saulus nach Damaskus geführt. Noch ferner wird er durch einen Strick von der Stadtmauer zu Damaskus heruntergelassen. Zu diesem Bilde gehört:

259. **Der heilige Hieronymus betend.**
Auf beiden Bildern in kleinerm Maassstabe dargestellt Donatoren. Holz. H. 2′ 7″, br. 1′.

260. **Die Verkündigung** und

261. **Die Geburt Christi.** Holz. H. 1′ 9¼″, br. 1′ 1½″.

262. **Der Knabe Jesus** im Tempel zwischen den Schriftgelehrten. Holz. H. 1′ 7¾″, br. 1′ 3″.

263. **Kreuzabnahme.** Joseph von Arimathia und ein anderer rechts auf einer Leiter stehender Mann, lassen den Leichnam Christi, dessen Schenkel von einem rechts stehenden mit Turban bedeckten Manne gehalten werden, vom Kreuze herab. Links im Vordergrunde wird die in Ohnmacht gesunkene Maria von Johannes und Maria Magdalena unterstützt. Links steht und rechts unten kniet eine klagende Frau. Ueber der Letzteren stehen noch zwei Männer. Hintergrund Landschaft. Sowohl der tiefempfundene Ausdruck des Seelenschmerzes wie die feine harmonische Farbe und die fleissige und zarte Ausführung erinnern an gute Bilder des Roger van der Weyden. Holz. H. 2′ 8½″, br. 2′.

Alte kölnische Malerschule.

264. **Maria** sitzt auf einer steinernen gothischen Bank im Garten. Sie hält mit der Rechten den kleinen Christusknaben, in der Linken eine Nelke.
Linker Flügel: **Die heilige Catharina.**
Rechter Flügel: **Die heilige Barbara.**
Das Bild erinnert vielfach an die Schule der Gebrüder van Eyck und dürfte von dem Lehrer des Bartholomäus Bruyn herrühren. Holz. Mittelbild h. 2′ 1″, br. 1′ 7½″. Flügel h. 2′ 1″, br. 8¼″.

265. **Maria mit dem Kinde,** das mit seinem rechten Händchen der in dem Bilde Nro.

266. dargestellten **heiligen Catharina** den Ring reicht. Holz. H. 2′ ½″, br. 8″.

267. **Maria**, auf ihren Armen das Kind, das einen Rosenkranz hält, steht in der Mitte. Hinter ihr ist ein rother Teppich. Links steht die heilige Catharina, neben ihr der Apostel Thomas, rechts die heilige Barbara und Johannes. Hintergrund zu beiden Seiten des Teppichs Landschaft. Unten kniet ein geistlicher Donator, von dessen Munde aus die Worte gehen: „o fili dei miserere mei". Holz. H. 1′ 11¼″, br. 1′ 8¾″.

268. **Der grüssende Engel.** (Der andere Theil der Darstellung der Verkündigung fehlt.) Holz. H. 2′ 6″, br. 10¾″.

269. **Maria bei Elisabeth.** H. 2′ 6″, br. 11″.

270. **Anbetung der heiligen drei Könige.** Der dritte König fehlt, vielleicht war er auf einem verloren gegangenen Flügel dargestellt. Im Mittelgrunde sieht man in einer Halle den heiligen Joseph, rechts über einer Mauer zwei Hirten. Ueber denselben Fernsicht. Holz. H. 4′ 2¼″, br. 1′ 4½″.

271. **Madonna mit dem Kinde.** Das Bild erinnert an die van Eyck'sche Schule. Holz. H. 1′, br. 8″.

272. **Die heilige Dreieinigkeit.** Gott Vater auf einem goldenen Throne sitzend hält in seinen ausgebreiteten Händen den am Kreuze hängenden Sohn. Zwischen beiden der heilige Geist. Zu beiden Seiten zwei im mittelalterlichen Costüme dargestellte Heilige. Holz. H. 1′ 3½″, br. 1′.

273. **Die Flucht nach Aegypten.** Maria an der rechten Hand den Knaben Jesus. Hinter ihnen der heilige Joseph mit dem Esel. Links unten kniet in kleinerm Maassstabe dargestellt ein Abt als Donator. Schöngestimmte Landschaft als Hintergrund. Das Bildchen erinnert an den van der Meer, den Schüler van Eyck's. Holz. H. 1′ ¾″, br. 1′ 6″.

274. **Die Verkündigung.** Links Maria, über deren Haupte der heilige Geist in Gestalt einer mit einer Glorie umgebenen Taube schwebt, rechts der mit weisser Tunika, reichem golddurchwirktem Mantel und Diadem geschmückte Engel. Schöne edle Bewegungen voll sanfter Feierlichkeit sind Vorzüge der als Kniestücke componirten Figuren.

Linker Flügel: **Der Apostel Mathias**, in der Linken das Beil (Attribut seines Martyriums), die Rechte auf die Schulter des Donators legend.

Rechter Flügel: **Die heilige Margaretha**, in der Rechten ein Kreuz, die Linke auf die Schulter der Donatrix legend. Holz. Mittelbild h. 2' 10''', br. 1' 10'''. Flügel h. 2' 10''', br. 9½'''.

275. **Mahl bei einem Papste.** Zu seiner Linken sitzt eine Heilige und ein Kardinal, ein Bischof und drei vornehme Frauen sitzen bei demselben um einen mit Speisen besetzten Tisch. Ein Engel bringt eine Schüssel. Oben in der Luft, Engel um einen Tisch versammelt. Leinwand. H. 2' 1¾''', br. 11'''.

276. **Anbetung der heiligen drei Könige.** Auf der linken Seite die Gruppe der Könige und eine geistliche Donatrix. Von rechts her schaut der heilige Joseph sich um den Pfeiler herumbiegend, der hinter der Maria mit dem Kinde sich befindet. Holz. H. 1' 1¾''', br. 11'''.

277. **Der heilige Johannes den Kelch segnend.** Holz. H. 2' 5½''', br. 1' 11¾'''.

278. **Der heilige Georg** in goldener Rüstung mit Schild und Fahne, mittelalterlichem Mantel und Barett geschmückt. Holz. H. 2' 5½''', br. 1' 11¾'''.

279. **Maria**, in ihren Armen den Leichnam Christi. Links der Apostel Jacobus major, der seine Hand auf das Haupt des in kleinerm Maassstabe dargestellten Donators legt. In dem Bilde ist eine den Vorläufern Bellinis verwandte Anschauung. Holz. H. 1' 10½''', br. 1' 4½'''.

280. **Betende Maria.** Brustbild. Erinnert an des Quentin Messis Manier. Holz. H. 1' 8''', br. 1' 1½'''.

281. **Der heilige Georg** mit Schild und Fahne. Eine stattliche Gestalt in mittelalterlichem Rittercostüm. Zu seinen Füssen der Drache. Anklänge an Dürer und Cranach. Holz. H. 3' 2''', br. 1' 11½'''.

282. **Die Mater Dolorosa.** Mit Bezugnahme auf Simeons Prophezeihung „Deine Seele wird ein Schwert durchdringen" in symbolischer Weise componirt. Eine ungemein grossartige Gestalt. Auch in der Formengebung liegt eine wuchtvolle, mächtige, dem tragischen Schmerze der Figur entsprechende, fast herb berührende Bedeutsamkeit. So auch wirken die grossgezogenen Wolkenmassen und die blauen Schatten auf dem weissen Mantel der Schmerzdurchzuckten, und die ganze streng ernste Färbung des Bildes das zu dem vorhergenannten gehört. Holz. H. 3' 2''', br. 1' 11½'''.

283. **Salvator mundi**, in der Linken die mit dem Kreuze geschmückte Erdkugel haltend, mit der Rechten segnend. Starker van Eyck'scher Einfluss. Holz. H. 1' 1½''', br. 1' 7'''.

284. **Die Jungfrau Maria** in einem Buche lesend. Schöne der Memlink'schen Anschauung verwandte Gestalt. Der dem untern Theile des Bildes als Hintergrund dienende Teppich ist besonders schön. Holz. H. 2' 7½'', br. 1' 2''.

285. **Christus** wird durch Judas verrathen, der ihn küsst. Holz. H. 3' 10'', br. 1' 6''.

286. **Der auferstandene Christus** mit der Rechten segnend. Holz. H. 3' 10'', br. 1' 4''.

287. **Der heiligen Ursula Abreise von England**, rechts ihre Ankunft in Köln. Leinwand. H. 4' 7½'', br. 5' ⅜''.

288. **Christus** wird von Kriegsknechten entkleidet. Holz. H. 1' 9'', br. 1' 6''.

289. **Christophorus** trägt das auf seiner Schulter ruhende, den Erdball segnende Christkind durch den Fluss. Links am Ufer ein Harrender mit einer Laterne. Grossartig mächtige Körperbewegung und Schwung der Falten sind besondere Tugenden dieses Bildes. Holz. H. 2' 7½'', br. 1' 10''.

290. **Der verkündigende Engel.** Das Gegenstück fehlt. Holz. H. 1' 4'', br. 1' 5''.

291. **Die Grablegung Christi.** Eine der heiligen Frauen trägt ein Salbgefäss. Holz. H. 2' 10½'', br. 1' 1½''.

292. **Christus** sinkt unter dem Kreuze zusammen. Lebendige Darstellung und bedeutsam componirte Landschaft. Gehört zum zuvorgenannten Bilde.

293. **Die heilige Katharina und die heilige Barbara.** Leinwand. H. 3' 10'', br. 2' 8¾''. Dazu gehören:

294. **Die heilige Ursula, Margaretha, Cäcilia und Lucia.** Je zwei der Figuren sind zwischen Säulen gestellt, die oben durch goldene mit Verzierungen geschmückte Bogen verbunden sind. Eine eigenthümlich weiche Empfindung hat in sämmtlichen Figuren Ausdruck bekommen. Leinwand. H. 3' 10'', br. 4' 10''.

295. **Maria**, die Hände über der Brust übereinandergelegt. (Kniestück). Ausser Haupt und Händen grau in Grau gemalt. Das Gegenstück, der grüssende Engel, fehlt. Holz. H. 1' 7'', br. 10½''.

296. **Madonna mit dem Christkinde.** Holz. H. 1' 1'', br. 10¼''.

297. **Die Kreuzigung.** Reiche Composition. Geschenk von Heinr. Schläger. Links oben auf dem Berge im Mittelgrunde die Kreuzabnahme, rechts die Grablegung. Holz. H. 2' 9'', br. 2' 2½''.

298. Die Mitte des Bildes nimmt **Christus am Kreuze** ein. Zu beiden Seiten die Schächer. Magdalena umfasst den Kreuzesstamm, an welchem der bereits gestorbene Heiland hängt und blickt in unendlich tiefem aber regungslos stillem Schmerz vor sich hin. In ähnlichem Ausdrucke

erscheint die mehr links im Vordergrunde sitzende Maria, des Herrn Mutter, hinter welcher Johannes kniet und eine der heiligen Frauen steht, in betender Bewegung zum Heilande emporblickend. Zwischen der Letztern und Magdalena kniet noch eine im Schmerz gebeugte weinende heilige Frau. Rechts von Christus auf Rossen sitzend zwei römische Vornehme im Gespräche über den Heiland begriffen und der Krieger mit dem Schwamme. Mehr nach der Mitte im Vordergrunde steht Longinus mit der Lanze. Die linke Seite des Bildes zeigt Christus von rohen Kriegern misshandelt, wie er unter dem Kreuze, das Simon von Cyrene ihm tragen hilft, zusammensinkt, die rechte Seite die Grablegung. Links im Mittelgrunde liegt die Stadt Jerusalem, vor deren Thor die heilige Veronica den heiligen Frauen das Schweisstuch entgegenbringt. In der Stadt sehen wir Christus als Ecce homo dem Volke vorgestellt. Rechts oben zwischen hohen Felsen und mit dunklen Wolken bedeckten Hügeln Christus, der die Ureltern aus der Vorhölle erlöst. Nebst tiefer Seelenmalerei glänzt das Bild auch durch prächtig leuchtende klare Färbung. Die Wappen des Bildes sind die der Familien Overstolz und Zewelgin aus Köln; es dürfte um's Jahr 1480 entstanden sein. Holz. H. 4' 2¾'', br. 4' 11½''.

299. In der Mitte der mit einem kleineren Viereck überhöhten Tafel ist oben der **segnende Gott Vater**, vor ihm die Taube des heiligen Geistes, unter ihm der von vier anbetenden Engeln umschwebte gekreuzigte Heiland dargestellt. Am Kreuzesstamm kniet die heilige Magdalena. Links von ihr die tiefgebeugt betende Maria, diese ist weiter links nochmals dargestellt und hält auf ihren Armen das Kind, welches nach dem in der Hand der neben ihr stehenden Anna befindlichen Apfel greift. Rechts steht Johannes der Täufer in der Linken ein Buch auf welchem das Lamm liegt, mit der Rechten auf den Heiland hinzeigend. Neben ihm die heilige Ursula mit Schutzbefohlenen, links knieen 2 Stifter rechts 3 Stifterinnen. Holz. H. 4' 9'', br. 5'.

300. **St. Ursula** ermahnt ihre Gefährtinnen in den bevorstehenden Versuchungen auszuharren. Das Wappen gehört der kölnischen Familie Strauss. Holz. H. 4' 9'', br. 2' 8''.

301. **Christus am Kreuze.** Am Stamm Magdalena knieend. Links steht Maria, rechts Johannes. Holz. H. 2' 10'', br. 2' 2½''.

302. **Christus am Kreuze**, an dessen Stamm Magdalena kniet. Links vorne die in Ohnmacht gesunkene Maria von Johannes und einer der heiligen Frauen unterstützt. Rechts steht der römische Hauptmann, neben ihm ist ein Spruchband mit der Inschrift: „Vere filius dei erat iste", im Mittelgrunde zu beiden Seiten noch viele Krieger und Volk. Hintergrund Jerusalem. Holz. H. 3' 1'', br. 2' 1''.

303. **Christus am Kreuze**, zu beiden Seiten die Schächer. Links unten Maria, welcher eine der heiligen Frauen Trost zuzusprechen sucht. Diese Gruppe ist umgeben von den in klagender Geberde dastehenden

Johannes, Maria Magdalena und andern heiligen Frauen. Ueber diesen der nach dem Heilande zeigende Hauptmann. Auf der rechten Seite sind viele vornehme Juden und Krieger theilweise zu Pferde dargestellt. Ein auf einer Leiter stehender Krieger ist beschäftigt, die Aufschrift über dem Kreuze zu befestigen. Eine ähnliche Aufschrift hält ein rechts untenstehender Krieger in der Hand. Drei zwergartige phantastisch gekleidete Gestalten füllen den nächsten Vordergrund des Bildes, dessen eben so reich componirter Mittelgrund zwischen Hügeln und Baumgruppen noch verschiedene Scenen zeigt, unter anderm die Kreuztragung, Christus am Oelberg, den herannahenden Verräther und seine Rotte, Judas erhängt etc.

Der linke Flügel zeigt **St. Georg**. Unter ihm zehn Stifter und sechs in kleinerem Maassstabe dargestellte Knaben. Im Mittelgrunde das „Ecce homo".

Der rechte Flügel **die heilige Magdalena** mit fünf Stifterinnen und ein gleichfalls in kleinerm Maassstabe dargestelltes Mädchen, vor welchem ein Hündchen liegt. Mittelgrund die Auferstehung Christi. Eines der Wappen gehört der Familie von Heimbach. Wie in den frühern Bildern immer noch der Sinn für reine Architektonik in jeder Anordnung mehr oder minder wohlthuend durchzufühlen ist, so ist hier ein Aufgeben des bis dahin sichtlich einwirkenden gothischen Styles, an dessen Stelle der der sogenannten Renaissance und mit ihm der Mangel an Rhythmus tritt und in Folge dessen, trotz der Lebendigkeit der Composition, diese nicht mehr wohlthuend anzusprechen vermag, sehr zu erkennen. Als am meisten künstlerisch harmonisch abgerundet berühren die auf den Flügelbildern angebrachten, sehr individuell gezeichneten Portraits. Das Mittelbild ist oben ausgeschweift, ebenso die deckenden Flügel. Holz. Mittelbild h. 5' 10½", br. 3' 5". Flügel h. 5' 10½", br. 1' 4½".

304. **Maria und Johannes**, mit trauervoller Geberde allein in einer Landschaft stehend. Unten links kniet eine geistliche Donatrix, von der aus ein Spruchband mit den Worten: „Miserere mei deus Christina edel kint abbatissa". Holz. H. 2' 2½", br. 2'.

305. **Maria** kniet links in anbetender Stellung vor dem am Boden liegenden von einer Glorie umgebenen Christuskinde. Rechts Joseph in der rechten Hand eine Kerze haltend, und Hirten, von denen einer eine Schalmei bläst, umgeben die einfach und schön componirte Gruppe. Ueber derselben schweben vier anbetende Engel. Zwischen der das Ganze umgebenden Architektur nahen noch Frauen und andere Hirten.

306. Linker Flügel: **Die heilige Felicitas** mit ihren sieben Söhnen.

307. Rechter Flügel: **Die heilige Ursula**, unter deren ausgebreitetem Mantel als ihre Schützlinge ein Papst, ein Cardinal, ein Bischof und viele heilige Jungfrauen in kleinerm Maassstabe dargestellt sind. Das

Bild ist eine alte, aber schwache Copie des im Besitz des Dr. Dormagen in Köln befindlichen überaus vollendeten Originals. Holz. Mittelbild h. 2' 4½", br. 2' 9". Flügel h. 2' 4½", br. 10".

308. **Maria** kniet links vor dem am Boden liegenden, von einer Glorie umgebenen Christkinde. Ueber demselben gleichfalls in anbetender und bewundernder Stellung die Engel, rechts ein Hirte knieend, über demselben noch mehrere eben ankommende Hirten, links Joseph mit einer Kerze nahend. Sechs kleine jubilirende und anbetende Engel schweben hoch über dieser Gruppe, welcher Renaissance-Architektur als Hintergrund dient. Im Mittelgrunde über der Hauptgruppe, ist ein Ochs und ein Esel, in untergeordneter Weise, im Helldunkel dargestellt, sichtbar.†) Die Beleuchtung, welche von dem Kinde ausgeht, möchte als einer der frühesten Versuche derartig malerischer Behandlung anzusehen sein.

Linker Flügel: **Der verkündigende Engel.**
Rechter Flügel: **Die Jungfrau.**
Holz. Mittelbild h. 2' 7¼". br. 1' 10", Flügel h. 2' 7¼", br. 9½".

309. Vor dem in der Mitte des Bildes liegenden **Christkinde** sehen wir links knieend Maria, rechts vier Engel in froh anbetender Stellung und Ausdruck dargestellt. Links naht Joseph, rechts ein Hirte. Oben zwischen der reichen fein ausgeführten Renaissance-Architektur und Ruinen schweben zwei Engel. Nach diesen blicken zwei im Mittelgrunde herannahende Hirten.

Linker Flügel: **Zwei herbeieilende Frauen.** Die jüngere trägt eine Laterne.

Rechter Flügel: **Herannahende Hirten.**
Holz. Mittelbild oben doppelt ausgeschweift, h. 2' 10", br. 1' 10". Flügel entsprechend ausgeschweift, h. 2' 10", br. 9½".

310. **Der heilige Bernhard von Clairvaux** predigt voll Begeisterung für die Kreuzzüge von einer im Freien angebrachten Kanzel herab. Rechts Zuhörer. Links steht ein in gewaltsamer Bewegung auf den Heiligen hinzeigender Soldat. Unter diesem drei kniende Donatoren. Wappen der Familie von Wickroid. Holz. H. 2' 9", br. 2' 11½".

311. **Der heilige Petrus.** Dazu gehörend

312. **Der heilige Paulus** in redender Bewegung nach ersterem hinschauend. Diese in Dürer'scher Weise gemalten Bilder berühren sich in gewissem

---

†) Die bei den meisten Darstellungen der Geburt Christi in der Nähe der Hauptgruppe, oft sogar dicht bei dem neugebornen Erlöser angebrachten Hausthiere: Ochs und Esel, sind nicht nur um die Krippe zu charakterisiren in welche der Heiland gelegt wurde, angebracht, sondern, alten Ueberlieferungen zufolge, auch zu deuten als Bezug habend auf die durch den Mund des Propheten Jesaias ausgesprochene Klage Gottes über den Undank und die Treulosigkeit der Juden. Sie lautet Jes. 1, 3: „Es kennet der Ochs seinen Eigenthümer, und der Esel die Krippe seines Herrn; Israel aber kennet mich nicht, und mein Volk verstehts nicht."

Sinne mit den Darstellungen, in welchen ernst denkende Künstler, ergriffen von der geistigen Gewalt der Paulinischen Worte, den zwischen den Aposteln Petrus und Paulus hervortretenden Gegensatz zu behandeln suchten. Biblisch ausgesprochen ist dieser Gegensatz im Briefe an die Galater Cap. II Vers 11 bis 22, wo Paulus gegen den Judenapostel den auch in Antiochien öffentlich ausgesprochenen Vorwurf richtet, dass dieser, anstatt die Rechtfertigung durch den Glauben an Jesus Christus zu predigen, die Heiden zwingen wolle jüdisch zu leben. Holz. H. 3′ 2½″, br. 1′ 1½″.

313. **Der heilige Severin.** Unten kniet ein geistlicher Donator, und

314. **Der heilige Johannes Eleemosynarius**, einem am Boden liegenden Krüppel Almosen darreichend. Holz. H. 3′ 7½″, br. 1′ 4″.

315. **Ein Heiliger** (Joseph von Arimathia?) die Nägel des heiligen Kreuzes in der Hand haltend.

316. **Ein Heiliger** (Nicodemus?) Hammer und Zange in der Hand haltend. Holz. H. 2′ 9″, br. 9″.

317. **Die Himmelfahrt Christi.** Von der Hauptfigur, neben der zwei Engel schweben, sieht man nur den unteren Theil. Im nächsten Vordergrunde kniet Maria, mehr nach dem im Mittelgrunde gebildeten Hügel die Apostel. Die Absicht des Künstlers, die Gesichter der Letzteren im jüdischen Typus zu bilden, ist unverkennbar. Holz. H. 3′ 5″, br. 2′ 5¾″.

318. **Der heilige Bischof Cyprian** von Antiochien. Holz. H. 2′ 1¼″, br. 1′ 11½″.

319. **Der heilige Bischof Anno.** Holz. H. 1′ 9¼″, br. 1′ 5″.

320. **Der heilige Agilolf**, im achten Jahrhundert Bischof von Köln, steht umgeben von Administranten und Volk zum letzten Male vor seinem Martyrium in Malmedi am Altar. Im Vordergrunde ist ein schwarzer Pudel. Das Bild ist als zu dem im Dome zu Köln befindlichen St. Agilolfus-Altar gehörend anzusehen. Holz. H. 3′ 2½″, br. 2′ 3″.

321. Vordergrund **Joachim und Anna**, im Mittelgrunde der Tempelgang der jungen Maria. Holz. H. 3′ 4⅓″, br. 1′ 4½″.

322. **Die heilige Catharina** von Alexandrien vor dem Kaiser Maxentius und seinen Weisen. Sie blieb trotz aller Versuchungen dem Christenthum getreu und bekehrte viele ihrer Widersacher. Zu diesem Bilde gehört das folgende:

323. **St. Catharina** kniet vorne links. Rechts wird das Rad, mit welchem sie gemartert werden sollte, vom Blitze zerrissen und entzündet. Leinwand. H. 3′ 3¼″, br. 3′ 11¼″.

324. **Christus vor Herodes.** „Er (Herodes) stellte viele Fragen an ihn, allein er antwortet ihm nichts". Luc. XXIII. 6. Holz. H. 4′ 9½″, br. 3′ 6″.

325. **Der heilige Gereon.** Holz. H. 2′ 5″, br. 1′ 1½″.

326. **Christus am Kreuze, Maria und Johannes.** Links oben das Wappen der Stadt Köln. Leinwand. H. 3′ 8½″, br. 4′ ¼″. Zu demselben gehören:

327. **Der heilige Anno, die heilige Ursula, der heilige Petrus der Martyrer.**

328. **Die heiligen drei Könige.** Caspar, Melchior und Balthasar als Vertreter der den Erlöser verehrenden ganzen Menschheit. Hier tragen sie Fahnen. Gewöhnlich sind sie aufgefasst als ihre Gaben bringend: Gold als auf den Messias als König, Weihrauch auf ihn, der Opferpriester und Opfer zugleich, Myrrhen das auf sein Einbalsamiren beim Begräbnisse zu deuten. Leinwand. H. 3′ 8¼″, br. 3′ 6½″.

329. **Der heilige Severinus und der heilige Andreas.** Holz. H. 3′ 3¾″, br. 2′ 11¼″.

330. **Die heilige Cäcilia und der heilige Bischof Anno.** Unten knieen zwei Abtissinnen. Holz. H. 3′ 3¾″, br. 2′ 11″.

331. **Christus** wird, nachdem er gegeisselt worden, von Pilatus dem Volke vorgestellt. Die rechte Seite des Bildes, durch eine Säule getrennt, zeigt den Abschied Christi von seiner Mutter. Unten links im Vordergrunde die Köpfe zweier Zuschauer. Holz. H. 4′ 9¼″, br. 3′ 5¾″.

332 u. 333. **Maria und der verkündigende Engel.** Beide Bilder grau in Grau gemalt. Holz. H. 2′ 9″, br. 1′ ¾″.

334 u. 335. **Maria und der verkündigende Engel.** Mit Ausnahme der Köpfe und Hände sind die Figuren, die auf Consolen stehen und auf rothbraunem Grunde absetzen, grau in Grau gemalt. Holz. H. 2′ 11″, br. 1′.

336. **Eine heilige Abtissin.** Landschaftlicher Hintergrund. Dazu gehört:

337. **Der heilige Martinus.** Holz. H. 2′ 11″, br. 1′.

338 u. 339. **Die heilige Christina und der heilige Bartholomäus.** Holz. H. 2′ 5½″, br. 1′ 1½″.

340. **Der Leichnam Christi,** umgeben von weinenden Männern und Frauen. Holz. H. 1′ 8″, br. 2′ 6¼″.

Fünf kleine Darstellungen in einem Rahmen.

341. 1) **Die heilige Bibiana,**
2) **Der heilige Nicolaus,**
3) **Die Geburt Christi,**
4) **Der heilige Severin (?)**
5) **Die heilige Magdalena.**

Ohne den Typus der früheren Schule genau zu kennen, verfuhr der Maler in ähnlich anspruchlosem Sinne. Holz. Jedes einzelne h. 7″, br. 8¼″.

Drei Tafeln.

342. **Zwei Nonnen** tragen dem auferstandenen Heilande das Kreuz entgegen. Ein Lilienstengel (Symbol der Unschuld) sprosst aus dem mit Nägeln besetzten Kreuzesstamme, dem Maria folgt. (Allegorische Darstellung der Gelübde des Gehorsams, der Reinigkeit, und der freiwilligen Armuth, bei deren Ablegung die Aufnahme in's Kloster erfolgt.)

343. Linke Hälfte des Bildes: **Der Heiland** an das auf dem Boden liegende Kreuz geheftet. Alle auf sein und seiner Mutter Leiden bezüglichen Attribute umgeben die vor ihm stehende schmerzenreiche Maria.

Rechte Hälfte des Bildes: **Die sieben maccabäischen Brüder** erleiden im Beisein ihrer Mutter den Martyrtod. Von der Hand der Mutter aus geht ein Spruchband auf dem die Worte zu lesen: „Ich seh' sie lieber sterben, als gegen den Willen Gottes lebend."

344. Linke Hälfte: **Unbekannter Gegenstand.** Ein Mönch wird von einem andern Mönche in's Wasser geworfen. Von zwei andern Mönchen, welche in einem Kahn sitzen, wird ein Mönch aus dem Wasser gerettet.

Rechte Hälfte: **Die heilige Sophia** (Weisheit) sieht gottergeben zu, wie ihre drei Töchter Fides (Glaube) Spes (Hoffnung) und Caritas (Liebe) vom Henker enthauptet werden. Die Legende erzählt, dass die Mutter drei Tage später auf den Gräbern ihrer Kinder verschied. Holz. H. 9½″, br. 1′ 10½″.

345. **Der heilige Laurentius** Gaben austheilend. Leinwand. H. 3′ 8¼″, br. 3′ 3/4″.

346. **Der heilige Laurentius** vor seinen Richtern. Leinwand. H. 4′ 5″, br. 3′ 11¾″.

347. **Die Enthauptung der heiligen Catharina.** Holz. H. 4′ 1/2″, br. 2′ 8¾″.

348 u. 349. In dem Bilde links schwebt, in grosser Dimension dargestellt, über vielen Stiftern **der grüssende Engel.** In dem Bilde rechts **Maria**, vor ihr die Taube als heiliger Geist. In der Höhe von Engeln getragen, von Glorie, Wolken und Strahlen umgeben Gott Vater. Unten sind viele Stifterinnen dargestellt. Die Bilder erinnern sehr an den Einfluss des Florentiners Sandro Botticelli, der besonders durch Schorel nach den Niederlanden übertragen wurde. Holz. H. 4′ 1/2″, br. 2′ 8¾″.

350. **Maria,** auf ihrem Schoosse das Christuskind, das seine Aermchen dem ältesten der Könige, der rechts vor ihm kniet und wie voll von Begeisterung spricht, entgegenstreckt. Hinter Letzterem steht der

Mohrenkönig mit einem Knappen, der die Fahne schwingt. Daneben der heilige Joseph und links vorne der dritte König. Grossartig im Renaissance-Charakter componirte Ruinen und Landschaft bilden den Hintergrund, der sich auf den Seitenflügeln als Fortsetzung zeigt.

Linker Flügel: **Maria, Joseph und ein Engel** anbetend vor dem neugebornen Christkinde knieend, und zwei Hirten, von denen einer im Begriff ist, den Dudelsack zu spielen, stehen links.

Rechter Flügel: **Die Beschneidung.** In dem Bilde ist der Einfluss der italienischen Richtung nicht zu verkennen, der sich, in ähnlicher Weise wie bei Schorel, Hemskerk und vielen andern Niederländern, auch hier geltend gemacht hat. Das Bild ist oben ausgeschweift. Holz. Mittelbild h. 2' 9'', br. 1' 9¼''. Flügel h. 2' 9'', br. 9''.

351. **Maria,** unter dem Kreuzesstamme sitzend küsst das Antlitz des auf ihrem Schoosse ruhenden Leichnams Christi.

Linker Flügel: **Die heilige Catharina.**

Rechter Flügel: **Die heilige Bibiana.**

Der Ausdruck in dem Mittelbilde ist ungemein tief. Der Einfluss des Lambertus Lombardus, auch des Quentin Metsis scheint hier wirksam gewesen zu sein. Die Seitenflügel sind von weit schwächerer Hand und wohl erst später so zugefügt worden, wie sie erscheinen. Holz. Mittelbild h. 2' 9½'', br. 1' 8¾''. Flügel h. 2' 9½'', br. 9¾''.

352. **Die Verkündigung.** Leinwand. H. 5' 8½'', br. 5' 8½''.

353. **Ein Mann.** Schwarzes Gewand und Kopfbedeckung. Dunkelbraungrauer Mantel. In der rechten Hand einen Rosenkranz in der Linken Blumen haltend. Die Inschrift sagt, dass er Potkirchen heisst und im Alter von 22 Jahren schon Jerusalem und Rom besucht hatte. Das Bild erscheint wie eine Copie nach einem Werke früherer Zeit. Holz. H. 3' 2'', br. 2' 4½''.

Anton von Worms.
(Antonius Woensam von Worms.)

Unter den vielen kölnischen Künstlern der ersten Hälfte des XVI. Jahrhunderts, nimmt dieser Meister eine ehrenvolle Stelle ein. Vermuthlich ist sein Vater, Jasper von Worms, vom Oberrhein nach Köln gekommen, wo er sich niedergelassen. Sein Sohn Anton war Maler und Xylograph; nach dem Berichte Brulliot's (D. d. M. I. 96 Nro. 766) soll er auch in Kupfer gestochen haben. Von seinen Lebensverhältnissen wissen wir nur, dass er wahrscheinlich bald nach seinem Vater, der zwischen 1547 und 1550 starb, das Zeitliche gesegnet und dass er zwei Töchter hinterlassen hat. Seine Bilder sind nicht gar so selten, als man gewöhnlich annimmt, denn oft werden dieselben nicht erkannt, da dieser Meister sie, wie es auch bei den Holzschnitten der Fall ist, nur zum kleinern Theile mit Monogramm versehen.

354. In der Mitte des Bildes **Christus am Kreuz.** Geschenk des Herrn J. J. Merlo. 1862. Links steht Maria, hinter ihr Johannes und neben ihm St. Petrus in den Händen die Schlüssel; rechts der heilige Bruno mit dem Oelzweige, neben ihm St. Hugo Bischof von Grenoble, der Freund des neben ihm stehenden St. Hugo von Lincoln, dem Christus als ein Kind in der Hostie erschien, und dem der Schwan als Symbol seiner Liebe zum Schweigen beigegeben wird. Der zwischen den vielen links und rechts Knieenden, wahrscheinlich seine Verwandten Darstellenden, in der Mitte das Kreuz umfassend kniet, ist der Stifter des Bildes, der Prior der kölner Karthause, Petrus Bloemenena de Leydis, der (geb. 1507) am 30. September 1536 starb und als fruchtbarer Schriftsteller und heiliger Ordensmann bekannt ist. Holz. H. 2' 1", br. 2' 8½".

355. **Die Gefangennehmung Christi.** Während Christus von Judas als Zeichen des Verraths geküsst wird fassen ihn bereits die Krieger. Rechts im Mittelgrunde entflieht Johannes, dessen Mantel in den Händen eines Kriegers zurückbleibt. Rechts unten ein geistlicher Donator knieend. Das Bild trägt die Jahreszahl 1520. Holz. H. 5' 1", br. 5' 9½".

Bartholomäus Bruyn.

Das erste bekannte Auftreten dieses hervorragenden Malers kommt nach J. J. Merlo's Forschungen in den hiesigen Schreinsbüchern, am 17. September 1533, mit dem Tage vor, wo ihm die beiden Häuser „Carbunkel" und „Alde Gryn" an St. Alban, vormals dem Meister Stephan zugehörig, überschrieben wurden. Nach alten Urkunden zu schliessen, hiess dieser Künstler nicht de Bruyn, sondern schlichtweg Bruyn; auch bleibt es noch unentschieden, ob er in Köln geboren oder aber dahin gezogen ist.

Bereits im Jahre 1529 war er als ein Meister, als der Erste in weitem Umfange unserer Lande, hochberühmt. Von seinen Werken sind in unserer Sammlung, in mehreren Kirchen (Dom, St. Andreas, St. Severin), auch in verschiedenen hiesigen Privatsammlungen vorhanden, so wie auch in der Stiftskirche zu Xanten das Hochaltarbild, und eine Tafel dieses Meisters in der Hauptkirche zu Essen, welche von dessen Fleiss und Gewandtheit, besonders auch als vorzüglicher Portraitmaler, Zeugniss geben. Auch das königliche Museum in Berlin und die königlich baierische Pinakothek in München sind im Besitze mehrerer seiner Werke. Als Zeit seiner eigentlichen künstlerischen Wirksamkeit dürfte 1520—1560 angegeben werden. Wie sehr er in Ansehen bei der kölner Bürgerschaft stand, geht daraus hervor, dass er 1550 und 1553 als

Rathsherr gewählt worden. Von seinen drei Söhnen widmeten sich zwei ebenfalls der Kunst und wurden zur Senatorenwürde erhoben; der dritte wählte den geistlichen Stand.

Die nächstfolgenden Bilder dürfen als Originalarbeit B. Bruyn's angesehen werden.

*356. **Bildniss des Arnold** von Browiller, Bürgermeisters der Stadt Köln, im Alter von 62 Jahren, im Jahre 1535 gemalt. Das Bild gehört zu den schönsten der Sammlung und darf guten Holbein'schen Portraits zur Seite gestellt werden, ohne zu verlieren. Holz. H. 1' 9¾'', br. 1' 2¼''.

*357. **Anbetung der heiligen drei Könige.** Vor Maria die in der Mitte des Bildes vor einem von kleinen Engeln getragenen Teppiche sitzt, kniet rechts mit gefalteten Händen der älteste der Könige.†) Sein Geschenk, ein mit Gold gefülltes Gefäss, steht am Boden. Hinter ihm steht der Mohrenkönig, auf der linken Seite der dritte der Könige. Hinter Maria steht, still sinnend nach der Hauptgruppe blickend, der heilige Joseph. Links und rechts zwischen Ruinen vieles Gefolge. In der Ferne Landschaft. Eine eigenthümlich reiche und zarte Farbenstimmung, ein schöner Faltenwurf, in welchem italienischer Einfluss in wohlthuender Weise erkennbar, so wie eine auf dem Studium des Portraits schon basirende Charakteristik der Köpfe zeichnen das Bild aus, das von Bartholomäus Bruyn etwa um 1542 gemalt sein dürfte. Holz. H. 3' 5¾'', br. 4' 8½''.

*358. **Die heilige Ursula.** Die Heilige in der Rechten ein Buch, in der Linken den Pfeil haltend. Halbe Figur. Hintergrund Architektur. Portraitartige sehr vollendete Behandlung, glänzende und tiefe Farbenstimmung charakterisiren das Bildchen, das von Bartholomäus Bruyn um 1540 gemalt sein dürfte. Holz. H. 11'', br. 7¼''.

359. **Bildniss einer 45 Jahre alten Frau**, gemalt im Jahre 1538. Sie hält einen rothen Rosenkranz in ihren Händen. Ganz ausgezeichnetes Bild. Holz. H. 1' 6'', br. 1' ¾''.

360. **Ein knieender Geistlicher.** Gutes Bild. Holz. H. 9½'', br. 7''.

361. **Bildniss einer Frau.** Sie hält eine Nelke in der rechten Hand. Die Gesichtszüge zeigen eine gewisse Familienähnlichkeit mit denen in Nro. 357, was zu der Vermuthung führt, dass eine jüngere Verwandte der hier dargestellten Frau als Modell zu jenem Heiligenbilde gedient

---

†) Ausser den bei Nro. 328 besprochenen, sinnbildlich zu deutenden Geschenken der Mager, (persische Priester) nach unseren Begriffen Weise, Sternkundige, die nach Tertullians Auffassung im zweiten Jahrhundert und von da ab bis jetzt Bezug nehmend auf alttestamentliche prophetische Aussprüche, als Könige angesehen wurden, sollten um die Verehrung der gesammten Menschheit für Christus darzustellen, die verschiedenen Völkerstämme, (daher unter ihnen ein Aethiope) und die verschiedenen Altersstufen von 20-40-60 Jahren als Gabenspendende vorkommen.

hat. Solche Anwendung der Natur ist charakteristisch für jene Zeit. Holz. H. 1' 2½", br. 11½".

362. **Bildniss eines Mannes** aus der Familie Salzburg, alt 27 Jahre. Er hält in der Linken einen Handschuh. Das edle Bild ist im Jahre 1549 gemalt. Holz. H. 2' 7½", br. 1' 9".

363. **Bildniss einer 52 Jahr alten Frau** aus der Familie Salzburg, gemalt 1549. Sie hält in ihrer rechten Hand einen rothen Rosenkranz. Gegenstück zum Vorhergenannten. Holz. H. 2' 7½", br. 1' 9".

364. **Bildniss eines Mannes.** Er hält in der Rechten ein roth gebundenes Buch. Auf einer steinernen Brüstung liegt sein Barett. Holz. H. 2' ¾", br. 11¼".

365. **Bildniss einer Frau.** Zum Vorhergenannten gehörend. Sie hält in den Händen einen Rosenkranz. Auf einer steinernen Brüstung liegt vor ihr ein schwarz gebundenes Gebetbuch. Holz. H. 2' ¾", br. 11¼".

366. **Bildniss einer alten Frau.** Ungemein individuelle Auffassung. Hintergrund blaue Luft. Holz. H. 1' 3", br. 10¼".

367. **Bildniss einer Frau** mit übereinandergelegten Händen. Gelbgrüner Grund. Holz. H. 1' 2½", br. 10½".

368. **Bildniss einer Frau.** Sie hält in der rechten Hand eine kleine Blume. Holz. H. 1' 7¾", br. 1' 2¼".

369. **Pater Laurentius Surius.** Er ist im Karthäuserkleide, in der Hand eine Feder, vor sich ein Buch, neben sich ein Crucifix dargestellt. Die Inschrift auf dem Rahmen ist: Carthusianus, pietate, doctrina ac monumentis clarus. anno domini MDXXXVIII die XXIII Maji obiit. In memoriam optimi amici. Gerwin Calen. L. F. F. Auf dem Bilde stehen die Worte:
Sic oculus Surius. frontem. sic ora tenebat.
Dum celebrat Sanctos pignora chara Deo. H H.
Geschenk des Herrn M. Neven 1862. Holz. H. 1' 9", br. 1' 3¾".

370. **Ein Mann**, in der Linken ein Buch, in der Rechten gelbe Handschuhe haltend. Holz. H. 1' 7½", br. 1' 1".

371. **Ein Mann**, in seiner rechten Hand weisse Handschuhe. Alter 38. Jahreszahl 1544. Holz. H. 1' 6¼", br. 1' 1".

372. **Ein Mann** mit weisser Halskrause und schwarzem Barrett. Holz. H. 1' ½", br. 10¼".

373. **Eine Frau.** Jahreszahl 1551. Holz. H. 2' 1¼", br. 2' 6".

374. **Eine Frau**, in den Händen hält sie einen Rosenkranz. Wappen der kölnischen Familie von Questenberg. Holz. H. 2' 1½", br. 1' 4½".

375. **Maria mit dem Kinde** auf einer Mondsichel umgeben von einer Glorie schwebend. Dazu gehören die folgenden Bilder:

376. **Der heilige Stephanus** mit einem Donator. Das Bild zeigt das Wappen der Familie Rensing. Grund Landschaft.

377. **Der heilige Vitalis** in kriegerischer Tracht mit Fahne und Schwert und

378. **Der heilige Lucas,** neben ihm der Stier.
Die beiden letztgenannten Bilder sind die abgesägten Rückwände der zuvorgenannten. Sie sind auf schwarzem Grunde, mit Ausnahme der Hände und der vortrefflich individuell aufgefassten portraitartigen Köpfe grau in Grau gemalt. Italienischer Einfluss macht sich sehr geltend und um bedeutend spätere Zeit als die vorhergenannten Bilder, etwa um das Jahr 1550, mögen diese entstanden sein. Holz. H. 2′ 11½″, br. 1′.

379. **Der Leichnam Christi** liegt auf dem Mantel, von dem Knie der hinter ihm knieenden Mutter unterstützt. Dessen Haupt hält der links knieende Johannes. Die rechts sich herüberbeugende Maria Magdalena küsst des Heilandes linke Hand. Ueber dieser Gruppe sind noch die beiden anderen Marien und, mehr nach dem weit im Hintergrunde dargestellten Golgatha hin, Joseph von Arimathia und Nicodemus sichtbar. Unter der schönen Landschaft im Vordergrunde rechts kniet eine Nonne als Donatrix. Ein tiefer Ausdruck und blühende leuchtende Farbe, ein breiter Vortrag, wie er der späteren Periode des Meisters eigen, zeichnen das wohlerhaltene Bild aus. Holz. H. 2′ 4¼″, br. 1′ 10¾″.

*380. **Ein junger Mann.** Schwarzes Barett. Braungraues schwarzbesetztes Oberkleid. In der Linken gelbrothe Handschuhe. Gutes Bild des B. Bruyn würdig. Holz. H. 1′ 11½″, br. 9¾″.

Dieses Bild, wie die vorhergenannten in einfacher Weise behandelten Bildnisse, zeigen in ihrer feinen Zeichnung eine ungemein scharfe Charakteristik, und eine Auffassung der ganzen Seelentiefe des Ausdrucks der besonderen Individualität der Dargestellten, wie sie kaum jemals vollendeter geschaffen worden, und zugleich ist, ohne jede falsche Idealisirung, durch harmonisch malerische Behandlung ein Ton der Verklärung darüber ausgebreitet, der sie weit über ein nüchternes Abkopieren der Natur in ihrer äusseren Erscheinung erhebt und zum vollen Kunstwerke stempelt.

Die nun folgenden Bilder dürfen als aus B. Bruyn's Schule stammend angesehen werden.

381. **Eine Frau** mit einem Rosenkranze „(ihres Alters 31)" Jahreszahl 1536. Dazu gehört:

382. **Bildniss.** Ein Mann, in seiner linken Hand spanische Pfefferblüthe? „sins alters 30." Jahreszahl 1536. Holz. H. 1′, br. 8¼″.

383. **Ein Mann** in der linken Hand Handschuhe. Aet. 34. Anno 1547. Holz. H. 1′ 6¼″, br. 1′ ¾″.

Alte kölnische Malerschule.

384. **Magdalena** benetzt Christi Füsse mit Thränen, trocknet sie mit ihrem Haare und salbt sie. H. 9″, br. 2′ 10″. Dazu gehören die beiden folgenden:
385. **Die Auferweckung des Lazarus.** H. 9″, br. 2′ 2″ und
386. **Steinigung des heiligen Stephanus.** H. 9″, br. 2′ 10″.
387. **Christus** schwebt umgeben von einer Glorie über dem Grabe. Die Krieger liegen am Boden. In der Höhe Cherubimköpfchen. Links in Medaillonform Christus seiner Mutter, rechts der Maria Magdalena erscheinend.
 Linker Flügel: **Der heilige Georg und Donatoren.**
 Rechter Flügel: **Die heilige Anna,** auf ihren Armen Maria mit dem Kinde. Unten viele Stifterinnen. Holz. Mittelbild h. 2′ 7½″. br. 1′ 9″. Flügel h. 2′ 7½″, br. 8½″.
388. **Christus am Kreuze,** zu beiden Seiten die gekreuzigten Schächer. Magdalena unter dem Heilande knieend und betend hinaufschauend. Links die in Ohnmacht gesunkene Maria von Johannes unterstützt und umgeben von den heiligen Frauen. Rechts Kriegsvolk und im Vordergrunde ein knieender geistlicher Donator. Die sehr ausgeprägte Schule des Bartholomäus Bruyn ist unverkennbar. Vielleicht ist das Bild von einem der Söhne des Meisters gemalt. Holz. H. 2′ 5½″, br. 2′ 1¾″.
389. **Der gegeisselte und dornengekrönte Christus** vom Volke verspottet und zur Kreuzigung verlangt. Im Mittelgrunde die Geisselung. Hintergrund Architektur. Holz. H. 5′ 11½″, br. 2′ 8¼″.
390. **Christus** zwischen den beiden Schächern gekreuzigt. Magdalena umfasst den Kreuzesstamm. Links stehen Maria, Johannes und heilige Frauen. Hinter diesen Longinus mit der Lanze. Rechts Krieger, deren untere Gruppe um das Gewand des Herrn würfelt. Weiche Stimmung und geringere Plastik der Form, als sie sich in Bruyns Schule gewöhnlich zeigt. Der Einfluss des Anton von Worms dürfte hier zugleich wirksam gewesen sein. Holz. H. 1′ 11½″, br. 3′ ¼″.
391. **Der heilige Johannes und die heilige Magdalena.** Unter beiden knieen die Donatoren: Ein Vater mit sieben Söhnen und eine Mutter mit fünf Töchtern. Holz. H. 2′ ¼″, br. 1′ 8¼″.
392. **Unbekannter Gegenstand.** Zu dem Bilde gehört:
393. Ein auf die Auffindung des heiligen Kreuzes bezüglicher, unerklärter Gegenstand. Holz. H. 4′ 7½″, br. 2′ 4½″.
394. **Der heilige Anno.** Unten kniet eine geistliche Stifterin. Holz. H. 2′ 8¼″, br. 11¾″.
395. Vor dem neugebornen, mit Strahlen umgebenen **Christuskinde** knieen, in freudiger Anbetung versunken, links Maria und rechts 4 Engel. Im Mittelgrunde vor Ruinen, die nebst Landschaft den Hintergrund bilden, nahet links Joseph, rechts Hirten.

Linker Flügel: **Der heilige Arnold.** Unter ihm knieend der Donator Arnold a Bruweiler, aetatis annorum 78. civitatis coloniens. 12 cos. derselbe Bürgermeister dessen 16 Jahre früher gemaltes Bildniss unter Nro. 356 besprochen wurde †).

Rechter Flügel: **Die heilige Helena,** mit der darunter knieenden Donatrix. Helena eius uxor aetatis 55. Das Werk könnte von einem der Söhne oder Schüler des Bartholomäus Bruyn herrühren. Holz. Mittelbild h. 2' 10¼'', br. 1' 8''. Flügel h. 2' 10¼'', br. 8¼''.

396. **Bildniss eines Mannes.** Er hält in der Rechten ein Buch. Holz. H. 1' 3¾'', br. 11½''.

397. **Bildniss einer Frau** mit gefalteten Händen. Holz. H. 1' 3½'', br. 11½''.

398. **Bildniss eines Mannes und seiner Frau** ††). In einen Rahmen zusammengefasst. Hintergrund Landschaft. Erworben aus dem Ertrag des früheren von Dr. W. Müller verfassten Gemäldekatalogs. 1865. Holz. H. 1' 5½'', br. 1' 2½'' incl. Zwischenleiste.

Tafel mit acht Abtheilungen:

399. **Darstellungen aus der Passion.** 1) Christus nimmt Abschied von seiner Mutter. 2) Des Judas Verrath, Petrus kämpft gegen Malchus. Mittelgrund Christus am Oelberg. 3) Die Geisselung Christi. 4) Die Dornenkrönung, im Mittelgrunde die Verspottung. 5) Christus wird weggeführt, Pilatus wäscht sein Hände. 6) Christus trägt das Kreuz, Veronika naht mit dem Schweisstuche. 7) Christus wird entkleidet. 8) Christus wird mit Nägeln an's Kreuz geheftet. Die Compositionen sind lebendig empfunden, die Formengebung deutet auf die Arbeit eines Schülers, dem es an gründlicher Kenntniss fehlt. Holz. H. 1' 11'', br. 2' 5¾''.

400. **Die Uebertragung der Leiche der heiligen Ursula** durch den heiligen Cunibertus. Die Inschrift sagt, dass der Bischof durch göttliche Eingebung bewogen mit vieler Ehrfurcht und Andacht an das Grab ging und den kostbaren jungfräulichen Leib der Martyrerin Ursula in den für denselben bestimmten Sarkophag niederlegte. Interessantes Bild. Holz. H. 6', br. 3½''.

Zwei Flügel:

401. **Ein Bischof.** Unten kniet der von ihm empfohlene Donator und dessen Sohn.

---

†) Die auf dem Rahmen des Bildes angebrachte Inschrift stimmt nicht ganz mit den urkundlichen Angaben überein, denen zufolge Arnold von Brauweiler dreizehnmal als Bürgermeister erwählt wurde (zuerst am Johannistage 1516) und dieses Amt bis zu seinem im Juni 1552 im Alter von 78 Jahren erfolgten Tode bekleidete. Seine Frau Helena geb. Bruggen starb schon 1548 im Alter von 58 Jahren.

††) Wahrscheinlich das nicht ähnliche Bildniss des unter Nro. 356 und 395 besprochenen Bürgermeisters, und das, weit besser gemalte, seiner Frau.

Alte kölnische Malerschule.

402. Die heilige Margaretha. Unten kniet die von ihr empfohlene Donatrix und deren Tochter. Hintergrund Landschaft. H. 4′ 7¾″, br. 1′ 11¼″.

403. Ein knieender alter Herr mit gefalteten Händen. Hinter ihm wahrscheinlich sein Sohn. Dazu gehört:

404. Zwei ältere Frauen und drei Mädchen. Alle knieen. Holz. H. 3′ 7″, br. 1′ 3″.

Zwei Flügel:

405 u. 406. Der Bürgermeister Gail knieend mit gefalteten Händen und sein Sohn. Seine Frau knieend mit einem Rosenkranz in den Händen. Geschenk des Herrn General van Ende 1825. Holz. H. 1′ 8″, br. 10″.

407. Ein Mann, in der Linken hält er ein rothes Gebetbuch, die Rechte ruht auf einem Tische. Rechts Aussicht in eine Landschaft. Holz. H. 1′ 5¾″, br. 1′ ¼″.

*408. Eine Frau mit weissem Kopfputz, rothem Untergewande und graublauem schwarzbesetztem Uebergewande. Ihre Hände sind übereinandergelegt. Eins der vortrefflichst gemalten, scharf charakterisirtesten Portraits dieser Richtung, von ernster strenger Behandlung. Holz. H. 1′ 2⅛″, br. 11½″.

409. Eine Frau, mit der Rechten ein Gebetbuch fassend, das auf dem Tische vor ihr liegt, mit der Linken das daneben stehende goldene Gefäss berührend. Wahrscheinlich ist das Bild das Portrait einer Dame die sich als Magdalena darstellen liess. Das Bild erinnert an Gossaerts (Mabuse) Arbeiten. Rothe Aermel, braunes schwarzbesetztes Kleid. Holz. H. 1′ 3¾″, br. 11¼″.

410. Ein Mann, in der Rechten, welche auf dem vor ihm stehenden Tische ruht, einen Ring, in der Linken Handschuhe haltend. Jahreszahl 1563. Schule Bruyns. Holz. H. 1′ 4½″, br. 1′ ¾″.

411. Ein Mann, in der Rechten einen Brief, in der Linken, welche auf einem Tische mit grüner Decke liegt, Handschuhe haltend. Aetatis suae 26. Das Bild stammt aus dem Jahre 1560. Der Rahmen trägt die Inschrift „Allein mich Gott erhelt." Holz. H. 1′ 4″, br. 11¼″.

412. Ein Mann. Seine Linke fasst einen Schädel, der so wie seine Rechte auf dem vor ihm stehenden Tische ruht. Holz. H. 1′ 4″, br. 11¼″.

413 u. 414. Ein Mädchen, in der Rechten eine Blume. Ein Knabe, in der Linken eine Frucht haltend. Es sind die Kinder eines Schreibers mit Namen Jacob Voss, Zwillinge mit Namen Gertrude und Jacob, 12 Jahre alt und 1571 gemalt. Runde Form. Holz. H. 10″, br. 10″.

415. Martinus Snellius, 25 Jahre alt, gemalt 1567. Runde Form. H. 9¼″, br. 9¼″.

416. **Ein Mann** in der Linken ein Buch. Holz. H. 1' 4½", br. 11".

417. **Ein Mann** in pelzbesetztem Rocke. Seine Rechte ruht auf der Schulter eines Knaben, in der Linken hält er Handschuhe. Holz. H. 1' 11½", br. 1' 4½".

418. **Ein kölnischer Bürgermeister** in knieender Stellung mit gefalteten Händen. Hinter ihm steht sein Sohn in bürgerlicher Kleidung ein Gebetbuch in der rechten Hand haltend. Holz. H. 3' 6", br. 11".

419. **Ein kölnischer Bürgermeister.** Peter von Heimbach. Vielleicht ist das Bild von der Meisterhand des B. Bruyn herrührend, doch da es so sehr gelitten hat, ist es nicht mehr mit Sicherheit zu bestimmen. Jahreszahl 1545. Holz. H. 1' 11¾", br. 1' 4¼".

420. **Ein alter Mann.** Holz. H. 1' 8", br. 1, 2¾".

421. **Ein alter Mann.** Beide Bilder sind höchst einfach in der Weise des Holbein modellirt, aber auch leider sehr verwaschen. Holz. H. 1' 8", br. 1' 2¾".

422. **Ein Mann.** Schwarzes Barett und Gewand; in der Linken vor einem grauen Tische ein Gebetbuch haltend. Grüner Grund.

423. **Eine Frau** in grauem Gewand mit schwarzem Aufschlag, in den Händen einen Rosenkranz haltend. Gehört zu dem vorigen Bilde. Holz. H. 2' 4½", br. 10".

424. **Ein alter Mann.** Schwarzes Barett und schwarzer pelzgefütterter Ueberrock. In der Linken ein Brief. Holz. H. 1' 9", br. 1' 1¾".

425. **Ein Mann.** Schwarzes Barett, weisse Krause, schwarzer mit grauem Pelz besetzter Ueberrock. In der Rechten ein Gebetbuch, die Linke auf einem Schädel liegend. Holz. H. 1' 6", br. 1' 1½".

426. **Ein Mann.** Schwarzer Rock und Barett, in der Rechten ein rothes Buch. Anno 1575. Aet. 65. Holz. H. 1' 6", br. 1' 2½".

427. **Eine Frau.** Schwarzes Gewand und Haube. Goldene Kette und Gürtel. Perlenmieder. In der Rechten eine Nelke, in der Linken ein Rosenkranz. Aet. 26. Holz. H. 1' 4", br. 1' 1½".

428. **Ein Mann.** Schwarzer Rock und Barett. Handschuhe in der Linken. Grauer Vorhang. Rechts landschaftlicher Grund. Holz. H. 1' 11", br. 9½".

429. **Ein Mann.** Schwarzes Barett. Schwarzer Mantel mit aufstehendem Kragen. Schwarz und grau gestreifter Rock, über dem eine dreifache goldene Kette. Die Rechte ruht auf dem Tische, die Linke hält Handschuhe. Holz. H. 1' 9½", br. 1' 7¾".

430. **Ein junger Mann.** Schwarzer Rock und Barett. In der Rechten Handschuhe. Aet. 22. Anno 1545. Holz. H. 10", br. 7½".

431. **Ein Mann.** Schwarzes Barett. Schwarzer Rock über einem weit offenstehenden weissen Brustlatz. Brillant rother Grund. Holz. H. 1' 11", br. 7³/₄".
432. **Eine Frau.** Schwarzes Gewand, weisse Haube. Beide Hände ruhen auf einem grünen Tische und umfassen ein Gebetbuch. Holz. H. 1' 7¹/₂", br. 1' 2".
433. **Eine Frau.** Vor ihr stehen, in kleinerem Maasse dargestellt, drei Mädchen. Holz. H. 2' 2", br. 1' 9".
434. **Ein Mann** in schwarzem mit Pelz besetztem Gewande, in der Rechten Handschuhe, die Linke auf einem Schädel liegend. Ueber ihm drei Knabenportraits. Holz. H. 2' 7", br. 1' 3/4".
435. **Ein Mann.** Schwarzer Rock. Dreieckiges Priesterbarett. In der Linken ein Gebetbuch. (Heinrich Fabritius). Anno 1568. Holz. H. 2' 2¹/₂", br. 1' 8¹/₂".
436. **Ein Mann.** Schwarzer Rock und Hut. Weisse Atlasweste und Krause. Hermann von Wedich. 1581. Aet. 30. Gutes Bild. Holz. H. 2' 6", br. 2' 3/4".
437. **Ein Mann.** Schwarzer Rock. Schwarzes Haar und Barett. Aet. 36. Die rechte Hand an der Brust. Holz. H. 1' 6¹/₂", br. 1' 1¹/₂".
438. **Ein Mann**, in der Linken eine Nelke, in der Rechten Handschuhe haltend. Holz. H. 1' 6¹/₄", br. 1' 1".
439. **Ein Arzt**, die Linke auf einem Todtenkopfe und in der Rechten ein Buch haltend. Jahreszahl 1557. Aet. 44. Holz. H. 1' 8", br. 1' 11".
440. **Ein Mann**, in der Linken dunkle Handschuhe. Jahreszahl 1566. Aet. 33. Holz. H. 1' 3¹/₂", br. 1'.
441. **Mann und Frau** mit gefalteten Händen. Ueber denselben deren Schutzpatrone. Holz. H. 2' 4", br. 1' 7¹/₂".

Die nun folgenden Bilder sind von schwächeren Nachfolgern der vorhergenannten Meister:

442. **Die Beschneidung des Johannes.** Rechts Zacharias, den Namen aufschreibend. Im Mittelgrunde Elisabeth im Wochenbette. Das Bild erinnert an Werke des Anton von Worms, ist aber geringer als diese. Leinwand. H. 7' 4", br. 3' 9¹/₂".
443. **Unbekannter Gegenstand.** Im Mittelgrunde rechts sieht man eine Wöchnerin im Bette, die Hände ringend und schmerzvollen Ausdrucks. Eine Wärterin trägt auf ihren Armen ein braunes Kind mit wildem Blicke und zwei langen Zähnen. Im Vordergrunde tobt ein fürstlich gekleideter Mann. Sein Scepter und seine Krone liegen am Boden. Zu seiner Seite sind staunende Männer. Im Hintergrunde des vornehm

gothischen Gebäudes sieht man miteinander redende Frauen. Das Bild zeigt die Unterschrift „Der Düvel in des Kindes Gestalt." Leinwand. H. 3' 5", br. 3' 1".

444. **Maria mit dem Kinde.** Rechts vor ihr die heilige Anna. Ueber dieser Gruppe schwebt der segnende Gott Vater und der heilige Geist. Zu beiden Seiten derselben sind links Joseph rechts Joachim. Unten zwei Stifter und zwei Stifterinnen.

445. **Gott Vater** auf einem auf Wolken ruhenden Throne sitzend. Die Linke auf einer mit dem Kreuze geschmückten Kugel. Die Rechte, über welcher die Taube als heiliger Geist schwebt, segnend erhoben. Zu beiden Seiten des Thrones Engel, welche anbeten und 4 verschiedene Martyrwerkzeuge tragen. Unten in der Landschaft kniet ein geistlicher Donator. Hinter ihm, wie für ihn bittend, Maria, ihre Brust zeigend, ferner Johannes der Täufer und St. Catharina. Vor ihm links kniet Christus, auf seine Wundmale deutend. Hinter ihm Johannes der Evangelist, den Kelch segnend, und St. Barbara. Das Bild dürfte um 1580 gemalt sein und charakterisirt den damaligen Verfall der einst so edlen kölnischen Kunst. Holz. H. 3' 8", br. 2' 8½".

Spätere kölnische Maler unter dem Einflusse der Italiener, Niederländer und Franzosen.

E. Jerrigh.

Zufolge der Angabe Van Manders ist er ein Wallone von Geburt. Seine Studien machte er in Antwerpen, soll aber die längste Zeit seines Lebens in Köln gewohnt haben. Seine Bilder zeichnen sich durch einen eigenthümlich transparenten Ton und bräunlich klare Schatten aus. Von ihm ist das folgende, mit dem Monogramm E J und der Jahreszahl 1601 versehene Bild:

446. **Die Verkündigung.** Rechts schwebt mit erhobener Rechten, umgeben von einer Wolkenglorie, der Erzengel Gabriel. Links hinter einem Betpulte, auf welchem ein Gebetbuch und ein Glas mit Blumen sichtbar, kniet in demüthiger und staunender Bewegung die Jungfrau Maria. Kniestück. Holz. H. 2' 8", br. 3' 4".

Johann von Aachen,

in Köln geboren 1552, wurde 1568 Schüler des zuvor genannten Maler Jerrigh, bei dem er sechs Jahre verweilte. Dann reiste er nach Italien, wo er sich dem Studium der älteren Meister hingab und zugleich christliche und mythologische Bilder und Portraits ausführte. Sein erster Besuch in Köln soll 1588, sein zweiter um 1600 stattgefunden haben. Er arbeitete für den Hof in München unter Albert V., folgte dann einem Rufe Kaiser Rudolf II. nach Prag. Nach München zurückgekehrt, heirathete er dort die Tochter des berühmten Componisten Orlando Lasso. Bald aber berief ihn der Kaiser wieder in seine Nähe, ernannte ihn zum Hofmaler und gewährte ihm grosses Vertrauen und bedeutenden Einfluss auf seine Bestimmungen. Er starb am 6. Januar 1615 zu Prag und ward dort in der Metropolitankirche zu St. Veit bestattet, wo bereits seine Mutter und zwei Töchter die letzte Ruhestätte gefunden. Die folgenden Bilder sind von ihm:

447. **Die Erweckung des Lazarus.** Links steht Christus, auf dessen Wort Lazarus aus dem Grabe steigt. Sie sind umgeben von des Lazarus Schwestern Maria und Martha, den Aposteln Petrus, Jacobus, Johannes, Pharisäern und viel Volk. Holz. H. 4' 5½", br. 4' 10½".

448. **Maria**, vor ihr in ausgebreiteter Windel liegend das Christuskind. Diese umgeben von vielen Engeln, Hirten und Hirtinnen in anbetendem und bewunderndem Ausdrucke. Links kniet ein Stiftsherr als Donator. Holz. H. 3' 1", br. 2' 3½".

449. **Madonna mit dem Kinde** in Halblebensgrösse ausgeführt. Unten kniet lebensgross dargestellt ein Karthäuser als Donator. Holz. H. 5' 5½", br. 1' 11½".

450. **Bildniss des kölnischen Bürgermeisters Johannes Broelmann.** Gemalt 1588. Holz. H. 1' 5½", br. 1' 1¾".

Geldorp Gortzius.

Zu Löwen 1553 geboren, ging er nach Antwerpen, um unter Leitung der dortigen Meister Franz Franck und Franz Pourbus sich in der Malerkunst auszubilden, wurde dann beim Herzog von Terranova Hofmaler, reiste mit diesem Fürsten 1579 nach Köln, wo er sich fortan häuslich niederliess und auch daselbst bis zu seinem Tode 1616 oder 1618 blieb. Er gehört zu den hervorragenden Portraitmalern seiner Zeit. Viele Werke von seiner Hand finden sich gut erhalten in den Rheingegenden vor.

Sein Sohn Melchior, obwohl weniger bedeutend als sein Vater, arbeitete in ähnlicher Art. Von ihm selbst sind folgende Bilder:

451. **Christus sterbend am Kreuze.** Tüchtige gesunde Formengebung transparente Farbe und stark empfundener Ausdruck zeichnen das Bild aus, welches nahezu mehrere Jahrhunderte den Rathhaussaal, wo es über dem Sitze des Bürgermeisters angebracht war, schmückte. Im April 1867 ist es dem Museum übergeben worden. Holz. H. 7' 3", br. 5' 4".

452. **Die heilige Magdalena** als Büsserin betend. Holz. H. 2' 1½", br. 1' 7".

453. **Eine Heilige.** (Studienkopf?) Holz. H. 1' 7", br. 1' 4".

454. **Bildniss eines Mannes** mit weisser Halskrause schwarzer Mütze und Zwickelbart. Wohl erhaltenes gutes Bild. Holz. H. 1' 2½", br. 1' 1½".

455. **Bildniss einer alten Frau** in weisser Haube und schwarzem Kleide. Das Bild trägt die Inschrift: Elisabeth von Steinroth filia Adolfi uxor Hieronymi von Kreps: etc. 1561. Holz. H. 1' 6½", br. 1' 3".

456. **Bildniss des kölnischen Buchdruckers Arnold Quentell.** Anno MDCX. Energisches, stark gefärbtes dickes Gesicht, weisse Krause, schwarzer Rock. Die rechte Hand ruht auf einem Buche, links davon Druckproben. Das Bild wurde erst vor wenig Jahren erworben. Holz. H. 3' 5", br. 2' 6".

457. **Ein Mann** in schwarzem mit Pelz besetztem Gewande. Geschenk des Herrn Ober-Gartenbau-Direktors Lenné in Potsdam. Holz. H. 2' 4", br. 1' 10".

458. **Ein Mann** in schwarzem, mit Pelz besetztem Gewande. Nach rechts gewendet kniet er mit gefalteten Händen vor einem Buche. Rother Vorhang als Hintergrund rechts. Dazu gehört:

459. **Zwei Frauen** in schwarzen Kleidern, weissen Halskrausen und Hauben. Sie knieen nach links gewendet. Rother Vorhang. Holz. H. 4' 7", br. 2' 11".

460. **Bildniss eines Mannes** in schwarzem Gewande und weisser Halskrause. In der Linken hält er Handschuhe. Holz. H. 3' 5½", br. 2' 8".

461. **Bildniss eines Todten.** Er liegt mit dem Kopfe nach links. Weisse Kissen und Decke. Rothes Unterbett. Holz. H. 2' 3", br. 1' 10½".

462. **Ein Mann,** nach rechts gewendet. Dazu gehört:

463. **Seine Frau** nach links gewendet. Die Tafeln sind diagonal genommen und von gleicher Grösse. Holz. H. 1' 8½", br. 1' 8½". Anno 1572. Aetat 29.

464. **Maria mit dem Kinde,** welches den rechts vor ihm betenden Stiftsherrn segnet. Links Anna, Joachim und Joseph. Rechts in der Architektur des Mittelgrundes in einer Nische die Statuette des Moses mit den Gesetztafeln. Dieses Bild und die zuletzt genannten Bildnisse, dürften von Melchior, dem Sohne des Meisters Geldorp, herrühren. Holz. H. 3' 6", br. 2' 8".

Augustin Braun.

Nach nicht ganz verbürgten Angaben soll er 1570 geboren und 1622 gestorben sein. Der Ort seines damals sehr anerkannten Wirkens war Köln. Die folgenden Bilder sollen von ihm herrühren:

465. **Martyrium der heiligen Febronia.** Sie liegt vor einem Henker, der sie misshandelt, am Boden und ist umgeben von Kriegern und zwei heidnischen Priestern, die ihr noch zusprechen, ein Götzenbild, auf das sie

deuten, zu verehren. Letzteres aber stürzt zusammen und aus seinen Stücken entspringt eine Satansgestalt. Ueber Bäumen in einer Glorie sieht man Engel mit Kranz und Palme in den Händen, der hinaufblickenden Martyrin zuwinkend.

466. **Ein Geistlicher**; über ihm als Schutzheilige dargestellt: Maria mit dem Kinde und der Apostel Jacobus. Dazu gehört:

467. **Ein jüngerer Geistlicher**; über ihm als Schutzheilige: der heilige Augustin und der heilige Ambrosius. Holz. H. 2' 10½", br. 1' 3".

Franz Kessler.

Ein Schüler Geldorp's, arbeitete in den ersten Decennien des XVII. Jahrhunderts in Köln. Die Bilder, welche von diesem Maler bekannt sind, datiren vom Jahre 1618 bis 1629.

468. **Eine Frau** in einer Spitzenhaube, weisser Halskrause und schwarzem Kleide; in der Rechten hält sie die Quaste ihres Gürtels, in der Linken ein Buch. gez. Anno 1621 Kessler fec. Aetatis sua 28. Holz. H. 3' 2", br. 2' 2".

Hieronymus van Kessel.

In den Niederlanden geboren, hielt er sich in verschiedenen deutschen Städten auf, wo er viele Bildnisse malte. Um 1606 befand er sich in Frankfurt a/M., von wo er, wie von Stetten (Kunstgesch. d. St. Augsb. I. 281.) und Hüsgen (Art. Mag. 125.) angeben, nach Augsburg zog. 1609 befand er sich in Strassburg, wo er den Bischof, Erzherzog Leopold von Oesterreich, malte. In Köln wurde er am 4. October 1615 bei dem Maleramte dieser Stadt als Meister eingeschrieben, 1620 war er noch rüstig und thätig.

469. **Ein Mann.** Schwarzes Gewand, grosse weisse Krause und Manchetten. Die Rechte hält lederne Handschuhe, die Linke ist in die Seite gestemmt. Auf der rothen Decke des Tisches rechts liegt ein weiss gebundenes Buch. gez. H. v. Kessel. Anno 1621. Aetatis suae 30. Leinwand. H. 3' 4⅓", br. 2' 2¾".

Christian Cawenbergh.

Geboren zu Delft, am 8. September 1604, war ein Schüler des Jan van Nees, begab sich nach gehöriger Ausbildung auf Reisen und verweilte längere Zeit in Italien, von wo er nach Delft zurückkehrte und mehrere grosse Bilder daselbst malte. Später hat er sich in Köln niedergelassen, wo er am 4. Juli 1667 starb.

470. **Maria mit dem Kinde** füllt die rechte Seite des Bildes, die linke ein Stifter und eine Stifterin. Leinwand. H. 3' 11", br. 5' 3½".

Johann Georg Klaphauer

lebte um die Mitte des 17. Jahrhunderts in Köln. Trotz seinen vortrefflichen Leistungen als Portraitmaler blieb er fast gänzlich unbekannt. Er soll Bannerherr der kölnischen Malerzunft gewesen sein; von seiner Hand rührt und trägt sein Monogramm:

471. **Das Bildniss eines kraftvollen alten Mannes**, vermuthlich des Künstlers eigenes Bildniss. Aetatis suae 61. Anno 1651. Er trägt einen langen Bart, in der Linken hält er Handschuhe, die Rechte ist leicht auf die Brust gelegt. Lebendige, mit grosser Leichtigkeit und Frische ausgeführte und doch im Einzelnen sehr vollendete Arbeit voll Naturwahrheit. Leinwand. H. 2′ 7″, br. 2′ 3/5″.

Johann Wilhelm Pottgiesser.

Wahrscheinlich der Sohn des Malers Dieterich oder Theod. Pottgiesser zu Köln. Er gilt für einen vortrefflichen kölnischen Maler aus der zweiten Hälfte des XVII. Jahrhunderts, der indess auch nicht ganz nach Verdienst gewürdigt worden. Am 7. Februar 1656 fand seine Aufnahme als selbstständiger Meister bei der hiesigen Malerzunft statt; zur Zeit des Gülich'schen Aufruhrs 1683 nach Johanni wurde er von seinen Zunftgenossen in den Rath der Stadt gewählt. Seine Malerei erinnert sowohl an die bolognesische wie an die niederländische Schule.

472. **Hagar**, neben ihr rechts der Engel, der mit seiner Rechten nach der Quelle zeigt. Leinwand. H. 3′ 10″, br. 5′ 6½″.

473. **Bildniss eines Mannes.** Er wendet sich mit dem Kopfe nach rechts. Langes Haar. Schwarzes Seidengewand mit reichen Spitzen am Kragen und an den Aermeln. Der rechte Unterarm ist auf eine Säule gelegt. Rechts Landschaft. Dazu gehört als Gegenstück:

474. **Bildniss einer Frau.** Sie wendet sich nach rechts. Langes lockiges Haar, nackter Hals, weisse Aermel mit rothen Bändern. Die linke Hand ruht auf einem Tische, die rechte ist weit vom Körper abstehend. Links Landschaft. Leinwand. H. 4′ 2½″, br. 3′ 3½″.

Johann Hulsmann

war ein Schüler Augustin Brauns. Ueber sein Leben ist wenig Zuverlässiges bekannt. Der Sage nach soll er in Dürftigkeit gelebt und oft durch Anstreicherarbeiten sein Brod verdient haben. Die Verschiedenheit seiner Arbeiten, die in der ersten Hälfte des XVII. Jahrhunderts entstanden, ist gross.

475. **Die heilige Veronica**, knieend und schmerzvoll nach oben blickend, hält das Schweisstuch mit dem Antlitz Christi vor sich hin. Ein Kinder-

engel deutet darauf und blickt den Beschauer dabei an. Ein anderer ist in tiefer Schmerzensgeberde dargestellt und von den übrigen werden die Attribute gezeigt, welche auf das Leiden Christi Bezug haben. Holz. H. 4′ 10″, br. 3′ 4½″.

476. **Bildniss,** angeblich des berühmten Reitergenerals **Johann von Werth.** Ganze Figur. Rechts neben ihm ein weisses Windspiel. Leinwand. H. 6′ 8″, br. 4′ ½″.

Heinrich Herregoudts,

wurde nach Weyermann (L. d. Konst-Schild. III. 337—339) zu Antwerpen, nach Descamps (V. d. P. IV. 91—94) jedoch zu Mecheln geboren, immerhin aber früher als 1666, wie letztgenannter irrig angibt.

Ausser den belgischen Städten Antwerpen, Brügge, Brüssel, Löwen, Lüttich und Mecheln hat auch Köln ihn einige Zeit beschäftigt, und zwar malte er hier im Jahre 1660 für mehrere Kirchen. Nach Antwerpen zurückgekehrt starb er daselbst; sein Todesjahr ist aber nicht bekannt.

477. **Die heilige Dreieinigkeit.** Gott Vater hält auf seinem Schoosse den Leichnam Christi, über dessen Haupte der heilige Geist in Gestalt einer Taube schwebt. Links unten und rechts oben in Wolken sind Cherubimköpfe. Leinwand. H. 4′ 10″, br. 4′.

Franz Vriendt,

(auch Vriengt oder Friend genannt) lebte in der zweiten Hälfte des XVII. Jahrhunderts in Köln. Als selbstständiger Meister wurde er dort am 18. Juni 1652 in die Malerzunft aufgenommen. Ort und Jahreszahl seiner Geburt und seines Todes ist unbekannt.

478. **Bildniss eines geistlichen Herrn,** der Rahmen nennt ihn Albertus Rensing. † 1664. Geschenk des Herrn M. Neven. Leinwand. H. 3′ 8½″, br. 2′ 11″.

Johann Toussyn,

(auch Toussin) Maler und Zeichner zu Köln, wo er 1631 in die Malerzunft aufgenommen wurde. Viele seiner Landschaften die er gerne mit biblischer Staffage schmückte, finden sich in kölnischen Kirchen.

479. **Landschaft.** Tobias den Fisch in der Hand haltend, vom Engel geführt. Rechts ein Wasserfall, zwischen grossen Bäumen links und rechts weite Fernsicht. Das Bild zeigt das Wappen der Familie Dicke. Leinwand. H. 3′ 10″, br. 5′ 8½″.

der Italiener, Niederländer und Franzosen.

Johann Franz Ermels,

in oder bei Köln 1621 oder 1641 geboren, erhielt derselbe hier den ersten Unterricht, bildete sich aber besonders nach den Werken des Malers Hulsmann. Von Köln ging er zuerst nach Holland und zeigte in den Landschaftsbildern eine glückliche Nachahmung Both's. 1660 begab er sich nach Nürnberg, wo es ihm so sehr behagte, dass er sich entschloss, dort festen Wohnsitz zu wählen, wo denn auch wiederum einige historische Gemälde von ihm ausgeführt wurden. Auch mit der Radirnadel hat er Geistreiches geschaffen. Nach vielen Leiden an der Gicht, starb er am 3. December 1699.

480. Links unter einer Anhöhe, auf der eine Burg steht, ist **ein kleiner Wasserfall.** In der Mitte des Vordergrundes ein hoher Baum. Rechts weite Fernsicht mit Fluss. Erinnert an J. Both's Manier. Holz. H. 1' 11½", br. 1' 5".

Andreas Greiss,

oder Griess, lebte in Köln, doch ist von seinem Leben nichts Näheres bekannt. Bilder von ihm tragen die Jahreszahl 1679 und 1687.

481. Ueber gebirgigem Terrain und Wasser **eine Ruine.** Leinwand. H. 1' 9", br. 2' 1½".

Johann Michael Hambach,

ein kölnischer Stilllebenmaler aus der zweiten Hälfte des XVII. Jahrhunderts, der mit vieler Täuschung seine Gegenstände darzustellen wusste.

482. **Stillleben.** Schinken, Kohl mit Bratwurst, Brod etc. auf Tellern. Kanne, Salztopf etc. Leinwand. H. 1' 10¾", br. 2' 6½".

483. **Stillleben.** Schinken in grossen und kleinern Stücken, Schwarzbrod, eine Weinflasche, etc. Leinwand. H. 1' 10¼", br. 2' 5¾".

Habelius,

wird in von Bianco's „Geschichte der Universität und der Gymnasien der Stadt Köln (S. 57)", mit Berufung auf Notizen des Professors Wallraf, als ein kölnischer Maler des XVII. Jahrhunderts, genannt.

484. **Zwei Rattenfänger.** Der ältere, mit rother Mütze bekleidet, in der Mitte des Bildes, der jüngere, ein Instrument, an welchem Ratten hängen, hoch emporhebend, rechts. Links unten der Kopf eines Hundes. Hintergrund Architektur. Kniestücke. Nachahmung Rembrandts. Geschenk des Herrn C. Schenk. Leinwand. H. 4' 1¼", br. 2' 8½".

Johann Jacob Schmitz,

ein geschickter Bildnissmaler, geb. zu Köln 1724, wurde am 23. März 1759 in die hiesige Malerzunft aufgenommen. In seinem 73. Lebensjahre copirte er das damals nach Paris gebrachte berühmte Bild von Rubens, welches die Kreuzigung Petri darstellt. Bekanntlich ist diese Copie auf dem Altar der St. Peterskirche stets aufgestellt; das meisterhafte Originalbild ist nur an den höchsten Festtagen gratis, gegen Zahlung von 15 Sgr. jedoch zu allen Tagesstunden mit Ausnahme der Stunden des Gottesdienstes sichtbar.

485. **Bildniss der Frau des Malers.** Leinwand, H. 3′ 8½″, br. 2′ 9½″.

486. **Bildniss eines geistlichen Herrn.** Leinwand. H. 2′ 8¼″, br. 2′ 9½″.

Bernhard Gottfried Manskirsch,

eines Malers Sohn, wurde 1736 in Bonn geboren und bereits 1769 vom Churfürsten von Trier, Clemens Wenzeslaus, zu seinem Landschaftsmaler ernannt. Etwa um 1786 hielt derselbe sich in Coblenz auf. Von 1790 an wirkte er in Köln, wo er am 19. März 1817 starb.

487. **Landschaft.** Holz. H. 10¼″, br. 1′ 1¾″.

488. **Landschaft.** Holz. H. 10¼″, br. 1′ 2¾″.

Anton de Peters,

Sohn eines Miniaturmalers, wurde in Köln 1723 geboren, ging frühe nach Paris, wo die Werke von J. B. Greuze seine Richtung bestimmten. Sehr geschätzt und in den Adelsstand erhoben, erfreute er sich des Schutzes des Königs Christian VII. von Dänemark, so wie des Prinzen von Lothringen.

Bei dem Ausbruche der französischen Revolution, kehrte er nach Köln zurück, wo ihn im Alter von 73 Jahren, am 6. October 1695, der Tod aus einem vielbewegten, zuletzt sehr elenden Leben hinwegnahm.

489. **Bildniss des jungen Wallraf.** Leinwand. H. 2′ 5″, br. 1′ 10¾″.

490. **Eine Citherspielerin.** Links eine Gruppe von 3 Mädchen, welche in Büchern blättern. Rechts ein Klavier, Säule und Vorhang sowie die Büste Gluck's. Nur ein Theil des weissen Gewandes der Hauptfigur ist als fertig anzusehen, fast alles übrige untermalt und skizzirt. Das Ganze ist von grosser Frische, geistreich pikant und mit graziöser Leichtigkeit, an die Manier der Greuze erinnernd, ausgeführt.

491. **Ein junges Mädchen** in rothem Mieder und weissem Unterkleide sitzt auf einer Bank, die in einem Garten vor einem grossen Baume steht, dessen dicker Stamm den Hintergrund des lieblichen Figürchens bildet. Links kommt ein Hündchen herangesprungen. Leinwand. H. 1′ 6¼″, br. 1′ 2″.

492. **Ein junges Ehepaar** liebkost sein Kind, das eine Perlenschnur in den Händchen hat. Holz. H. 1′ 2″, br. 1′.

493. **Ein Alter** mit gesenktem Haupte und übereinandergelegten Händen in einem Lehnsessel ruhend. Vor ihm ein junges blühend schönes Mädchen, Garben auf ihren Händen und hinaufblickend zu einer über beiden sichtbaren, mit weissem Gewande und gelbem Kopftuche bekleideten jugendlichen Gestalt. Kniestück. Vielleicht ist es eine Allegorie auf das Leben. Die Köpfe der erstgenannten Figuren, eine Hand und einzelne Stückchen Gewand sind übermalt und ganz vortrefflich ausgeführt, alles Uebrige ist unvollendet. Leinwand. H. 1′ 4½″, br. 1′ 7″.

494. Links zwei sich **streitende Männer**. Eine Frau mischt sich hinein. Rechts weinende Kinder. Skizzirte Untermalung. Leinwand. H. 1′, br. 1′ 3″.

495. **Seneca**, der weise Erzieher des Nero, muss auf dessen Befehl sich den Tod geben und ist im Begriff sich mit stoischer Ruhe und Gleichmuth im Bade die Pulsadern öffnen zu lassen, während er zu den ihn umgebenden Tribunen spricht. Vor ihm sitzt ein Halbbekleideter, der seine Reden aufzeichnet. Leinwand. H. 3′ ¾″, br. 2′ 8½″.

Caspar Benedict Beckenkamp,

im Thal Ehrenbreitstein bei Coblenz am 5. Februar 1747 geboren. 16 Jahr alt, verlor er seinen Vater, der sein erter Lehrer gewesen, und begab sich dann nach Coblenz, wo er Schüler des Januarius Zick wurde. Dann zog ihn seine Neigung mehr zum Landschaftsfache, in welchem der Frankfurter C. G. Schütz ihm zum Vorbilde diente. Nach einiger Zeit widmete er sich der Bildnissmalerei, und wurde durch den Churfürsten Clemens Wenzeslaus, der ihn seiner Talente und seines sanften Charakters wegen liebte, vielfach beschäftigt. Als die Einnahme der Rheinlande durch die siegenden Heere der Franken erfolgte und Clemens Wenzeslaus seinen Aufenthaltsort verlassen musste, ging Beckenkamp nach Köln. Als aber die Rheinlande sich wieder deutscher Herrschaft erfreuten, zugleich aber auch der Sinn für echte altdeutsche Kunst erwachte, widmete er sich der Nachbildung altdeutscher Gemälde. Eine vortreffliche, von ihm ausgeführte Copie des nun in Frankfurt befindlichen, wohl mit Recht dem Gossaert (Mabuse) zugeschriebenen Bildes „Klage um den Leichnam Christi" befindet sich in einem Seitenaltar links in unserer kölnischen Kirche zur heiligen Maria in Lyskirchen an der Stelle, welche früher das Original schmückte. (Die dazu gehörenden Flügelbilder sollen von Beckenkamps Sohne Sigismund August geb. 1788, gest. 1823 herrühren.) Er starb am 1. April 1828.

496. **Bildniss des Canonicus Hardy†).** Gemalt im Jahre 1809. Geschenk aus dem Nachlasse des Herrn M. J. De Noël 1851. Leinwand. H. 1' 4", br. 1' 1½".

497. **Bildniss des Malers.** Leinwand. H. 1' 3½", br. 11".

498—505. **Acht kleine Bildnisse.** Geschenke des Herrn Pastors Metternich 1828. Holz. H. 8¼", br. 6¼" bis 7¼".

Johann Martin Metz,

geboren 1730, wurde am 27. Mai 1768 bei der Malerzunft zu Köln eingeschrieben und errichtete 1771 hier eine Zeichenschule. Er war Hofmaler des Churfürsten Clemens August von Bonn. 1781 ging er mit seiner Familie nach England, wo seinen Arbeiten Beifall gezollt wurde. Er starb gegen das Ende des Jahrhunderts.

506. **Blumen und Früchte.** Sieht man auf Farbenwahl und Zusammenstellung von Grössenverhältnissen, so muss man das Bild als sehr geschmackvoll, breit und klar componirt bezeichnen. Leinwand. H. 1' 9½", br. 3' 4".

507. **Stillleben.** Gefässe mit Blumen und Früchten. Ein weisses Atlasgewand, daneben unten rechts eine Henne mit ihren Küchlein, denen ein von links heranschleichendes Frettchen Gefahr droht. Das Bild ist bezeichnet: „J. M. Metz 1778." Leinwand. H. 3' 3", br. 3' 1".

508. **Stillleben.** Auf Säulenresten liegen in einer Landschaft Trauben, Aepfel und Kastanien. Am Boden unten links: Feigen, Kohl, Aepfel, Kürbisse etc. Höchst wahrscheinlich stammt das Bild aus einer späteren Periode des Meisters. Leinwand. H. 2' 4", br. 3'.

Caspar Arnold Grein,

geboren 1764 in Brühl bei Köln, ertheilte er von 1794 an Unterricht im Zeichnen, ging 1802 nach Paris, um die reichen Kunstschätze daselbst zur Weiterbildung zu benutzen; von da kehrte er nach Köln zurück, wo er, hochgeachtet, nach vielfachem Wirken am 11. August 1835 starb.

---

†) Der kölnische Domvicar Caspar Bernhard Hardy geb. 1726 gest. am 17. März 1819 war ein Freund Wallrafs. Ausser Emailarbeiten, die er vortrefflich auszuführen verstand, hat er im Wachsbossiren eine ungemein grosse Geschicklichkeit entfaltet. Von letzteren Arbeiten besitzt unsere Sammlung eine bedeutende Anzahl.

509. Blumen und Früchte. Geschenk aus dem Nachlasse des mit Wallraf selbst nahe befreundeten ersten Conservators der Wallraf'schen Sammlungen J. M. de Noël 1851. Holz. H. 2' 4'', br. 1' 9½''.

Joseph Hoffmann,

geboren zu Köln am 28. October 1764, zeigte sehr früh Anlagen zur Kunst. Sein Vater, der Maler war, bediente sich lange seiner Hülfe. Als Decorationsmaler in Düsseldorf thätig, studirte er dann mehrere Jahre unter der Leitung des Directors Krahe und des Professors Lange und errang im Fache der Decorationsmalerei einen der ausgestellten Preise. Von 1793 bis 1794 führte er in Köln, wo zuerst sein Talent an's Licht trat und er, von Wallraf, der ihn auch sonst vielfach zu fördern wusste, freundlich angeleitet, sich bemühte seinem Geiste durch Kenntniss der Mythologie, Dichtkunst und Geschichte eine höhere Ausbildung zu geben, die Plafondmalereien im Chore der ehemaligen Abteikirche St. Martin aus. 1797 ging er nach Paris. 1800 war er einer der Mitbewerber um die von Goethe in Weimar ausgesetzten Preise. Bei dieser Concurrenz erhielt er den Preis, wie auch den im Jahre 1805 ausgeschriebenen. Wenn es bei so vielen der grössten Künstler sich nachweisen lässt, dass erst durch den Umgang mit wissenschaftlich gebildeten, geistig lebendigen Menschen die schaffende Phantasie zum höchsten Schauen geführt werden konnte, so haben wir hier ein naheliegendes Beispiel von dem veredelnden Einflusse ästhetischer Cultur auf die Entwicklung des mit Formen und Farbensinn begabten Talentes. Ohne Wallrafs Anregung wäre Hoffmann ohne Zweifel, wie so mancher den Kreis des Alltäglichsten nie verlassende moderne Künstler, um dessen Bildung sich Niemand bemühte, auf so viel niedrigerer Stufe stehen geblieben.

Als er am 6. März 1812, kaum 48 Jahre alt, zu Köln am Nervenfieber gestorben, hielt Professor Wallraf eine Rede voll Kraft und Gefühl über den Werth des Dahingeschiedenen, ferner ehrte er ihn auch noch durch nachstehende poetische Zeilen:

Auf Joseph Hoffmann's Grab.

Nimm mir den Sohn von Köln nicht weg, eh' ein Zweiter ihm gleiche:
Sprach die Kunst zur Natur. Aber ihn nahm die Natur,
Hob ihn zum Reiche des Lichts, wo Dürer und Rubens ihn küssten,
Jener, dass Fleiss Er geerbt; Dieser, dass Geist ihn genährt.

510. Diana von tanzenden Nymphen und ihrem Jagdgefolge umgeben. Rechts entfliehen von Hunden verfolgt zwei Satyre. Das Urbild der mythischpoetischen Gestalt der Diana, von der es heisst, dass Jupiter, den sie schmeichelnd bat, ihr den jungfräulichen Stand vergönnte, dass sie an des Olympos-Herrschers Blitzen ihre Fackel anzündete und von ihren Nymphen begleitet hoch in den Wäldern und auf den stürmischen Gipfeln als Königin der Jagd, mit dem goldenen Bogen und der Pfeile sich freuend einherzog, ist der leuchtende Mond, der keusch in nächtlicher Stille seinen Glanz ausstreut. Die festlichen Tänze der Diana beziehen sich auf die Bewegungen der Gestirne, als deren Königin Luna (der Mond) am nächtlichen Horizont erscheint. Bogen und Fackel (in unserem Bilde der ihrem geschwungenen Gewande folgende leuchtende Streifen) sind die Symbole von Leben und Licht. In den von Hunden verfolgten Satyren ist das Thierische im Menschen dargestellt, welches dem Göttlichen im Menschen, das in hohen und schönen Göttergestalten die Ehre der Anbetung geniesst, nicht nahen darf.

Das Gemälde ist die Skizze zu dem vom Künstler in Weimar ausgeführten und noch heute im Audienzzimmer des grossherzoglichen Schlosses daselbst sichtbaren Plafondgemälde. Goethe, welcher Hoffmann in den Annalen 1801 „der farben- und lebenslustigen Niederländischen Schule entsprossen" nennt und von einer seiner Arbeiten aus dem Jahre 1806 darstellend „Herkules, wie er die Ställe des Königs Augias von Elidus reinigt", sagt, „dass sie selbst Rubens würde Ehre gemacht haben", hatte ihn auch für diese Arbeit empfohlen. Leinwand. H. 1' 10", br. 3' 4¼".

Johann Wilh. Caris.

Geboren zu Köln 1747, besuchte er mehrere Jahre hindurch die Akademie in Düsseldorf, genoss darauf 5 Jahre lang den Unterricht des Hofmalers Felix in Kassel, kehrte dann nach Köln zurück, wo er 1830 im Alter von 83 Jahren starb.

511. **Bildniss Wallrafs.** Im Costüm des Geistlichen, doch als Naturforscher dargestellt, hat er in der Linken ein Buch, während seine Rechte auf Blumen, eine Muschel, einen Schädel und Ranken zeigt, welche auf einem rechts stehenden Tische liegen. Holz. H. 3' 6¼", br. 2' 8".

Egidius Mengelberg,

geboren zu Köln am 8. April 1770 besuchte schon im Alter von 13 Jahren die kurpfälzische Akademie zu Düsseldorf. Nachdem er dort drei Jahre studirt hatte, kehrte er nach Köln zurück, wo er am 23. Mai 1787 als selbstständiger Maler beim Maleramte eingeschrieben wurde. Während der Jahre 1790 bis 1800, copirte er viele der berühmtesten Bilder der Düsseldorfer Gallerie, malte Bildnisse, theilweise in Köln und Coblenz wohnend. In letzterer Stadt portraitirte er fast sämmtliche französische Generale, unter diesen Kleber und Bernadotte (später König von Schweden). In Düsseldorf, wo er auch Häuser mit mythologischen Figuren dekorirte, schmückte er beim Besuche Napoleons einen grossen Triumphbogen mit eigenen

Compositionen, wobei ihm der damals noch junge Cornelius half. 1821 zog er nach Köln, wo er am 17. November 1822 eine Sonntagsschule für Bauhandwerker gründete, welcher er, dazwischen Bildnisse malend (unter andern das des Erzbischofs Ferdinand August für das Domkapitel), bis kurz vor seinem am 26. October 1849 erfolgten Tode vorstand. Seine Verdienste wurden von Seiten der königlichen Regierung mehrfach anerkannt, unter anderem wurde ihm der Professortitel und das allgemeine Ehrenzeichen verliehen. Sein Sohn Otto, geb. 1817, ist ein geachteter Bildniss- und Historienmaler in Düsseldorf.

512. **Haupt-Bildniss des Gründers der Sammlung des Museums:**

Ferdinand Franz Wallraf,

Jubilarpriesters der katholischen Kirche, letzten Rectors der ehemaligen Universität zu Köln, Doctors der Weltweisheit und der Arzneiwissenschaft, Canonicus der alten Stifter zur heiligen Maria im Capitol und zu den heiligen Aposteln in Köln, Ritters des Rothen Adler-Ordens dritter Classe, Mitglieds mehrerer gelehrten Gesellschaften etc., geb. zu Köln im Jahre 1748, gestorben daselbst am 18. März 1824.

Leinwand. H. 2′ 11″, br. 2′ 5½″.

Die fränkische Schule.

In jener Zeit, wo die Kunst in Köln wie im Florentinischen schon so edle Blüthen trieb, sich schon zu einer zuvor lange nicht mehr gekannten reinen Seelensprache entwickelt hatte, wie aus Begeisterung erwachsen, so auch neue Begeisterung zu wecken die Fähigkeit besass, stand die fränkische, so wie auch die niederländische, schwäbische und sächsische Schule, noch in weit unbeholfeneren Anfängen.

Es fehlte diesen Schulen jener Schwung, der selbst bei gar mangelhafter Kenntniss äusserer Formen dennoch von geistiger Erhebung des Urhebers Zeugniss gibt, was zu der Vermuthung führen muss, dass es dort mehr an dem zum geistigen Aufschwunge des Künstlers erweckenden mächtigen Worte fehlte, das in Köln durch Albertus Magnus und seine Schule, Duns Scotus, den Mystiker Eckart gepflegt wurde, so wie überhaupt die daselbst heimische Frömmigkeit der sogenannten „heiligen Stadt" nicht anders als günstig auf die Künstler gewirkt haben kann.

So hatte denn, da in diesen Schulen weniger eine festgestellte, schon typisch gewordene Ideal-Anschauung bestand, der zur Klippe des Naturalismus leicht führende van Eyck'sche Einfluss dort auch einen geringeren Kampf zu bestehen und in Nürnberg dem eigentlichen Mittelpunkte der fränkischen Schule, in der sich mannichfach ein Streben nach charaktervoller Auffassung, warmem Farbenton, bestimmter Form bemerkbar machte, tritt dann, zuerst genannt, Michael Wohlgemuth geb. 1434 † 1519, ein immer noch handwerksmässig schaffender Künstler, auf. In ihm sehen wir noch nichts von der edlen, feinen Charakteristik, von der religiösen, philosophischen und poetischen Durchdringung des Gegenstandes und dem tiefen Gemüthsreichthum, diesen so echt deutschen Tugenden des Albrecht Dürer, der, geb. 1471, von 1486 bis 1489 in Jenes Werkstätte zubrachte, sich dann aber durch Kenntniss der Arbeiten Martin Schongauers des Colmarer Meisters, der († 1499) ein Mitschüler Hans Memlinks war, so wie des Paduaners Andrea Mantegna (geb. 1430 † 1506) die gediegene Grundlage für seinen ernsten, fast herben kernigen Styl angeeignet zu haben scheint, den er dann frei entwickelt und den wir namentlich durch die Einflüsse seiner venetianischen Reise zu ausserordentlich grossartiger, schwungvoller Formengebung, verbunden mit klarer durchsichtiger Farbe, gesteigert sehen. Er ist eine tiefinnerliche Natur. Voll Liebe zur Wahrheit steht er in geistigem Verkehr mit den hervorragendsten Gelehrten seiner Zeit und nimmt aufrichtig tiefen Antheil an den dieselben bewegenden religiösen und sittlichen Fragen, erscheint in Allem wie eine durch treuen Lebenskampf tief geläuterte Seele. Vielfach mit Sorge und Noth belastet, gequält von seinem Eheweibe, das ihn nicht verstand, ringt er sich heldenhaft durch, weiss den Widerwärtigkeiten mit gottgläubigem Muthe zu trotzen, in rastloser Thätigkeit den Empfindungen seiner grossangelegten und durch seine Lebensschicksale zur höchsten Reife entwickelten Natur in der Kunst verklärten Ausdruck zu verleihen und so hat er der ihn bewundernden Nachwelt, namentlich in seinen unendlich tief empfundenen Passionsbildern, eine mächtig eindringende Herzensansprache hinterlassen, der es sich anfühlt, dass ihre unwiderstehliche Ueberzeugungskraft einzig und allein als höchste Frucht jenes mannhaft durchstrittenen Kampfes hervorgehen konnte. Aehnlich wie Leonardo da Vinci ist er mit vielumfassendem Geiste begabt und nicht nur als Maler, sondern auch als Xylograph, Kupferstecher, Baumeister, Bildhauer in den verschiedensten Stoffen, so wie als Kunstschriftsteller in gediegenster Weise thätig. Ebenso reich an echt künstlerischem tief symbolischem Verstande, wie begabt mit erstaunlicher auf hohe und majestätische Gestaltung hingerichteter Phantasie, schuf er nicht nur christliche tief empfundene Werke, sondern bildete auch mythologische so wie frei allegorisirende Gegenstände, die alle mit unsäglichem Fleiss und Vollendung meistens auf's äusserste ausgeführt, oft mit herrlichem

Arabeskenschmuck umgeben sind. Ist er auch nicht ganz so glücklich in der Darstellung des rein Nackten, wobei ihm die feinere Kenntniss edler Natur und griechischer Vorbilder fehlt, wie denn überhaupt seine „klägliche und schimpfliche" Existenz (sein eigener Ausdruck) unvortheilhaft auf ihn wirkte in Bezug auf äussere Grazie der künstlerischen Formengebung, so entwickelt er auch darin immer den all seinen Werken eigenen inneren organischen Bau, einen gleichsam neu, aus innerstem Harmoniegefühl geschaffenen, wenn auch nicht äusserlich correcten Zusammenhang. Trotz der eckigen Brüche seines Faltenwurfs, der oft schroff erscheinenden Arrangements seiner Gebäude und landschaftlichen Gründe, zieht sich immer ein mächtiger Formen-Rhythmus, ein grossartiger Schwung durch alle seine Arbeiten und in seinem letzten Werke, den vier Kirchenstützen oder Temperamenten, erreicht er eine Grossartigkeit des Styls, die in ihrer Art unvergleichlich ist†). Nach unsäglichem Fleiss, treuester Ausdauer, ward ihm zuletzt, bei selbst mangelnder Pflege von Seiten seiner rohen Lebensgefährtin, das Leben immer mehr eine Last. Er starb am Charfreitag des Jahres 1528.

Die Nachwelt, die stolz auf ihn ist, verehrt in ihm den aufrichtigsten liebevollsten christlich treuesten Menschen, den bedeutendsten deutschen Künstler und sucht zu sühnen, was seine so vielfach gleichgültige Mitwelt an ihm verschuldete. Neben vielen Andern, sind seine hervorragendsten Schüler Hans von Kulmbach, Schäufelein, Aldegrever, Altdorfer, Beham, Fesele und Baldung Grün. Doch erstreckte sein künstlerisch anregender Einfluss sich auf noch unzählig viele und ist besonders in unserer Zeit bei Cornelius und dem leider so früh gestorbenen genialen Alfred Rethel in der hervorragendsten Weise zur Geltung gekommen.

Die folgenden 8 Bilder sind von unbekannten Meistern der fränkischen Schule, um 1440 bis 80 entstanden.

513. Maria und Joseph anbetend vor dem neugeborenen Christuskinde. In der Ferne nahen Hirten. Dazu gehört:

---

†) Es sind dieses die beiden 4' 6" hohen, und 2' 4½" breiten Flügelbilder, auf denen je zwei lebensgrosse Figuren, die Apostel Petrus und Johannes der Evangelist und Paulus und Marcus dargestellt sind. Des begeisterten Künstlers Verlangen mit dazu beitragen zu können, dass das von ihm so überaus geliebte Evangelium in seiner Reinheit wirksam werde, drängte ihn, unter diesen Gestalten der Apostel, welche in ihrer ernsten Erscheinung schon an und für sich eine imposante mahnende Predigt sind, noch solche Sprüche als Auszüge aus ihren Briefen am Sockel anzubringen, die in wichtigster Betonung und eindringlichster Concentrirung das bedeutsam Wesentlichste berühren, was gegen Irrlehren und geistlichen Hochmuth eine ernste Mahnung sein kann. Albrecht Dürer verehrte diese Tafeln dem Rathe zu Nürnberg, wo sie auch bis 1627 aufbewahrt blieben, dann aber wurden sie durch vielfältiges Bemühen des Churfürsten Max. I. von Baiern nach München gebracht, wo sie jetzt eine Hauptzierde der Pinakothek bilden. Nürnberg erhielt Copien der Bilder von Vischer.

514. Die Anbetung der heiligen drei Könige. Der älteste der Könige kniet vor dem Kinde und küsst dessen Händchen. Hinter Maria unter dem Dach einer Hütte der staunende Joseph. Goldgrund. Holz. H. 2′ 10″, br. 2′.

515. Die sterbende Maria liegt mit dem Kopfe nach rechts. In ihren Händen hält sie die gesegnete Kerze. Um sie sind mit Beten, mit Weihrauchfass und Weihkessel beschäftigt die zwölf Apostel. Oben hoch sieht man Gott Vater, in dessen Armen die Seele der Hinscheidenden aufgenommen. Dazu gehört die abgesägte Rückseite dieses Bildes:

516. Der heilige Georg reitet dem Drachen entgegen, der sich unter seiner Lanze windet. Im Mittelgrunde die Jungfrau knieend im Hintergrunde mit den Eltern derselben. Goldgrund. Holz. H. 3′ 6″, br. 2′ 9½″.

517. Christi feierlicher Einzug in Jerusalem. Hinter dem Herrn folgen die Apostel. Vor ihm breitet ein Knieender sein Gewand aus. Zachäus steht auf einem Baume, um Christus sehen zu können. Goldgrund. Dazu gehört:

518. Das Pfingstfest. Umgeben von den Aposteln sitzt Maria, über der in Gestalt einer Taube, von welcher Strahlen ausgehen, der heilige Geist schwebt. Gothische Halle. Goldgrund. H. 3′ 10½″, br. 3′.

519. Johannes der Täufer, auf seinem Buche das Lamm, auf welches er hinweist, neben ihm Maria, auf ihrem rechten Arme das Kind, welches nach einer Birne, welche sie in der Linken hält, hinreicht. Dazu gehört:

520. Die heilige Catharina mit ihren Attributen der Krone, dem Schwert und Rad und Johannes der Evangelist den Kelch segnend. Sämmtliche Gestalten in welchen grossartige, auf weite Distanz berechnete Motive, wenn auch mit manchen Mängeln verbunden, doch zu bedeutender Geltung kommen, setzen auf rothem mit Gold verziertem Teppiche ab. Der veredelnde Einfluss der kölnischen Schule ist hier zu erkennen. Die Grundlage für hohe Kunstentwicklung ist in diesen Bildern niedergelegt. Holz. H. 3′ 10½″, br. 3′.

Michael Wohlgemuth,
geb. 1434 in Nürnberg gest. 1519.

521. Die sterbende Maria liegt, die Hände gefaltet, unter einer schwarzen Decke, auf welcher goldgestickte Vögel und Sterne sichtbar sind. Ihr Haupt ist links oben, die Füsse, vor denen ein goldener Leuchter mit brennender Wachskerze steht, nach rechts unten im Bilde. Einer der sie umgebenden Apostel sitzt links unten, betend aus einem Buche, die übrigen rechts oben, im Antlitz Trauer und Wehmuth zeigend. In einem kleinen Fenster in der Mitte oben sieht man, wie zwei Engel die Seele der Jungfrau (in einer kleinen Gestalt dargestellt) gen Himmel tragen. Sämmtliche Köpfe sind mit goldenem Nimbus umgeben. Holz. H. 2' 11''', br. 1' 9¼'''.

Albrecht Dürer,
geb. 20. Mai 1471, gest. 28. April 1528.

*522. **Ein Pfeifer und ein Trommler.** Zwei scharf charakterisirte Gestalten mit ausgeprägten Physiognomien in Dürers geistreicher blühend transparenter Manier leicht hingemalt. Farbe und Form sowohl der Männer als der Landschaft, in welcher unten beladene Kameele, welche von Reitern auf Pferden zu schnellerem Laufe angetrieben werden, sichtbar sind, ist harmonisch und rhythmisch geschaffen. Das Bild hat Zusammenhang mit dem im Städel'schen Institut in Frankfurt a/M. befindlichen Werke Dürers, auf welchem der schwergeprüfte Hiob von seinem Weibe verhöhnt und mit Wasser übergossen wird. Ferner gehören noch zu diesem Bilde die in München befindlichen beiden Flügel, auf denen St. Simeon und der Bischof St. Lazarus, St. Joseph und Joachim dargestellt sind und die das Monogramm des Meisters und die Jahreszahl 1523 tragen. Das ganze Werk, zu dem noch ein anderer verloren gegangener Mitteltheil gehörte, war einst ein Hausaltar der kölner Familie Jabach. Unser Theil des Werkes gehört zu dem Werthvollsten unserer Sammlung. Holz. H. 3', br. 1' 7½'''.

523. **Madonna mit dem Kinde.** Die Mutter hält in der Rechten eine Nelke, nach welcher das auf ihrem Schoosse liegende Kind hinzeigt. Leider hat das mit Temperafarben auf Leinwand gemalte Bild viel gelitten, so dass die ursprüngliche Feinheit Dürer'scher Zeichnung nur noch wenig, doch seine ernste würdige und sinnige, hier noch mit Schongauer verwandte Compositionsweise zu erkennen ist. Leinwand. H. 1' 9½''', br. 1' 5½'''.

Vier Tafeln aus der Schule Dürers.

524. **Der verkündigende Erzengel Gabriel.** Das dazu gehörige Bild der Maria fehlt. In derselben Grösse und Behandlung ist:

525. **Johannes der Apostel** betend nach oben blickend. Ferner

526. **Johannes der Täufer**, unten am Boden das Lamm mit der Kreuzesfahne, nach welchem er zeigt, und

527. **St. Christophorus**, das segnende Christkind auf seinen Schultern tragend. Die vier Bilder dürften vielleicht für Werke Albrecht Altdorfers (Dürers Schüler) anzusehen sein bei denen der Einfluss der Werke des Lucas van Leyden wirksam gewesen. Sie wurden 1865 aus dem Richartz'schen Legate erworben. Holz. H. 1' 7½''', br. 6½'''.

528. **Ein Mann** mit schwarzem Barett, dunklem Barte und pelzbesetztem Mantel. Er hat die Hände übereinander gelegt. Links dunkelgrüner Vorhang, rechts Fernsicht. Anno 1544. „Seins alters 39. Jar." Dazu gehört:

529. **Eine Frau** mit übereinander gelegten Armen, in der Linken eine Nelke. Weisser mit Gold besetzter Kopfputz, dunkel geblümtes Mieder, weisse Aermel. Links neben dem schwarzgrünen Vorhang Fernsicht. „Jres alters 28 Jar. Anno 1544." Offenbar stammen die beiden Bilder aus Dürers Schule, vielleicht von Hans von Kulmbach. Holz. H. 1' 9", br. 1' 4".

Hans Schäufelein,

geboren um 1492, lebte von 1515 bis zu seinem Tode 1539 in Nördlingen. Er ist ein ernster und sinniger Schüler des Albrecht Dürer, der, obschon festhaltend an den älteren Traditionen, dennoch viel Selbstständigkeit entwickelt.

530. **Der Tod der Jungfrau Maria.** Sie kniet, mit auf der Brust übereinander gelegten Händen, vor einem Betpulte. Johannes reicht ihr eine Sterbekerze. Hinter ihr steht Petrus, in seiner Linken den Weihquasten haltend. Noch sieben andere Apostel umgeben sie. Goldgrund. Holz. H. 1' 10¾", br. 3' 1½".

531 u. 32. **Die Apostel Thomas und Jacobus major.** Mit Benutzung Dürer'scher Motive gemalt. Holz. H. 1' 3", br. 6½".

533. **Die Apostel Simon, Matthäus, Paulus** und ein anderer ohne Attribut oder besonderes Kennzeichen dargestellter Apostel. Von einem Schüler Dürers unter dem Einfluss der späteren Periode des Meisters gemalte tüchtige, ernste Arbeit, etwa um 1530 entstanden. Holz. H. 2' 3", br. 1' 7¼".

Die sächsische Schule.

Die sächsische Schule, in welcher im Verhältniss zu den anderen deutschen Schulen nicht besonders Hervorragendes entstand, erhielt um die Mitte des 15. Jahrhunderts eine bedeutende Einwirkung durch die kölnische und die in dieselbe bereits eingedrungene niederländische Kunst-Anschauung. Dann aber überwiegt der auch schon früher vielfach wirksam gewesene fränkische Einfluss, bis in dem folgenden Meister der eigentliche charakteristische Gründer derselben erscheint.

Lucas Sunder, genannt *Cranach der ältere*,

geb. 1472 in dem kleinen fränkischen Städtchen Cronach, trat 1504 in die Dienste des Churfürsten Friedrich des Weisen von Sachsen. Nach dessen Tode ward er bei seinem Nachfolger Johann dem Beständigen 1525 und um 1532 bei dessen Sohn Johann Friedrich dem Grossmüthigen Hofmaler, theilte mit dem Letzteren auf dessen Begehr die letzten Jahre seiner Gefangenschaft in Augsburg und Insbruck, bis er dann im Jahre 1552 nach der Befreiung dieses Fürsten nach Weimar zog, wo er 1553 starb. Während der Jahre 1537 und 1540 war er Bürgermeister von Wittenberg gewesen. Seine künstlerische Laufbahn begann er mit einer naturalistischen Art, die aber später zu einem edlen Colorit des Fleisches, Klarheit, Kraft, so wie auch Zartheit der Farbe sich abklärte. Er liebt es durch farbentiefe Prachtgewänder seiner Zeit sowohl die biblischen als mythologischen Gestalten seiner Bilder zu schmücken und weiss durch interessante landschaftliche Gründe einen schönen malerischen Zusammenhang in seinen Compositionen zu erzielen. Ein eigenthümlich anziehendes, man darf wohl sagen, sächsisch nationales, weibliches Gesicht, kehrt oft mit ganz geringen Modificationen in seinen Bildern wieder. Ist er auch weit entfernt von dem grossartigen, rhythmischen Schwung, wie er bei dem auf ihn einwirkenden mächtigen Albrecht Dürer so wohlthuend berührt, so erfreut er doch namentlich in seinen besten Bildern durch eine zarte weiche Ausführung von eigenthümlichem Schmelz und in den Einzelnheiten ausserordentlich feine vielfach an Holbein erinnernde Zeichnung.

*534. **Die heilige Magdalena.** Sie ist nach damaliger Zeit in altdeutchem Costüm dargestellt und hält in ihren Händen das Salbgefäss. Im Mittelgrunde der schönen Landschaft sieht man Rehe und Hirsche. Einzelne derselben bekämpfen sich. Links in der Höhe, über Felsen ein von einer Glorie umgebenes nacktes Figürchen. Wahrscheinlich eine Hindeutung auf die Sage, dass die Heilige während des Gebetes von Engeln in die Höhe getragen worden, vielleicht auch die zum Himmel aufgenommene Seele symbolisirend. Geschenk der Frau Witwe Commerzienrath Schaaffhausen 1867. Das Bildchen gehört zum Gediegensten dieses fleissigen Meisters Cranach. Holz. H. 1' 6½", br. 1'.

*535. **Der kleine Jesusknabe** steht als Ueberwinder des Satans und des Todes auf einem Schädel, neben ihm ist eine Schlange, welche aus einem Abgrund hervorragt. Er hält in der Linken das Kreuz, die Rechte ist zum Segnen erhoben. Rechts von ihm, neben einem Lamm, der auf ihn deutende Johannesknabe. Schwarzer Grund. Feine edle Arbeit des Meisters Cranach. Holz. H. 1' 9", br. 1' 1½".

Aus Cranachs Schule stammen:

536. Vor einem grünen Vorhang sitzen auf goldener gothischer Bank links in der Mitte des Bildes **Maria**, rechts **Anna**. Letztere hält dem auf

dem Schoosse der Maria stehenden Christuskinde Früchte entgegen, wonach dieses greift. In der Mitte dieser Gruppe schwebt in der Luft von einer Glorie umgeben die Taube, das Symbol des heiligen Geistes. Links steht der heilige Joseph, rechts der heilige Joachim. Das Bildchen das aus Cranachs Schule herrührt, trägt ein nicht zu ermittelndes Monogramm und die Jahreszahl 1522. Holz. H. 1' 11'', br. 1' 2½''.

537. **Die sächsischen Fürsten Friedrich der Weise und Johann der Beständige,** ersterer einen Rosenkranz in den Händen, der andere mit übereinander gelegten Händen, lehnen sich auf eine im Freien angebrachte Brüstung, vor welcher deren Frauen, links die Friedrichs mit vier, rechts die Johanns mit zwei Kindern bei sich, sitzen. Das ganz in derselben Weise wie das vorige behandelte Bildchen gehört auch offenbar zu demselben. Holz. H. 1' 1'', br. 1' 1½''.

538. **Die heilige Catharina** in der Linken das Schwert (Attribut ihres Martyriums) haltend, das zerbrochene Rad zu ihren Füssen. Dazu gehört:

539. **St. Georg.** Bekleidet mit rothem Barett und stählerner Rüstung, steht er auf dem Drachen dessen Kopf er mit einer Lanze durchbohrt. Beide Figuren sind mit Landschaften umgeben die im Zusammenhange zu einander stehen. Holz. H. 1' 1'', br. 7''.

Grosses Altarbild.

540. Mittelbild: **Maria** in einer Glorie, auf der Mondsichel schwebend, über ihr halten Engelknaben die Krone. In der Linken hält sie das Scepter. Das auf ihrem rechten Arme ruhende Christuskind reicht der links auf einem Hügel stehenden heiligen Catharina den Ring. Auf dem Hügel jenem gegenüber steht die heilige Barbara. Dazu gehört:

541. Linker Flügel: **Der heilige Erasmus.** Er zeigt mit der Rechten auf den zu seinen Füssen knieenden Donator, hinter welchem noch sechs andere in noch mehr verjüngtem Maassstabe dargestellt knieen. In der Linken hält er das Attribut seines Martyriums die Stange, auf welcher sein Eingeweide aufgehaspelt wurde. Die abgesägte Rückseite desselben ist:

542. **Die heilige Ursula** in ihrer Linken den Pfeil haltend. Unter ihr knieen drei schutzbefohlene Jungfrauen. Der Einfluss der fränkischen, einigermassen in den Gesichtern auch der kölnischen Schule ist unverkennbar. Holz. Mittelbild h. 5' ¾'', br. 4' 11''. Flügel h. 5' ¾''. br. 2' 3''.

---

543. **Versuchung des heiligen Antonius.** Der Heilige schwebt von phantastischen Drachengestalten getragen und umgeben hoch in der Luft. Das Bild ist mit Benutzung eines Cranach'schen Motives gemalt. Holz. H. 2' 9¾'', br. 2' 5¼''.

544. **Christus gebunden,** umringt von vielen rohen Kriegern, wird vom Oelberge weggeführt. In der obern Gruppe Petrus, der des Malchus Ohr abschlägt. Lebendige, wenn auch theilweise unschöne Darstellung aus der fränkischen Schule, in der sich van Eyck'scher Einfluss bedeutend wirksam zeigt. Geschenk des Herrn Schläger 1859. Holz. H. 2′ 1″, br. 1′ 6″.

545. **Christus und die Ehebrecherin.** Holz. H. 3′ 6½″, br. 2′ 10¾″.

Die schwäbische Schule.

Die schwäbische Schule, deren spätere Hauptsitze Augsburg und Ulm waren, ist in unserer Sammlung untergeordnet vertreten. Ihr edelster Gründer ist Martin Schongauer, genannt Schön, geb. 1420 gest. 1499. Frühe schon hat sich der van Eyck'sche Einfluss in ihr geltend gemacht. Sie ist geschmackvoller, als die vorhergenannten Schulen, zeigt minder gebrochene Falten, eine den Niederländern ähnliche Technik, bei der indess die Zeichnung und Composition, ähnlich wie bei den Niederländern selbst, an Stilgefühl und Richtigkeit einbüsste. Auch sie neigt sich besonders zu bildnissartiger Auffassung. Ausser den älteren Meistern Lucas Moser, Bartholomäus Zeitblom, Martin Schaffner, in denen ideale Anschauung und harmonische Abrundung sich kundgibt, ist es ganz besonders die Familie Holbein, aus der einer der deutschesten Meister, eine energische willenskräftige Natur, Hans Holbein der jüngere, geb. 1498 oder 95, gest. 1554, entsprosste. Vortrefflich fein charakterisirte Bildnisse, deren Schöpfung ihn leider zuletzt fast ganz allein in Anspruch nahm, so wie eine edle Vereinigung überkommener Schultraditionen mit italienischem Einflusse ist in seinen religiösen wie historischen Compositionen wohlthuend fühlbar und gibt ihm eine ganz hervorragende Stellung in jener Zeit, in der die Kunst in Deutschland sehr zu sinken begann. Einige in unserer Sammlung befindliche Schulbilder und besonders das folgende vor Hans Holbeins Zeit entstandene Werk sind nicht ohne Interesse.

Fünf Tafeln von gleicher Grösse.

546. **Die Messe des heiligen Gregor.** Ein schwebender Engel öffnet einen Vorhang und Christus erscheint als Ecce homo von einer Glorie umgeben über dem Altartische. Links ein Cardinal, Bischöfe und Volk. Im Vordergrunde kniet der heilige Dominikus mit gefalteten Händen hinter ihm ein dessen Orden angehöriger Bruder.

547. **Maria, die Mutter Anna,** zwischen diesen das Christuskind. Hinter einer steinernen Brüstung sechs Männer, von denen einer ein kleines Kind auf dem Arme hat. Im Vordergrunde zwei Frauen nebst fünf Kindern.

548. **Christus,** vor sich ein Kind, neben sich rechts ein Pharisäer zu dem er redet. Hinter ihm Apostel, links unten und bis oben in den baumreichen Mittelgrund sich ziehend viel Volk, worunter besonders Mütter mit ihren Kindern bemerkbar sind. Die Worte: „Wenn ihr nicht werdet wie die Kindlein, so könnet ihr nicht in das Himmelreich eingehen" haben dem Künstler das Motiv geboten.

549. **Christus vor Kaiphas.** Ein Kriegsknecht schlägt den Herrn dessen Antwort war: Thue ich Unrecht so beweise es mir, sage ich aber recht, was schlägst du mich? Im Mittelgrunde ist die Dornenkrönung und unten sind in kleinern Abtheilungen, links der englische Gruss und rechts Maria bei Elisabeth dargestellt.

550. **Die Ausgiessung des heiligen Geistes.** Unten in kleinen Abtheilungen: Links der bethlehemetische Kindermord, rechts der Knabe Christus im Tempel zwischen den Schriftgelehrten lehrend. Zwei zu dieser interessanten Folge gehörende Bilder, darstellend: Christus und die Samariterin und die Auferweckung des Lazarus besitzt Herr Dr. Dormagen in Köln. Holz, H. 6′ 1¼″, br. 2′ 5½″.

Von einem Zeitgenossen H. Holbeins der unter seinem Einflusse strebte stammen:

551. **Bildniss einer Frau.** Schwarzes Kleid, rothe Aermel, in den Händen Handschuhe. Anno 1544. Aetatis suae 25. Holz. H. 1′ 10½″, br. 1′ 5½″.

552. **Bildniss eines alten Mannes.** Schwarzer mit Pelz gefütterter Rock. Beide Hände halten ein Psalterium. Holz. H. 1′ 11½″, br. 1′ 6″.

553. **Bildniss eines alten Mannes.** Aus seinem Rocke sieht ein kleiner Hund. Holz. H. 1′ 5″, br. 1′ 1″.

Aus Holbeins Schule stammt:

554. **Die Geburt Christi.** Maria und Joseph und ein Hirte in Lebensgrösse dargestellt. Vor ihnen liegt das neugeborne Christuskind welches durch den Athem eines dabeistehenden Ochsen und eines Esels erwärmt wird. Holz. H. 3′ 4″, br. 2′ 8″.

555. **Der heilige Bernhard von Clairvaux,** wegen der Kraft seiner begeisternden Rede der Honigfliessende genannt und der Reihe der Kirchenlehrer zugezählt, wird, nachdem er im Dom zu Speier für den Kreuzzug gepredigt, von Kaiser Konrad III. vor dem versammelten Volke getragen. Holz. H. 4′ 5½″, br. 4′ 3¾″.

556. **Der Triumph der Liebe.** Amor mit gespanntem Bogen steht auf einem Pferde, welches über einen Fürsten, einen älteren und einen jungen Mann hinwegsetzt. Dazu gehört:

557. **Der Triumph der Zeit.** Sie reitet, in der Linken ein Schwert, in der Rechten eine Sanduhr, auf einem Hirsche. Unten liegt ein Weib mit Flügeln. Holz. H. 1′ 4½″, br. 1′ 1½″.

558. **Die Kreuztragung.** Christus, den ein hinter ihm schreitender Krieger misshandelt, trägt das Kreuz, wobei ihm Simon von Kyrene hilft. Ihm folgen Maria, Johannes und fromme trauernde Frauen. Vor Christus kniet Veronica auf deren Tuch das Antlitz Christi sichtbar ist. Vor ihr rechts schreiten, umgeben von vielen Kriegern, die beiden Schächer. Holz. H. 4′ 5″, br. 4′ 4½″.

Unbestimmte deutsche Schule.

Grosses Altarwerk aus acht Tafeln bestehend.

559. Mittelbild: **Die heiligen Sippen.** Maria und Anna zwischen sich das Christuskind haltend welches eine Feige in der Hand hat, sitzen auf einem mit gothischen Bänken und Nischen umgebenen Throne. Ueber diesen schwebt der heilige Geist in Gestalt einer Taube, unter welcher ein Spruchzettel die Worte zeigt: celorum rex natus est ex virgine maria. Die Zettel bei den auf den Bänken sitzenden fünf Frauen mit ihren Kindern und den in den Nischen oben dargestellten Männern geben die Namen an. Links von Maria sitzt Maria cleophe. In ihren Armen hält sie rechts Joseph Justus, links St. Judas thadeus. Unter diesen auf dem getäfelten Boden sitzen St. Jacobus minor und St. Simion zelotes. Neben ihr Maria salome auf ihrem Schoosse sitzt Johannes der Evangelist, zu ihren Füssen Jacobus major. Rechts von St. Anna, Hismeria, neben ihr Elisabeth, auf deren Schooss der kleine Johannes der Täufer, neben dieser Emelian auf ihrem Schoosse St. Servatius als Kind haltend. Ueber der Hauptgruppe steht links Joachim, rechts Cleophas und Salomas. In der Nische links über Maria Salome ist Zebedäus neben ihm Alpheus und ferner Joseph sichtbar. Nach der rechten Seite über Hismeria ist Effra, über Elisabeth deren Mann Zacharias, über Emelian sind Eliud und Emion in den gothischen Nischen dargestellt. Holz. H. 3′ 5½″, br. 5′ 1″.

560. **Der linke Flügel des Bildes** zeigt gleichfalls in gothischen Nischen **Johannes den Täufer und Johannes den Evangelisten.** Unter diesen zwei knieende Donatoren, der ältere im Harnisch dargestellt. Die Rückseite zeigt grau in Grau gemalt die Propheten Jesaias und Jeremias.

561. **Der rechte Flügel** zeigt: **Die heilige Margaretha** auf einem Drachen kniend, der einen Theil ihres Mantels verschlungen hat und die heilige Segnoria und unter ihr die knieende Donatrix. Rückseite grau in Grau die Propheten Zacharias und Aggia. Holz. H. 3' 5½", br. 2' 5".

562. **Aufsatz zum Mittelbilde: Gott Vater** in der Linken das Buch des Lebens haltend, mit der Rechten segnend. Auf dem Spruchbande neben ihm die Worte „Hic est filius meus etc." (Dieses ist mein geliebter Sohn an welchem ich Wohlgefallen habe). Holz. H. 1' 6½", br. 1' 4¾". Dazu gehören als Seitenbilder:

563 u. 64. **Drei musicirende Engel.** Inschrift „Gloria in excelsis deo." Die abgesägten Rückseiten derselben sind:

565 u. 66. Grau in Grau auf rothem Grunde gemalte **Propheten.** Das interessante Bild wurde 1846 aus der H. Schmitz'schen Gemälde-Sammlung erworben und stammt vielleicht aus der westphälischen Schule. Holz. H. 1' 2", br. 6".

Die niederländische Schule.

Epochemachend in der Geschichte der Malerei ist die zuerst von den hervorragenden Meistern dieser Schule, den Gebrüdern Hubert und Johann van Eyck im Jahre 1410 in Anwendung gebrachte Technik der Oelmalerei, ein Verdienst, mit welchem bei diesen seltenen Männern tiefer Kunstverstand und seelenvolle Innigkeit des Ausdrucks neben strenger Form unzertrennlich Hand in Hand geht. Durch jenes neue Material wird eine zuvor noch nicht gekannte Vollendung der Ausführung möglich, eine wunderbare Klarheit und Transparenz des Vortrags, ein Reiz besonderer Art, welcher durch den Gebrauch übereinander gelegter durchsichtiger Farben erreicht wird und der, zugleich in leichter und graziöser Pinselführung beruhend, das Auge mit einem entzückenden Glanze erfüllt. Mehr und mehr wird es nun dem Künstler erleichtert, äussere Illusion erweckende Wahrheit der Kunstdarstellung in prachtvoll prunkendstem Reichthum zu bieten. War die Verehrung der Künstler für den darzustellenden Gegenstand die Ursache, ihn mit aller nur zu erreichenden Schönheit auszuschmücken, so ist nun in diesem Mittel die Möglichkeit geboten, eine grössere Steigerung brillanter Erscheinung zu erzielen. Immer reicheres Farbenmaterial kommt in Anwendung, eine immer tiefere, glänzendere, gesättigte Stimmung zeigt sich in den Localtönen der Gewänder, der Landschaft, der Luft, erhöht durch Anwendung perspectivisch construirter, meist farbloser Architectur, bei der man besonders den eigenthümlich malerischen Reiz weiter Durchsichten liebt.

Der Ruhm dieser Schule verbreitet sich und durchkreuzt, ja beherrscht theilweise, fast alle bisherigen Bestrebungen sämmtlicher verschiedenen Schulen. Je mehr man sich aber an äusserlicher Wahrheit blendender Erscheinung überbietet, um so mehr tritt dann auch schon die eigentlich idealste Seite der Kunstschöpfung zurück. Zwar wird die Charakteristik der Köpfe durch das fortan üblich werdende Portraitiren immer feiner, doch erscheint auch diese stets weniger als eine wahrhaft geschaffene, aus der Versenkung in das Wesen der darzustellenden Person künstlerisch wiedergeborene, wie dies vorzugsweise bei dem so tiefsinnigen Leonardo da Vinci der Fall war. Hier wird nicht mehr die Vorstellung erweckt, dass, wie ein dem Raphael zugeschriebener Ausspruch besagt, „ein Urbild dem Künstler vorschwebte", sondern an die Stelle dieser geistigen Art des Schaffens trat jenes an der Wirklichkeit haftende Verfahren, welches die Empfindung gibt, dass der Künstler sich darauf beschränkte, ein bestimmtes Modell mehr oder minder nachzucopiren. Auch fehlt der Grad von Breite, von Verallgemeinerung, der ohne Verflüchtigung des Charakteristischen erst dem Werke den Stempel der Grösse, der wahren Würde und Bedeutsamkeit verleiht.

So wurde in dieser Richtung ein Weg betreten, der zu einer Art von Naturalismus zu führen schien und der ideal kirchlichen Kunst entgegenstrebte. Das Gefühl für rhythmische Linienführung verschwindet besonders durch die immer öfter vorkommende Anwendung der Zeit angehöriger Costüme. Ueberladung und Unruhe nehmen immer mehr überhand, indem eine Menge von Dingen gemalt wird, die es unmöglich machen, die Harmonie und Einheit des Ganzen herzustellen. Dagegen bildet sich aber allmählig ein anderes Element besonderer Schönheit der Malerei, das der Stimmung der stärksten, klangvollsten Farbenaccorde, die durch die zartesten Mitteltöne vermittelt werden und tritt in einer Weise nach und nach in den Vordergrund, wie es zuvor nicht geahnt worden. Zwar sucht man dies mit den kirchlichen Zwecken zu vereinigen, nachdem die Wandmalerei vielfach verdrängt worden war, indem man einen Styl erstrebt, der, in seinen eckigen scharfen Formen, namentlich des Faltenwurfs, der reich ornamentirten Gewänder und Teppiche, eine Art Uebereinstimmung mit dem reichen Schnitzwerke der Altäre erhielt. Aber immer seltener wird ein reiner Geschmack.

Die edle Anschauung der Gebrüder van Eyck, des Roger van der Weyden, Hans Memlink, Mabuse, Bernhard von Orley, Schoreel, aus der noch so vorzugsweise eine tiefempfundene Seelenmalerei erblühte, verliert sich dann und die Künstler, die an den verschiedensten Schulen, namentlich, mehr als die Genannten, in Italien ihre Ausbildung erstreben, kommen nach und nach zu dem Grade von Charakterlosigkeit, der so leicht im Gefolge des Verlassens reiner traditioneller, ein besonderes für sich bestehendes Einheitsgesetz besitzender Grundlagen sich einzustellen pflegt. Dann aber tritt aus der Schule des Otto Venius, eines vielfach gebildeten und edlen Künstlers, der mächtige Rubens hervor und die bereits oben angedeutete Richtung der Stimmung der Licht- und Farbenverhältnisse gelangt bei ihm zu ganz immenser Bedeutung. Mit umfassendem Sinne weiss er durch Copiren und Studiren der Natur sowohl, als vieler hervorragenden Vorgänger in der Kunst, sich eine den grossen Italienern ähnliche Bedeutsamkeit breiter, machtvoller, schwungreicher, wieder recht für Distanz als grosse Anschauung und Bewältigung des Ganzen bestimmter Formen anzueignen. Lebens- und leidenschaftvoll, glänzend und von malerischem Zauber des Lichtes umgeben, wenn auch nicht immer in edelster Form wirkend, sind seine oft äusserst dramatischen, heroischen Gestalten. Nicht minder schön weiss er, lyrische, elegische und idyllische Gegenstände darzustellen und seine dem Genrefach angehörenden Scenen ausgelassenster Freude sind von unverwüstlicher Lustigkeit und kräftigem Humor. Landschaften mit reicher Staffage, bald in Tageshelle, bald in Mondschein und Feuerbeleuchtung erglänzend, so wie Stillleben voll blühendster Frische, entstehen unter seinem productiven Pinsel und prunkvollste Ausstattung, der leuchtendste Vortrag, zeigt sich in Allem, was aus dem von ihm zur Abrundung gebrachten, Farben- und Lichtperspective beherrschenden Gesetze entstand, wie es zuvor in dieser Weise nicht gekannt war. Von Leben und Gesundheit strotzende Portraits, in denen das Blut zu pulsiren scheint, weiss er mit einer zuvor nie geahnten Leichtigkeit hervor zu zaubern. Ueber und bei alle dem aber verliert er jene Strenge der plastischen Form, die in Leonardo da Vinci und Michel Angelo ihren Höhenpunkt erreicht hatte und unvereinbar erscheint mit jenem Gesetze der zauberischen Licht- und Tonverhältnisse, der mannichfaltigsten, bald ernsten, bald heiteren Stimmung und der Darstellung des Glanzes verschiedener Stoffe und der Carnation, die er sich in einer, den grossen Venetianern ähnlichen Weise angeeignet hatte. Selten sind daher diejenigen seiner Bilder, welche erhabene und religiöse Gegenstände darstellen, vollkommen befriedigend, denn sie entbehren der für Gegenstände weltgeschichtlicher Bedeutung auch entsprechend bedeutsamen, erhabenen grossen Formengebung, die namentlich auch für die von ihm oft behandelten mythologischen und symbolischen Darstellungen unerlässlich erscheint. Das Gesetz der

Architektonik, das als Formenrhythmus wirkt, ist eben unvereinbar mit äusserstem Prunke; aber zu dem Grade von Entsagung zurückzukehren, der jene von der altkölnischen Schule vor ihrer Berührung mit den van Eyck's, wie von Dürer und den ältern Italienern (mit Ausnahme der Venetianer) von Anfang an bis Michel Angelo verfolgte ernstere Richtung charakterisirt, in welcher allein das wesentlich Bedeutsame zum Ausdruck gelangen kann, lag nicht in seiner Organisation, seinen Verhältnissen, nicht im Geiste der Zeit, und das grosse Gefühl, das uns bei dem Anschauen von Werken verwandter Richtung überkam, das uns, auch nachdem wir das Kunstwerk bereits verlassen hatten, die Erinnerung zurückliess, dass wir etwas bedeutsam Grosses, Imposantes, einer höheren als der gewöhnlichen Weltordnung Angehörendes gesehen haben, bewegt uns von da an nicht mehr, bis erst wieder durch die Schöpfungen eines Carstens, Cornelius, Overbeck und Genelli solche mächtige Kunsteindrücke in unserer Zeit neu erscheinen. Jenes von Rubens erst voll und sicher festgestellte coloristische Gesetz wird von da ab in seiner directen wie indirecten Schule in verschiedenster Weise durchgebildet. Auch der Darstellung gewöhnlichster Vorkommnisse des Alltagslebens wurde nun durch maassvollste Farbenstimmung, die indess immer mehr jeglichem Formenrhythmus und somit jeglichem Anschluss an edelste und strengste Architektur widerstrebte, besondere Schönheit verliehen. Das Allergewöhnlichste erhält eine Verklärung, einen Seelenreichthum malerischer Art, durch Farbencomposition, die man mit dem Ausdrucke „Musik für das Auge" wohl bezeichnen kann, so dass solche Werke weit entfernt sind, den Namen „Naturalismus" oder „Materialismus" zu verdienen, wie er mit Recht so vielen in falschem unharmonischem Glanze prunkenden, ohne jegliches höhere Kunstgesetz entstandenen Werken der Neuzeit zukommt, in welchen fast nur die der Masse so leicht verständliche „Natürlichkeit" zu finden. Wie vorzugsweise auf das Portrait, in welchem besonders des Rubens grosser Schüler, Anton van Dyck, an Feinheit der individuellen Charakteristik aus klarstem hellstem Verstandesschauen, verbunden mit einer Divinationsgabe für psychologisches Erfassen tiefen Geisteslebens, den Meister überragend glänzt und auf welches diese Richtung malerischer Anschauung den vortheilhaftesten Einfluss übte, überträgt sie sich von nun an auf alle nur darstellbaren Gegenstände der Malerei. Rembrandt van Ryn aber, geb. 10. Juni 1608 zu Leiden, gest. 8. October 1669 zu Amsterdam, weiss die eigentliche Farbenmusik in noch concentrirterer Weise zu geben. Die von jeher bei den Niederländern vorherrschende Neigung zu perspectivischer Vertiefung und Fernsicht, die im Gegensatze steht zu der Neigung der Italiener, die eine mehr basreliefartige Compositionsweise pflegten, kommt in Verbindung mit inniger Schilderung von Seelenzuständen, durch die Anwendung von meist breiten, klaren Schattenmassen, durch eigenthümlich warme Gegensätze in den Localtönen, bei dem geschlossenen Licht, das, wunderbar warm leuchtend, meist nur sehr sparsam angewandt ist, in Rembrandts Werken zu magischer Wirkung.

Man darf sagen, dass vor einem guten altitalienischen und altkölnischen Bilde das seelische Auge des empfänglichen Beschauers wie von einem steten auf- und ableitenden geistigen Wogen durch Linien und Formenschönheit berührt wird, welche nur noch durch die Farbe eine leichte Begleitung von Stimmung erhält. So aber ist diese Art gemalter Musik bei Rembrandt nicht wie bei so vielen anderen als einfaches Solo mit Accompagnement, ja auch mit Quartettbegleitung zu vergleichen, sondern bei ihm ist das vollste, reichste, grossartig besetzte Orchester der malerischen Stimmungsmusik thätig. Die umfassendste Kenntniss und Beherrschung einer Art von Generalbass und Harmonielehre, die den Musiker zu dem Talente der Melodienerfindung lehrt, wie er voll und wohlklingend reich besetzt, ist in der ganzen Vollgültigkeit des Begriffes „malerische Stimmungsschönheit" bei ihm offenbart worden. Die Bahnbrecher Rubens und Rembrandt stehen nun als directe oder indirecte Lehrer an der Spitze einer unabsehbaren Reihe vielbegabter Nachfolger, welche ihrerseits zum grössten Theil als die Urheber einer nun erblühenden neuen Art von Malerei, der sogenannten „Kabinetsbilder", angesehen werden können. Unter diesen sind es besonders die Teniers, dann Ostade, Brouwer, Jan Steen, Terburg, Gerhard Dow, Franz von Mieris, Potter, Snyders, Wenix und Hondekoeter, Ruisdael, Everdingen, Berghem, Both, van de Velde, Bakhuyzen, de Heem und Huysum und viele Andere noch, welche nun in mannichfachster Weise eine wunderbare Poesie malerischer Schönheit entwickeln, wie sie in späterer, ja selbst der neuesten Zeit unerreicht geblieben und Darstellungen von Menschen und Vieh, Meer, Wald und Berg, Früchten und Blumen, Alles erhält durch das ihnen einwohnende, in der Rubens-Rembrandt'schen Anschauung begründete Gesetz den eigentlichen malerischen Verklärungsglanz.

*567. **Das Haupt Johannes des Täufers** auf einer goldenen Schüssel liegend. Es ist von ernstem ascetischem Ausdruck, strenger Behandlung und kräftiger Modellirung die an die van Eyck'sche Schule erinnert. Geschenk aus dem Nachlasse des verstorbenen Stadtsekretairs Dr. J. P. Fuchs. 1857. Goldgrund. Runde Form. Holz. H. 10″, br. 10″.

568. **Die Kreuzabnahme Christi** durch Maria, Johannes und Joseph von Arimathia. Alte Copie eines in Brügge befindlichen Bildes von Hugo van der Goes, einem um 1450 blühenden Schüler der van Eycks. Goldgrund. H. 2′, br. 1′ 6¼″.

569. **Bildniss eines Mannes.** Sein breitkrämpiger Hut, Rock und Mantel, sowie die Pelzverbrämung sind schwarz. In seinen Händen hält er Handschuhe. In van Eyck'scher Weise gut gemaltes Bild, das leider sehr gelitten hat. Holz. H. 1′ 8½″, br. 1′ 2″.

570. **Maria mit dem Kinde**, das auf ihrem Schoosse steht und mit der Rechten sie umhalst, mit der Linken in die Landschaft zeigt. Hinter ihr links der heilige Joseph. Vor diesen ein Tisch, auf welchem eine Schüssel mit Früchten, ein Messer, Brod und ein kleines Buch liegen. Schule van Eycks. Holz. H. 2' 2'', br. 1' 6¾''.

571. **Maria**, auf ihrem Schoosse das Christuskind, rechts daneben der heilige Joseph, sitzen an gedecktem Tische, dessen Speisen sie theils schon in den Händen halten. Das sinnige, still frommes Behagen zeigende Bildchen, könnte eine Jugendarbeit des Peter Cristo (blühte um 1480 in Antwerpen) oder von einem mit ihm strebenden Schüler sein. Holz. H. 1' 2¼'', br. 9¼''.

572. **Maria** hält auf ihren Händen das an ihrer Brust säugende Kind, dessen rechtes Händchen zum Segnen erhoben ist, in dem linken hält es eine kleine mit dem Kreuze geschmückte Erdkugel. Starker Einfluss der van Eyck. Holz. H. 2' 4½'', br. 1' 3½''.

573. **Der Leichnam Christi**, auf einem Hügel ruhend, wird rechts von Maria, links von Johannes gestützt. Ueber der Gruppe der Kreuzesstamm und Landschaft.

Linker Flügel: **Joseph von Arimathia** in den Händen ein Leintuch und die Dornenkrone haltend.

Rechter Flügel: **Maria Magdalena** mit dem Salbgefässe in der Linken. Kniestücke. Freie Copie des im Besitz des Dr. Dormagen in Köln befindlichen Gemäldes von Lambert Lombard (geb. 1506. Schüler des Johann Mabuse.) Holz. Mittelbild. H. 3' 4¾'', br. 2' 2''. Flügel. H. 3' 4¾'', br. 11½''.

574. **Maria**, auf ihrem Schoosse das Kind, welches auf einen Apfel zeigt, den ein links stehender Engel ihm darreicht. Es wendet sich zu dem heiligen Joseph, welcher die Rechte unter dem Kinn, die Linke auf einen Stock gestützt, sinnend nach ihm hinblickt. Oben in einer Glorie schwebt der segnende Gott Vater, unter ihm der heilige Geist. Holz. H. 3' 4'', br. 2' 2''.

575. Rechts sitzt **Maria**, auf ihrem Schoosse das Kind haltend, vor dem links der älteste der anbetenden heiligen drei Könige kniet und dessen Händchen umfasst. Ueber diesem der andere König und links von ihm Gefolge.

Der linke Flügel zeigt den **Mohrenkönig**, unter ihm einen Donator knieend und umgeben von seinen in kleinern Verhältnissen dargestellten sechs Söhnen,

der rechte Flügel den heiligen **Joseph**, unter ihm die Donatrix knieend mit sechs Töchtern umgeben. Hintergrund Architektur und Landschaft. Das Bild zeigt eine aussergewöhnlich starke Modellirung der Formen und soll von Swart von Gröningen (geb. 1480 in

Ostfriesland) ein dem Schoreel ähnlicher Meister, dessen Werke selten sind, herrühren. Holz. Mittelbild. H. 3′ 4³/₄″, br. 2′ 2³/₄″. Flügel H. 3′ 4³/₄″, br. 11″.

576. Christus am Kreuze. Drei ihn umschwebende Engel fangen in Kelchen das Blut seiner Wunden auf. Am Kreuzesstamm kniet Magdalena, zu beiden Seiten stehen, links mit gesenktem Haupte und vor der Brust übereinander gelegten Händen Maria, rechts hinaufschauend Johannes. Den Hintergrund bildet Jerusalem, zu beiden Seiten näher gelegen Burgen auf Hügeln. Das interessante Bild ist eine Copie des im antwerpener Museum befindlichen Originals von Schoreel. Holz. H. 2′ 9¹/₂″, br. 1′ 10³/₄″.

577. In einer Halle sitzt links **Maria**, auf ihrem Schoosse ruht, das rechte Händchen zum Segnen erhoben, das Christuskind. Vor diesem kniet rechts der älteste der anbetenden Könige. Hinter ihm an einem Tische, auf welchem das Gefäss mit den königlichen Gaben, steht der heilige Joseph. Im Hintergrunde zwischen Hügeln nahet das königliche Gefolge. Auf dem linken Flügel steht in Hermelinpelz und Purpurmantel gekleidet der zweite, auf dem rechten in pathetisch redender Bewegung der schwarze, reich und kriegerisch kostümirte König. Beide Letztere tragen in ihrer Linken die Gaben in reichen goldenen Gefässen. Das Bild, welches in ganzen Gestalten componirt ist, soll wie das vorige von Swart herrühren, zeigt indess eine weit grössere Vollendung und mehr an Martin van Veen's, genannt Hemskerk, frühere Jugendarbeiten erinnernde Weise. Holz. H. 2′ 9″, br. 2′ 7¹/₄″. Flügel h. 2′ 9″, br. 1′ 3³/₄″.

*578. **Maria mit dem Kinde** sitzt in der Mitte des Bildes. Vor ihm rechts kniet mit bereits geöffnetem reich goldenem Gefässe der älteste der drei morgenländischen Könige. Hinter diesem naht ehrerbietig der zweite der Könige, welchem eine verwachsene zwergartige Gestalt eben das zum Geschenk bestimmte goldene Gefäss reicht. Links steht in stolzer Haltung der mit orientalischer Pracht und phantastischem Reichthum gekleidete schwarze König. Hinter diesem rechts St. Joseph in demüthig betrachtender Bewegung, links reichstes königliches Gefolge, das sich noch bis in den Mittelgrund der reichen Renaissance-Architektur und Ruinen fortsetzt. Das eigenthümlich interessante fein vollendete Bild, das in seinem Reichthum und übermässigen Schmucke so recht an Michel Angelos Tadel der niederländischen Malerei erinnert†), ist als

---

†) Niederländische Malerei (peinture flamande) nannte man damals in Italien nicht nur die niederländische, sondern im allgemeinen auch die deutsche Kunst. Die alte kölnische Malerschule welche vor der Einwirkung der van Eyck so grosse Aehnlichkeit mit der altitalienischen hat, scheint in Italien, namentlich auch von Michel Angelo, ungekannt gewesen zu sein und von einer besonderen Entwicklung der niederländischen Kunst, wie sie in Rubens und Rembrandt sich später entfaltete, hatte man damals noch keine Ahnung. Es ist von grossem Interesse und bietet nützliche Anregung, jenen oben angedeuteten Tadel Michel Angelos, des Künstlers, bei welchem die Erkenntniss, dass ohne den vollen harmonischen Formenrhythmus kein vollendetes Kunstwerk denkbar ist, zur vollsten Klarheit sich entwickelt hatte, zu kennen. In H. Grimm „Leben Michel Angelos"

von Martin van Veen, genannt Hemskerk, herrührend von der Stadt angekauft worden. Ist jene Autorschaft echt, so stammt das immerhin sehr verdienstvolle Werk aus der Zeit des Meisters, in welcher der so mächtige Einfluss Michel Angelo'scher Grösse und breiterer Einfachheit der Formengebung, wie sie in den bekanntesten besten Werken Hemskerks (geb. 1498 † 1574) fühlbar ist, noch nicht an ihn gekommen war. Holz. H. 3′ 6″, br. 1′ 9½″.

*579. **Maria** sitzt links. Auf ihrem Schoosse sitzt der Christusknabe der, als ob er eben die Brust seiner Mutter verlassen habe, (deren weisser Mantel zurückgeschlagen) sich zu dem vor ihm als Donator knieenden Abt mit dem Stabe wendet. Die grosse Einfachheit und rhythmische Formengebung des Bildes erinnert an Hemskerks spätere Periode. Holz. H. 5′ 11¼″, br. 2′ 8½″.

580. **Maria mit dem Kinde**, umgeben von den anbetenden drei Königen, von deren ältestem es bereits Gaben erhält. Hintergrund Renaissance-Architektur. Das Bild könnte eine Copie nach einer späteren Arbeit Hemskerks sein. Holz. H. 3′ 6¼″, br. 2′ 4½″.

---

heisst es: „Die niederländische Malerei, entgegnete der Meister (Michel Angelo) langsam, wird allen, die sich fromm nennen, im allgemeinen mehr als die italienische zusagen. Die niederländische wird ihnen die Thränen in die Augen treiben, wo die unsere kalt lässt. Die Ursache liegt aber nicht in der Kraft jener Gemälde, sondern in der schwächlichen Empfindung dessen, der sie auf sich wirken lässt. Die niederländische Malerei sagt alten Frauen und jungen Mädchen, Geistlichen, Nonnen und vornehmen Leuten zu, die für die wahre Harmonie eines Kunstwerkes keinen Sinn haben. Die Niederländer suchen das Auge zu bestechen, sie stellen liebliche angenehme Gegenstände dar, Heilige und Propheten, denen sich nichts Böses nachsagen lässt, Gewänder, Holzwerk, Landschaften mit Bäumen und Figuren, was als hübsch auffällt, in der Wahrheit aber nichts von der ächten Kunst in sich hat, und wo es sich weder um innere Symmetrie, noch um sorgfältige Auswahl und wahre Grösse handelt. Kurz, eine Malerei ist es ohne Inhalt und Kraft. Aber ich will nicht sagen dass man schlechter male als anderswo. Was ich an der niederländischen Malerei zu tadeln habe, ist dass man auf einem Gemälde eine Menge Dinge zusammenbringt, von denen ein einziges wichtig genug wäre um ein ganzes Bild auszufüllen. So aber kann keines in genügender Art vollendet werden. Nur die in Italien entstehenden Werke kann man ächte Kunstwerke nennen. Deshalb ist die italienische Kunst die wahre. Malte man anderwärts so, so würde man sie ebensogut nach einem anderen Lande benennen wo sie geübt wird." — —

„Dass man aber in Italien etwas Gutes zu Stande bringt, das hat seine Gründe. Lasst einen Maler anderswo arbeiten, einen Meister der sich alle Mühe giebt, und ruft dann einen Lehrling nur, der bei uns gelernt hat, lasst beide zeichnen und malen, jeden nach seiner Art, und vergleicht: ihr werdet finden, dass der, der in Italien nur ein Schüler war, im Hinblick auf die ächte Kunst mehr leistete, als jener Meister, der nicht aus Italien ist. So wahr ist dies, dass selbst Albrecht Dürer, ein Meister der so geschickt und feinfühlend arbeitet, wenn er etwas malen wollte was uns täuschen sollte, als sei es in Italien geschaffen, möchte er nun eine gute oder schlechte Arbeit geliefert haben, dennoch nichts zu malen im Stande gewesen wäre, bei dem ich nicht auf der Stelle bemerkte, dass es weder aus Italien noch von einem italienischen Künstler stammte. Und deshalb, kein anderes Volk, ein oder zwei spanische Meister ausgenommen, kann malen wie wir malen. Auf der Stelle wird man den Unterschied fühlen. Unsere Kunst ist die des alten Griechenlands. Nicht weil etwas italienisch, sondern weil es gut und correct ist, sagt man, das ist gemalt als hätte es ein Italiener gemacht, und wer es erreichte ohne in Italien zu malen, würde dennoch so genannt werden. Die Kunst gehört keinem Lande an, sie stammt vom Himmel, wir aber besitzen sie. Denn nirgends hat das alte Reich so deutliche Spuren seiner Herrlichkeit hinterlassen als bei uns, und mit uns glaube ich wird die wahre Kunst untergehen."

581. **Vor der Mutter mit dem Kinde** knieen rechts zwei der anbetenden **Könige**, von denen einer das Händchen desselben küsst. Hinter jenen erhält der heilige Joseph von dem dritten sich ehrerbietig nahenden Könige das als Geschenk mitgebrachte goldene Gefäss. Ueber der Hauptgruppe ist ein Teppich thronartig ausgespannt. Mittelgrund Ruinen. Hintergrund Landschaft. Der kräftige leuchtende farbenklingende Ton des Bildes zeigt unverkennbar den späteren Einfluss van Eyck'scher und Memlink'scher Schule. Holz. H. 2' 1½'', br. 1' 5¾''.

582. **Maria** küsst das auf ihrem rechten Knie sitzende Kind. Links steht lesend der heilige Joseph. Den Mittelgrund des Bildes bildet ein starker dunkler Baumstamm. Zu beiden Seiten desselben schweben zwei musicirende Engel. Das Bild erinnert vielfach an Johann Mabuse's Auffassung und Farbenschmelz und dürfte aus dessen Schule hervorgegangen sein. Holz. H. 2', br. 1' 6¼''.

583. **Die Auffindung des heiligen Kreuzes.** Unter der Kaiserin Helena, welche in der Mitte des Bildes umgeben von einem jungen Manne und einer Frau steht, liegt auf ein eben ausgegrabenes Kreuz hingestreckt ein Kranker, damit sich an ihm die Genesung bringende Wirkung desselben offenbaren soll. Links vorne steht ein Mann in dessen Hand eine Hacke, rechts ein anderer älterer und stärkerer Mann. Das Bild darf für eine Copie nach einem Bilde des Lucas van Leiden angesehen werden, an dessen Bildniss auch der mit rothem Barett bekleidete Mann im Mittelgrunde erinnert. Ferne eine Burg. Dazu gehört:

584. **Der heilige Pantaleon.** Seine Hände sind vermittelst eines eingetriebenen grossen Nagels über seinem Kopfe befestigt. Hintergrund eine Halle. Goldgrund. Holz. H. 4' 1'', br. 1' 9''.

585. **Die heiligen Sippen.** Maria und deren Mutter Anna, zwischen sich das Christuskind haltend, sitzen auf einer in phantastischer Weise mit theils goldener Renaissance-Ornamentik geschmückten thronartigen Bank und sind umgeben von andern heiligen Frauen, die ihre Kinder bei sich führen, welche mit allerlei Kinderspielsachen beschäftigt sind. Heilige Männer, die Väter jener spielenden Kinder, stehen rechts und links bei den lieblichen Gruppen. Das Bild erinnert an Bernhard von Orleys Art zu costumiren, so wie dessen lieblichen Ausdruck und edlen Faltenwurf. Geschenk des Herrn Heinrich Schlaeger. 1859. Holz. H. 1' 8'', br. 2' 1''.

586. **Der heilige Nicolaus.** Neben ihm knieen in betender Stellung sechs in kleinerem Maassstabe dargestellte Schutzbefohlene. Neben ihm rechts steht, in der Linken das Schwert (das Attribut seines Martyrtodes) haltend, die Rechte in redender Bewegung erhoben, der heilige Paulus. Beide Gestalten befinden sich in einer Halle. Dazu gehört und bildete einst die Rückwand:

587. **Die Geburt Christi.** Maria kniet mit auf der Brust übereinander gelegten Händen vor dem neugebornen Kinde, welches, das rechte Händchen zum Segnen erhoben, auf ihrem Mantel ruht. Diese Gruppe ist umgeben von vielen kleinen anbetenden Engeln, dem heiligen Joseph, Hirten und mehreren vornehmen Frauen. Den Hintergrund bildet Renaissance-Architektur und eine Landschaft, in welcher die Verkündigung der Hirten dargestellt ist. Der Einfluss der Ausführungsweise früher niederländischer Meister, theilweise des Bernhard von Orley, ist einigermaassen darin erkennbar. Holz. H. 3′ 5″, br. 3′ 7½″.

588. **Maria,** auf ihren Armen das Kind, welches sie an ihrer rechten Brust säugt. Hintergrund Architektur und Landschaft. Hemskerks Schule. Holz. H. 2′ 2½″, br. 1′ 8″.

589. **Der Leichnam Christi** von Joseph von Arimathia und Nicodemus getragen. Hinter demselben anbetend Maria und schmerzvoll blickend Johannes und Magdalena. Aus der Schule oder spätere Arbeit des Jan Messis. Goldgrund. Holz. H. 2′ 2″, br. 3′ 3″.

590. **Der leidende Heiland.** Auf Wolken stehend, von einer Glorie umgeben hält er in seinen Armen das Kreuz. Seine Wunden sind sichtbar, sein dornengekröntes Haupt ist sanft geneigt und aus seinem dem Beschauer begegnenden Blicke spricht Schmerz. Schule Schoreels. Holz. H. 3′ 5″, br. 11″.

591. **Ecce homo.** Auf schwarzem Grunde. Schule Schoreels. Holz. H. 1′ 1½″, br. 10″.

592. **Maria** reicht dem auf ihrem Schoosse knieenden Kinde mit der Rechten einen Apfel. Ueber ihr hält ein schwebender Engel eine Blumenkrone. Rechts neben ihr in Betrachtung versunken der heilige Joseph. Schule Schoreels. Holz. H. 2′ 4″, br. 1′ 6½″.

593 u. 94. **Die heilige Magdalena und die heilige Veronica** mit dem Schweisstuche. Unten knieen Stifterinnen. Schule Schoreels. Holz. H. 5′ 2½″, br. 8½″.

595. **Christus am Kreuze.** Links Maria, rechts Johannes in bewegten Stellungen. Unter diesen knieen die Donatoren, ein Ritter und seine Frau. Unter ähnlichem Einfluss wie die vorhergenannten Bilder entstanden. Holz. H. 2′ 9¾″, br. 1′ 9½″.

596. **Maria,** in ihren Armen das Kind haltend. Vor ihr steht ein Tisch mit Früchten. Rechts Draperie, links Landschaft. Freie Copie nach Goshaert genannt Mabuse. Holz. H. 2′ 3½″, br. 1′ 6½″.

597. **Maria,** vor ihr auf einer Brüstung sitzt das von ihren Händen umfasste Kind. Hintergrund rechts Draperie, links eine Fensternische. Freie Copie nach Goshaert. Bei diesem und dem vorhergenannten dasselbe Motiv behandelnden Bilde ist es interessant zu vergleichen. Man sieht

wie der Künstler bestrebt war eine neue vollkommene Abrundung durch Aenderung der Gewandmotive zu erzielen, ein Streben welches durch Kenntniss der besten harmonischen italienischen Kunst an alle ernsten Künstler gelangte. Holz. H. 2′ 2″, br. 2′ 1″.

598. **Maria**, auf der rechten Seite des Bildes hält vor sich das auf einem Tische liegende theils mit Windeln bedeckte Kind. Hinter ihr steht der heilige Joseph, links eine Gruppe von sechs Männern, von denen einer ein Mohr, in anbetender und bewundernder Bewegung. Ueber ihr schwebt ein weissgekleideter Engel mit goldenen Flügeln, in der Rechten ein Weihrauchfass, in der Linken Blumen haltend. Links im Mittelgrunde Hügel auf denen Hirten sichtbar. Rechts dunkle Ruinen. Copie nach Franz Floris?. Holz. H. 2′ 8″, br. 2′ 1¾″.

Bei vielen der zuletzt genannten und mehr noch den nun folgenden Bildern ist mit geringer Sicherheit auf ihre Urheber, ja selbst auf deren Schule, zu schliessen, da die letzteren meist nur untergeordnete Talente sind, deren Ausbildung von vielfach gegeneinander wirkenden Einflüssen gekreuzt wurde, welche eine harmonische Abrundung nicht gestatteten. Gar zu oft findet man eine sehr grosse Aehnlichkeit derselben mit den Werken gleichzeitiger Meister der kölnischen, fränkischen, sächsischen und schwäbischen Schule, die daraus erwuchs, dass sie unter ähnlichen ungünstigen Verhältnissen entstanden. Es sind eben Werke einer mehr oder minder begeisterungslosen, dabei aber mehr speculativ thätigen Zeit, einer Zeit des Ueberganges zu neuer, tieferer Durchdringung der alt und unfruchtbar gewordenen religiösen Anschauungen, und des Beginnes eines mehr philosophischen Denkens der besseren Künstler, welchen nicht die Fähigkeit inwohnte, Ideales zu gestalten. Das noch oberflächliche Umgehen mit Philosophie, Geschichte und Naturwissenschaft hatte die stets zu gewahrende Wirkung im Gefolge, die religiösen Anschauungen mehr oder minder aufzulösen, den Verfall des inneren Geistestempels zu bewirken, während erst die echte, volle Durchdringung derselben, zu einer um so tieferen wahrhaft gesunden Religiosität führen muss, wie sie erst eine spätere Zeit brachte, die nicht wie jene beim Beginn oder auf halbem Wege des Interesses für das Höchste stehen blieb. Und so entstanden denn auch in jener Zeit nicht mehr Werke, denen man es anfühlt, dass dem schönen Zurufe: „Sursum corda" in einem aus rein begeisterter Künstlerseele geschaffenen Bilde ein wahrhaft vom Herzen kommendes „habemus ad dominum" als Erwiderung erklungen wäre. Nicht mehr erlebte man das Einsetzen der künstlerischen Person für die Thätigkeit derselben, welche das Bekenntniss aussprechen kann und darf: „Möge Er (Gott) meinen Geist erleuchten und mein Herz durchdringen mit seiner Liebe, mein Auge erschliessen für die Herrlichkeit seiner Werke, für heilige Anmuth und Wahrheit und jeden Strich meiner Hand leiten" †), wie der ernste prophetenähnliche Künstlerheld unserer Zeit, der mit der Mahnung „Betet" seine grosse Seele aushauchte, es thun konnte. Das war jener Zeit fremd. Man suchte durch äusseres Verstehen zu erlangen, was im inneren demüthig frommen Herzensfühlen zu finden gewesen wäre und dasselbe Verfahren war auch in Bezug auf das Studiren der alten Meisterwerke gebräuchlich. Ohne bereits schon eine reine und feste Basis der Kunstanschauung gewonnen zu haben und von dieser aus einen geordneten Stufengang beschreiten zu können, war der meist flüchtige Aufenthalt der Maler dieser Werke vor den mächtigen Schöpfungen der grossen Meister in Italien mehr geeignet, eine Auflösung des alten mitgebrachten Schulgesetzes zu bewirken, als auch zugleich eine Aneignung des dort vorgefundenen neuen höheren Gesetzes zu erlangen, wozu eben eine längere und mühevollere Hingabe erforderlich gewesen wäre. Und so führte dieses Verfahren zu dem vielfach eklektischen und manieristischen Schaffen, das in dieser Abtheilung unserer Sammlung mannichfach vertreten ist, bis dann die in ihrer Weise gründlich und tief gebildeten Meister Otto Venius, Rubens und Rembrandt, bei denen religiöse und philosophische Durchdringung mit einer Uebergewalt der Begabung für bildende Kunst verbunden erschien, neue Bahnen im Ausdruck einer neuen Zeit eröffneten.

---

599. **Christus am Kreuze**, links Maria, rechts Johannes; den Kreuzesstamm unten umfassend kniet Maria Magdalena. Ueber der Landschaft hängen dunkle nach unten in's röthliche verlaufende Wolken. Holz. H. 3' 2", br. 2' 1½".

600. **Christus am Kreuze**. Engel umschweben ihn und fangen in Kelchen sein Blut auf. Zu beiden Seiten die Schächer. Am Kreuzesstamme kniet Magdalena, links steht Maria, Johannes, andere heilige Frauen, hinter diesen Longinus mit der Lanze. Rechts eine Gruppe Krieger, der eine reicht Jesus den Schwamm, die andern knieen und würfeln um das Gewand Jesu. Später mehr verweichlichter Charakter der Schule Schoreels. Holz. H. 2' 11½", br. 2' 8".

601. **Die Sündfluth**. Weit im Mittelgrunde schwimmt die Arche. Das Bild repräsentirt die Verfallzeit, welche auf Schoreel und seine Schule folgte. Holz. H. 3', br. 3' 10".

---

†) In der Antwort des Cornelius auf die ihm von der Facultät in Münster, im Jahre 1844, verliehene Doctorwürde, kommt dieser Ausspruch ächten Künstlergebetes vor.

602 **Das Abendmahl.** Mit Benutzung Dürer'scher Motive gemalt. Holz. H. 1' 2¼", br. 9¼".

603. **Die Geburt Christi.** Maria, Joseph und drei Engel knieen anbetend um das neugeborne Kind. Holz. H. 11", br. 8¾".

604. **Die Kreuzabnahme.** Skizze. Im Sinne der Ausläufe der Schule Schoreels gemalt. Holz. H. 9", br. 11½".

605. **Ein Ritter** und eine vornehme Dame nebst Gefolge vor arbeitenden Steinhauern. Vielleicht Constantin und Helena den Kirchenbau fördernd?. Das Bild zeigt stark florentinischen, namentlich Sandro Botticelli'schen Einfluss. Holz. H. 4' 4½", br. 3' 9".

606. **Maria** hält vor sich den Leichnam des Heilandes, auf dessen Schultern ihre Hände ruhen. Später Auslauf van Eyck'scher Richtung. Holz. H. 1' 1½", br. 10¼".

607. **Die Kreuztragung.** Lebendige Darstellung, die vielfach an die Manier des Franz Franc erinnert. Holz. H. 11", br. 1' 3½".

Michael Janse Mierefeldt,

geboren 1568 zu Delft, Sohn eines tüchtigen Goldarbeiters, der ihm sehr früh schon Anweisung gab und dann zu dem bekannten Kupferstecher Wierinx that, wo er schon mit 11 bis 12 Jahren selbstständige Arbeiten ausführte. Dann aber folgte er seiner Neigung und ward Schüler des Malers Blocklandt, den er indess schon drei Monate später durch den Tod verlor. Er war ein tüchtiger Portraitmaler von ausserordentlichem Fleiss, Raschheit der Ausführung, bei der er besonders in den Köpfen feine Charakteristik meist mit grosser Vollendung verband. Als Mensch war er von sanftem und höflichem Wesen. Carl I. berief ihn nach England um sich und die Königin Henriette de Bourbon von ihm malen zu lassen, da aber um diese Zeit die Pest in London ausbrach, folgte er dieser Einladung nicht. Herzog Albert, der ihn liebgewonnen, setzte ihm eine Pension aus und gab ihm die seltene Erlaubniss freier Religionsausübung (er war Menonite). Er starb am 27. August 1641 zu Delft. Sein Sohn Peter war einer seiner tüchtigsten Schüler.

*608. **Bildniss einer Frau** in schwarzem Kleide, weisser Mütze und Krause. Vortrefflich gemaltes auf's feinste individuell aufgefasstes Bild. Holz. H. 1' 6¾", br. 1' 3".

Peter Neefs,

geboren zu Antwerpen 1570. Er malte in der gediegenen Weise seines Meisters Hendrick van Steenwyck Architekturbilder, übertraf diesen aber noch an Kraft und Wärme des Tones wie in der Wahrheit seiner nächtlichen Beleuchtungen, später auch in der Breite und Weiche des Vortrags. Durch Franz Franken, Jan Breughel und den ältern Teniers wurden viele seiner Bilder mit Staffage belebt. Von seinen Lebensverhältnissen ist nichts bekannt. Als Todesjahr wird 1651 angegeben.

609. **Das Innere einer gothischen Kirche.** Im linken Seitenschiff kniet ein Priester mit Administranten und umgeben von Betenden am Altar. Das Bild trägt den Namen Peter Neefs und F. Frank. Holz. H. 9″, br. 1′ 1″.

Johann Breughel genannt *Sammet-Breughel.*

Sohn des Boeren-Breughel und Bruder des Höllen-Breughel geb. 1568 zu Antwerpen. Vornehmlich Landschaftmaler, doch auch als Genremaler bekannt, malte er nicht selten in Gemeinschaft mit andern, namentlich Mompers und Steenwycks. In einem seiner berühmtesten (unter den sehr ausgeführten Bildern wohl das ausgeführteste), dem Paradiese, malte Rubens, mit dem er befreundet war, das erste Elternpaar. Er starb zu Antwerpen 1625 und ward in der St. Jacobs-Kirche beigesetzt.

610. **Landschaft mit reicher Staffage,** welche die Kreuztragung darstellt. Rechts im Vordergrund erblickt man Maria in Ohnmacht sinkend von Johannes unterstützt. Holz. H. 1′ 1½″, br. 1′ 6¾″.

Paul Moreelze,

geboren zu Utrecht 1571, war ein Schüler des Mierefelt, malte treffliche Portraits und soll ein tüchtiger Architekt gewesen sein. Nachdem er Italien besucht, dort hauptsächlich die Historienmalerei studirt und, heimgekehrt, bedeutende Proben hiervon abgelegt hatte ward er im Jahre 1618 in den Rath, zuletzt als Bürgermeister seiner Vaterstadt erwählt. Er starb 1638.

*611. **Bildniss einer Dame,** nach Wappen und Inschrift der Familie van der Elburch angehörend. Schwarzes Gewand mit breitem goldgesticktem Mieder, grosse Halskrause, Haube von feinen Spitzen. Das ungemein sinnige, fein weibliche Gesicht ist ganz vortrefflich gemalt und des Meisters, mit dessen Monogramm das Bild bezeichnet ist, vollkommen würdig. Geschenk des Architekten F. G. Gau gemäss Testament. 1854. Holz. H. 2′ 3¼″, br. 1′ 9¼″.

*612. **Bildniss eines Mannes,** in schwarzem Rocke, umgeschlagenem kleinem Kragen. Dünner Bart und schlichtes Haar. Er wendet sich nach links. Aetatis 30. Anno 1598. Holz. H. 1′ 7½″, br. 1′ 3½″.

*613. **Bildniss eines Mannes** nach rechts gewendet mit schwarzem kurzem Haar und Bart, schwarzem Rock, weisser Halskrause. Aet. 44. Anno 1596. Vortrefflich gemaltes Bild. H. 1' 6¾", br. 1' 3".

614. **Bildniss einer jungen Dame.** Grosse Halskrause. Sie wendet sich nach links. Aetatis 28. Anno 1632. Holz. H. 1' 5", br. 1' 2".

615. **Bildniss einer jungen Frau,** angeblich E. Jabachs Schwester Maria. In dunkles Gewand mit grünem Seidenbesatz und feinsten Spitzen gekleidet. Weisse Perlen sind in ihrem herabhängenden Haar, an den Ohren, dem Halse und dem Handgelenke. Die Rechte hält eine Rose. Brillant rother Vorhang. Sie wendet sich nach links. Das Bild zeigt das Wappen der Familie Jabach, wurde gemalt 1639. Leinwand. H. 3' 3¼", br. 2' 6¼".

Othon van Veen, genannt *Otto Venius*,

geboren zu Leyden 1556. Sein Vater der Bürgermeister war, liess ihm eine gelehrte Bildung geben und bei Isaak Nicolas zeichnen, schickte ihn dann, als er 15 Jahre alt war, nach Lüttich, wo ihn der Cardinal Gräsbek unterstützte, um sich der Malerei widmen zu können, gab ihm dann Empfehlungen nach Rom, wo er 17 Jahre alt in die Schule des leider sehr manierirten Zuchero eintrat. Nach siebenjährigem Aufenthalte in Italien durchreiste er Deutschland, doch verweigerte er mancherlei Anerbietungen, ihn an den Höfen von Wien, Baiern und Köln zu fesseln und liess sich in den Niederlanden, die damals durch den Prinzen von Parma verwaltet wurden, nieder. Dieser gewann ihn lieb, gab ihm den Titel eines ersten Ingenieurs und spanischen Hofmalers. Nach dem Tode dieses Fürsten zog er 1592 nach Antwerpen, wo er die Kirchen mit seinen besten Bildern schmückte. 1599 war er freier Meister, 1603 und 1604 Decan der St. Lucas Gilde. Herzog Albrecht berief ihn nach Brüssel und ernannte ihn zum Intendanten der Münze. Der Ritter Bullart, der sein Leben beschrieben, nennt ihn einen Historiker und Dichter. Er starb zu Brüssel 1634 im Alter von 78 Jahren. Dass Rubens aus seiner Schule hervorging, wirft einen besondern Glanz auf ihn.

*616. **Ein Jüngling** von Venus (der siegenden Göttin der Liebe) und Amor (der die schmerzenden Wunden der Liebe bringt) sowie von Bacchus, Bacchantinnen (die Repräsentanten des heiteren Lebensgenusses) und Faunen (die sinnliche Begierde der halbthierischen Natur bezeichnend) verfolgt, wird von Minerva (der Göttin der Wissenschaften und Künste) gerettet, neben ihr Saturnus (der Gott der Zeit). Genien (Gestalten in denen das Göttliche und Höhere im Menschen repräsentirt und verehrt wurde) kommen ihm mit Palmenzweigen und Kränzen entgegen. Das Bild welches die Inschrift trägt: „inconsultae iuventutis typus" (der unberathenen Jugend Bild), gehört zu den vollendetsten und nobelsten Werken dieses feingebildeten edlen Lehrers des Rubens. Holz. H. 1' 10'', br. 2' 3½''.

Peter Paul Rubens,

am 29. Juni 1577 dem Peter- und Paulstage zu Köln geboren, wohin sein Vater, der Doctor der Rechte und Schöffe zu Antwerpen war, in dem Religionskriege sich mit den Seinigen geflüchtet. Nach dessen Tode kehrte Frau Dr. Rubens wieder nach Antwerpen zurück, wo sie ihren Sohn als Pagen in die Dienste der Margaretha von Ligne, der Wittwe des Grafen Philipp von Lelaing gab. Des Knaben Neigung ging jedoch nach der Kunst. Seinen Bitten nachgebend, schickte die Mutter ihn zu dem Landschaftmaler Verhaegt, dann zu Adam van Noort und später zu Otto Venius in die Lehre. Bei Letzterem machte er solche Fortschritte, dass er schon 1598 als freier Meister der St. Lucas Akademie aufgenommen wurde. Zwei Jahre später reiste er nach Italien und studirte in Venedig nach Titians und Paul Veroneses Werken. Von Vincenz I. von Gonzaga und Herzog von Mantua wurde er in den Adelstand erhoben, zum Hofmaler ernannt und acht Jahre hindurch am Hofe gehalten. 1608 schickte derselbe ihn auch in diplomatischer Mission zu König Philipp III. nach Spanien, an dessen Hofe zu Madrid er eine ausgezeichnete Aufnahme fand. Wieder nach Italien zurückgekehrt, begab er sich nach Rom, Florenz, Bologna, Venedig, Mailand und Genua, reiste aber aus letzterer Stadt bald in die Heimath, wo seine Mutter sehr krank darniederlag, aber erst nach deren Tode langte er dort an. Als er nun Anstalten traf, wieder nach Italien zu gehen, baten ihn der Erzherzog Albrecht und die Infantin Isabella, in den Niederlanden zu bleiben; er wurde zum Kammerherrn ernannt und bezog eine ansehnliche Pension. In Antwerpen liess er sich 1609 nieder, richtete sich prachtvoll ein und verheirathete sich mit Isabella Brandt, Tochter Johann Brandt's, des Secretairs der Stadt Antwerpen. Sie starb 1626, ihm zwei Töchter hinterlassend. Dann ging Rubens 1620 nach Paris, wo er im Auftrage Marias von Medicis die grossen Bilder im Louvre ausführte. Dort lernte er den Herzog von Buckingham kennen, der ihn zur Ausgleichung der Streitigkeiten zwischen England und Spanien benutzte. Zu diesem Zweck begab er sich 1628 in neuem diplomatischen Auftrage nach Madrid, von wo er 1629 mit dem Titel eines Conseil-Secretairs des Königs von Spanien zurückkehrte, dann nach England reiste und den Frieden schloss. Der König von England machte ihn zum Ritter und überhäufte ihn mit Ehren. Während dieser Thätigkeit schuf er grosse und zahlreiche Werke, die meist an den Orten ihrer Entstehung blieben. Nach Antwerpen zurückgekehrt, verband er sich 1630 in zweiter Ehe mit Helena Forman, die ihm drei Töchter und einen Sohn gebar. 1631 wurde er Decan der Akademie. 1633 verhandelte er zwischen der Infantin und den Generalstaaten und begab sich nach Holland, doch der Tod des Prinzen Moritz machte seiner Sendung ein Ende. Vom Jahre 1635 an litt Rubens vielfach an der Gicht, der er auch am 30. Mai 1640 erlag. Die angeblich auf Hundert angewachsene Zahl seiner Schüler und Gehülfen erklärt die grosse Zahl der von ihm zurückgelassenen Werke.

*617. **Die Stigmatisation des heiligen Franciscus.** Eines der edelsten Werke des Rubens, das sich früher im Hochaltare der (längst abgebrochenen) Kapuzinerkirche zu Köln befand. Es ist von ganz wunderbarem Zauber der Haltung, von verklärender Stimmungsschönheit†).

Ein mysteriös ernster Ton des Lichtes verbreitet sich über die Darstellung. Wir sehen den heiligen Franz von Assisi, wie er, nachdem er auf dem Berge Alvernio gebetet, in Entzückung gerieth, in welcher ihm Christus die Wundenmale aufprägte. Ein Genosse des Heiligen, vielleicht der durch sein überaus grosses Wohlwollen so bekannte Bruder Guniperus, ist Zeuge dieses Wunders. Da es schwer ist in gewöhnlicher Sprache über den tiefmystischen Gegenstand zu berichten, möge ein den Hauptinhalt schilderndes Sonett hier Platz finden:

> Da kniet der Held, geziert mit Christi Wunden,
> Bewegt, als ob den Himmel er erblicke,
> Ihm will der Herr als Seraph sich bekunden,
> Dass er in diesem Zeichen ihn entzücke.
> Du mächtig Bild dess, der da überwunden
> Durch Christi Wort und Beispiel jede Tücke
> Des eignen Herzens, der in ihm gefunden
> Als Heil'gung Gnade zu dem höchsten Glücke.
> Dein „Seelenbräutigam", durch den erwachte
> In dir die Feindeslieb' und alle Güte,
> Er ist dein Lied, voll Dank muss es erklingen;
> Wie er dir Schmerz als Läutrungsfeuer brachte,
> Singst du nun mit frohlockendem Gemüthe,
> Willst aller Welt nun seinen Frieden bringen.

Leinwand. H. 12', br. 7' 7½".

*618. **Maria mit dem Christusknaben.** Diesem reicht der bei Elisabeth stehende junge Johannes eine Schnur, an welcher ein flatternder Vogel (das Symbol der zur Freiheit gelangten Seele) befestigt ist. Ueber dieser farbenblühenden leuchtenden Gruppe, in welcher unbefangenste Heiterkeit und Behagen Ausdruck bekommen haben, steht in nicht minder glücklicher Stimmung Joseph. Das herrliche Bild wurde 1862 aus dem Richartz-Fonds erworben, war eine Hauptzierde der jetzt aufgelösten J. P. Weyer'schen Gallerie und soll einst Besitz der Familie Jabach gewesen sein. Leinwand. H. 3' 9", br. 3' 1½".

---

†) Ein jedoch durchaus verschieden componirtes Bild, das denselben Gegenstand und offenbar auch von der Hand des Rubens behandelt, befand sich früher in der Ricolettenkirche zu Gent und ist jetzt in der Akademie daselbst.

619. **Hercules im Kampf mit der Hydra.** Der durch seine Stärke bekannte Sohn Jupiters, (das Heldenideal der heroischen Zeit) nimmt auf Befehl des Euristheus, dem er nach der Pythia Ausspruch im Orakel zu Delphi zu gehorchen hatte, den Kampf mit der vielköpfigen Hydra auf. Sein Gefährte Jolaus des Iphikles Sohn ist hinter dem gewaltig zum Schlage ausholenden beschäftigt, mit einem Feuerbrande die von jenem geschlagenen Wunden zuzubrennen, damit nicht ein neuer Kopf aus denselben emporschiesse. Leinwand. H. 8½", br. 4¾".

620. **Bildniss eines jungen Mädchens.** Skizzirte Untermalung. Holz. H. 11", br. 7½".

Aus der Rubens Schule stammen:

621. **Drei orientalische Reiter** kämpfen gegen ein Rhinoceros und ein Krokodil, unter welchen zwei Männer hingestreckt liegen. Die lebendige Skizze ist fast des Meisters würdig. Holz. H. 10", br. 1' 1".

622. **Bildniss eines Mannes** (Studienkopf?). Leicht skizzirte Untermalung. Holz. H. 1' 4", br. 1' 1".

623. **Bildniss des Erzherzog Albrecht.** Copie nach Rubens. Geschenk aus dem Nachlasse des verstorbenen Heinrich Schlaeger. Leinwand. H. 2' 4½", br. 1' 8½".

Anton van Dyck,

geboren den 22. Mai 1599 zu Antwerpen, war der Sohn des Franz van Dyck, eines Glasmalers und seine Mutter malte Landschaften. Zuerst Schüler Heinrichs van Baalen, kam er 1618 zu Rubens. Im Jahr 1621 ging er nach Italien, malte in Genua und begab sich 1622 nach Rom, wo er viele Copieen nach Meisterwerken anfertigte, besuchte darauf Florenz, Bologna, Venedig, wo besonders die Werke der grossen Coloristen auf ihn einwirkten, hielt sich dann noch eine Zeit lang in Mantua und in Rom auf und kehrte nach Genua zurück, von wo Emanuel Philibert von Savoyen ihn mit nach Palermo nahm. Nach mehr als dreijährigem Aufenthalte in Italien reiste er durch Frankreich nach Antwerpen zurück. Schon 1627 begab er sich nach England an den Hof König Carl I., fand jedoch nicht die gewünschte Wirksamkeit. Er liess sich nun für einige Zeit in Antwerpen nieder, von wo er 1632 von Carl I. zurückberufen und von demselben zum Hofmaler, so wie zum Ritter ernannt wurde. Mit Ausnahme kleiner Reisen nach Paris und Antwerpen, lebte er von jenem Zeitpunkte an beständig in England, wo er am 9. December 1641 starb und in der alten St. Paulskirche zu London begraben wurde.

*624. Bildniss des reichen kölnischen Kunstfreundes Eberhard Jabach. Er sitzt in einem rothgepolsterten Sessel, auf dessen Lehnen seine Arme ruhen. Sein Körper ist von vorne gesehen, der Kopf folgt etwas dem nach rechts blickenden Auge. Seine rechte Hand tritt, wie die eben gehabte Unterredung begleitend, etwas hervor, in der Linken hält er Handschuhe. Wie das mit langen blonden Locken umgebene Gesicht, aus dem kräftig gesunder Geist und Noblesse der Gesinnung spricht, meisterhaft in Flächen gezeichnet, so verräth auch die Behandlung der schwarzen und weissen Stoffe ein ausserordentliches Verständniss für charakteristische Formen. Den Hintergrund der als Kniestück gemalten Gestalt bildet rechts eine Mauerfläche, links zwischen Weinlaub abendliche Wolken und Luft. Leinwand. H. 4' 11'', br. 3' 3½''.

625. **Der heilige Sebastian** von zwei Pfeilen getroffen liegt unter einem Baume rücklings hingestreckt. Zwei Engel nahen, von denen einer den oberen Pfeil herauszieht. Copie nach van Dyck. Geschenk der Frln. van Daehme 1866. Leinwand. H. 4' 9'', br. 3' 7''.

626. **Maria mit dem Kinde.** Copie nach van Dyck, oder aus dessen Schule. Leinwand. H. 3' 4½'', br. 2' 6½''.

Abraham Janssens,

geboren 1567, wurde mit 18 Jahren Lehrling bei Johann Jacob Schellig in seiner Vaterstadt Antwerpen. Er war ein gewandter kraftvoller Künstler, dessen Colorit oft an Rubens erinnert, der in heiteren Verhältnissen lebte, viel beschäftigt und wohlhabend geworden 1631 in Antwerpen starb.

627. **Die heilige Cäcilia.** Ihre rechte Hand ruht auf den Tasten der Orgel, in der Linken hat sie das Attribut ihres Martyrtodes, das Schwert. Ihr Blick ist nach rechts oben gewandt von wo zwischen Cherubimköpfchen ein Lichtglanz auf sie niederstrahlt. Links unten kniet in verjüngtem Maassstabe dargestellt eine Abtissin als Donatrix. Leinwand. H. 6' 3'', br. 5' 4½''.

628. **Christus als Heiland** der bussfertigen Sünder symbolisch dargestellt. Er hält den Kreuzesstamm an welchem die Erlösung vollbracht wurde. Rechts nahen die Reumüthigen: Adam, Magdalena, Petrus und Dismas der Schächer. Leinwand. H. 3' 9'', br. 4' 11½''.

629. **Die vier lateinischen Kirchenväter und drei Engel.** Rechts sitzt der heilige Augustinus im Bischofsornate. Der tief philosophische Forscher und beredte Lehrer richtet den ernsten Blick nach aussen, sich gleichsam an die Gemeinde wendend. In der Linken hält er ein Buch, in der Rechten eine Feder. Auf der rechten Seite neben ihm hält ein Engel ein brennendes Herz (das Symbol seiner für Gott glühenden Liebe). Vor ihm auf der linken Seite sitzt der heilige Hiero-

nymus als Büsser, die obere Hälfte des Körpers nackt, dargestellt. Er horcht auf das, was der auf der anderen Seite des in der Mitte befindlichen Tisches stehende, in redender, wie logisch beweisender Handbewegung dargestellte grosse Lehrer Gregor I. spricht. An seinem Ohre schwebt die Taube des heiligen Geistes und er wendet sich zu dem über ihn her gebeugten, auf die Bibel zeigenden heiligen Ambrosius, dem contemplativen Dichter des Kirchengesanges, namentlich des Lobgesanges der heiligen Jungfrau, der so wie sein Freund und Täufling Augustinus im bischöflichen Ornat gekleidet. Das für weite Distanz bestimmte Bild ist von grosser Farbenkraft und Frische. Leinwand. H. 3' 7½", br. 5' 2".

Heinrich Terbruggen,

geboren zu Utrecht 1588, malte zuerst unter Leitung des Abraham Bloemaert, ging dann nach Italien wo er zehn Jahre verblieb. Er lebte dann in Utrecht, wo er am 1. November 1629 starb. Rubens, dessen Urtheil mehr gilt als das der meisten Kenner, nannte ihn einen der grössten niederländischen Maler.

*630. **Unbekannter Gegenstand.** Vielleicht unter Voraussetzung bedeutender poetischer Licenz der künstlerischen Behandlung darstellend: die vom Könige Ahasveros zur Königin erwählte Esther steht vor dem zum Weiberschmucke zu sorgen bestimmten Kämmerlinge Egeus. Rechts im Mittelgrunde sitzt die ihres Ungehorsams wegen der königlichen Würde verlustig gewordene Vasthi. Das Bild trägt die Namensunterschrift des Malers H. Terbruggen. Geschenk der Frau Wittwe von Heinsberg geb. Steinhaus 1861. Das Bild zeigt in auffallend hohem Grade einen für malerische Behandlungsweise entwickelten Sinn und jene Behandlung, die in dem 20 Jahre später geborenen Rembrandt dann noch vollendeter als vollkommen in sich abgerundete Stimmungsmalerei erschien. Die Stufenleiter dieses Entwicklungsganges zu verfolgen ist ungemein interessant und für den Künstler und Kunstfreund lehrreich. Leinwand. H. 3' 11", br. 4' 11¾".

Cornelius Schut,

geboren zu Antwerpen 1597, war ein Schüler des Rubens. Er malte vielfach kirchliche Gegenstände, auch häufig die Figuren in der Mitte der Blumengehänge des berühmten Pater Seghers. Er starb zu Antwerpen im Jahre 1655.

631. Der von dem Tode auferstandene **Christus** schwebt über dem Grabe umgeben von einer Glorie empor. Entsetzen fasst die unten theils hingestreckten, theils entfliehenden Wächter. Ohne den Zusammenhang der Lichtvertheilung, die so wohlthuenden Uebergänge und feinen

Vermittlungen, welche in den Rembrandt'schen zauberischen Effectbildern sich finden, zu zeigen, ist doch ein einigermaassen verwandter Sinn für die Darstellung der Magie des Lichtes, bei übrigens wahrscheinlich durch Ueberproduction des phantasiereichen Meisters hervorgerufenen manierirten Formen, in dem Bilde zu finden. Holz. H. 2' 6", br. 1' 9½".

Gerhard Honthorst,

geboren 1592 zu Utrecht, ward, nachdem er sorgfältige Erziehung erhalten hatte, ein Schüler des Abraham Bloemart, ging dann nach Rom, wo er durch Aufträge verschiedener Cardinäle mehrere Jahre beschäftigt wurde und seiner brillanten nächtlichen Lichteffecte wegen den Namen Gherhardo delle Notti erhielt. In seine Vaterstadt zurückgekehrt, ward sein Unterricht sehr gesucht und hoch bezahlt, doch zog er's später vor unter den 25 Schülern, die gleichzeitig in seiner Schule studirten, den liebsten, den als Schriftsteller später so bekannten Sandrart als Reisegefährten wählend einem Rufe Carls I. folgend nach England zu ziehen. Für Letzteren so wie für den König von Dänemark ward er vielfach durch Portraits, wie historische Bilder beschäftigt. In sein Vaterland zurückgekehrt ward er Hofmaler des Prinzen von Oranien, durch den er namentlich im Buschpalaste beschäftigt wurde. Die letzte Zeit seines Lebens soll er gänzlich der Portraitmalerei gewidmet haben. Sein Todesjahr wird verschieden angegeben, nach einigen Schriftstellern 1668, nach andern 1680. Zwei Söhne, denen er ein bedeutendes Vermögen hinterliess, widmeten sich ebenfalls der Kunst.

*632. **Maria** neigt sich über das Kind und breitet mit ihren Händen die Windeln aus, in welchen dies auf der strohgefüllten Krippe liegt. Rechts von ihm beugt sich der heilige Joseph herüber. Seine Hände sind zusammengefaltet und liegen auf dem Kopfe eines daneben stehenden Ochsen. Links im Bilde werden von dem Lichte, welches von dem Kinde ausstrahlt, noch drei herannahende Hirten beleuchtet. Aus dem Gesichte der Maria, des Joseph und der Hirten spricht hohes Glück, anbetende Freude. Geschenk des Herrn Claren, dessen Bildniss, in Miniaturfarben gemalt, nach Testamentsbestimmung in der Nähe des Geschenkes angebracht ist. Das Bild zeigt denselben Gegenstand und in einem ähnlichen Lichteffecte, wie ihn Correggio in seinem berühmten Bilde „die Nacht" mit edlerem Typus der Gesichter und in reinerer stilistisch-architektonischer Compositionsweise gibt. Des Honthorst, dabei immerhin sehr schöne Darstellung ist mehr wie ein aus der Zufälligkeit der Naturerscheinung entnommenes und somit in naiv genreartiger Weise behandeltes Bild. So mehr äussere Wahrscheinlichkeit, einem sogenannten „Lebenden Bilde" ähnlich, die Behandlungsweise unseres Gemäldes auch zeigt und unser Gemüth wie eine möglicherweise zu erlebende Thatsache berührt, so bleibt diese doch immer eine im Vergleich zu der von dem grossen Italiener geschilderten gewöhnliche, während jene Darstellung Correggios durch die überall bedeutsame massvolle Behandlung die künstlerische Verklärung und somit seine Versetzung in ein höheres Bereich bewirkt. Man darf sagen: der Niederländer zieht bei allen Vorzügen seiner Kunst, ähnlich wie der Venezianer, das Wunder herab auf die Erde und zeigt es im Kreise des Alltagslebens, wogegen die grossen Italiener, namentlich Michel Angelo, Raphael, Leonardo und Correggio uns dasselbe im Lichte einer höheren Welt, der eigentlichen Welt des Kunstideals, zeigen, in welcher überall Ordnung, die eigentliche künstlerische Gerechtigkeit in wohl abgewogenem Formenrhythmus lebt. Der niederländische Maler schildert den Buchstabenlaut der Wunderkunde, dagegen erhebt der grosse Italiener seinen Gegenstand zum mehr symbolisch aufzufassenden, mystisch weltgeschichtlich bedeutsamen Vorkommnisse. So wird dem grossartigen, im Lapidarstile geschriebenen Bibelworte der Italiener mehr gerecht, denn auch er spricht in seinem Bilde eine ähnlich bedeutsame erhabene, wenn auch mysteriöse und nur dem Eingeweihten vollkommen verständliche Sprache. Der Niederländer gibt einfach kindlich, in einem Sinn wie Märchen von Kindern aufgefasst werden, die so geheimnissreiche Erzählung von dem kindlich naiven Standpunkte aus, der in dem Dichterworte „das Wunder ist des Glaubens liebstes Kind" charakterisirt ist, im Bilde wieder. Die geschilderte Thatsache wird beim Italiener zur Trägerin einer höheren Idee, wogegen es dem Niederländer genügt, von dem Vorkommnisse eine recht wahrscheinlich erscheinende, möglichst natürliche Schilderung gegeben zu haben, mag ihm auch die Tragweite der bedeutsamen Folgen, welche sich in der Geschichte als Ergänzung daran knüpfen, immerhin wichtig erscheinen. Dadurch aber liegt es uns nahe, selbst bei den idealsten Darstellungen des Niederländers an die menschliche Bedürftigkeit zu denken und an den Zusammenhang des Menschen mit den Gesetzen der Natur, namentlich dem Gesetze der Schwere. Die Nothwendigkeit des Schutzes vor Frost und Hitze drängt sich uns auf, und selbst bei Darstellungen von Engeln und Himmelsbewohnern kann uns die so profane Frage nach Anfertigung der Kleider, nach der Besorgung der Wäsche u. drgl. für dieselben in den Sinn kommen. Bei dem Italiener aber, weil er durch eine höhere als die äusserlich wahre naive Form, weil er durch reine stilistische Behandlung den Gegenstand in eine höhere Sphäre erhebt, denken wir an keine solche Aeusserlichkeiten und die damit zusammenhängende menschliche Bedürftigkeit, und so wird bei ihm die religiöse Geschichte zu einer übersinnlichen, weil die darin dargestellte Natur nicht mehr als eine der Speise und des Trankes, der Luft und so manches anderen bedürftige erscheint, sondern zur Trägerin göttlicher Ideen, zum sinnbildlichen Ausdruck für übernatürliche Gedanken wird. Leinwand. H. 5' 1", br. 5' 11".

Jacob Jordaens,

geboren 1593 den 20. März zu Antwerpen kam sehr früh schon in die Schule des Adam van Noort, dessen Tochter er, nachdem er schon im Jahre 1615 in die St. Lucas Gilde aufgenommen worden, im folgenden Jahre heirathete. Dies wurde Ursache seine Heimath nicht zu verlassen. Obschon er, so weit es in Antwerpen möglich, nach Titian und Bassano copirte, deren Arbeiten, sowie die des ihm befreundeten Rubens, besondern Einfluss auf ihn übten, konnte dies dennoch die Kenntniss Italiens nicht ersetzen. Seine historischen, sowie ländliche Gegenstände behandelnden Bilder sind von ausserordentlicher Lebendigkeit, ohne indess in vollkommen ästhetischer Schönheit des Ausdruckes, der Form und der Farbe zu wirken.

Er wurde in späteren Jahren wohlhabend und starb am 18. October 1678.

*633. **Prometheus**, der weisen Thetis hochgesinnter Sohn, nach der griechischen Mythe der Weiseste unter den Titanen, der Menschen bildete und das Feuer vom Himmel stahl, ward zur Strafe dafür von des Zeus Dienern Gewalt und Stärke zum Felsen geführt, wo Vulkan ihn anschmiedete. Er ist, wie es ein neuerer Schriftsteller schön ausspricht, „immerdar Bild und Vorbild der stets ringenden, stets wieder durch eiserne Fesseln gehinderten und doch siegenden Menschenliebe". Wir sehen ihn im Bilde dargestellt, das Haupt nach unten gewandt, mächtig ringend. (Er duldet, wie es sinnbildlich zu verstehen, die immerwährende Unruhe, die rastlose stets unbefriedigte, aber edle und reine Begier der Sterblichen.) Der von Zeus gesandte Geier nagt an seiner immer wieder wachsenden Leber (nach der alten Vorstellung der Sitz der Begierden). Oben sehen wir Mercur (die behende Macht). Alles, wodurch der zarte Gedanke sich in der Dinge geheimste Fugen stehlend des mächtigen Zusammenhangs Meister wird, ist das Werk des leichten Götterboten. In seiner Linken hält er den ihm von Apollo, dem Gott der Künstler, geschenkten goldenen Stab, um den sich Schlangen winden, die in ewiger Eintracht sich begegnen. (Das Sinnbild von Versöhnung und Frieden, der Schlichtung jeden Zwistes). Anstatt der Angabe in der Mythe, die einen Geier nennt, zu folgen, hat der Künstler (wahrscheinlich Franz Snyders) als das dem Prometheus zur Qual gesandte Thier einen Adler angebracht. Ein mächtig gesund und farbenkräftig gemaltes, gutes Bild, in welchem man die helfende Meisterhand des Rubens zu erkennen glaubt, das die Stadt im Jahre 1860 aus der Sammlung des Dr. Schenk für das Museum erwarb. Leinwand. H. 7' 9", br. 5' 7½".

634. **Neptun**, der Beherrscher des wogenden Meers, der See'n und Flüsse, zeigt seine Schätze. Homer singt von ihm, wenn er ihn vom zackigen Felsengebirge des thrazischen Samos herabsteigen lässt:

„Wandelnd mit hurtigem Schritt und es bebten die Höh'n und die Wälder
Weit den unsterblichen Füssen des wandelnden Poseidaon".

Dann von dem über's Meer Gefahrenen:
„die Ungeheuer des Abgrunds
Hüpften umher aus den Klüften, den mächtigen Herrscher erkennend". Ilias 13.

Ein Triton bläst in das Horn, das
„Wenn Athem auch mitten im Meer es empfangen
Alle Gestad' umhallt vom Niedergang bis zum Aufgang".

Nereiden, von denen die Mythe erzählt, dass sie im Meere, wo alle Sterbliche ihr Grab finden würden, „ihre glänzende Wohnung hatten", begleiten ihn. Robben, Delphine, Seehunde etc. liegen am Ufer umher und erhöhen die Pracht und den Glanz des das unruhige Meer mit all seinem Reichthum personificirenden Meergottes. Geschenk des Herrn J. W. Hundgeburth 1865. Leinwand. H. 7' 11''', br. 9' 5'''.

635 u. 36. **Studienköpfe** nach Jordaens copirt. Der erstere ist aus der Hauptfigur des Neptunsbildes Nro. 634 entnommen, der andere einer verwandten Composition. Leinwand. H. 1' 5½''', br. 1' 2'''.

David Vinckebooms,

geboren 1578 zu Mecheln, ging sehr jung noch mit seinem Vater Philipp, der sein Lehrer war und in Wasserfarben malte, 1601 nach Antwerpen und von da nach Amsterdam. Die Oelmalerei lernte er ohne einen besonderen Meister. Ausser historischen Bildern malte er gerne Kirmessen in den Aeusserungen rohester Sinnlichkeit und Landschaften im Breughel'schen Charakter. Er starb 1629 in Antwerpen.

637. **Landschaft mit grosser Staffage** darstellend: Christus im Garten nach seiner Auferstehung der Maria Magdalena erscheinend. Des Rubens Einfluss ist in der Figur besonders zu erkennen. Holz. H. 1' 1¾''', br. 2' 3'''.

Jodocus de Momper,

geboren um 1580 zu Brügge, zog nach Antwerpen, wo er 1614 in die Bruderschaft St. Lucas aufgenommen wurde und als vortrefflicher Landschaftmaler lebte, der abweichend von der früheren ausgeführten Weise, seine Bilder breit auf Distanz behandelte und vielfach von J. Breughel und D. Teniers stafficiren liess. Er soll nach einigen Angaben um 1625 nach anderen 1634 oder 1635 in Antwerpen gestorben sein.

638. **Landschaft mit Staffage.** Der Einfluss der Rubens'schen Anschauung ist schon einigermaassen erkennbar. Holz. H. 1' 1¾''', br. 2' 3'''.

Die niederländische Schule.

Alexander Kierings,

geboren 1590 zu Utrecht, gestorben 1646 zu Amsterdam. Er zeichnete sich durch einen feinen Vortrag aus, indem er alles auf's entschiedenste bestimmt ausprägte, wenn auch nicht streng charakterisirend, bis in's äusserste ausführte. Poelemburg hat fast sämmtliche seiner Bilder mit Staffagen geschmückt.

639. **Reiche Landschaft mit vieler Staffage.** Im nächsten Vordergrunde links sicht man (angeblich) die sitzende Gestalt des Thomas von Kempen. Holz. H. 2′ 2½″, br. 3′ 1/3″.

640. **Gebirgslandschaft.** Als Staffage Hirten, welche nach dem hoch in der Luft auf einem Adler entschwebenden Knaben schauen, (Mythus des vom Jupiter geraubten Ganymedes). Holz. H. 2′ 2¼″, br. 3′ 9¾″.

641. **Waldlandschaft.** Zwei Jäger bilden die Staffage. Gutes Bild. Holz. H. 1′ 2½″, br. 1′ 11″.

David Teniers der ältere,

geboren zu Antwerpen 1582, war zunächst Schüler des Rubens, ging dann nach Rom, wo er Adam Elsheimer kennen lernte und sich von dessen Manier, ohne indess die Breite der Rubens'schen Anschauung dabei zu verlieren, beeinflussen liess und 10 Jahre verweilte. Dann in seine Heimath zurückgekehrt, schuf er viele ungemein geistreich dargestellte, der gemeinen Natur entnommene Darstellungen flandrischer Volksfeste und Wirthshausscenen, sogenannte Bambocciaden, Bilder in denen man freilich auf alle Würde der Charaktere, tiefe Reinheit des Gefühls, ja auf alle Haupterfordernisse höherer Kunst Verzicht leisten muss, in denen aber ein kräftiges und warmes Colorit, eine schöne, den Gegenstand verklärende Beleuchtung, mit der ein zauberisches Helldunkel verbunden ist, sowie eine feine mit grossem Fleisse ausgeführte, vielfach an's Potraitartige erinnernde Charakteristik und grosse Lebendigkeit wahrhaft erquickt. Er starb 1649. So schön seine Bilder auch sind, so ist er doch von seinem Sohne David Teniers dem jüngeren noch übertroffen worden.

642. **Ein hellgrau gekleideter Bauer** mit langem röthlichem Haar, sitzt, in der Linken einen Krug, in der Rechten ein mit Bier gefülltes Glas haltend, vor einer zerlöcherten, zum Tisch eingerichteten Tonne. Hinter dieser steht ein Mann der sich eine Pfeife stopft. Weiter links im Mittelgrunde im Helldunkel dargestellt ein vom Rücken gesehener Mann. Rechts im Mittelgrunde in der Nähe des Herdes, ist eine Gruppe von vier Bauern, im Gespräch begriffen, dargestellt. An der Wand hängt ein im Profil gezeichnetes Portrait. Rechts vorne steht eine Bank mit braunen Töpfen. Das Bild trägt des Künstlers Namen. Holz. H. 1′ 6¾″, br. 2′ 1/2″.

Die niederländische Schule.

Adrian van Utrecht,

geboren zu Antwerpen den 12. Januar 1599. Er verstand es Vögel, Blumen und Früchte in einer dem Rembrandt'schen Lichtzauber ähnlichen Weise lebendig darzustellen. Der König von Spanien erhielt die meisten und besten seiner sehr hoch bezahlten Bilder. Er starb zu Antwerpen 1651.

643. **Stillleben.** Auf einem mit weisser Leinwand bedeckten Tische sind verschiedenartige Speisen und Getränke, dazu Musikinstrumente und Notenbücher placirt. Leinwand. H. 4' 8³/₄", br. 6' 4".

Gerhard Seghers,

geboren 1591 zu Antwerpen, soll Schüler von Abraham Jansens und Heinrich van Balen gewesen sein. Er ging nach Italien, wo er namentlich in Rom nach den verschiedensten Meistern studirte und besuchte von dort aus Madrid, wo er für Philipp III. mehrere Bilder ausführte. In seine Heimath zurückgekehrt änderte er seine etwas dunkle aber ideale Weise, in der vielfach nun Rubens'scher aber auch leider Baroccio'scher Einfluss zu erkennen ist und erlebte bedeutenden Erfolg. Er starb in seiner Vaterstadt 1651.

644. **Maria,** auf Wolken thronend, umgeben von Engeln, reicht dem Generalprior der Carmeliter Simon Stock ein Scapulier. Rechts unten in der Landschaft ist das Fegfeuer symbolisch dargestellt, aus welchem ein Engel welcher ein Scapulier in der Linken hat, Seelen befreit. Leinwand. H. 7' 11", br. 5' 11".

Anton Palamedes Stevens,

geboren in Delft 1604, malte Bildnisse und Gesellschaftsstücke, 1673 ward er Director der Malerakademie zu Delft, wo er 1680 starb.

645. **Gesellschaftsscene.** Links sitzt ein Mann der die Bassgeige spielt. Hinter ihm erhebt ein junger Mann ein Gefäss zum Einschenken. Rechts sitzende und stehende in Unterhaltung begriffene vornehme Männer und Frauen. Geschenk des Herrn Rittergutsbesitzers Fr. von Ammon aus Cleve 1840. Holz. H. 2' 1/4", br. 2' 9½".

Albert Kuyp,

geboren zu Dortrecht 1606, war der Sohn und Schüler eines guten Landschaftmalers Jacob Gerritsz Kuyp. Hervorragend war bei ihm die Fähigkeit die verschiedenen Tagesstimmungen zu geben. Er soll nach 1672 gestorben sein. Erst hundert Jahre nach seinem Tode wurden seine Arbeiten hoch geschätzt.

646. Links sitzt ein **Krieger** und rechts kniet ein **Bauer** vor einer Trommel, auf welcher beide karten. Hinter dem Krieger steht ein Bauer sehr tölpischen Ansehens. Hinter dem spielenden Bauer ein Soldat, der in dessen Karten zu sehen vermag. Rechts im Mittelgrunde, theilweise in Halbdunkel gehüllt, eine Gruppe. Das Bild trägt des Malers Namen. Holz. H. 1′ 8″, br. 2′ 1½″.

647. Ruhende Viehherde. Rechts in der Landschaft ist eine Anhöhe. Von der Mitte nach links zieht sich eine Ebene. Das Bild ist gezeichnet. 1647. Holz. H. 1′ 6″, br. 1′ 11¼″.

Peter Franchoys,

geboren 1606 zu Mecheln, ist als Schüler des Gerhard Seghers und als ein in Frankreich und den Niederlanden vielfach mit Anerkennung thätiger Maler bekannt. Er starb 1654.

648. Ein Mann, schwarzes Gewand, weisser Kragen, nach Links gewendet. gez. Peter Franchoys Mechliniae Anno 1650. Aetatis 77. Leinwand. H. 2′ 2″, br. 1′ 8′

Jan Lievens,

geboren am 24. October 1607 zu Leyden, kam nachdem er schon Schüler von G. von Schooten gewesen, im Alter von 10 Jahren zu Pieter Lastmann in Amsterdam. Als der Prinz von Oranien ein Bild, welches er noch nicht 20 Jahre alt gemalt, nach England schickte, fand dies dort so gute Aufnahme, dass er dann 1630 hinreiste und unter anderem sämmtliche Mitglieder der königlichen Familie malte.

Drei Jahre später liess er sich in Antwerpen nieder, wo er die Tochter des Bildhauers Michel Colins heirathete und viele Kirchenbilder und besonders Portraits ausführte, die so schön gefunden wurden, dass die Dichter Vondel und Angels ihn deshalb besungen haben. Van Dyck und Rembrandt hatten Einfluss auf ihn ausgeübt. Weder sein Todesjahr, noch der Ort seines Begräbnisses ist bekannt.

649. Bildniss eines alten Mannes mit etwas nach links geneigtem Kopfe. Er liest in einem Buche, das er mit der Linken hält und dessen Zeilen seine Rechte folgt. In Farbe und Vortrag ungemein energisch, gehört das Bild, in seiner besonderen Weise, zu den besten unserer Sammlung. Holz. H. 2′ 2″, br. 1′ 8½″.

Theodor van Tulden,

zu Herzogenbusch 1607 geboren, gestorben daselbst 1686, wurde früh schon Schüler des Rubens. 1627 schon Mitglied der St. Lucas-

Gilde und 1638 und 1639 deren Decan. Er reiste mit seinem Lehrer nach Paris, half demselben bei der Arbeit in der Gallerie des Luxembourg, malte selbstständig dort in der Kirche Mathurin und lebte dann, in seine Heimath zurückgekehrt, vielfach mit historischen und Genrebildern beschäftigt. Seine Arbeiten sind von sehr verschiedenem Werthe.

650. **C. Scipio Africanus major** gibt nach der Eroberung von Neu-Carthago in Spanien die gefangene Braut des celtiberischen Fürsten Allucius dem Bräutigam zurück und weist die reichen Geschenke, womit ihre Eltern ihm sich dankbar erweisen wollten, dem Bräutigam als Vermehrung der Mitgift zu. Siehe Livius lib. 28. Cap. 50. Geschenk des Herrn Minderop 1861. Leinwand. H. 6' 7'', br. 3' 5''.

Adrian Brouwer,

wurde geboren zu Haarlem 1608. Franz Hals, einer der grössten Portraitmaler, von dessen Leben wenig mehr bekannt ist, als dass er dem Trunke und dem Wohlleben übermässig ergeben gewesen sein soll, (ein Charakterzug der selbst in der Auffassung vieler seiner Köpfe und Portraits zu erkennen ist) entdeckte sein Talent, nahm ihn zu sich und scheint nicht allein als Maler günstig, sondern auch als Mensch ungünstig auf ihn eingewirkt zu haben. Doch verliess Brouwer bald jenes Werkstätte und schuf selbstständig von Lust und Leben erfüllte, wie im vollsten Jubel entstandene, meist Wirthshausscenen darstellende Bilder von heiterstem Treiben, Spiel und Trunkenheit, aber auch wüthender Prügelei, ja wüstem Thun, die, wären sie nicht so ungemein geistreich und verklärt durch zauberische Stimmungsschönheit, uns anstatt wie sie nun entzücken, nur anwidern könnten. Adrian van Ostade war Brouwers Freund. In Amsterdam war er thätig, ging später nach Antwerpen, wo Rubens sein Talent ausserordentlich hochschätzte, indess nicht vermochte sein ungeregeltes Leben zu bessern. Dann besuchte er Paris, wo er noch einige Monate in eben so unordentlicher Weise verbrachte, kehrte 1640 in grösster Armuth nach Antwerpen zurück, wo er zwei Tage nach seiner Ankunft im Hospitale starb. Rubens, der erst später von seinem Tode hörte, beweinte ihn, liess seine Leiche ausgraben und in der Carmeliterkirche beisetzen.

651. **Ein alter Wundarzt** arbeitet mit einer Sonde an der Stirne eines Patienten. Hinter dem letzteren steht ein anderer Bauer in spannungsvoller Erwartung. Im Mittelgrunde sitzt von der Gruppe abgewendet eine Frau. Holz. H. 1' 2¼'', br. 11¼''.

*652. **Ein alter Bauer,** wie in zürnender Bewegung hinaufschauend. Er ist nach rechts gewendet. Holz. H. 3¼'', br. 6''.

Die niederländische Schule.

Johann Asselyn,

geboren zu Antwerpen um 1610, war Schüler der Jean Miel und Ezaias van de Velde. 1630 besuchte er Rom, wo er den Peter van Laar, genannt Bamboccio, mit vielem Erfolge und Gewinne nachahmte. Dann ging er nach Venedig und 1645 liess er sich in Amsterdam nieder, wo er in einer oft dem Claude Lorrain ähnlichen Weise, doch in tieferer Stimmung und meist Interieurs behandelnd, malte und 1660 starb.

*653. **Reiter,** mit ihren Pferden in einer Höhle vor der Werkstätte eines Hufschmiedes. Links eine kleine Durchsicht in's Freie. Vortreffliches Bild in reich musikalischer Tonstimmung. Leinwand. H. 1' 10½", br. 1' 7¾".

Adrian van Ostade,

geboren zu Lübeck 1610, verliess als er noch jung war seine Vaterstadt und zog nach Haarlem, wo er bei Franz Hals Mitschüler Adrian Brouwers wurde und ähnliche Gegenstände wie dieser malte. Beide scheinen besondern Einfluss auf ihn ausgeübt zu haben. Durch die Kriegsverhältnisse veranlasst verliess er diese Stadt im Jahre 1662, um nach seiner Vaterstadt zurückzukehren, blieb aber in Amsterdam, wo ihm die herrlichsten Aussichten eröffnet wurden. Dort starb er auch im Jahre 1685. Er ist in Bezug auf Behandlung, Charakteristik, wohlabgewogene warme durchsichtige Farben, wunderbare Beherrschung des Helldunkels, malerische Haltung, zauberische, auch die gewöhnlichsten Gegenstände verklärende Tonverhältnisse einer der hervorragendsten Künstler, der die Tugenden der Maler von Holland, das er auch obschon ein Deutscher nie mehr verlassen hat, auf's vollkommenste repräsentirt.

654. **Zwei Bauern und ein Weib,** welches ein Glas emporhebt und den einen derselben, welcher bei ihr am Tische sitzt und in der Rechten den Bierkrug hält, zum Trinken anregt. Auf dem Tische steht ein Leuchter mit einer Kerze und eine Flasche. Ueber demselben rechts das theils verhängte Fenster. An der Wand hängt eine Zeichnung. Lebendigkeit des Ausdrucks und schöne Vertheilung der Localtöne wie der Licht und Schattenmassen geben dem Bilde besonderen Werth. Holz. H. 1' 1½", br. 10¼".

Melchior Hondekoeter,

geboren zu Utrecht 1636, Enkel des Landschaftmalers Egidius Hondekoeter und Schüler seines Vaters Gisbert Hondekoeter, nach dessen Tode er bei seinem Onkel J. B. Weenix Unterricht erhielt. Aus seinem Leben ist merkwürdig, dass er sehr gebildet war und die Fähigkeit besass aus dem Herzen kommende und daher tief rührende Predigten zu halten. Als er später das Unglück hatte eine böse Frau zu bekommen, stürzte er sich in ein ungeregeltes Leben, an dessen Folgen er 1695 in seiner Vaterstadt starb. Sein lebendiges, in den verschiedensten Zuständen von Krieg und Frieden dargestelltes Geflügel wurde durch Zuthat von landschaftlicher Umgebung und die schöngestimmten Farben zu Werken wahrer Malerpoesie der Tonstimmung.

*655. **Federviehstück.** In der Mitte des Bildes steht ein Pfau mit ausgebreiteten Federn. Links auf einem Gestell ein Papagei. Rechts sind viele Hühner mit ihren Jungen und Hähne, von denen zweie im Kampf begriffen sind. Ueber diesen fährt ein Habicht herab. Leinwand. H. 5' 1", br. 7' 7".

Cornelius Béga,

Sohn des Bildhauers Peter Begyn, geboren zu Haarlem 1620. Er war, ohne seinen Lehrer Adrian Ostade zu erreichen, doch sein bester Schüler. Er starb in seiner Vaterstadt am 27. August 1664 an der Pest.

656. **Eine Alte,** vor ihr ein Spinnrocken, sitzt in der Mitte eines scheunenartigen Raumes. Vor ihr links steht ein Metzger der in anscheinend betrunkenem Zustande über Geldangelegenheiten verhandelt. Rechts im Mittelgrunde kauert eine zweite Alte am Herde. Das Bild ist bedeutend heller als gewöhnlich die Bilder dieses Meisters gemalt sind. Holz. H. 1' 2½", br. 1' 2½".

Aldert van Everdingen,

geboren zu Alkmaer 1621. Seine Lehrer waren Roland Savery und Peter Molyn, die er bald übertraf. Er reiste durch's baltische Meer und studirte besonders die nordische Natur. Ein grosser Ernst zeichnet seine Bilder aus. Er starb als Diacon der reformirten Kirche seiner Vaterstadt 1675. Er hinterliess drei Söhne von denen zwei berühmte Maler wurden.

*657. **Landschaft.** Durch eine Felsenschlucht drängt sich ein Waldbach. Rechts steht eine Hütte von der aus eine Brücke nach links führt. Holz. H. 1' 1½", br. 10½".

Johann Glauber, genannt **Polidor,**

stammt von deutschen Eltern, wurde aber 1646 in Utrecht geboren. Anfangs, weil er gegen den Willen seines Vaters die Künstlerbahn betrat, war er sein eigener Lehrer, bis er endlich bei N. Berghem regelmässig Unterricht erhielt und bedeutende Fortschritte machte.

1671 ging er mit seinem 17jährigen Bruder Johann Gottlieb, der in ähnlicher Art malte, nach Paris, wo er ein Jahr, dann nach Lyon, wo er zwei Jahre, und endlich zum Ziel seines Wunsches sich recht ausbilden zu können nach Rom, wo er eben so lange weilte und nachdem er dann erst noch zwei Jahre in Venedig seiner Ausbildung gewidmet, lebte er in Hamburg, bis er 1684 auch diese Stadt verliess, um sich in Amsterdam nieder zu lassen, wo er mit grösstem Beifall seine besten Landschaften, in denen ein vortrefflicher Einfluss des Caspar Poussin, Swanefeld und des Claude zu erkennen ist und die G. Lairesse mit Figuren staffirte, malte und 1726 starb.

658. **Landschaft** in Poussins Manier componirt. Im Vordergrunde eine Brücke über einem Wasser, auf welcher zwei Männer mit einem Maulthiere gehen, weiter ein Hirte mit Schafen. Rechts ein hoher Baum, links Bäume und ein Hügel. In der Mitte Aussicht auf Felsen Wald und Gebirgshöhen. Leinwand. H. 1' 6½'', br. 1' 10½''.

Ludolf Bakhuyzen,

geboren 1631 zu Emden in Westphalen, wurde Anfangs für den Kaufmannsstand bestimmt, ging als er 18 Jahre alt war nach Amsterdam, wo er durch eine besonders schöne Handschrift Aufsehen erregte, dann zeichnete er in seinen Mussestunden Schiffe und Seegegenden mit der Feder, welche hoch bewundert und bezahlt wurden, worauf er beschloss sich ganz der Kunst zu widmen. Er ward nun Schüler des A. van Everdingen, durch dessen Unterricht und sein fortgesetztes Naturstudium er bald zu einem der bedeutendsten Marinemaler wurde. Er war ein wohlwollender heiterer Mensch, der es liebte selbst im Sturm, wo die Schiffer Todesgefahr erkannten, auf der See zu sein und im Boote zu zeichnen. Die angesehensten Gelehrten waren seine Freunde. Peter der Grosse, der auch Zeichnungen von Schiffen, nach denen später gebaut wurde, bei ihm machen liess und ihn öfter besuchte, zeigte ihm, sowie auch der König von Preussen und der Churfürst von Sachsen, grosse Gewogenheit. Er starb zu Amsterdam am 7. November 1709. Man kennt 13 Blätter, die er in Kupfer gestochen hat.

*659. **Marine.** Am Horizonte entlang ist die Küste, auf welcher Bäume, Häuser und Kirchen sichtbar sind. Im Mittelgrunde der leicht bewegten See kommt von rechts ein Schiff mit vollen Segeln herangefahren. Vorne, links und rechts im Mittelgrunde andere Schiffe und Boote. Sowohl das Wasser als die grossartig schön geformten Wolken, die ihre breiten Schatten über dasselbe werfen, sind trefflich in klassisch einfacher Weise ausgeführt. Geschenk des Herrn Baurath M. Biercher. 1862. Leinwand. H. 3' 6'', br. 5'.

Gottfried Schalken,

geboren zu Dortrecht 1643, kam nachdem er die gelehrten Studien, die er bei seinem Vater, der Schul-Rector war, genossen hatte, verlassen, zu Samuel van Hoogstraeten und G. Dow in's Atelier, studirte dann die wahrhaft zauberischen Lichteffecte Rembrandts, sowie die Natur mit grossem Fleisse und entfaltete sich so zu einem hervorragenden Maler schöner Lichtwirkung, die ganz vorzugsweise in seinen kleinen Bildern erfreut und selbst von seinen fleissigsten Schülern und Nachahmern unerreicht geblieben ist. Gegen Ende des 17. Jahrhunderts ging er nach England, wo er an Wilhelm III. einen Förderer fand, das er aber bald wegen Unannehmlichkeiten, die ihm von Seiten seiner Kunstcollegen bereitet wurden, mit dem Haag vertauschte, wo er am 16. November 1706 starb.

*660. **Die heilige Magdalena** blickt in büssender Betrachtung nach einem Kreuzesbilde, das rechts über ihr aufgerichtet ist. Unter diesem liegt neben ihr ein Schädel, und steht eine Lampe, von welcher aus die Beleuchtung im Bilde gedacht ist. Holz. H. 1' 6", br. 1' 1½".

Jacob Uchtefett,

ein Maler dessen Bilder selten und dessen Lebensumstände unbekannt sind. Er soll in der Schule der Terburg und Metzü gewesen sein.

*661. **Ein singender alter und ein violinspielender junger Mann** stehen vor einer Thüre. Im Vordergrunde des Vorzimmers steht links eine Magd die ein Kind am Gängelbande hält, vor diesem ein Hündchen. Rechts bringt ein junges vornehm gekleidetes Mädchen ein Geldstück. Fein charakterisirtes, poetisch gestimmtes Bild. Holz. H. 1' 9", br. 1' 5¼".

Cornelius Huysman,

genannt Huysman von Mecheln, geboren zu Antwerpen 1648. Sein Onkel brachte ihn als Schüler zu de Witt, doch ist anzunehmen, dass er mehr durch Studien nach der Natur lernte als bei jenem Meister. Nachdem er Bilder von J. van Artois gesehen, reiste er zu diesem nach Brüssel, der ihn in Waldungen zeichnen liess, wodurch für beide die trefflichsten Studien gewonnen wurden. Als der Schlachtenmaler van der Meulen seine Arbeiten sah, suchte er ihn nach Paris zu ziehen. Doch blieb er unter dem Vorwande, der französischen Sprache nicht mächtig zu sein, in seiner Heimath, wo er nebst seinen eignen kräftigen, in frischer Weise ausgeführten Arbeiten auch vielfach andern Malern aushalf, indem er deren Bilder mit Staffage, die er vortrefflich zeichnete, bereicherte und vollendete. Er kränkelte die letzten fünf Monate seines Lebens und starb am 1. Juni 1727.

*662. **Landschaft** mit hohen Bäumen auf der linken und vielen Bäumen auf einem Hügel der rechten Seite. Im Mittelgrunde lagert ein Bauer, neben ihm steht ein Hirte mit Schafen neben einem Wasserfall der nach rechts vorne fliesst. Ueber dem Walde des Mittelgrundes ist eine Meeresbucht sichtbar. Leinwand. H. 3′ 8½″, br. 5′ 5″.

*663. **Landschaft** mit hohen Bäumen links im Mittelgrunde, besonders aber breit mächtigen Stämmen im Vordergrunde rechts. Zwischen diesen als Staffage Bauern und Bäuerinnen an den beiden Ufern eines Flusses, über diesem Hügel und Fernsicht. Leinwand. H. 2′ 8″, br. 3′ 1¼″.

*664. **Reiche Baumgruppen**, welche rechts eine kleine Durchsicht zulassen. Links eine Hütte. Unter dieser am Wasser des Vordergrundes links als Staffage zwei Frauen und ein Mann welchem ein Hündchen entgegenspringt. Leinwand. H. 2′ 8½″, br. 3′ 1½″.

Abraham van Kuilenburg,

ein Meister aus Utrecht, der in einer dem Poelemburg ähnlichen, doch weniger vollendeten Weise arbeitete. Er lebte um die Mitte des 17. Jahrhunderts.

665. **Diana** liegt halbbekleidet auf einem Hügel hingestreckt. Um sie her sind Jagdgeräthe, Jagdbeute und Hunde. Eine vor ihr stehende Nymphe deutet auf einige Kinder, welche im Wasser neckisch spielen. Unter der Höhle, die das Ganze überdeckt und mehre Fernsichten zulässt, sind noch verschiedene dem Gefolge der Göttin der Jagd angehörige Nymphen dargestellt. Das Bild gehört zu den besten des Meisters, ist gezeichnet und trägt die Jahreszahl 1660. Holz. H. 1′ 1″, br. 1′ 4½″.

666. **Bathseba** die sich zum Bade vorbereitet. Hinter ihr eine Alte. Vor ihr die Statuette eines Knaben mit einem Kruge. Im Mittelgrunde Mägde. Ueber der Mauer, die den inneren Hofraum umgibt, an dessen Eingang Statuen stehen, lehnt König David. Ferne, Ruine eines Tempels und Park. Copie oder Schulbild. Holz. H. 11½″, br. 9¼″.

667. **Eine Gruppe** nackter Mädchen lagert links vorne auf einem Hügel in der Nähe eines Flusses, an dessen Ufer ein Knabe mit einem Hunde sitzt. Rechts im Mittelgrunde ein Hügel mit einer Burgruine. Copie oder Schulbild. Holz. H. 7¼″, br. 10″.

Ambrosius Breughel,

er ist als ein tüchtiger Blumenmaler bekannt und soll von 1663 bis 1670 Director der Akademie zu Antwerpen gewesen sein.

668. **Die fünf Geheimnisse des Rosenkranzes** in Medaillonform dargestellt. 1) die Verkündigung, 2) Maria bei Elisabeth, 3) die Geburt,

4) die Aufopferung im Tempel, 5) der Knabe Jesus unter den Schriftgelehrten. Sämmtliche 5 Bilder sind von Blumenranken umgeben, in denen vier Genien schweben. Auf dem dunkeln Grunde, der das Ganze umgibt, sind in brauner Farbe die vier Evangelisten dargestellt. Die Figuren sind höchst wahrscheinlich von Frank gemalt. Holz. H. 3′ 10½″. br. 2′ 11″.

669. **Die Mutter Anna** der Maria Unterricht ertheilend. Zwei Engel schauen zu. Auf dem schwarzen Grunde, der das Bild umgibt, liegt ein breiter Blumenkranz. Auch hier sind wie auf dem vorigen Bilde die Figuren von fremder Hand und die sie umgebenden Blumenranken sind künstlerisch bedeutender. Holz. H. 3′ 11″, br. 2′ 7½″.

Nicolaus Rosendal,

geboren zu Enkhuizen 1636, reiste Houbrakens Notizen zufolge in Italien. In seine Heimath zurückgekehrt, soll er nicht nur historische Gemälde, sondern auch landschaftliche Zeichnungen im Charakter Ruisdael'scher Werke geschaffen haben. Er starb 1686.

*670. **Susanna**, das Weib des Joakim zu Babylon, steht, von zwei Aeltesten falsch angeklagt, mit auf den Rücken gebundenen Händen vor ihren Richtern. Links unten sind ihre Kinder, tiefer im Mittelgrunde ihre Eltern und Verwandten dargestellt. Der Eine der lüsternen Ankläger entschleiert die Verläumdete, während das vor ihr stehende Weib sie vertheidigt. Die Richter erscheinen verwundert unschlüssig und zum Theile ergrimmt. Der rettende Daniel ist noch nicht erschienen. Das Bild ist gezeichnet N. Rosendal 1673. Geschenk des Herrn Joh. Friedr. Koch 1861. Leinwand. H. 6′ 11″, br. 11′ 1″.

Domenicus van Tol,

ein Schüler des G. Dow, der auch in ähnlicher Weise nur weniger vollendet arbeitete. Auch malte er in der Manier des G. van Brecklenkamp.

671. **Ein Mann**, an einem offenen Fenster sitzend, dessen brillanter Vorhang rechts zurückgeschlagen ist, hält in seiner erhobenen Rechten ein mit Most gefülltes Glas, in der Linken ein Schwert. Vor ihm auf der Fensterbrüstung steht rechts eine zinnerne Kanne, in der Mitte liegt eine irdene Pfeife und Tabak. Vielleicht des Künstlers, dessen Malweise vielfach an Mieris erinnert, eignes Bildniss. Holz. H. 1′ 7″, br. 1′ 3½″.

Egbert van der Poel,

er schloss sich an die Manier des Teniers und Brouwer an. Seine Lebensverhältnisse sind unbekannt. Berühmt ward er durch lebendig dargestellte Feuersbrünste. Im Jahre 1654 malte er den Brand von Delft. Bis in die achtziger Jahre war er noch thätig in Rotterdam.

672. Nächtliches Volksfest. Um brennende, auf einem Gerüste angebrachte Pechkränze stehen rechts im Bilde eine Menge Zuschauer. Unter diesen zwei Reiter, von denen der eine in die Trompete stösst. Holz. H. 1′ 7″, br. 1′ 4¼″.

*673. **Häusliche Scene.** Rechts ist ein Alter am Herde, über ihm eine Magd mit einem Kessel bei einer Lampe beschäftigt und im Mittelgrunde sitzt an einem Tische vor einem Kruge rechts ein Alter, links ein trinkender Knabe. Holz. H. 3′ 3¾″, br. 1′ 2″.

Balthasar van den Bosch,

geboren 1675 in Antwerpen, Schüler des Malers Thomas. Er malte Maskeraden, Laboratorien, Marktschreier, in ihren Ateliers arbeitende Maler und Bildhauer, gelegentlich Portraits und starb als Director der Antwerpener Akademie 1715.

674. Ein Bildhauer-Atelier. Rechts naht der Künstler die links eingetretenen vornehmen Besucher zu begrüssen. Schüler, ein Mohrenknabe und viele Statuetten in dem reich ausgestatteten Raum. Dieses und das dazu gehörende folgende Bild, sind Geschenke des Herrn C. F. Heimann 1861.

675. Ein Maler-Atelier. Links sitzt ein Maler vor einer Staffelei, auf der das Bild einer Flora steht. Vor ihm sitzt eine Dame, die ihm als Modell gedient, hinter welcher ein vornehm gekleideter Herr steht. Hinter der Staffelei steht im Schatten halb verborgen ein Weib welches eifersüchtig zu beobachten scheint. Diese Gruppe ist umgeben von einem schwarzen Pagen, Schülern und einem Farbenreiber. Leinwand. H. 2′ 1¾″, br. 2′ 9″.

Von unbekannten Meistern sind:

676. Bildniss des Johann Adam Eschenbrender. Hinter ihm auf der steinernen Balustrade, auf welcher sein rechter Ellbogen ruht, liegt ein Korb mit ausgeschütteten Blumen und Früchten, zwischen diesen eine Krone. Seine rechte Hand zeigt hinaus in die Landschaft, in deren Mittelgrunde man die Statuette einer Madonna mit dem Kinde sieht. Leinwand. H. 3′ 6½″, br. 4″ ½″.

677. Bildniss eines Mannes in reich gesticktem Costüme. Kniestück. Links vor ihm zwei Hunde, rechts Landschaft. Leinwand. H. 3′ 10″, br. 3′ 2″.

678. Bildniss eines Mannes mit langem bräunlichem Haar und etwas hellerem Barte, grossem Kragen auf schwarzem Gewande. Er sitzt in einem Lehnsessel und hat die rechte Hand in einem Buche, das auf einem Tische liegt. Rechts eine abendlich dunkle Fernsicht. Leinwand. H. 4′ 1½″, br. 3′ 4½″.

679. **Bildniss eines Mannes.** Er trägt langes Haar, schwarzes Gewand, reiche Spitzen, in der Linken Handschuhe. Seine Rechte ist in die Seite gestemmt. Auf dem Tische mit rother Decke links liegt ein Heber und eine Schale. Dazu gehört:

680. **Bildniss einer Frau.** Ihr linker Arm lehnt an einem steinernen Tisch. Mit den Fingern der Rechten umfasst sie die Stiele einer Citrone und einer Orange die auf rothgedecktem Tische links liegen. Geschenk des Herrn M. Neven. Angeblich sind die Bilder von Jan de Baen. Leinwand. H. 3' 9½", br. 3' 6".

681. **Bildniss eines Mannes** in schwarzem Gewande. Er trägt langes braunes Haar. Holz. H. 9½", br. 7¼".

*682. **Bildniss eines Mannes** in schwarzem Seidengewande und Krause. Er sitzt in offener Säulenhalle mit rothem Vorhange auf einem Sessel, rechts vor ihm auf einem Tische sieht man mehrere kleinere und eine grössere Büste, ein Buch und Papier. Ein schönes edles Bildchen. Holz. H. 5¼", br. 10½".

683. **Bildniss eines Mannes** in schwarzem Mantel und grossem Kragen. Kupfer. H. 6", br. 4½".

684. **Bildniss eines Mannes** mit schwarzem Mantel. Langes Haar fällt auf seinen grossen Kragen. Holz. H. 9", br. 7".

685. **Eine weisse Kuh.** Das ursprünglich gute, fast des Potter würdige Bild hat sehr gelitten. Leinwand auf Holz geklebt. H. 1' 1", br. 10¼".

*686. **Todtes Wild.** In verkleinertem Maassstabe dargestellt. Hintergrund dunkler Wald. Das Bild ist von grosser Vollendung und des Weenix würdig. H. 1' 4½", br. 1' 1½".

687. **Bauernprügelei.** Ein junger Bauer hat einen älteren mit der Rechten an der Gurgel gefasst und stösst ihn über einen Stuhl rücklings zu Boden. In seiner Linken erhebt er ein Messer um ihn zu stechen, wovon ihn ein dritter Bauer, welcher ihm in den Arm fällt, zurückhält. Das Bild erinnert einigermaassen an Jan van Steens geistreiche Art, ist aber bedeutend schwächer als dessen Bilder. Holz. H. 10½", br. 1'.

688. **Ein alter Gelehrter.** Er wird von einer links im Gewölbebogen hängenden Lampe beleuchtet und sitzt an einem Tische, auf welchem mehrere Bücher, ein Schädel und ein Kreuz liegen. Holz. H. 1' 1¼", br. 10½".

689. **Blumenstück.** Vielleicht von Daniel Seghers. Leinwand. H. 2' 7¾", br. 2' ½".

690. **Marine.** Im Mittelgrunde viele grosse und kleine Schiffe. Rechts im Vordergrunde das Werft, auf demselben ist ein Mann mit einem Korbe, ein Knabe und unten ein Anker dargestellt. Das Bild hat grosse Klarheit und perspectivische Tiefe. Leinwand. H. 4' 4", br. 6' 3".

691. **Landschaft mit Staffage.** Im Mittelgrunde erscheint Christus dem zur Verfolgung der Christen nach Damascus ausziehenden Saulus. Im Vordergrunde wird der erblindete Saulus von seiner Kriegsschaar geführt. Das Bild ist mit Benutzung einer Composition von Lucas von Leyden, im Stil des Paul Briel ausgeführt. Geschenk des Herrn Dr. E. Schenk. Holz. H. 2′, br. 2′ 9¾″.

692. **Venus,** auf einem Delphin durch die Meereswogen reitend, hinter ihr zwei sich küssende Amoretten. Der Einfluss des Rubens ist in dem Bilde stark sichtbar. Leinwand. H. 4′ 1½″, br. 4′ 3½″.

693. **Christus von Pilatus** dem Volke vorgestellt. Rembrandt'scher Einfluss ist in dem Bilde sichtbar. Leinwand. H. 1′ 3¾″, br. 1′ 1¼″.

694. **Die büssende Magdalena** in einer Höhle betend. Sie wendet sich nach links oben, von wo ein Lichtstrahl eindringt. Links unten liegt ein Schädel. Manier des Franz Frank. Holz. H. 7½″, br. 5″.

695. **Bildniss eines Knaben.** Er ist in rothem spanischem Costüme und vielen Spitzen gekleidet. Seine linke Hand ist in die Seite gestemmt, die rechte liegt auf dem Kopfe eines links neben ihm stehenden Windspiels. Sein grauer, mit roth und weisser Feder geschmückter Hut, liegt auf dem rechts hinter ihm stehenden, mit dunkelgrünem Teppiche bedeckten Tische. Leinwand. H. 4′ 10″, br. 3′ 3½″.

696. **Bildniss eines Mannes** in schwarzem Baret und Kleide. Holz. H. 1′ 4″, br. 1′ 1″.

697. **Bildniss eines Mannes** in schwarzem Gewande mit weissen Unterärmeln und Kragen. Er stützt sich mit seiner Rechten auf einen mit rothem Teppiche bedeckten Tisch, auf welchem ein Brief liegt. Leinwand. H. 3′ 6″, br. 2′ 10¼″.

698. **Ansicht von Antwerpen.** Die Stadt dehnt sich von links nach rechts hin, wo die Ufer der Schelde und viele Schiffe sichtbar. Im Vordergrunde links ist der Empfang von Mönchen durch den städtischen Clerus und viel Volk dargestellt. Leinwand. H. 4′ 4″, br. 6′ 3″.

699. **Ansicht einer Stadt** auf deren Strassen viele Türken wandeln; ein Chinese sitzt links vorn. Leinwand. H. 2′ 10″, br. 4′ ¾″.

700. **Landschaft.** Links Bäume. Rechts an der Meeresbucht eine Tempelruine und andere Gebäude, in der Ferne Gebirge. Vorne Tobias und der Engel. Leinwand. H. 2′ 7½″, br. 3′ 10½″.

701. **Landschaft.** Den Mittelgrund bildet ein Hügel in dessen Mitte zwei Pinien stehen. Vordergrund Wasserfall mit Felsen auf welchen Jäger und Hunde. Leinwand. H. 3′, br. 4′.

702. **Landschaft.** Vordergrund links ein Haus und mehrere Bäume zwischen denen eine blaue Ferne sichtbar. Im Vordergrunde rechts ein Ochsentreiber. Erinnert an Artois und seine Schule. Leinwand. H. 2′ 11″, br. 3′ 1½″.

703. **Dunkler Wald und Teiche.** Im Vordergrunde zwei Jäger auf der Lauer stehend. Das Bild trägt den Namen Fouquière und die Jahreszahl 1622. Holz. H. 1' 8¾", br. 2' 7½".

704. **Landschaft.** Links im Vordergrunde eine Tempelruine, dabei Hirten Hirtinnen und Heerden. Rechts über einem Flusse Häuser auf einem Hügel eine Burg. Das Bild erinnert an Rosa dá Tivolis Werke. Leinwand. H. 4' 1½", br. 5' 1".

705. **Gebirgslandschaft.** Rechts und links Bäume. Auf dem Wege im Vordergrunde Reiter und ein Führer mit einem Hunde. Leinwand. H. 1' 9½", br. 2' 6".

706. **Landschaft.** Rechts grosse Baummassen. Links vorne Hagar und der Engel, rechts zwischen Bäumen Ismael. gez. D. Dalen 1660. Leinwand. H. 2' 9½", br. 2' 6".

707. **Landschaft.** Rechts ein grosser Baum dessen Stamm zersplittert ist. Mehrere Hirten von denen einer eine Herde führt als Staffage. Leinwand. H. 2' 8", br. 2' 1¼".

708. **Landschaft.** Wald und ein Fluss auf welchem Fischer im Kahne thätig sind. Am Ufer links vorne ein dritter Fischer. Holz. H. 1' 1", br. 1' 4".

709. **Landschaft.** Rechts Berge und ein Thalweg. Links zwischen bewachsenen Ruinen eine Schäferin mit einem Spinnrocken. Vor ihr sitzt ein Schäfer und spielt die Flöte. Das Bild erinnert an Berghems Weise. Leinwand. H. 2' 6", br. 3' 2½".

710. **Landschaft.** Hügel mit Tannen, links eine Buche und vorne ein kleiner Wasserfall, rechts unten Bauern. Holz. H. 9', br. 11¼".

711. **Landschaft.** Links eine Burg. Rechts vom Gebirge herabkommend ein Bach. Im Vordergrunde neben zwei schlanken Bäumen sitzt ein rothgekleideter Mann. H. 1' 3", br. 1' 7¼".

712. **Ansicht** auf das Dorf und den Strand von Scheveningen. Auf dem Wege im Vordergrunde ziehen Bauern. Der grossartige Wolkenbau und der ernste Ton des Bildes erinnert an Ruisdaels Werke. Holz. H. 1' 6", br. 2' 2".

713. **Wald- und Berglandschaft.** Links spricht ein Jäger mit verschiedenen Leuten. In der Mitte kommt ein von einem Schimmel und zwei andern Pferden gezogener überdeckter Karren. Rechts auf dem Fluss sind Fischer thätig. Holz. H. 1' 3", br. 1' 3½".

714. **Landschaft mit Schlacht.** Heftiges Schlachtgewühl im Vordergrunde von hellem Sonnenlichte beleuchtet. Im Mittelgrunde in Wolkenschatten gehüllt eine Mühle, eine Stadt mit vielen Kirchen. Rechts eine Feuersbrunst, links Bäume. Dieses und das dazu gehörende folgende Bild ist gezeichnet Smooti. — ? — Leinwand. H. 1' 6½", br. 2' ½".

715. **Landschaft** mit grossem Aufzug von Fürst und Volk. Sie kommen aus einem grossen Thore das einen Park abschliesst und ziehen über eine Brücke durch ein Dorf hin. Die Zurückbleibenden winken ihnen zu. Ein Theil des Vordergrundes ist sonnig hell beleuchtet. Das Bild ist wie das vorhergenannte zu dem es als Gegenstück gehört, ungemein fein ausgeführt. Leinwand. H. 1' 6½'', br. 2' 1½''.

716. **Winterlandschaft.** In der Mitte eine Burg. Auf dem sie umgebenden gefrornen Teiche viele Leute. Das Bild ist gezeichnet IAI, erinnert an Werke des J. Peters. Holz. H. 8¾'', br. 1' 1¼''.

717. **Landschaft** mit der Staffage der Findung Mosis. Links ein Park zu dem von dem rechts fliessenden (Nil) eine Treppe führt. Auf der Terasse oben steht Pharaos Tochter, rechts unten steigt des Moses Schwester aus dem Wasser und bringt den kleinen Moses. Aus Rembrandts Schule. Leinwand. H. 3' 10½'', br. 4' 10¼''.

718. **Berglandschaft.** Rechts ein Fluss. Dazu gehört:

719. **Berglandschaft.** Links die Ruine einer Burg. Die Bilder erinnern an Safleven'sche Arbeiten. Holz. H. 8¼'', br. 1' 3''.

720. **Eine Feuersbrunst.** Holz. H. 1' 1½'', br. 1' 3½''.

721. **Ein Seestück.** Rechts eine Küste nach welcher der Sturm die Schiffe hintreibt. Das Bild erinnert an W. v. d. Veldens Seestücke. Holz. H. 1' 1'', br. 1' 5¼''.

722. **Stillleben.** Holz. H. 2' 3½'', br. 3' 9½''.

723. **Fruchtstück.** Leinwand. H. 2' 2½'', br. 1' 10¼''.

724. **Küchenscene.** Rechts vor einem Tische steht eine Küchenmagd, vor ihr liegen Trauben, Wildpret, Geflügel, Krebse etc. Leinwand. H. 2' 9'', br. 3' 9''.

725. **Ein klarer Bach** an dessen Ufern rechts und links Bäume, im Mittelgrunde rechts ein Haus, im Vordergrunde links ein angelnder Fischer. Holz. H. 11¾'', br. 9½''.

726. **Federviehstück.** Hähne, Hühner, Enten und Tauben. Dunkelgestimmter landschaftlicher Grund. Aus des Weenix Schule. Leinwand. H. 3' 1¼'', br. 4' 1½''.

727. **Ein Fuchs auf dem Hühnerhofe.** Er hat ein Huhn niedergeworfen, ein Hahn steht ihm kämpfend gegenüber. Leinwand. H. 3' ¾'', br. 4' 5''.

728. **Ruhendes Vieh.** Oben liegt neben der Ruine eines Denkmals die Hirtin die im Gespräche mit einem neben ihr stehenden Maulthiertreiber begriffen ist. Berghems Schule. Holz. H. 1' 1¼'', br. 1' 5½''.

729. **Kühe,** von einem Hirten dem ein Hund folgt durch's Wasser in einen Hohlweg getrieben. Copie nach Berghem. Holz. H. 1' 1'', br. 5¾''.

730. Zwei weidende Kühe und zwei ruhende Schafe. Ueber diesem eine an einem Weidenstamme befestigte Bretterwand auf welcher ein Hirtenknabe lehnt. In Paul Potters Manier. Holz. H. 9³/₄", br. 1¹/₄".

Gemälde altitalienischer Meister.[†]

I. Abtheilung.

In Italien beginnt, nachdem in den früheren Jahrhunderten des Mittelalters die Kunst bis zur äussersten Rohheit herabgesunken, um 1204 wieder, und wahrscheinlich durch griechische Künstler ausgeübt, eine neue Blüthe derselben.

Der byzantinische Stil der seine möglichste Vollendung in Cimabue (1302) erreicht, bleibt die Grundlage der kirchlich malerischen Anschauung. Diese Kunstweise ist durch treffliche Werke in unserer Sammlung vertreten. Ein feierlicher überirdischer Ernst und machtvolle Hoheit der Heiligengestalten voll Seelenadel, der griechischen Antike verwandte, grosse scharf umschriebene Formen und oft durch Goldpunkte und Streifen bezeichnetes Gewand, dunkle ernste Färbung charakterisiren diese Periode, aus der dann Giotto di Bondone, geboren 1276 in Vespignano bei Florenz, als Gründer eines nicht minder idealen, doch aber zu noch höherer Durchbildung geeigneten Stiles hervortritt. Eine geniale Natur, die Baukunst, Bildnerei und Malerei zugleich umfasst, war er ein Freund Dantes, was zu der Vermuthung führt, dass wie die Geschichte es so oft beweist, auch bei ihm das Dichter- und Prophetenwort die höhere freiere mächtigere Weltansicht des Künstlers erst geweckt haben muss. In ihm ist ein grosser Reichthum an mystischen, symbolischen und poetischen Anschauungen, denen er in breiter, edler Formengebung Ausdruck zu leihen vermag, welche uns an die im Abschnitt „Gothische Epoche" (Seite 6) besprochenen eigenthümlichen Schönheiten vielfach erinnert. Ohne die Gesetze der Anatomie, der Perspective, der Licht und Schattengebung zu kennen, weiss er doch Seelenausdruck und dramatisches Leben allen seinen Gestalten mitzutheilen. Mit Recht ist Giotto als einer der gewaltigsten aller

---

[†] Aus der Sammlung des im Jahre 1866 gestorbenen Conservators Herrn Ramboux. Erworben Nro. 731 bis Nro. 774 aus dem de Noël Fonds. Nro. 775 bis Nro. 785 aus dem Ertrag des früheren von Dr. W. Müller verfassten Gemäldekatalogs.

Zeiten genannt worden. Er ist ein Bahnbrecher, dessen Schöpfungen als die edelste beste Grundlage für alle spätere Kunst anzuerkennen sind, so dass man dem Ausspruch des grössten Künstlers unseres Jahrhunderts, Cornelius, „dass es keine historische Kunst mehr gegeben habe, seit der Künstler aufgehört den Dante zu lesen" wohl zufügen darf, dass es auch keine religiöse Malerei echten Stiles gibt die nicht aus der Giotto'scher Kunst verwandten Anschauungen entsprungen wäre. Der Theil unserer Sammlung, in welchem auch Giottos Schule trefflich vertreten ist, darf als ein den Entwicklungsgang der italienischen Kunst vollkommen darstellender Schatz von Originalen angesehen werden, wie er nur in wenigen der bedeutendsten Gallerien ähnlich schön zu finden ist. Alle diese Bilder tragen das Gepräge eines Strebens nach reiner Idealität und zeigen eine Noblesse der Linienführung, die der Erhabenheit der dargestellten Gegenstände schon in hohem Grade entspricht. Das vollendetste, hervorragendste der Sammlung, zugleich das grösste, malte Benozzo Gozzoli, der Schüler des Fra Angelico da Fiesole, als er bereits das Alter von 70 Jahren erreicht hatte. Schöne edle Anordnung, reiche heitere Farbenstimmung, maassvolle Verhältnisse erhöhen den Eindruck wunderbar glücklicher Friedensfeier, die in den Gesichtern und in den Bewegungen der edlen Erscheinungen Ausdruck bekommen hat.

Verklärte heilige Gestalten darzustellen war die Sehnsucht und die Freude der echt künstlerischen Naturen, welche diese Bilder schufen und der empfängliche Beschauer wird, wenn er durch ernsteres Umgehen mit dieser edelsten Richtung der Kunst einigermaassen vertraut geworden ist, trotz all der an ihr noch haftenden Mängel eine Quelle hohen Genusses darin finden, während auch dem gebildeten Geiste ohne die rechte Vorbereitung das innerste Wesen derselben sich schwerlich erschliessen wird. Denn:

> Recht tief zu schauen, Anfangs ist's Bemühen,
> Uns weist zurück ein ernst und streng Gestalten,
> Doch hat erst unsere Seele still gehalten,
> Fängt's an im Farbenglanze aufzuglühen.
>
> Dann immer reich're Wunderblumen blühen,
> Der Seele neue Kräfte sich entfalten,
> Still heimliche dämonische Gewalten
> Den Blick stets mehr zum geist'gen Schauen ziehen.
>
> Als ob die Zauberbrücke aufgerichtet
> Zum Jenseitswunder, das ohn' Maass zu deuten
> Im Glanz der Glorie, die alles lichtet.
>
> Ist's dem, den so der Künste Engel leiten
> Zu hohen, heil'gen, reinen Regionen,
> Wo Körper nicht, doch wo die Geister thronen.

Im Gegensatz zum Naturalismus wird hier nur so viel Körperlichkeit geboten als nothwendig ist, um durch Formen Seelenausdruck geben zu können. Der Schnitt der Gewänder, der Faltenwurf derselben ist so gewählt, dass deren Linien rhythmisch zusammenfliessenden Schwung und Zug bilden und in ähnlichem Sinne sind auch die Farben zu koloristischen Accorden gestimmt, was in so idealer Weise bei einer mehr äusserliche Illusion bezweckenden Darstellungsart nicht möglich erscheint. Hat der Beschauer erst den Standpunkt erreicht, in solchen Gebilden weniger Natur im gröberen Sinne des Wortes zu verlangen, als die Kunst der Seelensprache, in ihr die Grazie der Seele, die sich verkörpert ohne darum als stoffartiges Leben zu wirken, so kann erst eine Freude an ihn kommen, grösser als die, welche unedle oder doch unedel behandelte Gegenstände bei der vollendetsten Täuschung zu bereiten vermögen, denn dem prüfenden Forscher bleibt es nicht verborgen, wie ein inneres Kunstgesetz besteht das ein „Entweder — oder" zwischen den Naturalismus und die reine Idealität setzt und eine vollkommene Vereinigung dieser getrennten Richtungen nicht zulässt. Hier muss um zu geniessen, wie auch beim Schaffen solcher Werke es geschah, die Seele mehr thätig sein als der Verstand. Nicht die Sucht zu glänzen bewegte solche Künstler deren Werke so wenig Frappantes und Pikantes darbieten, sondern der Drang, ihrem von Harmonien erfüllten Geiste, den wunderbaren Empfindungen religiösen Seelenglückes durch Schöpfung schöner Gestaltungen Luft zu machen, trieb sie an und darum wohnt auch solchen Bildern, in denen sich ein Ahnungsvermögen des Heiligsten und Innersten kundgibt, die Macht inne, den empfänglichen Beschauer in eine höhere harmonischere Welt zu versetzen und ihm durch Einblick in das selige Leben der wahren Hingabe an Gott heit're Friedensstimmung zu verleihen.

731. **Der segnende Heiland.** In halber Figur dargestellt. Wahrscheinlich von Ugolino di Prete Ilario von Siena der in der traditionell byzantinischen Weise malte. Grosse Feierlichkeit und kirchlicher Ernst zeichnen seine Werke aus. Er blühte um 1330, starb 1349. Goldgrund, Holz. H. 1' 1³/₄'', br. 1' 1³/₄''.

732. **Vier segnende Engel** in halber Figur von demselben Meister dargestellt in gleicher Grösse. Goldgrund. H. 9³/₄'', br. 8³/₄''.

Vier Tafeln
von gleicher Grösse von demselben Meister. (Kniestücke.)

733. **Der heilige Evangelist Johannes.**
734. **Der heilige Petrus.**
735. **Der heilige Paulus.**
736. **Der heilige Johannes der Täufer.**
Goldgrund. Holz. H. 1' 10¹/₄'', br. 11¹/₄''.

737. **Die heilige Margaretha.** Sie hält in ihrer Rechten ein kleines Kreuz. Halbe Figur. Von Lorenzo von Siena von 1330—37. Goldgrund. Holz. H. 1' 11½", br. 10¾".

738. **Christus am Kreuze.** Zwei klagende Engel schweben zu beiden Seiten desselben. Links stehen drei heilige Frauen und bei diesen ist die in Ohnmacht sinkende Maria. Rechts steht in Schmerz versunken Johannes und hinter ihm der vor mehreren Pharisäern sein Bekenntniss ablegende römische Hauptmann. In der unteren Abtheilung steht in der Mitte die ungemein ernste, in schöner, feierlichen Eindruck gebenden Linienführung geschaffene Gestalt des segnenden Heilandes. Neben ihm stehen die Heiligen: Hieronymus, Franziscus und zwei weibliche edle Heiligenfiguren. Das Bild hat grosse Stilähnlichkeit mit den Wandmalereien in der Kapelle der heiligen Magdalena in der Unterkirche von S. Francesco zu Assisi und dürfte somit von Buffalmacco Buonamico herrühren. Dieser Meister blühte um 1330, starb 1341 im 78. Jahre arm im Hospitale von Santa Maria Nova, wo er auch im Beinhause der Armenbruderschaft begraben wurde. Goldgrund. Holz. H. 1' 11", br. 1' 7".

*739. **Christus am Kreuz,** von sechs Seraphim umgeben; auf der linken Seite ist Maria ohnmächtig niedersinkend, unterstützt von mehreren heiligen Frauen dargestellt, neben derselben steht Johannes, so wie einige Soldaten und jüdisches Volk, auf der andern Seite Longinus mit der Lanze und der bekehrte Hauptmann nebst Priestern und Soldaten. Auch dieses auf Goldgrund gemalte, ungemein weihevoll und tief empfundene Bild, hat in Composition, ernstem Ausdruck, vortrefflich grossartiger, für weite Distanz bestimmter, ungemein edler Linienführung und klarer Massenvertheilung, grosse Aehnlichkeit mit einem Wandgemälde in der untern Kirche von S. Franzesco zu Assisi und dürfte gemalt sein von Pietro Cavallini von Rom, blühte um 1340, † 1364 in Rom. Es ist dieses derselbe Maler von welchem nach Vasaris Angabe das Bild der Verkündigung in der Kirche S. Annunziata zu Florenz herrührt, das sogenannte „Wunderbild" welches nach dem Volksglauben von Engeln gemalt wurde, das nur an den höchsten Festtagen sichtbar und leider stark übermalt ist. Er wurde in S. Paul ausser der Stadt, deren Vorderseite mit Mosaikbildern von ihm geschmückt war begraben, wo ihm folgendes Epitaphium gesetzt:

> Quantum Romanae Petrus decus addidit urbi,
> Pictura tantum dat decus ipsa polo.

Holz. H. 1' 4½", br. 2' 2".

740. **Maria** auf einem gothischen Throne sitzend, mit dem Christuskinde auf ihren Knieen, welches ein Vögelchen (das Sinnbild der zur Freiheit gelangten Seele) in der Hand hält. Dieses Bild, ein lebensgrosses Kniestück, scheint nach den Wandmalereien in der Kapelle degli Spagnuoli zu S. Maria Novella in Florenz von dem Meister Simone di Martino aus Siena († 1345 im 61. Jahre) zu sein.

Die italienische Schule.

Simone di Martino von Siena wahrscheinlich ein Schüler des Duccio di Buoninsegna, zeichnete sich durch grossen Schönheitssinn und feine lyrische Empfindung bei entschiedenem Festhalten an den alten Traditionen aus. Ihm wurde von der oberen Behörde von Siena aufgetragen, in dem Saale des Palastes die Jungfrau Maria, umgeben von vielen Engeln, zu malen. In dem Sterbebuch des Dominicanerklosters zu Siena liest man folgende Worte:

> Magister Simon Martini Pictor mortuus est in curia cuius exequias fecimus in conventu die 4. Mensis Augusti 1344.

In der Gallerie degli Uffici zu Florenz befindet sich eine Tafel mit der Inschrift:

> † Simon, Martini, et, Lippus Memmi, de, Siena, me, pinxerunt,
> Anno Domini, MCCCXXXIII.

Holz. H. 2' 6", br. 1' 11".

Zehn Apostel in Säulenbogen:

741. **Andreas.**
742. **Bartholomaeus.**
743. **Jacobus maj.**
744. **Jacobus min.**
745. **Mathias.**
746. **Matthäus.**
747. **Philippus.**
748. **Simon.**
749. **Thaddeus.**
750. **Thomas.**

Diese zehn einzelnen Apostelbilder in halber Figur, stimmen in ungemein edlem Ausdruck wie in der schönen Linienführung mit den Wandmalereien im Stadthause zu San Geminiano überein, und stammen von Meister Lippo Memmi aus Siena um 1340. Holz. H. 11½", br. 8½".

751 u. 752. **Die Apostel Petrus und Paulus.** Strenge ernste in halber Figur dargestellte Bilder, welche grosse Stilähnlichkeit zeigen mit der Reihe der Apostel der grossen Altartafel im Dome zu Siena, gemalt von Duccio di Buoninsegna, blühte um 1282 bis 1339. Goldgrund. Holz. H. 1' 1", br. 8".

753. **Die Heiligen Jacobus und Johannes der Täufer.** Dazu gehört:

754. **Die Heiligen Maria Magdalena und Dominicus.** Die ernsten, für weite Distanz bestimmten halben Figuren stehen unter Rundbögen und zeigen die besonders edle Linienführung, welche der sienesischen Schule eigenthümlich ist, und deuten auf die Hand des vorhergenannten Meisters Duccio. Goldgrund. Holz. H. 11', br. 1' 4½".

755. **Rückwand eines Triptychon.** Maria auf einem Throne sitzend, umfasst das auf ihrem Schoosse stehende Christuskind. Links von ihr steht die heilige Catharina, rechts der heilige Stephan. Oben im Giebel ist Christus am Kreuze, unter demselben links Maria, rechts Johannes dargestellt. Aus Giottos Schule. Goldgrund. Holz. H. 2′, br, 9¹/₄″.

756. **Rückwand eines kleinen Altars.** Oben der segnende Heiland, unten das Leiden Christi in vier Darstellungen: 1) Die Dornenkrönung. 2) Die Geisselung. 3) Die Kreuztragung. 4) Die Kreuzigung. Die Darstellungen erinnern an die Deckengemälde der unteren Kirche des heiligen Franciscus zu Assisi, welche für Werke des Puccio Capanna der um 1334 Schüler Giottos war, gehalten werden. Dazu gehört:

757. **Zwei Flügelbilder** (zusammengefügt) mit den Darstellungen: 1) Christus am Oelberge. 2) Gefangennahme. 3) Abnahme vom Kreuze. 4) Auferstehung. Auf Goldgrund. Holz. H. 1′ 8¹/₂″, br. 1′.

758. **Der Apostel St. Jacobus mit Stab und Buch.** Eine edle Gestalt, deren Gewandung reine Linien zeigt, welche recht zum Anschlusse an Architektur harmonisch passen. Von Meister Spinello Aretino der manchmal flüchtig aber immer geistreich schuf und dessen einfach und grossartig schöne Gewandmotive mit Recht bewundert werden, herrührend. Er starb 1400 im Alter von 90 Jahren. Holz. H. 1′ 5″, br. 7″ 3‴.

759. **Der Apostel St. Philippus ein Buch haltend.** Von demselben Meister. Holz. H. 1′ 9″, br. 7″ 6‴.

Drei Tafeln aus Giottos Schule.

760. **Gefangennehmung Christi.** Judas küsst als Zeichen des Verrathes den Herrn. Links naht ein Mann mit einem Strick. Krieger überfallen Jesus, so wie den rechts stehenden Jünger Johannes. Unter diesem am Boden liegt Malchus, dem der sich zur Wehre setzende Petrus das Ohr abschlägt.

761. **Christus,** in den Händen die symbolischen Zeichen Siegesfahne und Oelzweig haltend, ersteht aus dem Grabe, an dessen vier Ecken unten schlafende Krieger auf ihre Schilder gestützt sitzen.

762. **Christus** mit der Siegesfahne in der Hand, zu der Vorhölle hinabsteigend, um die Urväter aus derselben zu erlösen. Die für weite Distanz bestimmten, in schönen breiten klaren Massen und edlen Linien componirten Bilder, sind wahrscheinlich, wie viele dieser Werke, die vorbereitenden Skizzen zu grossen Wandmalereien gewesen. Goldgrund. Holz. H. 11″, br. 1′.

763. **Anbetung der heiligen drei Könige.** Maria sitzt rechts unter einem Baldachine. Auf ihrem Schoosse hält sie das Christuskind, dessen Füsschen der älteste der vor ihm knieenden drei Könige küsst. Hinter

diesen steht deren Gefolge Rosse am Zügel haltend, rechts davon der heilige Joseph. Das Bild ist der abgetrennte Theil eines grösseren Werkes und zeigt, (wahrscheinlich von Berna von Siena, der um 1356 blühete, herrührend) die edle Linienführung, welche fast allen italienischen Werken jener Epoche in so hervorragender Weise eigen ist, die dann bei den späteren Meistern in Verbindung trat mit grösserem Naturstudium und der Kenntniss der Antike, und die somit als Grundlage zur höchsten Kunstentwicklung des echten kirchlichen, architektonischen Stiles angesehen werden muss. Holz. H. 4' 7½", br. 2' 9½".

764. **Eine Heilige** mit Buch und Palme in den Händen, die Krone auf dem Haupte (vielleicht die heilige Catharina von Alexandrien). Das Bildchen zeigt einen schön geordneten, im Vergleich zu den früheren Meistern kräftigeren Faltenwurf und dürfte von Marco de Montepulciano, dem Schüler des Pari Spinello herrühren. Dieser blühte um 1400. Goldgrund. Holz. H. 1' 2½", br. 5".

765. **Der heilige Johannes der Täufer und der Apostel Petrus.**
Dazu gehört:

766. **Die Apostel Paulus und Jacobus.** In der Weise der Schule des Maestro Simon die Martino gemalte Brustbilder um 1390 entstanden. Goldgrund. Holz. H. 7", br. 10".

*767. **Christus**, mit der rechten Hand segnend, hält in seiner Linken das Buch des Lebens, in welchem die Worte lesbar: Mandatum novum do vobis etc. (Ein neues Gebot gebe ich euch: Liebet euch untereinander etc.) Die ungemein edel empfundene Gestalt von seltener Schönheit, mit einem Antlitz von weichem liebevollem Ausdruck ist für ein Betrachten auf weite Distanz componirt und wirkt überaus erhebend. Man darf annehmen, dass sie von dem Meister, den Vasari „Taddeo di Bartoli senior" nennt, herrührt, demselben edlen sienesischen Meister, welcher die Kapelle des Rathhaussaales um 1400 ausmalte. Er starb im Alter von 59 Jahren. Sein Neffe Dominico wirkte 30 Jahre später in Siena. Goldgrund. Holz. H. 1' 3", br. 10¼".

768. **Triptychon.** Maria auf einem Throne das Christuskind umarmend, zu deren Seite stehen zwei heilige Jungfrauen und tiefer unten die Heiligen Johannes der Täufer und Bartholomäus. Auf den Flügeln sind die Apostel Petrus und Paulus und oben die Verkündigung dargestellt. Das schöne, wahrscheinlich aus Taddeo di Bartolis Schule herrührende Bild zeigt namentlich in den Apostelfiguren der Flügel eine ungemeine Grossartigkeit und für Distanz bestimmte Breite des Stils der Gewandung, wie er selten seines Gleichen hat. Goldgrund. Holz. H. 1' 4½", br. 1' 7½".

769 u. 70. **Abgeschnittene Spitzbögen zweier Tafeln**, darstellend: Christus, (seine Linke liegt auf dem Evangelium, die Rechte ist segnend

erhoben) und der verkündigende Engel. Trotzdem dass die Bilder (namentlich das letztgenannte) sehr gelitten haben, ist immer noch eine ungemein schöne rhythmische Linienführung, die von der echten künstlerisch-harmonischen Empfindung des Urhebers, der wahrscheinlich der Schule des Taddeo di Bartoli angehört, Zeugniss gibt, darin zu sehen. Goldgrund. Holz. H. 1′ 2¼″, br. 1′.

771. **Christus am Kreuze.** Magdalena umfasst den Kreuzesstamm. Maria zur Rechten des Herrn stehend, wendet sich nach dem Beschauer des Bildes und deutet mit beiden Händen auf Christus. Auf der andern Seite steht Johannes und verhüllt vom Schmerz überwältigt sein Angesicht im Mantel. Auf dem Boden liegen ein Schädel und Knochen. Neben dem Heilande schweben zwei Cherubim. Das kleine Bildchen ist bei aller Einfachheit der Darstellung von bedeutsamer für weite Distanz berechneter Grossartigkeit und dramatischer Wirkung und scheint wie die vorhergenannten aus Taddeo di Bartolis Schule zu stammen. Goldgrund. Holz. H. 1′, br. 9″.

772. **Die Apostel Jacobus und Petrus.** Dazu gehört:
773. **Die Apostel Andreas und Johannes.**
Die zwischen Säulen und Rundbögen stehenden Gestalten, die im Vergleich zu den vorhergenannten Meistern einen durchaus verschiedenen Stil der Gewandung zeigen, erinnern vielfach an die Bilder der Decke im Baptisterium S. Giovanni am Dome zu Siena, welche dem Domenico Bartoli zugeschrieben werden. Bei geringerer Grossartigkeit und Macht der Erscheinung, als die vorhererwähnten Gestalten, kommt die feine Formengebung dieser Bilder später in den Werken des Fra Filippo Lippi in durchgebildeterer Weise vor. Goldgrund. Holz. H. 1′ ¾″, br. 11½″.

*774. **Maria**, hier so recht ein Bild der Demuth und Reinheit, sitzt auf einem Throne. Auf ihrem Schoosse steht das bekleidete Christuskind, welches die rechte Hand zum Segnen erhoben hat. Zu ihrer Seite stehen rechts der heilige Johannes der Evangelist, der Prediger der Liebe, der Lieblingsjünger des Herrn, als Greis dargestellt, in ein Buch schreibend; neben ihm der heilige Julian, seine Linke stützt sich auf ein Schwert, (das Attribut seines unter dem römischen Landpfleger Marcianus nach den unerhörtesten Martern im Jahre 313 erduldeten Martyrtodes), in seiner Rechten hält er ein kleines Kreuz. Sein jugendliches, von Unschuld und Reinheit zeugendes Gesicht ist nach dem Beschauer gewendet. Auf der anderen Seite steht die ernste ascetische Gestalt Johannes des Täufers, des busspredigenden Vorläufers des Heilandes, im Kameelhaarkleide dargestellt, die Lenden umgürtet mit ledernem Gürtel, in der Linken einen oben mit einem Kreuze geschmückten Stab haltend, mit der Rechten hinzeigend auf Maria mit dem Christuskinde, neben ihm steht der durch seine gewaltig einflussreiche Wirksamkeit hervorragende Gregor der Grosse. Eine Taube, neben seinem Ohre schwebend, theilt ihm mit, was er in das vor sich hingehaltene

Messbuch eintragen soll. Tiefer unten und vorne knieen im Costüme ihres von ihnen gegründeten so weltgeschichtlich bedeutsamen Ordens dargestellt, mit auf der Brust übereinander gelegten Händen, links der heilige Dominicus, rechts der heilige Franziscus von Assisi und schauen voll von Empfindung des heiligen Glückes lebendiger reiner Hingebung zum segnenden Christkinde empor. Das tiefmystische Bild zeigt eine bedeutende geistige Charakteristik der verschiedenen rührenden und grossartigen Charaktere, eine scharfe Individualisirung des physiognomischen Ausdrucks der Köpfe, grosse Feierlichkeit in den Bewegungen der Gestalten, deren Gewänder von grossartiger Behandlung sind. Trotz mancher Unbeholfenheiten und Mängel in der Technik und Behandlung der Einzelnheiten kommt seine Seelensprache vollkommen zur Geltung, versetzt uns durch ihren friedlich feierlichen Eindruck in eine höhere Sphäre und zeigt den reinen Sinn seines Urhebers, des florentinischen Malers Benozzo Gozzoli, geboren 1400 gestorben 1478. In seinem 73. Jahre malte er diese Tafel, war ein Schüler des gottseligen Malers Fra Angelico da Fiesole und ähnlich wie dieser nicht allein seiner grossen Kunstbegabung, sondern auch seines sittlichen, wahrhaft christlichen Lebens wegen ungemein hoch angesehen. Bedeutende seiner früheren Arbeiten, in denen nicht nur die religiöse Erhebung und contemplative Stimmung, die in unserem Bilde vorherrschen, sondern auch ein unvergleichlicher Liebreiz jugendlich weiblicher Gestalten, so wie eine idyllisch heitere Stimmung und die Abstufung von kindlich reiner Naivetät bis zu patriarchalischer Würde und Hoheit Ausdruck bekommen haben, befinden sich in dem grossen Kreuzgange des Campo Santo zu Pisa. Dort ward er auch beerdigt und seine Grabschrift lautet:

<small>Hic tumulus est Benoty Florentini qui has pinxit historias.
Hunc sibi Pisanorum donavit humanitas MCCCCLXXVIII.</small>

Das Bild trägt auf seinem Rahmen die Inschrift: „questa tavola fu fornita adi XXVII die marzo M—CCCCº LXXIII. al tempo del magnifico huomo L T T di giovanni salviati C. dissm.o. Holz. H. 4' 10½", br. 5' 6".

775. Rückwand eines Triptychon. Maria, die auf ihren Armen das Christuskind hält, sitzt auf einem Throne, zu dessen beiden Seiten oben zwei Jungfrauen stehen. Unter demselben stehen links der heilige Antonius der Einsiedler, rechts der Apostel Jacobus. Im oberen Felde der spitzbogig geformten Tafel ist der Prophet Jeremias dargestellt. Spätere Giotto'sche Schule. Vielleicht von Matheo da Gualdo aus Montepulciano, um 1470 entstanden. Holz. H. 1' 11", br. 10¾".

776. Maria, das auf ihrem Schoosse liegende Christuskind anbetend. Zu ihrer Rechten steht der in einem Buche lesende heilige Hieronymus, auf der andern Seite eine Heilige. Kniestück. Nach einem in der Sammlung der Akademie zu Siena befindlichen Bilde zu urtheilen, rührt das Bild von dem Peruginos Anschauung so verwandten Zeitgenossen desselben Domenico d'Ascanio her. Holz. H. 2' 1", br. 1' 6".

777. Maria mit dem Christuskinde. Links der heilige Nicolaus von Bari, auch genannt von Myra. Er hält in seiner Linken drei Brode. Diese haben Bezug auf die durch ihn veranlasste Rettung der Stadt Myra von einer Hungersnoth. Durch ein Gesicht veranlasst hatte er einen Kaufmann aus Sicilien zur frühzeitigen Herbeischaffung von Getreide bewogen. Rechts steht der heilige Antonius von Padua, in seiner Hand ein flammendes Herz haltend. Das Bild ist edel gehalten, besonders aber in den Köpfen der beiden Heiligen ist eine ungemein reine, heiligen Ernst ausdrückende Charakterisirung gegeben. Es dürfte vom Meister Bernardino Fungai um 1512 gemalt sein. Goldgrund. Holz. H. 1' 10¼", br. 1' 3".

778. Eine Heilige, in der Rechten eine Palme, in der Linken die Siegesfahne der Auferstehung haltend. Dazu gehört:

779. Eine Heilige, in der Rechten eine Palme haltend. Die Bilder dürften von Tiberio di Assisi 1524 herrühren. Etwas jünger als Pietro Vannuci, genannt Perugino, schloss er sich an dessen Darstellungsweise mit grosser Begabung an. Es sind edle, aus echt künstlerischem Formengefühl erwachsene Figuren, die bei einer grösseren Breite der Gewandmotive, als sie bei Perugino und den Jugendarbeiten des Raphael zu finden, doch denselben Sinn für rhythmische Linienführung und weichen seelenvollen Ausdruck zeigen. Wie die in ihnen niedergelegte Stilanschauung die Grundlage für die höchste Entwicklung geworden ist, so wird sie dies in der besonderen Verschiedenheit, welche jede echte höhere Künstler-Individualität zeigt, auch für noch kommende neue Entwicklung werden. Holz. H. 1' 2", br. 6¼".

780. Der heilige Hieronymus, an seinem Studienpulte in seiner Zelle sitzend, ist im Begriff sich mit zwei zu beiden Seiten vor ihm sitzenden Kirchenlehrern zu besprechen, von Pietro Vannuci aus Città della Pieve, genannt Perugino, geb. 1466, gest. 1524. Er war ein Schüler des Nicolaus Allunno aus Fuligno und später des Florentiners Andrea Verochio. In seinen Werken sind die wunderbarsten Gefühle zum Ausdruck gekommen. Für die zartesten Empfindungen reiner Seelen, schwärmerische Frömmigkeit, heilige Sehnsucht und Hingebung, die zum Höchsten sich wendet, die Andacht des Gebetes, die Entzückung überirdischen Schauens hat er anmuthig holdselige Form gefunden, die sich in ähnlichem Sinne auf viele seiner Schüler, unter diesen Andrea Liugi von Assisi, genannt L'Ingegno, Domenico de Paris Alfani, Cesare di Francesco Rosetti, Gaudenzio Ferrari aus Valduccio übertrug, doch nur von Raphael Sanzio erreicht und selbst übertroffen wurde. Dieser hatte um 1495, also nur 12 Jahre alt, schon seine Werkstätte betreten und blieb nahezu ein Jahrzehnt in derselben thätig. Es ist bekannt, wie Perugino auch als Mensch die ausgezeichnetsten Charaktereigenschaften besass und somit nicht allein auf Raphael als Künstler, sondern was namentlich für den noch jungen Künstler nicht minder wichtig war

Die italienische Schule. 143

auch als Mensch den vortrefflichsten Einfluss ausgeübt hat†). 'Wie dieses Meisters Arbeiten aber auch von Raphael geschätzt wurden, geht daraus hervor, dass, als einzelne derselben ihm bei den im Jahre 1506 begonnenen Arbeiten im Vatikan im Wege zu stehen begannen, er dieselben (namentlich ein herrliches Deckengemälde) rettete und von den übrigen vor ihrer Zerstörung Copien anfertigen liess. Perugino starb 1524. Holz. H. 1' 1³/₄'', br. 11³/₄''.

781. **Die heilige Familie und der kleine Johannes.** Hintergrund Landschaft. Schule oder spätere Arbeit des Cima da Conegliano (wirkte um 1517). Holz. H. 1' 1³/₄'', br. 1' 5¹/₄''.

782. **Halbfigur der Madonna mit dem Jesukinde,** daneben der kleine Johannes. Hintergrund Landschaft. Von dem Meister des vorigen Bildes. Holz. H. 1' 2¹/₄'', br. 1'.

783. **Studium eines Kopfes,** anscheinend Bildniss des Johannes von Medicis, Cardinal-Diaconus von St. Maria in Dominica, des späteren Papstes Leo X. Aus Raphaels Schule etwa um 1510 entstanden. Unter Glas. H. 11'', br. 9''.

784. **Die heilige Clara.** Theil eines Tabernakels, von Antonio Razzi aus Siena 1479—1554. Holz. H. 8'', br. 4²/₄''.

Altitalienische Malerschule.

II. Abtheilung.

Während uns in der ersten Abtheilung dieser Schule einestheils der heilige Ernst, die hohe Würde, der oft so bedeutsam

---

†) In der Sammlung der eigenhändigen Bildnisse der Künstler in der Gallerie degli Uffici in Florenz ist auch das des Perugino. Er ist eine charaktervolle ernste Erscheinung. In seiner Hand hält er einen Schlüssel auf welchem die Worte: „timete deum" geschrieben stehen. Mir erschien dieses Bekenntniss, diese stete jedem Beschauer des Bildes vorgehaltene Mahnung, die an Salomons ersten Spruch seiner Weisheitssätze erinnert, „die Gottesfurcht ist aller Weisheit Anfang" wie ein Beweis, dass die Kunstweisheit die aus diesem Meister wie aus seinem göttlichen Schüler unaufhörlich wirksam predigt und einflussreich den Menschen veredelnd erfreut, eben nur in Verbindung mit der Furcht Gottes erblühen und das grösste Formen- und Farbentalent ohne diese keine edle Entfaltung erlangen kann. Wie ein mächtiger, auf dem Gebiete des Kampfes um höchste Kunstschönheit siegreicher Triumphator, der das Schwert des Geistes zeigt, durch welches er und die ihm folgten über das Gemeine siegten, kam mir immer dieses Bildniss des ernsten bekenntnisstreuen Mannes vor, aus dessen Schule eine Kunstschönheit erblühte, zu welcher der Ausspruch Dantes, „dass wenn die Natur gleichsam eine Tochter der Gottheit, die Kunst ihre Enkelin ist", vollgültig passt.

tiefe Ausdruck grossartiger Gestalten mit Ehrfurcht erfüllten, anderntheils die Innigkeit und Sinnigkeit, der unschuldige naive Sinn, die sich in göttliche Mysterien versenkende Andacht als Ausdruck von Seelenfrieden und Seelenschönheit erquickt, bietet diese zweite Abtheilung nur noch einzelne Werke jener ernsten ersten Periode, in der die Künstler zu ihrer so reinen Begeisterung Anregung erhielten durch das Evangelium, wodurch Christus der Mittelpunkt ihres Denkens und Trachtens wurde, dann das Wort und Gedicht des heiligen Franz von Assisi, sowie mancher ähnlich edler Männer und Frauen, später aber durch Dantes mächtige und strenge, Petrarcas tiefempfindungsvolle Poesie. Denn sowie schon bei der klassisch griechischen Kunstperiode ist es auch hier unverkennbar, wie das Wort des Vates (des prophetischen Dichters) immer die erste und wichtigste Erweckung und Belebung für alles hohe, erhabene, wahrhaft ideale Schaffen bildender Kunst wurde. Nur wenig vertreten ist auch jenes, theils in derselben Zeit, theils etwas später und mit vielem Erfolge schon hervortretende Streben, welches richtigere Körperformen, lebendigere Bewegung, dabei auch schon mehr Wahrheit und Glanz der Erscheinung darzustellen suchte und sich in der besondern Freude an Anwendung von Portraits, die dann mehr und mehr mit hellem klarem Geiste erfasst werden, äusserte was aber bei dieser sowie den anderen Schulen vielfach die Ursache wird, dass alle ideale Form eine Zeitlang zurücktritt, wie wir bei Massaccio, Signorelli, Ghirlandajo und Mantegna wahrnehmen. Dagegen haben wir in unserer Sammlung, wenn auch theilweise nur in Copien†) und mannichfach beschädigten Werken, die Zeit des höchsten Aufschwungs, der scheinbar möglichsten Verbindung von Naturkenntniss mit edealer Anschauung vertreten durch Francia, ferner Raphael den wunderbar hochbegabten mit Recht „göttlichen" genannten Meister, geboren am Charfreitag 1483, gestorben am Charfreitag 1520, dessen hohe Entwicklung nur erklärbar wird, wenn man auch seine Vorgänger, die seine directen und indirecten Lehrer waren, kennt, auf deren edler Grundlage er fortbaute und wenn man weiss wie er in jeder Hinsicht unter den günstigsten Einflüssen bester religiöser und humanistischer Bildung stand und stets durch die entsprechendsten Aufgaben gefördert wurde, Tizian, der im

---

†) Wir machen hier auch auf die in der allerjüngsten Zeit erst erworbenen, im oberen Kreuzgange placirten guten Photographien nach den besten Handzeichnungen der grossen Italiener aufmerksam. Unter diesen befindet sich auch ein Theil der Michelangelo'schen Entwürfe zu den Bildern der Sixtinischen Kapelle von welchen Goethe 1786 schrieb: „Ich bin in dem Augenblicke so für Michel Angelo eingenommen, dass mir nicht einmal die Natur auf ihn schmeckt, da ich sie doch nicht mit so grossen Augen wie er sehen kann" — und 1787: „Ich kann euch nicht ausdrücken, wie sehr ich euch zu mir gewünscht habe, damit ihr nur einen Begriff hättet, was ein einziger und ganzer Mensch machen und ausrichten kann; ohne die Sixtinische Kapelle gesehen zu haben, kann man sich keinen anschauenden Begriff machen, was Ein Mensch vermag. Man hört und lies't von vielen grossen und braven Leuten, aber hier hat man es noch ganz lebendig über dem Haupte, vor den Augen".

Sinne von Ariostos, Ovids, Theokrits und Anakreons Dichtungen vielfach schuf, bei dem Venedigs Reichthum und politischer Zusammenhang mit Griechenland Kenntniss orientalischer Pracht sowie der Antike vermittelten und der eine Pracht im weltlichen malerischen Costüme, Licht und Farbenglanz der Landschaft, eine Feinheit und Noblesse der Carnation entwickelte, neben der auch die besten Niederländer zurücktreten; ferner den in Gefühlsseligkeit schwelgenden tiefinnerlichen Antonio Allegri da Correggio, der zuerst ein zauberisches Helldunkel zu malen verstand, aber auch, weil losgelöst von der kirchlichen Form, der Mitbegründer stilloser Anschauung wurde und somit die Verfallzeit herbeiführen half. Auch ist die spätere mehr auf Verstandesregeln beruhende akademische, wenn auch eklektische, doch immerhin neu belebende Schule der Bologneser Caracci und die darauf folgende Verfallzeit in unserer Sammlung vertreten. Im Gegensatz zu der bereits besprochenen niederländischen Schule, die indess nicht ohne Einwirkung auf Italien und namentlich Venedig war, bleibt den Italienern des XV. und XVI. Jahrhunderts bei dem Streben nach grösserer Naturwahrheit doch immer noch ein gewisser geistiger Adel, Seelen-Andacht und Glück, eine bedeutsame innere Grösse, eine Bestimmtheit verwandt mit der Form der Antike, die ihnen durch reichere Ausgrabungen bekannter geworden war, und eine den südlichen Völkern angehörige Schönheit von Charakterköpfen, die noch sogar in den Werken des die niedrigsten Volksscenen behandelnden Caravaggio, sowie des oft Schauerscenen von Martyrien darstellenden Ribera nicht ganz verloren geht. Besonders aber suchen wir bei den Niederländern vergebens jene reine Idealität eines Francesco Francia, die wunderbar tief psychologisch auffassende Divinationsgabe idealer aus dem innersten Anschauen geschaffener Charakteristik Leonardo da Vincis oder gar Raphaels, bei denen oft die Grenze des Erreichbaren von reiner Verbindung massvoller fester Form mit tiefer Innigkeit seelischen Lebens und hoher geistiger Anschauung geleistet erscheint, sowie auch den Michel Angelos Werken oft eigenen Ausdruck ernst contemplativer Stimmung von unermesslicher Gedankentiefe und unerschöpflich reichem geistigem Gehalt, seine aus riesigem Geiste geschaffenen, in titanenhaften Formenverhältnissen voll gewaltigstem festem Rhythmus und flüssiger Formenmelodie gestalteten Maler-, Bildhauer- und Architektur-Werke, die uns so recht empfinden lassen, wie seine alle bisher lebenden Künstler weit überragende tief dämonische Natur ihn zu gewaltigstem geistigem Kampfe mit der Masse der gewöhnlicheren Welt nöthigen, aber auch zum Träger unendlich tieferen Leidens machen musste, als dies den gewöhnlichen weniger aufrichtigen und weniger tiefblickenden Menschen beschieden. Daher aber auch erwuchs ihm die Kraft zu einem so tief bewegenden, so mächtig erschütternden Kunsteindruck, in welchem wir seine ganze tief angelegte, tief entfaltete Seele ähnlich, wie beim Anhören von

Beethovens majestätisch ernsten aber auch oft wie mit unsäglichem Weh und Schauer ringenden Seelenklängen, nachempfinden müssen und so aus seinen in weltverachtender Einsamkeit entstandenen Kunstschöpfungen erkennen, welch eine tiefsittlich erhabene Heldennatur ihrem geistigsten Ringen hier verklärten Ausdruck gegeben hat. Wie denn überhaupt jene Meister einzig dastehen als Naturen, die grosser geistiger Vertiefung fähig waren, echt harmonische Seelen, die nicht nur durch Religion, Philosophie und Poesie angeregt wurden zu hohem künstlerisch plastischem Bilden, sondern weil sie selbst auf's tiefste durchdrungen von mächtig erhabenen Anschauungen, auch selbst Dichter †), Schöpfer concentrirter Gedankenbilder in edelster Sprache waren.

---

†) Da wenig Anderes so geeignet ist, von dem tiefsten Seelenleben der grossen Künstler einen rechten Begriff zu geben, gewissermassen einen Einblick zu verschaffen in die geheime Werkstätte derselben, die Wurzel und den Boden, von welchem aus der in der Form der bildenden Kunst sich so bedeutsam aussprechende Geist seine Triebkraft und Nahrung erhält, zu zeigen, als die Gedichte der Künstler, so lassen wir hier einige derselben folgen, zugleich ganz besonders um die Michel Angelo in der Uebersetzung von Hermann Harrys (Hannover bei Carl Rümplor 1868), aus welcher die zuletzt hier folgenden entnommen sind, zu näherer Kenntnissnahme zu empfehlen.

Sonett des Leonardo da Vinci.

Kannst, wie Du willst nicht, wie Du kannst so wolle,
    Weil Wollen thöricht ist, wo fehlt das Können;
    Demnach verständig ist nur der zu nennen,
    Der, wo er nicht kann, auch nicht sagt, er wolle.

Das ist für uns das Lust- und Leidenvolle,
    Zu wissen ob, ob nicht wir wollen können
    Drum kann nur der, der nie vermag zu trennen
    Sein Wollen von dem Wissen, was er solle.

Nicht immer ist zu wollen was wir können;
    Oft däuchte süss, was sich in bitter kehrte,
    Als ich beweint, besass ich, was ich wollte.

Drum mög', o Leser, meinen Rath erkennen:
    Willst Du der Gute sein, der Andern Werthe,
    Woll' immerdar nur können das Gesollte!

Gedichte von Michel Angelo.

Auf Dante.

Er kam, und zog in finstern Höllenschlünden,
    Den rächenden und sühnenden, die Fährte
    Und stieg zu Gott, ein Sterblicher, und kehrte
    Zurück, uns lautre Wahrheit zu verkünden.

Ein heller Stern in dieser Welt voll Sünden,
    Der auch mein Land so unverdient verklärte:
    Was böte je die Erde, das ihn ehrte?
    Herr, nur bei Dir war Lohn für ihn zu finden.

Die italienische Schule.

Altar.

785. Mittelbild: **Madonna.** Sie hält auf ihren Armen das mit der Rechten segnende Christuskind. Halbe Figur. Unten kniecnd links die heilige Clara, rechts der heilige Franciscus mit einer geistlichen Donatrix. In den beiden Ecken über dem Rundbogen ist die Verkündigung dargestellt.

Von Dante red' ich. O, der schnöden Thoren
Die seine That so schlecht erkannt! Ich meine
Dich, Volk, das die Gerechten nur missachtet.
Wär ich wie Er, zu solchem Leid geboren,
Für herben Bann, für Tugend, wie die seine,
Hätt' ich die Welt und all ihr Glück verachtet.

O gib, dass ich allwege Dich erkenne,
Und gib dass Deine Flammen nur die hehren,
Unedle nimmer, mir die Seele nähren,
Dass Deine Gluth allein in ihr entbrenne.
Dich ruf' ich, Herr, nur Du bist's den ich nenne:
Du kannst die Qual des Wahnes von mir wehren,
Und gibst mir Kraft zum Guten mich zu kehren,
Nun ich in Reue mich zu Dir bekenne.
Du gabst dem ew'gen Geist die arme Hülle,
Du hast ihn in die Zeitlichkeit entsendet,
Auf dass also sich sein Geschick erfülle.
Sey Du mit Deiner Huld ihm zugewendet,
Hilf ihm o Herr sich stärken und erheben,
Sein Heil ist ganz in Deine Hand gegeben.

Ich liebe nicht um flüchtger Freuden willen:
Hoch steht mein Ziel, und andre Lieb' als meine
Darf nie ein Herz von edler Art erfüllen.
Die zieht empor, die niederwärts; die eine
Entstammt dem Geist, die andere nur den Sinnen,
Wer Ihr gehorcht, wird nie der Schmach entrinnen.

Mir leuchtete schon früh der Stern des Schönen
Als hohes Vorbild, dem ich dienen müsste,
Ihm hab ich mich in beider Kunst ergeben,
Und anderm wahrlich dacht' ich nie zu fröhnen.
Die Schönheit hilft die Seele mir erheben,
Wann ich zu Farben oder Meissel rüste.
Das aber nenn' ich blindvermessnes Denken
Das sie zur Lust begehrt und nimmer, wisset,
Schaut sie verklärt, wer sie nicht tief empfunden.
Vom Staub zum Ewgen auf den Blick zu lenken,
Verzichtet nur, die ihr der Weihe misset:
Euch ward der Weg der Gnaden nicht gefunden.

Und wem unedle Glut den Busen schwellet,
Wer nur vom Gifte schlürft und trachtet nimmer
Zum Ewigschönen sich empor zu schwingen:
Weh, wieviel Leid muss dem die Liebe bringen.

Linker Flügel mit vier Darstellungen: 1) die Geburt, 2) die Darbringung im Tempel, 3) das Abendmahl rechts die Gestalt eines Pabstes, 4) die Kreuztragung.

Rechter Flügel mit vier Darstellungen: 1) die Geisselung, 2) die Kreuztragung, 3) die Grablegung, 4) Christus als Richter von vier Engeln getragen, links steht Maria, rechts Johannes. Altsienesisches Bild um 1320 entstanden. Wahrscheinlich ist das Werk von Duccio di Buoninsegna, dem Maler aus Siena, der um 1282 schon hochberühmt war, dessen Darstellung und Ausführungsweise mit am längsten die alte kirchliche Vorstellung und die Technik der Vorfahren festhielt. Seine Physiognomien sind wenn auch mit oft derben Linien ausgedrückt von grossem Schönheitssinn und seine Motive ungemein einfach, klar und mit viel Wahrheit verbunden. Goldgrund. Holz. Mittelbild h. 2' 5¼'', br. 1' 5½''. Flügel h. 2' 5¼'', br. 10''.

786 u. 87. Der heilige Hieronymus und ein anderer Heiliger. Die beiden grau in Grau gemalten Bilder deuten auf die Schule des Angelo Gaddi, lebte noch um 1390. Holz. H. 1' 11½'', br. 5¼''.

Altarbild aus fünf Tafeln bestehend:

788. Christus erscheint dem heiligen Franciscus von Assisi in Gestalt eines Seraphs und theilt ihm die Wundenmale mit. Rechts neben dem knieenden Heiligen sitzt in Betrachtung versunken ein anderer Mönch. Im Mittelgrunde rechts predigt der heilige Franciscus den Vögeln, links bringt er einen durch seine Sanftmuth gezähmten Wolf. Auf den vier Flügeln:

Ob ich die Ehren der bethörten Welt,
Ob ihren grimmen Hass verdienen möge:
Mir ist es gleich, mir gleich, was ihr gefällt,
Und einsam wandl' ich unbetretne Wege.

Wäre einem je erlaubt, sich selbst zu tödten,
Auf dass er bälder sich des Himmels freue,
Fürwahr dann dürft' es, wer mit so viel Treue
Gedient, und lebt in Elend und in Nöthen.
Doch weiss ich dass zum Leben, zum erhöhten,
Der Phönix nur im Lichte sich erneue,
Drum zagt die Hand und weicht der Fuss mit Scheue.

Gib mir Gedanken ein, o Herr, Gedanken,
Die also mächtig mir die Seel ergreifen
Dass ich Dir folge fest und ohne Wanken.
Und Worte lass auf meinen Lippen reifen,
Beredt, von Dir erfüllt, dass sonder Enden
Sie Ehre, Dank und Lobgesang Dir spenden.

Entflamme mich, dass ich in trotz'gem Hassen
Zum Kampf mit dieser Welt mich noch bereite,
Und so dein Reich im Sterben mir erstreite.

789. **Der heilige Didacus.** Er war in Spanien geboren, lebte als Einsiedler und ging dann in das Franciskanerkloster zu Arizafa bei Cordova, wo er durch seine Tugenden und seine wunderbare in der Kraft des Kreuzes verrichtete edle Wirksamkeit hervorleuchtete.

790. **Der heilige Bernardino von Siena.** Er ist in Franciskanerkleidung (Barfüsser) dargestellt, den Namen Jesu von Sonnenstrahlen umkränzt in der Hand haltend. Diess hat Bezug darauf, dass er, ein gewaltiger Prediger und Verbesserer der Sitten in seinen Predigten dadurch besonders wirkte weil er das Zeichen welches einst über ihm erschien dem Volke vorhielt. Er starb 1444.

791. **Der heilige Franciscus von Assisi und der heilige Petrus der Martyrer.** Letzterer ward, weil er gegen Irrgläubige mit grossem Erfolge gepredigt hatte, von gedungenen Mördern überfallen und mit einem Schwerte am Kopfe verwundet. Er sprach stehend das Credo aus und als ein neuer Stoss ihn in die Seite traf, schrieb er mit seinem Blute „Credo" auf den Boden. Er starb 1245 im Alter von 42 Jahren.

792. **Der heilige Accursius und einer seiner Gefährten,** die 1220 in Spanien, woselbst sie den Mauren das Christenthum predigen wollten, gemartert und getödtet wurden. Die Figuren sind grau in Grau gemalt. Die Bilder die um 1470 entstanden sein mögen, erinnern an die Werke des Antonio Solario aus Cività in den Abruzzen, genannt il Zingaro (der Zigeuner), starb um 1445, ein vielfach auf Reisen thätiger Maler, in dessen Arbeiten eine Aehnlichkeit mit der niederländischen Schule und namentlich der Einfluss der van Eyck sichtbar, deren persönliche Bekanntschaft mit ihm kaum bezweifelt werden kann. Mittelbild h. 4' 1³⁄₄", br. 5' 1¹⁄₄". Flügel h. 4' 1¹⁄₄", br. 1' 2¹⁄₄".

793. **Madonna mit dem Kinde.** Sie wendet sich nach links und reicht mit ihrer Linken dem auf ihrem Schoosse sitzenden Kinde einen Apfel. Ueber ihr zwei schwebende Engel. Schule des Gentile da Fabriano geb. 1360 † 1440, Schüler Fiesoles. Man fühlt immerhin noch eine gewisse Aehnlichkeit als Schultradition mit seines Meisters Werken doch sind sie bei weitem nicht so vollendet wie Fiesoles Werke, welche oft wie göttliche Inspirationen und verkörperte reine Empfindungen in Formen erscheinen, die losgelöst von irdischer Schwere wie fromme Friedensgedanken uns berühren. Die Verwandtschaft mit altkölnischen Meistern ist unverkennbar, zeigt sich in Form und Farbe, ja bis auf die Liebe zum Ausschmücken mit reicher Ornamentik. Holz. H. 1' 8³⁄₄", br. 1' 4¹⁄₂".

794 u. 95. **Johannes der Täufer und die heilige Agnes.** Die Bilder erinnern an die Werke des Venetianers Antonio Vivarini. Er blühte um 1450. Es sind die abgetrennten Seiten der unter Nro. 786 und 787 erwähnten Bilder und stammen aus der 1846 versteigerten H. Schmitz'schen Sammlung. Holz. H. 1' 11¹⁄₂", br. 5¹⁄₄".

796. Unbekannter Gegenstand. Unter der Voraussetzung, dass sich der Maler eine bedeutende poetische Licenz gestattete, welches um der besonderen Bedingungen willen für die so nothwendige harmonische Abrundung der Werke bildender Kunst nicht minder wichtig erscheint, als für die dramatische Composition, die oft Zusätze und Aenderungen machen muss, anstatt die vorgefundenen geschichtlichen Charaktere rein benutzen zu können, möchte es darstellen: Jupiter und Mercur, unter der Gestalt gewöhnlicher Sterblicher, nachdem sie vergeblich an hunderten von Häusern um Gastfreundschaft gebeten, erlangten diese bei dem wegen seiner noch im hohen Alter treuen Liebe berühmten Ehepaar des Alterthums, Philemon und Baucis. Diese, nachdem sie die Götter an ihren Wunderwirkungen erkannt, fallen vor denselben anbetend nieder. Der ihnen freigegebene Wunsch lautet also:

> Euere Priester zu sein und euern Tempel zu hüten
> Wünschen wir uns und weil wir die Jahre verlebten in Eintracht,
> Nehme dieselbige Stund' uns fort, und möchte ich niemals
> Schauen der Gattin Grab, noch sie mich selber bestatten!

Und ihr Begehr traf ein, sie wurden bei gleichzeitigem Tode in eine Eiche und Linde - verwandelt, denn, so schliesst Ovids Erzählung (Metamorphosen Buch 8. Vers. 618):

> Fromme sind Himmlischen lieb und geehrt wird, wer sie geehrt hat.

Das Bild erscheint wie eine Copie oder Schularbeit aus dem Atelier des Francesco Squarcione, der in Padua lebte (1394—1474). Von seinen Reisen in Griechenland und Italien hatte er eine bedeutende Anzahl Antiken mitgebracht. Diese und die directe Benutzung lebendiger Modelle brachten ihn auf einen Stil, der eigentlich dem natürlichen allmäligen Entwicklungsgange vorgriff und dadurch nicht die reine harmonische Entfaltung zuliess. Das Gefühl für einfache Linienführung, welches in Giottos Schule so vorzugsweise klar sich entfaltete, verlor sich durch jenes Uebertragen der für plastische Werke griechischen Stiles passenden Formengebung und das Bestreben, die Natur direct copiren zu wollen, führte zu chaotischen Gewandmotiven und genreartig naturalistischer, die Würde des Gegenstandes mehr und mehr verläugnender Formensprache. Doch ging aus der Masse seiner Schüler, welche die Zahl von 137 erreicht haben soll, die vielfach nach dem Runden, nach Antiken und Abgüssen zeichneten, der Sinn für das Hervortreten der Gestalten, manche bedeutende Kraft hervor und besonders war es Andrea Mantegna, 1431—1506, der als eine hervorragende tiefe Künstlernatur seinen Weg durch ihn bestimmen liess. Eine andere Wirkung seiner Lehrmethode, welche ihn weit und breit berühmt gemacht hatte, und deren Verbreitung ihn so sehr in Anspruch nahm, dass er kaum mehr als schaffender Küstler thätig sein konnte, war, dass die Grundlage des coloristischen Princips, die Erkenntniss für farbenorganischen Bau, wenn auch damals noch unbewusst, als Consequenz daraus hervorgehen musste. Der Träger dieser Anschauung war sein Schüler Jacopo Bellini (ein zugleich durch Gentile da Fabriano beeinflusster Meister) dessen beide Söhne Gentile geb. 1421 und Giovanni geb. 1426, diese schon zu solcher Höhe entwickelt hatten, dass, als Antonello da Messina aus Flandern zurückkehrend sich in Venedig niederliess und die Oelmalerei in Anwendung brachte, sie die eigentliche Grundlage zu der Entfaltung werden konnte welche in der Folge aus ihrer Schule in Giorgione und Tizian zu höchster Vollendung gedieh. Leinwand. H. 1′ 10″, br. 2′ 5¾″.

797. **Bildniss einer Frau.** Copie nach Leonardo da Vinci. In dreiviertel Ansicht dargestellt, nach links gewendet. Ein in Gold eingefasster Edelstein, an schwarzem Stirnband befestigt, schmückt ihre Stirn und eine Kette ihren Hals. Ein rothes Mieder, das mit Goldschnüren, weissen und grünen Bändern verziert ist, bedeckt ihre Brust und Schultern. Das Original des Bildes welches sich früher in der Sammlung François I. befand, wurde vielfach als dessen Geliebte, die sogenannte „belle Ferronière", bezeichnet, doch nimmt man auch an, dass es die Züge der Lucretia Crivelli, der Geliebten Ludovicos, zeige, welche Leonardo da Vinci zu Mailand zwischen 1483 bis 1489 malte. Unser Bild ist nur eine Copie und doch wer empfindet und bewundert nicht auch bei ihr die ungemein gediegene Anschauung, die den Urheber des Originals geleitet hat, die wunderbare Lieblichkeit, die sehnsüchtige und dabei doch so innerlich zufriedene Stimmung, das Behagen am Dasein das sich genügen lassende Hinausträumen in die Wunderwelt, wie es hier mit wunderbarer Divinationsgabe Leonardo gab. Man kann es sich vorstellen, wie, um in solche Stimmung des Schaffens zu gelangen, der Meister Saitenspiel und Gesang und geistreicher liebenswürdiger Menschen Umgebung beim Arbeiten zu haben suchte, damit sein Vorbild, gleich wie er selbst, von erhöhter reiner Stimmung, beseligter Lebensempfindung getragen werde und wie der Meister, um seinem Werke die volle Abrundung zu geben, Zeit, oft Jahre lang, bedurfte, ehe er ein Bild als seinem Harmoniegefühle entsprechend aus der Hand geben wollte, und es dann noch für unvollendet erklärte. Wie sehr von jeher bei allen echten Künstlern die Symmetrie in den Kunstwerken der alten Meister als wunderbar zauberisch anziehend empfunden wurde, geht aus dem ganzen Streben der mächtig ringenden grossen Meister des 16. Jahrhunderts hervor. Wie selbst der so Wunderbares schaffende Leonardo da Vinci in diesem Sinne der alten Meister Werke tief nachempfand und in seiner Weise Aehnliches zu erreichen strebte und bis zu seinem Tode in stets neuem Ringen nach Symmetrie verharrte, geht aus der von ihm einem Freunde aufgetragenen eigenen Grabschrift hervor, worin er gesteht, die Symmetrie der bewunderten Alten nicht erreicht zu haben. Sie lautet:

    Hoc jacet in tumulo Leonardus Vincius ille,
    Mirator veterum discipulusque memor.
    Defuit una mihi symmetria prisca, peregi
    Quod potui: veniam da mihi posteritas.

Liest man ein solches Bekenntniss eines Mannes, der so Wunderbares schuf, so kommt man unwillkürlich zu dem Gedanken, wie unendlicher Entwicklung fähig die Fähigkeit der Seele sein muss die Symmetrie immer feiner und feiner zu empfinden und dass sich in dieser göttlichsten der Gaben kaum eine Grenze für den Schaffenden wie für den Geniessenden des Kunstwerkes bestimmen lässt und eine unendliche Vervollkommnung möglich ist. An des Novalis Ausspruch muss man denken: „Die allmälige Verfeinerung des inneren Sinnes ist die Hauptsorge des bildenden Künstlers". Wie wenig aber die Strömung der Neuzeit hierauf gerichtet ist, zeigt die Masse der Marktproducte der heutigen Kunstausstellungen, die so wenig Symmetrie oft bieten, wie jener Bauer wahre Musik bot, der keine Ahnung von Harmonie hatte, nie ein Klavier gesehen, durch Zufall vor ein solches kam, darauf herumraste und als ihm spöttisch bemerkt wurde, er könne ja Klavier spielen, erwiderte: „das merk' ich auch". Leinwand. H. 1' 10¼'', br. 1' 5¼''.

798. **Maria mit dem Christusknaben.** Er hält in seinen Händen Kirschen. Vor ihm liegen Früchte. Links Architektur, rechts eine Fernsicht. Das Bild ist die freie, wahrscheinlich von einem deutschen Maler herrührende Reproduction eines Motives von Bernardino Luini und zeigt Leonardo'sche Schultraditionen. Holz. H. 2' 7¼'', br. 2' 1¼''.

799. **Maria**, auf ihrem Schoosse den Christusknaben. Das Hauptmotiv ist, nach der anderen Seite gewendet, dasselbe wie das des vorigen Bildes. Der Christusknabe hält aber einen Rosenkranz von rothen Korallen in den Händen. In den Linien, den Localtönen der Hauptgruppe, wie der Architektur, der Landschaft und der ganzen Umgebung ist auf eine andere Weise die innere Symmetrie und harmonische Auflösung zum Gesammtrhythmus erstrebt, was den Vergleich zwischen den beiden Bildern höchst interessant und lehrreich macht. Holz. H. 2' 8'', br. 1' 11¼''.

Franz Raibolini genannt *Francia*,

geboren zu Bologna um 1450, war zuerst Goldschmied und Graveur. Wer sein Lehrer in der Malerei war, ist nicht mit Sicherheit anzugeben. Seine Darstellungen erinnern vielfach in dem Ausdrucke stillen Gemüthes, reinen Seelenglückes, sowie auch schwärmerisch seligen Entzückens, an die Weise des Pietro Perugino. Er war ein feinfühlender, gebildeter, dabei bescheidener Mensch. Sein an Raphael gerichtetes Sonett, aus welchem letztere Tugend recht hervorleuchtet, ist charakteristisch für das damalige Künstlerverhältniss und als Beweis, dass die echte Sinnigkeit des Menschen auch allein echten künstlerischen Ausdrucks fähig ist. Es lautet in der Uebersetzung:

Die italienische Schule.

> Nicht Zeuxis bin ich noch Apell, nie galten
> Die Werke meiner Hand werth solcher Ehren,
> Nicht mein Talent nach Wirken darf begehren,
> Unsterblich Lob von Sanzio zu erhalten.
>
> Nur Du, dem es verliehen des Himmels Walten,
> Voraus vor Andern Alles zu erklären,
> O wolle Du, die seltne Kunst mich lehren,
> Es gleich zu thun Jedwedem von den Alten.
>
> Glückseliger Jüngling, in dem Lenz des Lebens
> Eilst Du so Vielen vor, was wird geschehen,
> Wenn Dich die Jahre mächtiger erst begeistern?
>
> Besiegt ist die Natur und Deines Strebens
> Lobrednerin muss sie Dir gern gestehen,
> Dass Du der Meister bist vor allen Meistern.

In Bologna, wo sich namentlich in den Kirchen die meisten seiner Bilder noch befinden, starb er 1535. Das folgende Bild darf ihm zugeschrieben werden.

*800. **Madonna mit dem Kinde.** Sie fasst mit der rechten Hand den Oberkörper, mit der linken das linke Füsschen des Kindes, das auf einem rothen Kissen sitzt und nach links schauend mit der rechten Hand segnet, mit der linken zwei Kirschen hält. Der schöne landschaftliche Hintergrund, die edle Form, der unschuldvolle Ausdruck, der tiefe gesättigte, dabei klare Farbenton, sind besondere Tugenden dieses (von Herrn Dr. Sulpiz Boisserée geschenkten) Bildes. Holz. H. 1' 9", br. 1' 3¾".

*801. **Madonna mit dem Kinde** auf dem Schoosse. Der kleine bekleidete Christusknabe segnet mit seiner rechten Hand den in demüthig hingebender Stellung vor ihm stehenden kleinen Johannes, in seiner Linken hat er ein Kreuz. Auf der rechten Seite des kreisförmigen Bildes steht ein Engel, der in seiner rechten Hand eine siebenfach blühende Lilie hält. Landschaftlicher Grund. Das Bild dürfte vielleicht von Innocenzio da Imola herrühren. Er war Schüler des Francesco Francia zu Bologna und später zu Florenz von Mariotto Albertinelli, malte ungefähr von 1506 bis zum Jahre 1549. Er hat bei aller Verwandtschaft mit diesen seinen Meistern doch eigenthümliche Schönheiten, die oft wie Anklänge an die byzantinische Behandlungsweise der Gewänder, namentlich deren Linienführung und schlichte, wenig die Gesetze der Beleuchtung berücksichtigende Modellirung erinnern. Trotzdem das Bild sehr gelitten hat, stark restaurirt ist, erfreut die zarte Sinnigkeit, die graziöse und doch schlichte Noblesse der Erscheinungen. Geschenk des Herrn Dr. Eduard Schenk 1860. Holz. H. 2' 8", br. 2' 8".

802. **Der Apostel Andreas.**
803. **Der Apostel Thomas.**
804. **Der Apostel Judas Taddäus.**

Freie wahrscheinlich von einem niederländischen Meister herrührende Copieen nach Raphaels Originalen. Landschaftlicher Grund. Vier zu der Folge dieser Apostel gehörige Bilder besitzt Herr Professor Vosen in Köln. Die berühmten Stiche Marc Antons, welche sämmtliche Apostel und den segnenden Heiland mit der Auferstehungsfahne nach Raphaels Originalen geben, sind ausserordentlich bekannt. Leinwand, H. 2′ 5″, br. 2′ 5″.

805. Madonna mit dem Kinde. Das Bild ist eine nur schwache alte Copie des im Kgl. Museum zu Berlin befindlichen aus Raphaels florentinischem Aufenthalt um 1504 entstandenen Bildes, welches unter dem Namen Madonna della Casa Colonna bekannt ist. Der unschuldvolle reine friedensheitere Ausdruck, die schöne Linienführung, das reine Ebenmaass des Formenbaues ist immer noch in wohlthuender Weise darin wirksam. Leinwand. H. 2′ 6½″, br. 1′ 5½″.

806. Die heilige Familie. Auf der linken Seite eines Tisches liegt das Kind auf weisser Leinwand und Kissen und streckt, wie eben vom Schlaf erwacht, in lebhafter Bewegung seine Aermchen nach der vor ihm stehenden Mutter, die in ihren Händen einen Schleier hält und liebevoll ernst nach ihm herniederblickt. Rechts hinter ihr steht, in seinen Händen einen Stab haltend, der heilige Joseph. Copie nach der Madonna di Loretto des Raphael. Das Originalbild ist aus bedeutend späterer Zeit des göttlichen Meisters herrührend als das vorhergenannte, zeigt eine weit kernigere, plastischere, theils vom Michel Angelo'schen Geist beeinflusste Form und eine Farbe, in welcher venetianische Einwirkung, so weit sie mit dem aus dem Vollgefühle für Plastik geschaffenen Bilde vereinbar, sichtbar ist. Holz. H. 3′ 11¾″, br. 3′ ½″.

807. Die heilige Familie. Auf einem mit Leinwand bedeckten Tische liegt das Kind, unter seinem Haupte ist ein Kissen, in seinen Händchen ein Vogel. Maria, die in ihren Händen einen Schleier hält, steht hinter dem Tische und schaut in ernster Betrachtung versunken nach dem Antlitz des Knaben. Rechts hinter ihr steht der heilige Joseph, links der Knabe Johannes mit der Schriftrolle „Ecce agnus dei" in der Linken. Das Bild ist gezeichnet: „Sebastianus faciebat" und dürfte vielleicht von Sebastian del Piombo herrühren, dessen Anwendung des Studiums Michel Angelo'scher breiter Formen verbunden mit brillanter leuchtender venetianischer Farbe hier leicht erkennbar ist, aber auch darin die mangelnde harmonische Verbindung entgegengesetzter Principien zeigt. Leinwand. H. 3′ 11¼″, br. 3′ 1¼″.

808. Die heilige Catharina von Alexandrien. Sie hält in der Linken die Siegespalme. In ihrer Rechten ist das Schwert und links neben ihr steht das zerbrochene Rad, die beiden auf ihr Martyrium bezüglichen Attribute. Das Bild erinnert in hohem Grade an die Werke des Giovanni Antonio Razzi, geboren 1479 zu Vercelli in Piemont. Er gehört zu den mit Recht berühmtesten Meistern der mailändischen Schule.

Seine vorzüglichsten Werke befinden sich in Siena. Dass er ein so verkommenes Leben geführt haben soll, wie Vasari von ihm berichtet, ist durch mannichfache Gründe zu widerlegen. Leo X. ernannte ihn zum Ritter. Er starb arm im öffentlichen Hospitale zu Siena 1549. Das auf Goldgrund gemalte in ungemein grossartigem Sinne behandelte Bild ist ein Geschenk des Herrn Otto Grashof 1861. Holz. H. 4' 2", br. 1' 7 3/4".

Tiziano Vecellio,

geboren 1477 zu Capo del Cadore in den Alpen von Friaul. Schon im Alter von vierzehn Jahren schickten ihn seine Eltern, die sehr frühzeitig Beweise eines grossen Talentes von ihm erhielten, nach Venedig, wo deutsche, arabische und byzantinische Kunst heimisch geworden und sich mit italienischer verbunden und umgestaltet hatte, wo er den Unterricht Giovanni Bellinis (des Schülers Gentile da Fabrianos, eines hervorragenden Meisters des mystischen Ideals) mit so ausserordentlichem Erfolge genoss, dass er bald den Meister übertraf. Einen ungemein grossen Einfluss erfuhr er durch den tief poetisch, ja glühend und heroisch empfindenden, kraftvoll und tief glänzend darstellenden Giorgio Barbarelli, genannt Giorgione, bis er, durchdrungen von den Gesetzen des coloristisch malerischen Princips, auch bald diesen frühem Tode geweiheten Mitschüler überragte und sich zur vollen Höhe der Farbenpoesie erhob. Er erreicht nun eine, von seinen Vorgängern vielfach vergeblich erstrebte, wahrhaft wunderbare Schönheit der Carnation, die wie in blühendster Gesundheit athmend, von Blutwärme erfüllt, in weicher Transparenz und goldigem Schimmer strahlend erscheint, versteht den Glanz des Stofflichen, den Pomp und die Zartheit der orientalischen Pracht der Costüme in seltenster Feinheit zu geben. Edel in der Auffassung des Portraits ist er auch gross rhythmisch und schwungvoll in seinen religiösen, mythologischen, wie symbolischen Darstellungen, die er oft mit der farbenprächtigsten tiefpoetischsten, durch ihn erst zu hoher Bedeutung erhobenen Landschaft bereichert. Seine Formengebung ist nicht wie bei Michel Angelo grossartig, was im Zusammenhange mit seinem Modellirungsprincipe, das auf der Rundung durch das Gesetz der Beleuchtung beruht, bei jenem aber durch Abtönung mit Hintansetzung jenes Gesetzes schärfere Ausprägung zulässt, kaum möglich. Aber wie bei ihm die Durchdringung des Beleuchtungsgesetzes von ungemeiner Feinheit, so macht überhaupt seine Kunst, die nie die Grenze des schönen Maasses überschreitet, in ihrer gesunden Fülle, Anmuth und Zierlichkeit den Eindruck reiner Vollendung. Sie erinnert an den ruhig heitern Sinn voll Glücksbewusstsein, der aus so vielen Werken der von der Vorsehung so edel begabten, unter den wohlthätigsten Verhältnissen entwickelten Griechen der klassischen Zeit uns freundlich berührt. Sein Vortrag ist von einer Leichtigkeit, einer Grazie, oft zeigt er einen Schmelz der Behandlung, dass das Stoffliche in einen edlen, dem darzustellenden Gegenstande stets verwandten Körper aufgehoben erscheint. Von magischer Wirkung ist seine oft ganz mysteriöse Technik, die meistens auf Benutzung der Lasurfarben, dem Durchscheinenlassen der mannichfach verschiedensten Farbenunterlagen beruht. Seine Bilder scheinen daher mehr von einer inneren Gluth durchleuchtet zu sein, als von aussen das Licht zu empfangen, gleich durchsichtigem Juwele und Edelgestein und doch dabei milde und zart. Selten finden wir bei ihm die hellsten Farben angewendet und namentlich sind seine Lichter meist gedämpft, was bei seiner stillen dämmerungsartigen sanften Beleuchtung überaus edel wirkt. Ein wunderbares Funkeln und Leuchten jedoch, ein vergeistigter Glanz und goldiger Duft erfüllt seine Bilder bei der Tiefe und Sättigung, bei der wunderbaren Gluth seiner Töne, die immer zu reinstem, vollklingendstem, durch feinste Uebergänge vermitteltem Accorde gestimmt erscheinen. In seinen Arrangements, die so wie seine Farbenwahlen durch die inneren Factoren seines besonderen Stilgesetzes bedingt sind, weiss er das Hauptlicht in breiter Weise auf den Hauptgegenstand, doch mehr durch den Bau der Localtöne, als durch Anwendung von Helldunkelmassen, wie es bei Rembrandt gebräuchlich, zu concentriren. Ohne dadurch in outrirte Effecthascherei zu verfallen, bewahrt er in den Licht- wie den Helldunkel- und selbst den tiefsten Schattenpartien, weiche duftige Klarheit und den Flaum reiner Unberührtheit. Ferne von dem modernen „frappanten" und „pikanten" Naturalismus sind seine aus den Farbengesetzen componirten Bilder Werke coloristischer Aesthetik und erscheinen wie aus der Freude an der Schönheit der Gottesschöpfung ja wie aus einem geistigen Rausche der Empfindung, aus dem Jubel, aus der Begeisterung für ihre Herrlichkeit entstandene Geistesblüthen. Darf man dieselben auch im Gegensatze zu den Schöpfungen, die von einem feineren Hauche stiller frommer Verinnerlichung beseelt erscheinen, wie die Fiesoles. „weltliche" nennen, so ist es doch immer eine verklärte Welt, in die er den, welcher für solche Werke einen fein gebildeten Sinn entgegenbringt, zu versetzen weiss. Denn wie in der klösterlichen Zelle jene reine heilige Innerlichkeit Fiesoles gewahrt werden und zum künstlerischen Ausdrucke gelangen konnte, so ist es bei Tizians Werken erkennbar, wie die heiterste berauschendste Umgebung, die wonnereichsten Weltverhältnisse mit allen die Seele entzündenden Lockungen und bestrickenden Reizen zum Ausdruck kommen mussten. Sein grosses bewundernswürdiges Talent wurde von den Reichsten der Welt als sympathisch empfunden, während der kunstsinnigen Zeit seines Lebens vollkommen gewürdigt und durch die zusagendsten Aufgaben gefördert. Mit freiem Weltblicke, feinfühlender Empfänglichkeit für die Pracht und den Glanz der Natur, für edlen

Sinnengenuss reich begabt macht fast Tizians ganzes Dasein den Eindruck eines überaus glücklichen Erdenwallens. Von Allen hochgeschätzt und befreundet mit den Gebildetsten, unter Andern mit Ariosto, dessen auf Geistesverwandtschaft beruhende Verbreitung seines Ruhmes ihm stets grössere Förderung sicherte, lebte er, meist in leichtem Weltverkehr, vielfach an den Höfen des Papstes Paul III. und des Herzogs Alphons von Ferrara. Kaiser Carl V. zog ihn nach Bologna, ernannte ihn zum Ritter und Grafen und setzte ihm einen bedeutenden Jahresgehalt aus, der später durch Philipp II. noch vermehrt wurde. Ausser manchen Kunstreisen, namentlich auch nach Spanien, dann nach Deutschland wo er 8 Jahre verweilte, lebte er umgeben von vielen ihn in seiner Arbeit unterstützenden Schülern in einem überaus glänzend eingerichteten Hause der feenhaften Lagunenstadt, in der damals das ganze Leben wie ein Fest erschien, wo er von den Fürsten, die sich glücklich schätzten von ihm portraitirt zu werden, vielfache Besuche empfing und bis in das hohe Alter von 99 Jahren rüstig schaffte. Ausser dem Kummer über Pomponio, einen seiner beiden Söhne, der ein verschwenderisches und ausschweifendes Leben geführt haben soll, sowie über den frühen Tod seiner Tochter, scheint sein Leben und Wirken nur Glück gekannt zu haben. Als aber die Wuth der Pest im Jahre 1576 in wenig Monaten in Venedig 40000 Menschen dahinraffte, erlagen auch Tizian und sein vielfach an seiner Seite thätig gewesener Sohn Orazio dieser Seuche. Ungeachtet dieser Todesart wurden seine irdischen Reste dennoch unter grosser Feierlichkeit in der Kirche Dei Frari begraben wo seine Grabschrift lautet:

>Qui giace il gran Tiziano Vecelli
>Emulator di Zeusi e degl'Apelli.

Der Einfluss Tizians auf die späteren Künstler ist von immenser Bedeutung gewesen, doch führten die Consequenzen des von ihm unter des liederlichen Dichters Pietro Aretino Einfluss und Befürwortung betretenen gefährlichen weltlichen Weges der Sinnenlust vielfach zu dem, was Cornelius mit den Worten zurückweist:

>Die Engel tragen Schwerter in den Händen,
>Und in den Abgrund flüchtet das Gemeine;
>In süsser Wollust darf die Kunst nicht enden,
>Sie naht sich streitend für das Höchste Reine.

Die beiden folgenden Bilder dürfen als Originale von Tizian angesehen werden:

*809. **Portrait eines Kardinals** in rothem Gewande und rother Kopfbedeckung, weissem Kragen. Der Kopf ist nach rechts gewendet. Der Ausdruck des Gesichtes ist geistreich. Die Carnation ist ungemein durchsichtig mit graziöser Leichtigkeit behandelt, für Distanz berechnet breit und massig. Grauer Grund. Holz. H. 1' 4", br. 1'.

*810. Maria mit dem Kinde auf einem Throne sitzend, auf dessen Stufen links der heilige Petrus mit einem Buche, etwas tiefer der heilige Georg mit einer Fahne, rechts der heilige Franciscus und ein anderer Mönch stehen, oben, vor grossen Säulen auf schwebenden Wolken zwei kleine Engel. Unten links kniet ein Donator, rechts knieen 5 Donatoren aus der Familie des venezianischen Helden Pesaro. Das Bild, das sehr gelitten hat, dürfte die Originalskizze zu dem von Tizian lebensgross ausgeführten Bilde in der Kirche St. Maria dei Frari in Venedig sein. Es ist ungemein grossartig, in mächtig wirkenden, klar getrennten Massen gebaut. Alles ist in breiter Totalität organisch mit Unterordnung alles Details aus dem Gefühle für Farben- und Lichtcomposition geschaffen und von einer Klarheit in der Wirkung auf Distanz berechnet, gegen welche die meisten Werke chaotisch erscheinen. Fern von jeder minutiösen Behandlung, die so leicht der Harmonie des Ganzen, der Symmetrie Abbruch thut, ist es doch nicht leer, sondern wirkt ungemein reich und macht den Eindruck von feierlich-kirchlicher Pracht und Festlichkeit. Leinwand. H. 2′ 7¾″, br. 1′ 6″.

811. **Der Triumph Christi.** Das symbolisch allegorisch behandelte Bild zeigt Christus auf einem goldenen Wagen thronend, dessen Räder von den vier lateinischen Kirchenvätern, Papst Gregor dem Grossen, dem Kardinal Hieronymus, den Bischöfen Augustinus und Ambrosius bewegt werden. Vor dieser auf blauer Luft absetzenden Gruppe schreiten zunächst, die Evangelisten bezeichnend, die symbolischen Gestalten der „vier lebenden Wesen" der Engel, der Stier, der Adler und der Löwe, sowie Engel, ein Prophet und ein Mann das heilige Kreuz tragend. Hinter derselben Johannes der Täufer, Petrus, Andreas und andere Apostel. Tizians Schule. Leinwand. H. 1′ 8″, br. 2′ 6¾″.

Paul Cagliari genannt *Veronese,*

wurde entweder 1528 oder 1530 zu Verona geboren und war ein Sohn des Bildhauers Gabriel Cagliari, der ihn Anfangs zum Modelliren anhielt. Doch sehr früh schon zeigte sich seine Neigung für die Malerei und als er dann zu seinem Oheim Badile, welcher damals für den besten Maler in Verona galt, kam, übertraf er denselben sehr bald, was er besonders der Kenntniss der Dürer'schen Kupferstiche, welche sein Lehrer besass, verdankte. Der Kardinal Hercules Gonzaga, der sehr früh die künftige Grösse Veroneses erkannte, beauftragte ihn im Dom zu Mantua zu malen und seine Arbeiten verdienten den Vorzug vor denen seiner Mitarbeiter. Nach Verona zurückgekehrt bewährte sich an ihm eine längere Reihe von Jahren der Spruch: „Der Prophet gilt nichts in seinem Vaterlande" denn er fand dort keine Geltung. Er liess sich dann in dem von zauberischem Licht und Farbenglanze erfüllten Venedig nieder und bald brachten seine Arbeiten ihm der Kenner Anerkennung und Ehrenbezeugungen auch selbst von Tizian und Sansovino. Mit dem

Procurator Grimanio ging er hierauf nach Rom. Nach Venedig zurückgekehrt, erkannte man aus den nun neu entstandenen Werken, dass er durch das Anschauen der Schöpfungen Raphaels und Michel Angelos gelernt habe und der Senat ernannte ihn zum Ritter von St. Marcus. Einem Rufe Philipp II. kam er nicht nach, da ihn seine vielen Aufträge an Venedig fesselten, doch sandte er an seiner Statt Zuchero hin. Veronese, von dem manche Züge von Generosität bekannt sind und von dem man wusste, „dass es sein Metier nicht war, Ehren zu suchen, sondern zu verdienen," stand nicht nur in der grössten Achtung bei den Grossen seiner Zeit, sondern auch in wärmster Freundschaft zu seinen Mitstrebenden. Man sagt, der alte Tizian sei ihm nie auf der Strasse begegnet ohne ihn zu umarmen. Seine meisten Bilder, bei denen er es besonders liebte das Licht von oben einfallen zu lassen und von denen namentlich die grössten ungleich vollendeter sind als die kleinen, behandeln ausser den Portraits von heller blühender Frische theils biblische, theils kirchliche und mythologische, besonders aber allegorische Gegenstände. Ohne indess durch Form und Ausdruck das Gemüth des Beschauers recht zu befriedigen, weiss er durch Anwendung der reichen Prachtcostüme seiner Zeit, meist leuchtender Architektur als Hintergrund, durch kenntnissreichste, brillanteste für die Ferne berechnete, meist durch Lasurfarben erreichte Technik das Auge des Beschauers mit wunderbarem Farbenglanze zu entzücken. Seine wahrhaft licht- und farbenstrahlendsten Schöpfungen sind neutestamentliche Gastmahlscenen im Prunke des Festes dargestellt, in denen im Gegensatz zu Tizians mehr tief goldigem Grundton ein leuchtender, luftiger, klarer und glanzvoller Silberton der hellen Tagesbeleuchtung besonders vorherrscht. Wie überhaupt die Meister der damaligen Zeit war er ein ernster Denker und seiner eignen Kenntniss sich wohl bewusst sprach er es sehr bestimmt aus, dass man, um Kunstkenner zu sein, tief in die Gesetze der Kunst eingedrungen sein müsse. Auch einige Sculpturwerke soll er geschaffen haben. Er starb zu Vendig im Jahre 1588 und ward in der Kirche S. Sebastiano, in welcher auch heute noch eine grosse Zahl seiner vollendetsten Schöpfungen prangt, von den Patres dieser Kirche feierlich beigesetzt. Mit ihm schied der Geist der höheren venetianisch-koloristischen Schönheit, der ein Jahrhundert lang die Welt mit einer durch Farben entzückenden Kunst bereichert hatte, die viele spätere Manieristen sowie manche strebsame neuere Meister vergeblich zu erreichen suchten. Von Veroneses Söhnen, die auch seine Schüler waren, war es Carletto, der ein Talent zeigte, das zur Vermuthung führte, er werde seinen Vater noch übertreffen. Doch schon im Jahre 1596 ereilte ihn der Tod im Alter von 26 Jahren. Die beiden folgenden, zweifellos Originalbilder Veroneses, für weite Distanz bestimmt, zeigen die meisterhafte breite leichte Behandlung, die volle Frische der Carnation dieses Meisters.

812 u. 13. Vier männliche Köpfe. Wahrscheinlich Studienköpfe zu einer der vielen von Veronese gemalten Gastmahlscenen. Die in höchst geistreicher, auf grosse Distanz berechneter Weise alla prima gemalten Bilder, bei welchen die bräunlich graue Grundirung der Leinwand vielfach mit benutzt ist, gehören in ihrer Art zu den besten des Veronese. Leinwand. H. 1′ 5″, br. 1′ 9½″.

814. Maria mit dem Kinde, vor welchem die heilige Francisca Romana kniet und dessen Händchen küsst. Um diese gruppiren sich noch die heilige Anna, die heilige Magdalena und der heilige Joseph. Copie nach Paul Veronese. Leinwand. H. 1′ 7″, br. 1′ 3½″.

815. Die Anbetung der heiligen drei Könige. Links sitzt Maria mit dem Kinde, das seine Händchen dem vor ihm knieenden ältesten der Könige entgegenstreckt. Hinter der Maria stehen links der heilige Joseph und drei Engel mehr nach dem Mittelgrunde der Landschaft hin, in der sich rechts Gefolge der Könige zeigt. Das Bild rührt von einem Meister her, welcher stark durch Paul Veroneses Arbeiten beeinflusst wurde. (Vielleicht von Franz Frank, aus seiner besten Zeit.) Kupfer. H. 1′ 2″, br. 10¼″.

Jacob Robusti, genannt *Tintoretto*,

geboren zu Venedig 1512. Das Gewerbe seines Vaters, der ein Färber war, gab ihm diesen Namen. Er ist kurze Zeit ein Schüler des Tizian gewesen und es heisst, dass dieser weil er gefürchtet, von ihm übertroffen zu werden, Ursachen gesucht und gefunden ihn wieder aus seiner Schule zu entfernen. Uns scheint die Ansicht die richtigere, dass der edelgesinnte und uneigennützige Meister Tizian sehr früh erkannte, wie die Consequenzen der Manier des Tintoretto zu jenem pietätslosen Kunsttreiben führen würden, welches in den meisten seiner späteren Schöpfungen in der That grell genug hervortritt. Wie weit Tizian davon entfernt war, dem Guten in den Werken dieses Meisters, der seiner raschen Arbeit wegen „der Rasende" der „gleich dem Blitzstrahl die Pinsel — den einen von Gold, den andern von Silber, den dritten von Eisen führe," genannt wurde, die gerechte Anerkennung zu versagen, ist durch sichere Ueberlieferung beglaubigt. Der Herzog von Mantua liebte es Tintoretto malen zu sehen und hätte ihn gerne an seinem Hofe gehabt, doch zog es der Künstler vor in Venedig zu leben, wo er, oft gegen die billigsten Vergütungen, ununterbrochen thätig war. Ueber der Thüre seines Ateliers standen die Worte geschrieben: „Die Zeichnung Michel Angelos und die Färbung Tizians" das Bekenntniss eines durchaus irrthümlichen Strebens, da entgegengesetzte Principien keine Vereinigung zulassen und jedes Kunstwerk seine besondere innere Abrundung d. h. seinen Stil in sich selbst haben muss, dem jedes Aufpfropfen fremder Anschauung widerstrebt. Dadurch, dass der Künstler alles Schöne auf sich wirken lässt, um doch zuletzt seiner eigensten Individualität nach der besonderen angeborenen Begabung schaffend gerecht zu werden, kann allein wahrhaft Harmonisches und somit echt Künstlerisches gefördert werden und muss von dem Künstler, der zugleich Verständniss und Genussfähigkeit für das hat, was entschieden anderer Richtung angehört, dies um so strenger von seiner eigenen, auf besonderen Gesetzen beruhenden Arbeit gesondert werden, je leichter es sich ereignet dass der irregeführte Productionstrieb in denjenigen fremden Richtungen, für welche die Genussfähigkeit am stärksten ausgebildet ist, seine angemessensten Aufgaben zu finden wähnt; so wenig auch zu läugnen ist, dass in der Eigenthümlichkeit einzelner Talente Eins mit dem Andern in natürlicher Wechselwirkung zusammentrifft. Tintorettos Bilder religiösen, mythologischen, allegorischen Inhaltes, sowie seine meist vortrefflichen Portraits, sind von einem erstaunlich sicheren meist pastosen Farbenauftrag „alla prima" gemalt und nur durch Lasurtöne in seiner leuchtenden Carnation, sowie seinen tiefdunkel brillanten Gewändern, vollendet. So vielfach auch manieristische Uebertreibungen jeder Art als Folge oben beleuchteten Missverständnisses, wie seiner vielfach so raschen Thätigkeit uns unerquicklich bei ihm erscheinen†) und theilweise schon die Verfallzeit der venezianischen Kunst repräsentiren, so tritt uns doch in den besten seiner Arbeiten grosse Lebendigkeit, Begeisterung, künstlerischer Schwung und ein Ernst entgegen, der für die Ansicht, dass er eine tiefe contemplative Natur gewesen sei, Glauben abnöthigt. Sein Sohn Dominico, geboren 1562 † 1637, sowie seine Tochter Maria, geboren 1560, lernten in seiner Schule und zeichneten sich besonders durch Darstellung guter Portraits aus. Letztere, des Vaters ganz besonderer Liebling, verweigerte es mehrfach dem Rufe an die ersten Fürstenhöfe zu folgen, indem sie es vorzog in der Nähe ihres Vaters zu bleiben, aber der Tod entriss ihm dieselbe, als sie kaum das Alter von 30 Jahren erreicht hatte. Tintoretto starb 1594 und wurde ihm in der Kirche St. Maria del Orto, in der er bestattet ist, ein schönes Denkmal errichtet. Die beiden folgenden Bilder dürfen als von seiner Hand herrührend angesehen werden.

*816. **Bildniss eines Mannes** im Mönchshabit. Er hat links ein Buch vor sich, in dem er liest. Leinwand. H. 2′ 3½″, br. 1′ 10″.

*817. **Ovid und Corinna.** Aus der fünften Elegie der erotischen Gedichte (Amores) des Ovid entnommener Gegenstand. Das aus der Sammlung des Malers Katz stammende Bild besitzt Schönheiten, welche es lange als ein des Tizian würdiges Werk gelten liessen, doch auch Eigen-

---

†) Zu diesen gehört zum Beispiel sein jüngstes Gericht, über welches Vasari mit Recht in die Worte ausbrach: „Es scheint gemacht zum Lachen".

thümlichkeiten, welche es als eine Arbeit Tintorettos kennzeichnen. (Vergleiche die Biographien beider Meister. Seite 155 und 160.) Erworben aus dem Richartz-Fonds 1868. Leinwand. H. 5' 1/2", br. 4' 3 1/2".

818. **Maria,** vor ihr steht der Christusknabe in einem Buche lesend. Hinter ihr links ein geflügelter Engel, rechts in grauen Mantel gehüllt der heilige Joseph. Das Bildchen macht fast den Eindruck eine Arbeit Sebastian del Piombos zu sein, bei welcher sich besonders der Einfluss Michel Angelos geltend machte. Holz. H. 8", br. 7".

819. **Christus am Oelberg.** Ueber ihm schwebt der Engel in der Rechten den Kelch haltend, mit der Linken nach oben zeigend. Unten die schlafenden drei Jünger Petrus, Jacobus und Johannes. Raphaelische Schule. Holz. H. 8", br. 6".

820. **Bacchantenscene.** In Julio Romanos Weise, jedoch unter Caracci'schem Einfluss und in niederländische Anschauung übersetzt. Vielleicht von van Balen herrührend. Die tanzenden Kinder und jungen Faune in der Mitte des Bildes sind besonders schön componirt. Holz. H. 1' 6", br. 2' 2 1/2".

821. **Maria mit dem neugebornen Kinde** in einer Hütte. Hinter ihr steht der heilige Joseph. Von beiden Seiten nahen anbetende Hirten und hoch in der Luft schweben lobsingende Engel. Raphaelische Schule, doch wahrscheinlich von einem Niederländer herrührend. Holz. H. 2' 10", br. 2' 3".

822. **Anbetung der heiligen drei Könige.** Vor dem Kinde, welches bereits eines der als Geschenk erhaltenen goldenen Gefässe in der Hand hat, kniet der Mohrenkönig. Maria reicht dem links knieenden heiligen Joseph ein goldenes Gefäss, rechts nahen mit Gefolge die beiden anderen Könige deren ältester zu dem jugendlicheren gewendet wie belehrend spricht. Spätere Raphaelische Schule, an die Art des Benvenuto Tisio, genannt Garofalo aus Ferrara (1481—1559), besonders auch in der harmonischen Färbung erinnernd. Leinwand. H. 1' 10 1/4", br. 1' 5 1/4".

823. **Bacchus auf Naxos.** Der Freudengott kommt zu der von ihm geretteten Ariadne, seiner späteren Gemahlin, deren Sternenkrone eine neben ihr stehende von einem geflügelten Genius geführte Nymphe emporhebt. Neben ihm steht ein Löwe. Links unten liegt ein schlafender Genius. Das leider sehr verdorbene Bild erinnert sehr an die Weise des Giulio Pippi genannt Romano, geb. 1492 gest. 1546. Leinwand. H. 1' 6", br. 1' 8".

824. **Die mystische Vermählung der heiligen Catharina** von Alexandrien mit dem Christuskinde. Das auf dem Schoosse der Madonna sitzende Kind umfasst mit den Fingern seines linken Händchens den Goldfinger der vor ihm stehenden heiligen Catharina, im anderen Händchen hält

es den Ring. Hinter der Heiligen steht in der Rechten Pfeile haltend und über die Gruppe hinübergebeugt der heilige Sebastian. Aus sämmtlichen Gesichtern dieser Gestalten spricht die selige Erwartung des geheimnissvollen Momentes, mit der Correggio (1494—1534) einzig eigenthümlichen Grazie des Ausdrucks. Im Hintergrunde ist das Martyrium der beiden Heiligen dargestellt. Das Bild ist eine alte, ursprünglich gute Copie nach Correggios Bild im Louvre, die dadurch viel gelitten hat, dass sämmtliche Schattenpartien nachgedunkelt und der dunkle bolusartige Grund durchgewachsen ist, zeigt indess in den Lichtpartien noch immer die besonderen Schönheiten des Meisters des Liebreizes und der Anmuth, seliger Lust, stiller Entzückung und Gefühlsschwärmerei. Das Original ist aus der Periode, in welcher der von jeher zur Heiterkeit geneigte Meister gänzlich gebrochen hatte mit der bis dahin von den meisten Malern festgehaltenen kirchlichen feierlich ernsten und würdevollen Haltung und seine späteren mit dem stark ausgesprochenen Beleuchtungsgesetze zusammenhängenden coloristischen Principien zeigen sich in diesem Bilde schon mit dem damit nothwendig verbundenen Stil der Gewandung, der nicht mehr die volle Reinheit der Formen zulässt und dem Anschlusse an strenge Architektur widerstrebt. Geschenk des Commerzienraths Aug. Camphausen 1867. Leinwand. H. 3' 4", br. 3' 1½".

825. **Bildniss eines Mannes** in schwarzem Barett und schwarzer Gewandung. Er hält in seiner Linken eine goldene Medaille, auf welcher das Bildniss des Kaisers Maximilian sichtbar, das an die um seinen Nacken liegenden Kette die er mit der Rechten berührt, befestigt ist, an seiner linken Seite hängt ein Schwert, an seiner rechten sind Handschuhe im Gürtel befestigt. Das Bild erinnert an die Werke des Johann von Calcar, geb. 1500 gest. 1546, der sich als Schüler Tizians auszeichnete. Holz. H. 2' 1¼", br. 1' 7".

826. **Bildniss eines Mannes** mit schwarzem Barett und schwarzem Gewande. Brustbild, nach links gewendet. Links ein Blick auf Bäume. Venezianische Schule. Holz. H. 1' 1", br. 9".

827. **Männlicher Kopf** mit rothem Turban bedeckt. Venezianische Schule einigermassen an Giorgiones Manier erinnernd. Leinwand. H. 1' 5¾", br. 1' 1¼".

828. **Der reiche Prasser und der arme Lazarus.** (Parabel Jesu. Luc. 16, 20). Der arme Aussätzige, dessen Wunden von Hunden geleckt werden, ist vorne, der reiche Prasser am Tische im Mittelgrunde rechts dargestellt. Links viele, die mit Bereitung von Speisen beschäftigt sind. Copie nach Bassano. Leinwand. H. 3' 4¾", br. 3' 9¾".

829. **Die Dornenkrönung und Verspottung Christi.** Bei Fackelbeleuchtung dargestellt. Venezianische Schule, vielleicht von Jacopo da Ponte, genannt Bassano. 1510—1592. Holz. H. 1' 8½", br. 1' 3¼".

830. **Klage über dem Leichnam Christi.** An den Knieen der oben sitzenden Maria lehnt der obere Theil des Leichnams Christi an. Links kniet der heilige Franciscus von Assisi, rechts nahet die heilige Magdalena. Zu den Füssen des Leichnams, den alle mit dem Ausdrucke des Schmerzes im Antlitz und der Geberde umgeben, sitzen kleine Engel und zeigen auf die Wunden der Hände und Füsse. Das Bild ist eine gute alte Copie nach Annibal Caracci (1560—1609) zeigt grosse Schönheiten als Gruppirung und edle Formengebung und repräsentirt einigermassen die Richtung der sogenannten Eklektiker, die weniger als frühere Meister von innerer Inspiration geführt, als äusserlichen Zusammentragens der verschiedenen besondern mehr, als sie es ahnten, sich entgegenstehenden Tugenden und Principien beflissen waren. Höchst charakteristisch für jene Schule spricht ein Sonett jener Zeit es aus, wie, nachdem von verschiedenen Meistern in so verschiedener Art Ausgezeichnetes geleistet worden, es nun die Aufgabe sei dieses zu vereinigen, so von Raphael die Form, von Tizian die Farbe, von Correggio das Helldunkel und selbst von späteren Manieristen die Technik sich anzueignen und dieses zu vereinigen und als höchste Vollendung nach jeder Seite der besonderen Schönheit der Kunst hin in eignen Werken zu bieten. Trotz der Haltlosigkeit dieser Grundsätze ist Erstaunenswerthes aus dieser Schule hervorgegangen. Leinwand. H. 5' 8¾'', br. 4' 6½''.

831. **Caritas Romana,** (Copie nach Guido Reni 1575—1642). Cimon ein alter Römer, der verschiedener Verbrechen wegen zum Hungertode verurtheilt worden, wurde durch die eigene Milch seiner heldenmüthigen Tochter Pera am Leben erhalten, und gerührt von dieser Liebesthat ertheilte ihm der Senat die Freiheit. Auch soll an der Stelle des Gefängnisses, wo dies geschah, der Tempel der Göttin „Frömmigkeit" errichtet worden sein. Byron besingt die Scene mit den Worten:

> „Hier aber gibt die Jugend grauem Alter
> Die eigne Milch, so wird erstattet wieder
> Die alte Schuld des Blutes dem Erhalter,
> Er sinket schwach nicht und verscheidend nieder,
> So lang noch frisch und blühend diese Glieder."

Es ist ein lebendiges edel und warm empfundenes kräftig modellirtes Bild, in dem die in der Schule der Eklektiker zu grossem Aufschwung gelangte akademisch wissenschaftliche Kenntniss und Leichtigkeit der Handhabung der Mittel sehr zur Geltung gekommen ist. Leinwand. H. 3' 8½'', br. 3' 4½''.

832. **Susanna im Bade,** ihr zu beiden Seiten die Greise. Alte Copie nach Dominichino (1581—1641). Leinwand. H. 3' 9½'', br. 5' 4½''.

833. **Der heilige Sebastian** an einen Baum gebunden. Links neben dem in halber Figur dargestellten Heiligen zwei Jungfrauen, die eine hält ein Salbgefäss in der Rechten und zieht mit der Linken einen Pfeil aus dessen Seite. Wahrscheinlich von Franz Gessi, einem Schüler Guido Renis, geb. 1588 † 1620. Leinwand. H. 3' 6¾'', br. 2' 11''.

834. **Herodias** auf einer Schüssel das Haupt Johannes des Täufers tragend. Copie nach Guercino da Cento (Giovanni Francesco Barbieri). Er stammt aus der Schule der Caracci, ward geboren 1590 starb 1666. Er war eine Zeitlang Schüler Caravaggios in Rom gewesen, wurde später der Nachfolger in der Lehrthätigkeit Guido Renis zu Bologna und ein Uebergang von der rücksichtslosen Naturalistik Caravaggios, gemildert durch eklektisch-akademischen Einfluss Caraccischer Schultraditionen zu einer edleren Weise ist in ihm erkennbar. Leinwand. H. 3' 7¾'', br. 2' 10''.

835. **Ein blinder Knabe.** Brustbild in der Manier des Guercino da Cente. Gutes Bild. Leinwand, H. 1' 8'', br. 1' 3''.

836 u. 37. **Zwei Apostelköpfe.** In der Art der Guercino. Holz. H. 1' 5'', br. 1' ¾''.

838. **Christus als Salvator mundi**, die Linke auf der Erdkugel liegend, die Rechte zum Segnen erhoben. Das Gegenstück desselben ist:

839. **Maria**, die Hände über der Brust übereinander gelegt und nach oben blickend. Brustbilder aus der Schule der Caracci. Leinwand. Oval. H. 2' 4½'', br. 1' 11''.

840. **Homer und Achill.** (Allegorische Darstellung). Links hinter dem blinden Sänger liegt im Helldunkel eine Muse, in der Rechten eine Flöte haltend, mit der Linken hinaus in die Landschaft zeigend. Vor demselben steht neben seinem Pferde der Held Achilles und blickt nach zwei Genien (vielleicht Eros und Anteros) im Vordergunde links. Der eine derselben liegt wie überwunden am Boden, der andere schreitet einen Palmenzweig davon tragend über denselben hinweg. Schule des Caracci. Leinwand. H. 3' 6'', br. 5' 3¾''.

841. **Madonna** knieend vor dem in Windeln Kinliegendende. Das Bild scheint unter italienischem Einfluss von einem Niederländer gemalt zu sein. Eine bessere Behandlung desselben Motives befindet sich in der St. Ursulakirche zu Köln. Holz. H. 3' 1'', br. 2' 6¼''.

842. **Maria**, die im Profil zu sehen, neigt sich über das Kind und drückt es mit beiden Händen an sich. Links vor ihr steht, das Gesicht nach dem Beschauer gewendet, der Knabe Johannes. Hinter diesem im Schatten der heilige Joseph. In dem Bilde, in welchem der verschiedenartigste Einfluss der klassischen Italiener, vorzugsweise der des Correggio, bemerkbar, ist eine grosse Innigkeit und Heiterkeit der Seele zur Aussprache gekommen, es erinnert an die Werke des Bolognesers Cäsar Procaccini † 1626. Leinwand. H. 2' 1½'', br. 2' 7''. Als von demselben Meister herrührend erscheint:

843. **Zwei geflügelte Kinderköpfe** (Cherubim) mit freundlich blickenden Gesichtern in Wolken. Leinwand. H. 1' 6'', br. 2' 1''.

844. **Die heilige Familie.** Maria hält das Kind, das hinaufschaut und mit dem linken Händchen nach ihrer Wange greift, vor sich hin.

Hinter ihr links steht der heilige Joseph. Er hält mit der Rechten dem Kinde eine Traube hin und mit der Linken öffnet er einen Vorhang. Unbekannter Meister, wahrscheinlich ein Niederländer, welcher in Italien studirte. Holz. H. 2′ 4½″, br. 1′ 9″.

845. **Maria** mit dem an ihrer Brust säugenden Kinde. In der Art des Sassoferrato, geb. 1605 † 1685. Leinwand. H. 2′ ¾″, br. 1′ 6¼″.

Lucas Giordano,

geboren zu Neapel 1632, war der Sohn eines unbedeutenden Malers, der ihm schon in der frühesten Jugend Unterricht im Zeichnen ertheilte, wodurch es ihm gelang, dass der Knabe sich so entwickelte, dass er schon im Alter von acht Jahren als ein wahres Wunderkind der Kunst angesehen wurde und der damalige Vicekönig von Neapel sich seiner weiteren Ausbildung annahm. Er ward dann Schüler des damals in Neapel sehr berühmten Ribera genannt Spagnoletto, bei dem er ein Jahrzehnt verweilte und dessen Manier er vortrefflich sich anzueignen verstand. Des jungen Malers Vater, der des geschickten Sohnes Talent recht auszubeuten bestrebt war, hatte ihm von Anfang seiner künstlerischen Laufbahn an zugerufen: „Luca fa presto!" (Lucas mach' schnell!) und fürchtete, da ihm nun die Absicht des Sohnes nach Rom zu gehen kund wurde, dieser könne dort einen Weg einschlagen, der weniger einträglich für ihn sein würde und suchte dies zu hintertreiben. Der Sohn aber flüchtete heimlich nach Rom, wohin ihm indess sein Vater bald folgte und ihn dann dort zu ähnlichem auf Gelderwerb gerichteten Schaffen mit immer gleichem Zuruf antrieb. In Rom studirte dann in seiner flüchtigen Weise der junge Giordano nach den Werken des Raphael und Michel Angelo, war eine Zeit lang Gehülfe des schon in sehr manierirter und flüchtiger Weise schaffenden Pietro da Cartona (1596—1669) ging dann nach Bologna, von da nach Parma, wo er Correggios Werke und nach Venedig, wo er die des Tizian und Paul Veronese in seiner flüchtigen eklektischen nur auf das Aeusserliche gerichteten Weise studirte und copirte. Nach seiner Vaterstadt zurückgekehrt behauptete er trotz der Intriguen der ansässigen ruhm- und brodneidischen Maler dort den ersten Rang, erhielt eine Fülle von Aufträgen und bereiste von dort aus alle grossen Städte Italiens, in denen er viele Kirchen und Paläste ausmalte. König Karl II. von Spanien, unter dessen Herrschaft damals auch Neapel stand, berief ihn nach Madrid, begrüsste ihn, der gleich einem Cavalier mit Gefolge dorthin reiste, beim Empfange mit öffentlicher Umarmung und überhäufte ihn mit Aufträgen und Ehrenbezeugungen. Als einst, um Giordano die Gunst des Königs zu entziehen, von den Nebenbuhlern des so hoch Angesehenen behauptet worden war, es sei unmöglich so rasch zu arbeiten, malte Giordano zu seiner Rechtfertigung ein Bild des „heiligen Michael den Lucifer bekämpfend" in vier Stunden und von nun an waren seine Gegner verstummt. Nicht lange nach dem Tode jenes wenig für höhere Kunstanschauung begabten fürstlichen Protectors, kurz vor dem Beginn des Erbfolgekrieges, verliess nach zehnjährigem ungemein thätigem Aufenthalt Lucafapresto (so hiess er später nur) Spanien und reiste über Genua, Florenz und Rom, in jeder dieser Städte mehrere Bilder ausführend, nach seiner Vaterstadt zurück. Mit Aufträgen, Ehren und Reichthümern überhäuft blieb er dort in rastloser Thätigkeit bis zu seinem im Jahre 1705 erfolgten Tode. Seine Leiche wurde mit grossen Ehrenbezeugungen in der Kapelle des heiligen Nicolaus von Bary beigesetzt. Mit ihm ging der vollkommenste Verfall der italienischen Kunst schnellen Schrittes vor sich. Sein gänzlicher Mangel an contemplativer Vertiefung steht im vollen Gegensatz zu dem gediegenen Schaffen der echten ernsten Küntlernaturen der vorhergehenden Epochen Italiens. Während Jene zu ihren Gemälden die gediegensten vollendetsten Studien nach der Natur als wichtige Vorbereitung zum beabsichtigten Bilde machten, sich diese dann von den zahlreich helfenden Schülern in vergrössertem Maassstabe auf das Bild selbst übertragen liessen und auf diese Weise bei der hingebendsten Geduld und strengsten Unterordnung unter die gegebene Vorlage Werke entstanden, welche zu ihrer Vollendung nur noch der letzten Hand des Meisters bedurften, verrichtete Giordano diese ganze Arbeit mit raschester Pinselfertigkeit allein und konnte somit unmöglich jene reine Abrundung, jenen echten künstlerisch vollendeten Zusammenhang erreichen, auch selbst dann nicht wenn er eben so begabt gewesen wäre wie jene älteren Meister.

846. **Glorification der heiligen Catharina.** Sie sitzt gekrönt auf einem Throne und blickt gen Himmel; ihre rechte Hand ist auf die Brust gelegt und ihre linke ruht auf dem Rade (dem Attribut ihres Martyrthums) und hält einen Palmzweig. Links unten steht Johannes der Täufer, rechts der heilige Franciscus. Ein Bild, das grosse Virtuosität zeigt und als Original Giordanos angesehen werden darf. Leinwand. H. 2' 1/2", br. 2' 7".

847. **Ein Astronom.** Brustbild. Seine Linke liegt auf einem Globus, der Zeigefinger seiner Rechten berührt seine Stirne. Wahrscheinlich von demselben Meister. Leinwand. H. 1' 10", br. 1' 8½".

848. **Bildniss eines Priesters.** Seine Rechte liegt auf einem Todtenkopf hinter welchem ein Crucifix steht, seine Linke liegt an seiner Brust. Er ist nach links gewendet. Das Bild könnte gleichfalls von Luca Giordano, vielleicht aber auch von seinem Schüler Franz Testa † 1738 herrühren. Leinwand. H. 3' 11", br. 2' 11".

Italienische Schule.

III. Abtheilung.

Mit dem von dem vorhergenannten Meister begonnenen Verfahren, welches dem, der es gepflegt, hohe Anerkennung, Ruhm und Reichthum eingetragen und demgemäss vielfache Nacheiferung gefunden hatte, war einer der schlimmsten Ab- und Irrwege betreten und alle nun folgenden Schritte führten zu immer grösserem Verfall der Kunst und zu immer mehr anwachsender Schnell- und Massenproduction, die weder den Namen „Eklekticismus" noch „Naturalismus" verdient, sondern nur mit dem des rohesten „Manierismus" bezeichnet werden kann. Denn es entstanden aus ihr immer mehr Werke, denen nichts mehr anzufühlen ist von der den ältern Meistern innewohnenden Pietät für den darzustellenden Gegenstand, dem ehrfurchtsvollen Durchdrungensein von dessen bedeutsam weltgeschichtlicher Grösse, der Vertiefung in denselben, nichts mehr von dem erhabenen Ernste mystischer und symbolischer Anschauung, noch von dem Bedürfnisse, in der würdigsten Kunstform die würdigsten Aufgaben zu lösen, in möglichst reiner Symmetrie das religiöse Kunstwerk durchzubilden. Es wurde handwerksmässig, ohne wahre geistige Erhebung und sittliche Begeisterung geschaffen, denn nicht mehr waren die Künstler tief in das Wesen des Christenthums eingehende, aller falschen Eigenliebe abgestorbene geläuterte Naturen, die in bussfertigem Sinne zu beten vermochten, wie sie uns in der früheren Zeit in Michel Angelo und Leonardo entgegentraten, deren innerstes Wesen daher auch in ihrer künstlerischen Aufgabe aufgehen konnte, und so entstanden denn aus dieser Fa-presto-Nachfolge Arbeiten, deren Betrachtung keine Erhebung des Gemüthes bei dem Beschauer erwecken konnte, ja eher im Gegentheil das Aergerniss derer, welche ernsterer Gesinnung waren, als die Masse, hervorriefen. So erhielten in diesen Arbeiten die tonangebenden Repräsentanten der Zeit, des geschichtlichen Entwicklungsstadiums derselben, beredtes Zeugniss ausgestellt, das indess leider sehr ungünstig für dieselben lautet. Denn der Sinn derer, welche Förderer der wahrhaft heiligen Kunst hätten sein sollen, war herabgesunken zur Verflachung, äusserlich handwerksmässigem Treiben und zu geistiger Schlaffheit bei mehr oder minder sinnlichem Wohlleben, und wo sich noch Strenge, Eifer und Energie zeigte, äusserten diese sich meistens in beschränkter und unverständiger Bekehrungssucht, die verbunden war mit fanatischem Hass gegen Andersdenkende, und zeigte kaum mehr die Fähigkeit, Zeugniss abzulegen für die wahrhaft göttlichen, christlichen, in Thaten sichtbaren Tugenden des Glaubens, der Hoffnung und der Liebe. So ging, wie stets zu gewahren, der Mangel an reinem Form- und Stilgefühl Hand in Hand mit dem Mangel an aufrichtig prüfender Wahrheitsliebe und lebendiger in Liebesthaten fruchtbarer Gottesfurcht und unsäglich schwer wurde es dem Einzelnen, der von einem höheren Geiste getrieben wurde, sich über dem Niveau der allgemeinen grossen Verkommenheit zu erhalten, sich sittlich rein zu bewahren, schwerer noch, seinem besseren Sinne in der Kunst verklärten Ausdruck zu geben, und selbst dann, wenn dies möglich geworden wäre, dafür Verständniss zu finden bei einer Masse, welcher die Vertrautheit fehlte mit der tieferen, christlichen Anschauung von Symbolik und Mystik, einer Masse, bei der die unverständlich gewordenen Meisterwerke der grössten alten ernstgesinnten Maler nur nach dem Grade ihrer geschichtlichen Berühmtheit noch im Werthe gehalten wurden. Und wie jener Zeit so vielfach die Erkenntniss für eine wahrhaft sittlich grosse Handlungsweise, für eine glaubenstreue, opferungsfähige That fehlte, so fehlte ihr auch der Blick für den Ausdruck der Fähigkeit zu solchem Handeln, die sich auf dem Antlitz des lebenden Menschen zu zeigen die Macht hat. Und wie sollte jener Ausdruck zu ihr sprechen können aus einem Kunstwerke, für dessen Verständniss das Dichterwort „du gleichst dem Geist, den du begreifst" so recht am Platze ist. Der Apostelausspruch: „Aus Sünde in Irrthum" bewährte sich auch hier, und die Trübung des Geistes hatte den Rückschlag im Gefolge, auch aus Irrthum wieder in Sünde zu gelangen. Und so wusste man aus den Kunstwerken, die mehr als in früheren Jahrhunderten auf Illusion der Erscheinung berechnet waren, nur das herauszulesen, was wie ein Spiel mit dem Heiligsten erschien oder im Zusammenhang stand mit der falschen Freiheit. mit der theils auf Anmassung theils auf Unkunde beruhenden Lossagung von ernst religiösem Interesse und sich dadurch mehr in der Freude am sinnlichen, bis zum Lasciven gesteigerten Reize kundgab. Wie man so das bestimmte Erkennen dessen, was dem Menschen seine wahre Würde verleiht, verloren hatte und kaum noch ahnte, was ihn zur Erfüllung seines hohen Berufes kräftigt, so schwand auch vielfach das Gefühl des Gegensatzes zwischen Christenthum und Heidenthum, ja letzterem, dessen einstiger Tempelschmuck immer mehr durch die öfter vorkommenden Ausgrabungen bekannt geworden war und dessen Schriften mehr und mehr Verbreitung erlangt hatten, kam in der Anschauung des Kunstwerkes ein wenn auch oberflächlicher, doch immerhin weit höherer Grad von Verständniss entgegen, als den aus innigster Vertiefung in die christliche Wahrheit entstandenen Kunstwerken der früheren Epochen. Und so zeigte sich denn auch in der Architektur, der Sculptur, wie besonders in der Malerei, ein Verwischen der einst so festen strengen

Formen, die als reine Grundlage für alle wahrhaft idealei Schöpfung gedient hatten, als der dem Charakter der Zeit entsprechende Kunstausdruck, und Italien hat hierin bis heute noch keine wahre Erneuerung erfahren, während diese für Deutschland erfolgt ist und in des Cornelius, Overbeck und vieler Andern Werken sich klar bezeugt hat.

Für den eben geschilderten Zustand des gesammten Kunstwesens jener Zeit ist der Hinblick auf den Zweig der Portraitmalerei ganz besonders lehrreich, denn indem die Künstlerseele aufgehört hatte ihr eigenes überzeugungsvolles Bekenntniss, das Abbild ihrer heiligsten Ideen und Empfindungn im Kunstwerke niederzulegen und demgemäss alle Kunstausübung conventioneller werden und zur Behandlung des äusserlichen Wesens dessen, was dargestellt wurde, herabsinken musste, die ihren Triumph in der Geschicklichkeit des blosen Machens feierte, ward nothwendig auch selbst das Portrait unkräftig und unbedeutend, in leere Darstellung lügenhafter Huldigungen und elender Schmeicheleien sich verlierend, was freilich in den meisten Fällen mit dem Wesen des Dargestellten zusammenhing, dessen Urtheil für den Maler bestimmend war und dessen Wille eher dazu drängte in falschem nichtssagendem Pomp oder glatter unbedeutender, höchstens eleganter Gestalt zu figuriren und auf solche flache Art umgewandelt zu erscheinen, als irgend einen Grad von Kraft und lebendiger Persönlichkeit ausgeprägt zu sehen, der zum Charakterbilde hätte führen können. Aeusserlich und innerlich unehrlich waren, der Mode ergeben, welche kaum noch formelle Abrundung zuliess, Künstler und Laien im Vergleich zu den vorangegangenen Jahrhunderten.

849. **Neptun und Amphitrite.** Vor ihnen in einer Felsengrotte sind viele mannichfach geformte Muscheln ausgebreitet. An Amphitrite lehnt ein Amor, der in die von Neptun dargereichte Muschel hineingreift. Hinter Neptun ist der Dreizack, hinter Amor der Pfeilköcher und Bogen sichtbar. Spätere venezianische Schule. Leinwand. H. 3' 3", br. 4' 1½".

850. **Die heilige Familie.** Die heilige Anna sitzt auf einem Throne, dessen obere Draperie von einem schwebenden Engel gehoben wird, ein anderer Engel streut Blumen. Neben ihr steht Maria und umfasst das auf ihrem Schoosse stehende Christkind, welches nach einem Fruchtkörbchen greift, das ihm von einem kleinen links vor der Gruppe herantretenden Engel dargereicht wird. Im Mittelgrunde links naht der heilige Joseph. Später Auslauf der bolognesischen Schule. Leinwand. H. 6' 7", br. 4' 3".

851. **Maria** beugt sich über das auf ihrem Schoosse schlafende Kind, dem der rechts kniende kleine Johannes das Füsschen küsst. Links im Helldunkel unter Bäumen der heilige Joseph. Aus der Schule des Cavaliero Carlo Maratta (1625—1713). Geschenk des Herrn Dr. Joseph Nückel 1864. Leinwand. H. 3' 11½", br. 3' 1½".

Die italienische Schule.

852. **Zwei Engel** pflegen die Wunden des niedergesunkenen Körpers des heiligen Sebastian. Bolognesische Schule. Leinwand. H. 1' 9½'', br. 1' 6½''.

853. **König Pharao** sitzt auf seinem Throne in der Rechten das Scepter. Er ist umgeben von den Wahrsagern, Weisen und Grossen seines Reichs. Vor ihm, nur halb bekleidet und in demüthiger Geberde steht Joseph und deutet seine Träume. In Moses Valentins Malweise und in seiner Art die Gegenstände im Costüm seiner Zeit darzustellen. Leinwand. H. 3' 11½'', br. 5' 3''.

854. **Würfelscene.** Ein Krieger und ein Mädchen würfeln mit einander. Zwischen beiden, mehr im Mittelgrunde ein Knabe, in seiner Hand ein Glas Wein haltend. In Moses Valentins Manier. Leinwand. H. 2' 5½'', br. 3' 1½''.

855. **Moses**, umgeben von den Aeltesten Israels, schlägt auf Befehl Gottes mit seinem Stabe Wasser aus dem Felsen Horeb. Im Vordergrunde ist viel Volks in der Wüste Raphidim lagernd dargestellt, das geschäftig ist, sich mit Krügen zu nahen. Grau in Grau gemalte Skizze. Holz. H. 1', br. 1' 8½''.

856. **Ein Krieger.** Das Bild erregt ein besonderes Interesse dadurch, dass das Gewehr, welches er zum Schiessen anlegt, stets auf die Brust des Beschauers gerichtet ist, von welchem Punkte aus er auch die Bildfläche sehen mag. Leinwand. H. 2' 5½'', br. 1' 10''.

857. **Ein Krieger.** Er blickt zornentbrannt auf den Beschauer, ist eben im Begriff sein Schwert zu ziehen und hat den vor ihm auf dem Tische liegenden Krug umgeworfen. Leinwand. H. 2' 5½'', br. 1' 10''.

858. **David**, sein rechter Arm stützt sich auf das abgeschlagene Haupt des Goliath, in der linken Hand hält er den Hirtenstab, zu seinen Füssen liegt das Schwert. Dazu gehört:

859. **Judith** in der Linken das Schwert, in der Rechten das Haupt des Holofernes haltend. Hinter ihr die Magd. Die beiden Gegenstücke erinnern an die Werke des Florentiners Furini. Leinwand. H. 1' 10¼'', br. 1'.

860. **Ein geflügelter Amor** in seiner Rechten den Pfeil haltend, getragen und umgeben von heiter spielenden jungen Bacchanten. Leinwand. H. 3' 6¾'', br. 4' 10½''.

861. **Der Evangelist Marcus** auf Wolken ruhend, neben ihm der Löwe. Holz. H. 3' 7¼'', br. 3' 7¼''.

862. **Der englische Gruss.** Ein Bildchen in welchem der Einfluss Murillo'scher Werke einigermassen sichtbar erscheint. Holz. H. 11¼'', br. 9''.

863. **Moses und Aaron** deuten auf die auf Befehl Gottes aufgerichtete eherne Schlange, durch deren Anblick den von Feuerschlangen gebissenen aufrührischen Juden Heilung kommen soll. Holz. H. 1' 11¼'', br. 2' 10''.

864. Die Mater dolorosa mit dem Schwert durchbohrt, vor ihr hingestreckt der Leichnam Christi, dessen rechte Hand von der vor ihm niedergebeugten Maria Magdalena geküsst wird. Ueber dieser Gruppe steht Johannes, dem in den Wolken neben dem Kreuze ein Engel erscheint, der, indem er nach oben zeigt, auf den Rathschluss Gottes hindeutet. Das nicht wie ein Vorkommniss, sondern in vielfach üblicher Weise, wie eine Vision im mystischen Sinne dargestellte Bildchen könnte aus „Marattas Schule herrühren. Holz. H. $10^{3}/_{4}''$, br. $7''$.

865. Ein Engel vor sich den Leichnam Christi haltend. Vor diesem kniet ein zweiter Engel mit einer brennenden Fackel nnd im Helldunkel des Mittelgrundes links ein dritter, welcher die Dornenkrone und die Nägel trägt. Das Bildchen ist in ähnlichem Sinne wie das vorhergenannte geschaffen und wahrscheinlich desselben Ursprungs. Holz. H. $7''$, br. $7^{1}/_{2}''$.

866. Ein alter Mann. Er hält in seiner Rechten Blumen, die er betrachtet. Vielleicht stammt das Bild aus der Schule des M. A. Amerighi da Carravaggio. Er war der eigentliche Opponent gegen das in der Schule der Caracci übliche eklektische Verfahren und der Repräsentant des Naturalismus. Ohne Sinn für ideale Lebensanschauung und ohne Ringen nach reiner menschlich sittlicher und ästhetischer Entwicklung, wie es bei Michel Angelo und da Vinci so nachweisbar erscheint, fehlt ihm auch in der Kunst der eigentliche Sinn für Ideales, doch zeigt er eine ungemein gesunde, mitunter fast rohe Auffassungsgabe des Charakteristischen der alltäglichen Erscheinung mit all ihrer Zufälligkeit, wie sie nie zuvor dagewesen, die zwar bei einzelnen späteren Niederländern wieder in ähnlicher Lebendigkeit erscheint, aber, weil eine weniger schöne Natur als Vorbild diente, auch ein um noch so viel minder ideales Resultat erzielte. Er pflegte das auch neuerdings wiederum in Frankreich, Deutschland, Belgien und den Niederlanden vielfach beliebte daguerrotypartige Verfahren, welches in Anwendung von geschlossener Beleuchtung des Modells dunkle, scharfen Contrast bietende, Schatten zeigt, die ein auf bescheidenerem Wege nicht erreichbares Hervortreten des dargestellten Gegenstandes zulassen, aber doch nur auf einzelne Figuren ihre Wirkung erstrecken können, da alle reichere Composition dadurch zerrissen und jeglicher Einheit entbehrend erscheinen muss. H. $2'\ 1^{1}/_{2}''$, br. $1'\ 9''$.

867. Ein schlafendes Mädchen, ganze Figur, in Caravaggios Manier. Leinwand. H. $1'\ 6''$, br. $3'\ 6^{1}/_{2}''$.

868. Maria auf einem Throne, das neben ihr auf Wolken stehende Kind haltend. Vor dieser kniet in entzückter Hingebung hinaufschauend, in seiner Rechten die Schlüssel vor sich hinhaltend der heilige Petrus, rechts naht in anbetender Geberde der heilige Ignatius. Links steht auf sie hinweisend der heilige Ambrosius. Rechts oben in einer Wolkenglorie schweben Cherubimköpfchen. Die grau in Grau gemalte

Skizze ist schwungvoll componirt, zeigt aber in ihrer Formengebung die späte Verfallzeit der bolognesischen Schule. Leinwand. H. 1' 8''', br. 1' 2'''.

869. **Maria** von Wolken und Engeln getragen, schwebt gen Himmel. Unten an dem geöffneten Grabe und im Mittelgrunde der Landschaft stehen die ihr nachblickenden Apostel. In ähnlichem Sinne gemalt und ähnlichen Ursprungs, wie das vorhergenannte Bild. Leinwand. H. 2' 9¾''', br. 1' 7½'''.

870. **Kopf eines alten Mannes.** Nachahmung Caravaggios. Leinwand. H. 1' 6''', br. 1' 4'''.

871. **Das Haupt Johannes des Täufers** von einem Knaben mit einer Fackel beleuchtet. Nachahmung des Honthorst und Caravaggios. H. 1' 10''', br. 2' 4'''.

872. **Landschaft.** Rechts kräftig und wild phantastisch geformte Bäume. Im Mittelgrunde Felsenmassen, an denen links ein Fluss, auf welchem ein Schiff sichtbar ist. Vom Wasser aus zieht sich Staffage im Vorder-, Hinter- und Mittelgrunde und über ihm breiten sich Gebäude, waldige Hügel und hohe Bergeswipfel aus. Leinwand. H. 4' 4''', br. 2' 11½'''.

873. **Landschaft.** Zwischen hohen nach links sich aufthürmenden Felsenmassen und wild zerrissenen Bäumen sind mehrere herabstürzende Waldbäche, an denen zwei angelnde Fischer beisammen sitzen. Auf einem Felsenvorsprung des Mittelgrundes eine Burg, rechts davon ferne Berge und Ebene. Diese und die zuvorgenannte Landschaft erinnern sehr an die Schöpfungen des Salvator Rosa, eines leidenschaftlichen von innerster Unruhe und Unfrieden getriebenen talentvollen phantasiereichen Künstlers, der voll krankhaften Ehrgeizes unsäglich bemüht war, auch den Beifall und die Anerkennung der unverständigen urtheilslosen Masse zu erlangen, der voll Rücksichtslosigkeit in der Aussprache der beissendsten Satyren gegen seine Mitstrebenden sich wohlgefiel, in seinem unstäten Wesen nur nach dem Impuls der Laune, dann aber auch wie eine „Alekto" (Erinnye) und wenn er grossen Erfolg erreichen wollte „wie im Todeskampfe arbeitete". Diesen seinen Charaktereigenschaften entsprechend zeichnen sich seine Werke deren Formensprache aus Riberas und Caravaggios naturalistischer Anschauung erwachsen war, als echte Spiegelbilder seiner Seele durch phantastisch-unheimliche Wildheit und oft düstere schauererweckende Stimmung aus, die im vollsten Gegensatze stehen zu den ruhigen, klaren wahrhaft heroischen Schöpfungen des besonnenen und edlen Poussin und den friedlich idyllischen des heitern Claude Lorain. Leinwand. H. 2' 10¼''', br. 4' 5¾'''.

874. **Landschaft.** Im grossentheils schattigen Mittelgrunde liegt eine italienische Stadt. Rechts über ihr zeigt sich Gebirge, nach dem Vordergrunde hin stürzt ein Fluss, an dessen Rand halbentkleidete Mädchen,

wie sich vor dem rechts mit seiner Herde des Weges ziehenden Hirten verbergend, zusammengekauert sitzen. Ungemein malerisch gestimmtes gutes Bild. Leinwand. H. 2' 7", br. 3' 3".

875. **Landschaft.** An einem Wasser lagern neben Felsen und unter Bäumen des Vordergrundes links idyllische Gruppen. Am jenseitigen Ufer ziehen sich rechts aufwärts Gebäude, Felsen und Waldeshöhen. Gegenstück des vorigen Bildes. H. 2' 7", br. 3' 3".

876. **Landschaft.** Staffage, ein Schäfer mit seinem Hunde und seinen Schafen. Leinwand. H. 1' 2½", br. 1' 6¾".

877. **Landschaft.** Holz. H. 1' 4", br. 1' 2½".

878. **Landschaft.** Links Ruinen, hinter diesen eine Pinie und Cypressen. Rechts Bäume. Unter denselben im nächsten Vordergrunde drei an einen Stein gelehnte Männer, von denen der vordere ein Blatt Papier in den Händen hält. Leinwand. H. 2' 3½", br. 3' ½".

879. **Landschaft.** Leinwand. H. 1' 6", br. 2'.

880. **Landschaft.** Leinwand. H. 1' 4½", br. 1' ½".

881. **Fruchtstück.** Das Bild zeigt das Monogramm A. W. Leinwand. H. 2' 6", br. 3' 10".

882. **Stillleben.** Gutes Bild. H. 2' 5½", br. 1' 11".

883. **Landschaft.** Leinwand. H. 1' 4½", br. 1' 11".

884. **Landschaft** mit componirter Architektur, (römischen Ruinen) und Staffage. Leinwand. H. 2' 7", br. 2' ½".

885. **Landschaft** mit frei componirten römischen Ruinen. Leinwand. H. 2' 3", br. 1' 10".

886. **Dunkle Gebirgslandschaft.** Leinwand. H. 1' ½", br. 1' 6¾".

887. **Landschaft** mit Staffage. H. 1' 8¼", br. 1' 5¼".

888. **Landschaft** mit Korkeiche. Vielleicht spanisch. Leinwand. H. 3' 1¼", br. 3' 1½".

889. **Das Innere eines römischen Palastes.** Zwischen Säulenhallen stehen Statuen. Leinwand. H. 1' 11⅓", br. 2' 4".

890. **Thierstück.** Auf einem Wege steht links ein Pferd. Unten ist ein Hund und eine Herde sichtbar. Leinwand. H. 3' 9½", br. 5' 4½".

891. **Fruchtstück.** Rechts ein Kaninchen, links ein Hund. Leinwand. H. 2' 11¾", br. 4' 3".

892. **Verherrlichung eines Helden.** Er sitzt auf einem von Wolken getragenen Throne und ist umgeben von den allegorischen Gestalten der göttlichen Tugenden. Die Götter des Olympos nahen von allen Seiten um ihm Ehre zu erweisen. Wahrscheinlich die Skizze zu einem Deckengemälde. Leinwand. H. 2' 7", br. 2' 8¼".

893. **Der Erzengel Michael** über dem gestürzten Satan schwebend. Dazu gehört:

894. **Ein Schutzengel** gen Himmel zeigend, bei drei auf einer Felsenhöhe ruhenden Kindern. Holz. H. 10″, br. 7½″.

895. **Ruhe auf der Flucht nach Aegypten.** Maria ist im Begriff mit einer Schale Wasser zu schöpfen. Der hinter ihr stehende heilige Joseph reicht dem rechts neben ihr knieenden Jesusknaben einen Zweig mit Früchten. Hinter dem Letzteren steht ein Esel. Hintergrund Landschaft. In der Art des Baroccio. Leinwand. H. 3′ 8¾″, br. 2′ 11½″.

896. **Weibliches Brustbild.** Der Kopf ist nach links gewendet und niedergebeugt. Copie. Venezianische Schule. Holz. H. 1′ 6½″, br. 1′ 2½″.

897. **Auszug des Patriarchen Jacob.** Leinwand. H. 1′ 11¼″, br. 2′ 5¾″.

898. **Karnevalistischer Aufzug** bei Fackelbeleuchtung in einer Strasse einer italienischen Stadt. Leinwand. H. 1′ 8¾″, br. 2′ 6″.

899. **Der heilige Ignatius** in einer Glorie, umgeben von einer Engelschaar auf Wolken zum Himmel getragen. Wahrscheinlich eine Skizze zu einem Deckengemälde. Leinwand. H. 1′ 3″, br. 2′ 6″.

900. **Maria** auf ihrem Schoosse den Leichnam Christi haltend, blickt schmerzvoll gen Himmel. Skizze. Holz. H. 13″, br. 11¾″.

Französische Schule.

In Frankreich, wo seit Leonardo da Vincis Aufenthalt italienische Kunst Mode geworden, findet man nach dieser Zeit fast nur Nachahmer derselben und bis zu den ersten Decennien des XVII. Jahrhunderts ist von eigentlich national französischer Kunst kaum zu reden. Zugleich war es das, auch in den Miniaturen der vorhergehenden Jahrhunderte schon sichtbare, naturalistische Streben, dann aber auch das dem französischen Charakter leicht eigene theatralische und falsch pathetische Wesen, das auch selbst in seinen besten Künstlern immer noch einigermassen sichtbar ist, so wie die Neigung zu einer oft an Frivolität grenzenden Sinnlichkeit, welche einer wahrhaft klassischen Kunst-Entwicklung entgegenstanden. Eine bedeutende Ausnahme finden wir dann aber in dem ernsten, verstandesscharfen, gleichsam aus künstlerisch logischer Berechnung seine Bilder componirenden Nicolaus Poussin (1594—1665).

Er war es, der neben seinen meist antik-historische Stoffe behandelnden Darstellungen zuerst jene aus grossartigen Massen gebauten Landschaften schuf, deren majestätischer Formencharakter, mit den von ihm vorherrschend angewandten antiken Staffagen und Architekturen zu feierlich ernster Wirkung verbunden, der treffenden Bezeichnung „heroische Landschaft" ihren Ursprung gab. Zu ernst componirt, als dass auch noch das feine zauberische Spiel von Beleuchtung und Luftglanz in ihnen zur vollen Geltung kommen könnte, gehören seine Werke zu den mehr herben Kunstschöpfungen, die, um recht genossen werden zu können, ernste Anlage und durchgebildeten Geschmack des Beschauers voraussetzen. Poussins Schwager Caspar Dughet (1613 — 1674) der ihm auch geistig verwandt erscheint, schuf in ähnlichem Sinne, jedoch war die Landschaft als solche bei ihm vorwiegender die ernste künstlerische Aufgabe. Nicht minder bedeutend aber als diese in ihrer Art einzig dastehenden stets auf harmonische Abrundung ihrer Werke hinzielenden würdigen Künstler, weiss durch seine besondere Weise Claude Gelée, genannt Lorrain (1600—1682) doch auch dem weniger in Kunst Eingeweihten sehr bald nahe zu treten und ihn mehr und mehr in Entzücken zu versetzen durch den bezaubernden Verklärungsglanz, die wunderbare Harmonie seiner meist mythologisch idyllischen Landschaften. Das goldige Licht, das innere Glühen, das in den besten historischen Bildern der grossen Venezianer uns anmuthet, es durchleuchtet viele seiner Landschaften, die, mit entsprechenden Staffagen geschmückt, manchmal wie eine heilige Sabbathfeier der Natur uns berühren, manchmal in einem mehr silbernen thauig frischen Morgenlichte schwimmen und uns wie in der ungetrübten Klarheit des ersten Schöpfungsmorgens anlächeln. Eine feierliche Friedensstille spricht zu uns durch den reinsten Einklang weichster und sanftester Farben- und Formen-Accorde, der in seinen Werken herrscht und der mehr als tiefe Beobachtung der Natur und ihrer Gesetze, der auch einen Grad von Uebersetzung und Anwendung derselben zu idealster Harmonie offenbart, welchen modern naturalistische Anstrengungen nicht zu erreichen vermögen. Vielfach nachgeahmt, doch nicht erreicht, steht er einzig da, ungetheilte gleichmässige Freude bei Kennern und Laien hervorrufend. Als bedeutender Historienmaler ist ferner zu nennen Eustache Le Sueur (1617 — 1655) der durch seine oftmals grosse Innerlichkeit den Namen des „französischen Raphael" erhielt. Er war ein Schüler Simon Vouets (1582—1641) eines den Venezianern gewissermassen verwandten ernsten Künstlers, der indess ziemlich vereinzelt stehen musste, aus dessen Schule aber, ausser manch anderer tüchtigen Kraft, der gefeierteste Maler seiner Zeit hervorging: Charles Le Brun (1617—1690) ein mannichfach gebildeter Mann, dessen leider nur übermässig pathetisches, theatralisches und kokett französisches Wesen auf seine, vielfach durch seinen Ruhm geblendeten Nachfolger schlimmen Einfluss ausübte. Auf ihn folgt dann der Beginn einer neuen, zur Frivolität neigenden Epoche mit Antoine Watteau (1684—1721). Ihn überbietet schon sein Schüler J. B. Pater (1695 — 1736) und schnell folgen darauf die Maler der „frivolen Grazie" und unter ihnen François Boucher (1704--1770) (ein Talent, auch für Besseres begabt) als der Repräsentant der unter Ludwig XV. ihren Triumph feiernden höfischen Galanterie. So erhält denn die falsche äussere Vornehmheit, Geziertheit und Lügenhaftigkeit, die Hohlheit des staatlichen, kirchlichen und selbst des bürgerlichen Lebens jener Zeit in Frankreich, deren Rückwirkung indess leider auf ganz Europa sich erstreckte, durch ihn, so wie den vielfach nicht minder üppigen und sinnlichen, dabei oft sentimentalen Greuze (1725 — 1807) ihren prägnantesten Kunstausdruck. Doch nur vorübergehend konnte solche Kunst und Lebensanschauung die Gemüther umstricken. Die bald zu ernster Umkehr drängende Strömung der Zeit tritt uns mit gleichsam zusammengefasster Gewalt in hervorragenden Männern entgegen, die dann mitten in der oft schrecklichen Gährung ihres Reinigungsprozesses standen. J. L. David (1748—1824) war es, der, von mehr politischer als sittlicher Begeisterung für Recht und Freiheit, von Aufopferungsdrang für diese Tugenden getrieben, nun als ein Bahnbrecher und Regenerator neu belebendes Element nicht nur in die französischen, sondern in fast alle europäische Kunstbestrebungen brachte. Mitten in einer Welt, welche in Erschlaffung, Koketterie, Trug und Trägheit versunken war, stand er, eine rücksichtslos durchgreifende Natur, die mit vollstem Einsatz ihrer ganzen Kraft an den furchtbaren Bewegungen der Zeit theilnahm und diese seine mächtige Lebensenergie, wenn auch nicht immer frei von falschem Pathos und theatralischem Aufputz, wird in vielen seiner Kunstschöpfungen ergreifend sichtbar. Wie nicht selten solche Naturen, so verfiel auch er in manche bedenkliche Extreme, aber dennoch ist er es, mit dem eine bessere reinere Kunstanschauung zum Durchbruche kommt. In der Rückkehr zum Studium der ernsten griechischen Antike tritt nun bei ihm wieder die Schönheitslinie, die reine Form, das plastische Element in den Vordergrund künstlerischer Anforderungen. Er hatte den Grund seiner Bildung hauptsächlich in Rom gelegt, wohin er schon im Jahre 1775 seinem Lehrer Vien folgte. Dort blieb er, nur zeitenweise diesen Aufenthalt mit Paris vertauschend, bis zum Beginn der französischen Revolution, an welcher er sich lebhaft betheiligte. Ihn, der zu den heftigsten Jacobinern, ja zu den „Königsmördern" gehörte, rettete nach Robespierres Sturz nur sein grosser Ruf als Maler vom Blutgerüste. 1804 ernannte ihn Napoleon zu seinem ersten Maler, 1816 zur Zeit der Restauration musste er Frankreich verlassen. Er starb 1824 in Brüssel. David, der auch ein besonderes Lehrertalent besass, klar die verschiedenen Organisationen echter Künstlernaturen kannte und bei aller Strenge

jeder auch von seiner Richtung noch so verschiedenen Begabung
in anregender Weise gerecht werden konnte, hat eine bedeutende
Schule gebildet. Vorzugsweise sind es Drouais, Girodet und Gérard,
die durch ihn die folgenreichste Anregung erhielten, bis dann auf
diese Meister eine mehr romantische, eine klassisch strebende, so
wie eine naturalistische Richtung folgten, welche letztere auch heute
mit starker Beimischung von frivolem Wesen noch fortblüht.

Philipp de Champagne,

geboren zu Brüssel 1602, erhielt früh schon Unterricht bei Michel
Bouillon und besonders dann bei dem Landschaftmaler Jean Fouquier, ging dann 19 Jahre alt nach Paris, wo er sich bald durch
einige Bildnisse bekannt machte. Seine Landschaften, welche er
durch bedeutende Staffagen zu beleben wusste, sind von poetischer
Erfindung. Er war ein dem einfach ruhigen Poussin ähnlich gesinnter charaktervoller Mensch und stand mit diesem in vertrautem
Umgange. Nach dem Tode des du Chêne, dessen Tochter er heirathete,
erhielt er die meisten Arbeiten bei Hofe, für Kirchen und Paläste,
die Leitung der Arbeiten im Luxembourg, begann die Gallerie des
hommes illustres und ward Direktor der Akademie. Eines seiner
schönsten Bilder, von seiner tiefen Empfindung und Frömmigkeit
zeugend, ist das von ihm im Jahre 1662 gemalte im Louvre zu Paris
befindliche Doppelbildniss seiner schwer erkrankten Tochter (welche
als Nonne in das Kloster zu Port-Royal getreten war) und der im
Gebet für sie, welchem man später die Genesung der Kranken
zuschrieb, begriffenen Mutter Catharina Agnes Arnauld. Seine
Bildnisse sind seine besten Arbeiten. In seinen historischen Gemälden ist er zwar fern von dem zur Frivolität neigenden Wesen
der Franzosen, jedoch nicht von deren Neigung zum Theatralischen
und Bunten. Er starb 1674. Das folgende Bildniss scheint wie im
Wettstreit mit dem vier Jahre älteren van Dyck entstanden, von dessen
Hand das unter Nro. 624 besprochene Bildniss desselben Jabach
herrührt.

901. **Bildniss des kölnischen Patriciers und Kunstfreundes Eberhard
Jabach.** Er ist mit schwarz seidenem Gewande bekleidet, sitzt nach
links gewendet, sein Auge blickt nach dem Betrachter des Bildes.
Seine Rechte fasst die Schnur seines Kragens, die Linke liegt auf dem
linken Schenkel. Hinter ihm rechts bilden Bäume, links eine Ferne
mit abendlichen Wolken den Hintergrund des Bildes das zu den besten
des Meisters gehört und dem von van Dyck gemalten wenig nachsteht.
Leinwand. H. 4′ 11″, br. 3′ 3½″.

902. **Maria** zeigt das Kind, das auf einem mit weissen Tüchern überbreiteten Steine schlafend ruht. Rechts beugt sich der heilige Joseph über dasselbe, links knieen und über ihm schweben Engel, welche Früchte darbringen. Links oben nahen noch andere und rechts im Mittelgrunde noch viele Engel. Das Bild erinnert an die Werke des Sebastian Bourdon (1616—1671). Leinwand. H. 4′ 5″, br. 6′ 2″.

---

903. **Die Kreuzaufrichtung.** Viele Krieger zu beiden Seiten und unter dem Kreuze stehend, sind in verschiedenster Weise, theils mit Hülfe von Leitern und Seilen thätig das Kreuz, an welchem der Heiland befestigt ist, aufzurichten. Diese sind umgeben von römischem Volke und vornehmen zu Rosse sitzenden Kriegern. Im Vordergrunde links steht gebunden einer der zur Kreuzigung verurtheilten Schächer, der andere liegt halb auf's Kreuz hingestreckt neben demselben. Im Mittelgrunde nach der Stadt Jerusalem hin, welche den Hintergrund bildet, sind die in Ohnmacht sinkende Mutter Maria und andere sie unterstützende heilige Frauen dargestellt. Copie nach Le Brun, in welcher die im Vorworte zur „französischen Schule" besprochenen Eigenthümlichkeiten des Meisters sehr ausgesprochen sind. Leinwand. H. 13′ 8½″, br. 10′.

904. **Triumphzug Alexanders des Grossen.** (Copie nach Le Brun). Der heldenmüthige Sohn Philipps, König von Macedonien und der Olympia, Tochter des Königs Neoptolemus von Epirus, zieht als Besieger Kleinasiens, Persiens, Aegyptens und Lybiens, nachdem er zuletzt den Darius bei Arbela geschlagen, an der Spitze seines 50,000 Mann starken Heeres in Babylon, die alte Wunderstadt und Beherrscherin des medischen Reiches, ein (wo er bald darauf 323 v. Chr. Geburt 32 Jahre alt starb). Es heisst im fünften Buche des Curtius, dass vor ihm gingen die Magier ihre heiligen Lieder zum Preise des Königs singend und die chaldäischen Sterndeuter, welche ihre Weissagungen mit Saitenspiel begleiteten. Der neue Beherrscher des Orients steht, in der Rechten das Scepter, auf welchem die Siegesgöttin (die geflügelte Nike in der rechten Hand die Palme in der linken den Kranz haltend) dargestellt ist, auf dem von einem Elephanten gezogenen Triumphwagen. Mehr im Vordergrunde des Bildes sieht man auf wild sich bäumendem goldfarbigem Hengste dem Zug entgegenreitend einen Krieger, der den beutetragenden Dienern Befehle ertheilt. Vielleicht ist es Bagophanes der Veranstalter alles dieses Pompes und soll das von den Männern getragene Gefäss dasjenige vorstellen, welches Alexander als einzige Beute sich vorbehielt und in welchem er das von Aristoteles durchgesehene Exemplar der homerischen Gesänge, das er immer mit sich führte, bewahrte. Auf den Brüstungen der Stadtmauern, über welchen die sogenannten hängenden Gärten der Semiramis, auf künstlichem Mauerwerk angebracht,

sichtbar sind, sowie den mit Blumen bestreuten Weg entlang sieht man zwischen silbernen Altären, auf welchen Wohlgerüche brennen, viel Volks, das den neuen König sehen und empfangen will und unter diesem links im Vordergrunde vor der Statue einer Städteherrscherin, eine halbentkleidete schöne junge Frau, die wie eine Andeutung auf die babylonische Ueppigkeit erscheint, welche die Tapferen zu verderblicher Schwelgerei lockte. Ueber den mächtigen Stadtmauern ziehen finstere Wolken. Das im Louvre zu Paris befindliche überlebensgross ausgeführte Originalbild gehört zu den interessantesten des Meisters und unsere Copie ist eine gute Arbeit die manche von den Eigenschaften Le Bruns zeigt deren im Vorwort zur „französischen Schule" gedacht worden. Leinwand. H. 4′ 4½″, br. 6′ 9¾″.

905. **Raub der Sabinerinnen.** Rechts sitzt auf einer Erhöhung Romulus, der eben den Kriegern des männerreichen Roms das Zeichen zum Angriff gegeben, sich der Weiber mit Gewalt zu bemächtigen und die Geraubten fortzuführen. Schule Le Bruns. Holz. H. 1′ 2½″, br. 1′ 10½″.

---

906. **Bacchanalische Tänze.** Hintergrund Landschaft. Die beiden rundgeformten Bilder sind unter dem Einflusse der Werke des Nicolaus Poussin entstanden und erinnern an Arbeiten des Gerhard de Lairesse geb. 1640 zu Lüttig, ein in seiner Weise gebildeter, meist in frivolem Sinne Allegorien darstellender für die Churfürsten von Köln und Brandenburg vielbeschäftigter Maler. Er starb zu Amsterdam 1711. Leinwand. H. 1′ 9″, br. 1′ 9″.

907. **Vulcan und Venus.** Links bringt Amor den Helm des Mars. Skizze. Leinwand. H. 5½″, br. 6″.

908. **Die irdische und die himmlische Liebe.** Die erstere allegorische Gestalt liegt halb entblöst in üppig träger Bewegung auf reichen Gewändern hingestreckt links unten. Sie ist umgeben von Amoretten mit Blumenkränzen und andern die wie Eros und Anteros miteinander ringen. Ueber ihr rechts in der Luft naht in verhüllendem Gewande die Rechte wie mahnend vorgestreckt, in der Linken eine Lilie haltend die Gestalt der himmlischen Liebe. Leinwand. H. 1′ 6″, br. 2′.

Hyacinthe Rigaud,

geboren 1659 zu Perpignan. Sein Vater, so wie sein Grossvater, waren Maler. Nachdem er eine Zeitlang zu Montpellier in den Ateliers unbedeutender Maler (Pezet und Verdier) gelernt hatte, ging er nach Lyon, dann nach Paris, wo er mehr als Autodidakt und die van Dyck'schen Bildnisse studierend lebte. Dort gewann er dann den von der Akademie ausgesetzten Preis, ward von Le Brun befördert und als ein Maler, dessen Bildung und Sitten den

Anforderungen der damaligen Zeit entsprachen und dessen Bildnisse sich durch die frappanteste Aehnlichkeit auszeichneten ward er ausserordentlich beschäftigt und mit Ruhm überhäuft. Er portraitirte die Vornehmsten des französischen Hofes der geistlichen und weltlichen Macht, besonders aber Fürsten, von denen er manche unter der Gestalt mythologischer Personen darstellte. Es sind meistens charakteristische Bilder jener Epoche, selten Achtung gebietende Erscheinungen, aus denen die Tugend früherer Zeit an welcher der Künstler gleichmässig mit dem Dargestellten Theil hatte: bewusste Unabhängigkeit und bis zu trotziger Energie gesteigerter Freimuth hervorleuchtete, sondern nur in theatralischem Pomp eitles Selbstgefühl spiegelnde, in koketter Geziertheit sich spreizende, mit allerlei buntem Putz, vielfach selbst mit flatternden Gewändern herausstaffirte Figuren. Als Lohn für seine Leistungen erhielt Rigaud, der schon 1700 Mitglied der königlichen Akademie geworden war, 1709 von seiner Vaterstadt den Adelsbrief, von Ludwig XV., der ihn ganz besonders viel beschäftigte, 1727 den Orden des heiligen Michael mit einem Jahrgelde von 1000 Livre. Er starb 1743.

909. **Bildniss des Eberhard Jabach.** Es stellt denselben der unter Nr. 624 und 901 dargestellt ist, in vorgerücktem Alter dar. Die Züge des Mannes sowohl, wie die Haltung, Kopfbewegung, Drapierung und Malerei sind von frappanter Lebendigkeit doch weniger edel und würdevoll als in den beiden früher erwähnten Bildnissen. Geschenk des Herrn Dr. Eduard Schenk 1860. Leinwand. H. 1′ 10″, br. 1′ 5″.

910. **Allegorie.** Vielleicht darstellend: Die Zeit enthüllt die Wahrheit. Unten werden stürzende Dämonen von einem Genius mit brennender Fackel verfolgt. Holz. H. 1′ 6″, br. 1′ 1¾″.

911. **Magdalena** von Engeln auf Wolken gen Himmel getragen. Holz. H. 1′ 10″, br. 1′ 7″.

912. **Venus.** Sie sitzt auf einem Delphin, der, von schwebenden Amoretten umgeben, welche seine Zügel leiten, auf Wolken dahinfährt. Die zuletzt genannten Bilder gehören zu den die Epoche der „frivolen Grazie" repräsentirenden Werken französischer Künstler, vielleicht ist dies von François Boucher (1704—1770). Es sind wohl nur die Skizzen zu Plafondbildern. Mit solchen allegorischen mythischen und religiösen Werken wurden um die Zeit Ludwig XV. Kirchen und Paläste der geistlichen und weltlichen Vornehmen ausgeschmückt. Solche kokett anmuthige Werke, die nicht mehr um der Schönheit (der immer ein gewisser Ernst und geistige Weihe eigen ist) sondern um leichtfertiger Sinnlichkeit willen geschaffen wurden, waren der Ausdruck einer staatlichen und kirchlichen sittlichen Verkommenheit die sich jeder Verpflichtung treuer und aufrichtiger Handlung entledigt hielt, was sich dann aber nicht nur am einzelnen Menschen, sondern an

ganzen Völkern rächen musste, wie es die darauf folgende Revolutionszeit denn auch zeigte. So wenig Kunst sie auch bieten, sind solche Bilder um ihrer geschichtlichen Bedeutung willen interessant und fordern zu einem lehrreichen Vergleich mit ernster und reiner Kunst auf. Leinwand. H. 2′ 8″, br. 1′ 11 3/4″.

913. **Silen**, der Erzieher und Gefährte des Dionysos (Bacchus) der mit Weinlaub bekränzte, joviale, glatzköpfige, stumpfnasige, formlos gleich einem Weinschlauch dicke Alte ist hier berauscht, umgeben von Bacchantinnen und Faunen an einem Waldesrande unter Bäumen hingestreckt dargestellt. Holz. H. 1′ 6 1/2″, br. 2′ 1/4″.

914. **Christus am Oelberg.** Der Heiland ohnmächtig zusammengesunken wird rechts von einem Engel unterstützt. Links naht ein Engel in der Linken den Kelch das Symbol der Leiden haltend mit der Rechten nach der Glorie aus welcher er herangeschwebt zurückweisend. Zwei links von Wolken getragene Engelknaben zeigen auf den leidenden Erlöser. Rechts unten nahen mit Fackeln der Verräther und Krieger. Holz. H. 1′ 5 3/4″, br. 1′ 11 1/2″.

915. **Römische karnevalistische Scene.** Leinwand. H. 2′ 7 1/4″, br. 3′ 4 1/2″.

916. **Landschaft.** Links mit Bäumen bewachsene Hügel, rechts Baumgruppen. Zwischen diesen ein breiter mit Staffage belebter Weg, der nach dem Mittelgrunde hin zu einem Wasser führt; jenseits eine Stadt und in weiter Ferne Berge sichtbar, über welchen herrlich geformte hochaufgethürmte Wolken schweben. Das leider stellenweise nachgedunkelte Bild stammt offenbar aus Poussins Schule und ist fast des Meisters würdig. Es ist in grossem Stil aus klarem Gefühle für Rhythmus, gleich einem architektonischen Werke gegliedert und in kernigen kräftigen Formen gebaut. Jeder Theil des Bildes trägt durch besondere Formengebung, die mächtig und schwungvoll ist, schöne Silhouetten zeigt und durch die besondere Art seiner Placirung zur Symmetrie des Ganzen bei. Leinwand. H. 3′ 3/4″, br. 4′ 2 1/2″.

917. **Landschaft.** Ein in ähnlicher Weise, wie das vorher erwähnte, unter Poussin'schem Einflusse vortrefflich komponirtes ernstes Bild. Holz. H. 6 3/4″, br. 1′ 1 1/2″.

918 u. 19. **Zwei Landschaften** in denen, wenn auch in schwächerer Weise als in der vorhergenannten Poussin'scher Einfluss zu gewahren ist. Leinwand. H. 11″, br. 1′ 4 1/2″.

920—25. **Kleine Landschaften** in rundem Format. Holz. H. 7 3/4″, br. 7 3/4″.

926. **Küsten- und Seestück.** Leinwand. H. 1′ 3 3/4″, br. 1′ 3″.

927 u. 28. **Schlachtstücke.** Erinnern an Werke des A. F. van der Meulen. Leinwand. H. 1′ 4 1/2″, br. 2′ 1/2″.

929. **Landschaft.** An Artois Schule erinnernd. Leinwand. H. 2′ 7″, br. 2′ 1/2″.

Die französische Schule. 183

930. **Landschaft.** An Artois Schule erinnerndes gutes Bild. Leinwand. H. 1′ 9″, br. 2′ 3″.
931. **Landschaft.** Links bewachsene Felsenabhänge mit kleinem Wasserfalle, rechts, über der schattigen Ebene im Mittelgrunde, Berge. Auf hügeligtem Terrain des Vordergrundes sitzen ein angelnder Bauer und eine Hirtin, bei diesen sind Schafe und ein Hund. Gutes Bild. Vielleicht ist es von Lantara (1729—1778). Er war der Vorläufer der modernen Landschaftmalerei und wusste bei einfacher doch durch Poussin'sche Werke beeinflusster Compositionsweise, seinen Bildern Farbenreichthum harmonischer Art, Luft- Licht- und Stimmungsschönheit zu verleihen. Leinwand. H. 10″, br. 1′ 1¼″.
932. **Schlachtstück.** Leinwand. H. 2′ 10½″, br. 4′ 1¼″.
933. **Schlachtstück.** Leinwand. H. 2′ 7½″, br. 3′ 9½″.
934 u. 35. **Zwei Blumenstücke.** Leinwand. H. 2′ 1″, br. 1′ 7¼″.

Die folgenden Bilder sind Copien aus unbestimmter, vielleicht französischer Schule.

936. **Hunde** im Kampf mit einem Eber. Copie nach Snyders. Vielleicht deutschen Ursprungs. Geschenk des Herrn M. Neven 1864. Leinwand. H. 5′ 8½″, br. 5′ 7″.
937. **Zwei Hähne, eine Katze, ein Kaninchen.** Copie nach Weenix (?). Unbestimmte Schule. Leinwand. H. 2′ 3½″, br. 3′ 1″.
938. **Zwei Löwen.** Unbestimmte Schule. Leinwand. H. 2′ 10½″, br. 3′ 4″.
939. **Die Versuchung des heiligen Antonius.** Copie nach Franck. Unbestimmte Schule. H. 1′ 9″, br. 3′ 6″.

Claude Joseph Vernet,

geboren den 14. August 1714 zu Avignon, war zuerst Schüler des Adrian Manglard, ging dann nach Neapel und Rom, wo er sich in der Darstellung von Marinen mehr und mehr vervollkommnete und längere Zeit mit Erfolg arbeitete. Im Jahre 1753 erhielt er von Ludwig XV. den Auftrag von allen französischen Seehäfen Bilder zu malen, für welche eine besondere Gallerie angefertigt wurde. Vernet ragt auf seinem Gebiet über die Zeitgenossen, die meist in weichlicher verschwommener Manier sinnliche Gegenstände behandelten, durch Ernst und Strenge hervor. Doch ist er bei aller Lebendigkeit seiner Darstellungen nicht frei von einer dem französischen Wesen so leicht eigenen Sucht nach dem Frappanten und Pikanten, die sich bei ihm in der Behandlung seltsamer Effecte, gesuchter Beleuchtungen, so wie in der Wahl von ergreifenden folgenschweren Situationen und bedeutungsvollen Momenten als

Staffagen kundgibt und im Gegensatze steht zu dem mit contemplativer Vertiefung mehr auf das Einfach-Grosse gerichteten Sinn der Deutschen, Italiener und Niederländer, deren Werke selbst bei der Behandlung dramatischer Gegenstände eine Art von künstlerischer Ruhe in der Bewegung zeigen und dadurch ästhetisch wohlthuender berühren. Er starb 1789 zu Paris. Sein Sohn Charles geboren 1758 zu Bordeaux, gestorben 1836, war ein vorzüglicher Pferde- und Hundemaler (sein Hauptgebiet war die Genremalerei komischer Art), und dessen Sohn Horace geboren 1789 zu Paris war der im Jahre 1865 gestorbene berühmte Schlachten-Maler. Das folgende Bild darf als von Claude Joseph Vernet herrührend angesehen werden.

940. **Seesturm.** In der Nähe einer rechts liegenden Felsenküste sieht man im Mittelgrunde des Bildes mehrere grosse vom Sturmwind getriebene schiefliegende Seeschiffe. Auf dem Felsenstrande des Vordergrundes sind mehrere Männer beschäftigt vermittelst eines Seiles einen mit Menschen gefüllten, bereits halb gesunkenen Kahn an das Felsenufer zu ziehen. Holz. H. 10¼'', br. 1' 3''.

Jaques Louis David,

geboren 1748 gestorben 1824. (Siehe Einleitung „Französische Schule" Seite 175.) Das folgende Bild rührt von ihm her und zeigt seine Eigenthümlichkeiten. Die auf dem Bilde vorkommenden Bildnisse erinnern in hohem Grade an die grossentheils in Rom befindlichen aus der Zeit des Perikles stammenden, als authentisch angesehenen Marmorbüsten.

941. **Perikles bei der Leiche seines Sohnes Paralus.** Perikles leitete seit 469 v. Chr., nicht durch äussere Gewalt unterstützt, 40 Jahre lang die Angelegenheiten Athens, brachte es auf den Höhenpunkt politischer und geistiger Blüthe, er war der erhabenste, gebildetste Beschützer der Künste und Wissenschaften, und zeigte sich gleich gross als Staatsmann und Redner, wie in dem durch ihn veranlassten Peloponnesischen Kriege als Feldherr. Plutarch sagt von ihm in den „vergleichenden Biographien", dass es schicklich, dass ein so wohlwollendes Herz und bei aller Macht reines Leben „Olympisch" heisse, da wir ja von dem Geschlechte der Götter glauben, „Urquelle des Guten und am Uebel ohne Schuld herrsche und regiere es über die Welt" und ferner sagt er, dass es selbst von seinen Neidern nach seinem Hintritt anerkannt worden sei „ein bei hohem Selbstgefühl gemässigterer und bei Gutmüthigkeit grossartigerer Charakter habe nie gelebt". Unser Bild steht in Bezug zu folgendem Bericht Plutarchs: „Er unterlag und verläugnete im Unglück seinen Geist und die Grösse seiner Seele nicht; ja weder weinen, noch trauern, auch nicht am Grabe seiner Angehörigen, sah man ihn, bis er vollends auch den letzten seiner recht-

mässigen Söhne, Paralus, verlor. Hier brach ihm das Herz. Zwar wollte er seinem Charakter treu und der Held, der er immer gewesen, bleiben; als er aber dem Todten den Kranz aufsetzte, übermannte ihn der Jammeranblick, dass er laut aufschluchzte und einen Strom von Thränen vergoss, dergleichen er in seinem Leben nie gethan hatte". Zu den Füssen des Leichnams sitzet Phidias, der Freund des Perikles, der erhabenste unter den griechischen Bildhauern. Sein Bild der Pallas Parthenos und sein Colossalbild des Zeus zu Olympia werden als die höchsten Leistungen der Kunst im ganzen Alterthum gepriesen. Er starb ein Opfer religiöser Intoleranz, der Gotteslästerung angeklagt im Kerker, vielleicht an Gift. Links sitzet Aspasia, die Gattin des Perikles, die als die schönste und sinnigste Frau des Alterthums geschildert wird, deren unwiderstehliche Anmuth selbst Sokrates empfunden und die ihn in der Beredsamkeit unterrichtet haben soll, deren Geist Einfluss auf das ganze athenensische Volk gewann. Hinter ihr steht der junge Alcibiades, der von der Natur sowohl körperlich als geistig verschwenderisch ausgestattete Verwandte des Perikles, der in dessen Haus eine vortrefliche Erziehung genoss und Umgang mit Sokrates hatte, was indess nicht verhindern konnte, dass sich sein Charakter als eine fast unglaubliche Mischung von eben so grossen Lastern als Tugenden entfaltete. Ihm zur Linken steht Anaxagoras, den seine Zeitgenossen den Weltgeist hiessen, vielleicht aus Bewunderung seines ausserordentlich erscheinenden Scharfblickes in die Tiefen der Natur, oder weil er der Erste war, der an die Spitze des All's nicht Zufall, nicht Nothwendigkeit als Urgrund der Ordnung stellte, sondern einen lauteren und reinen, alles durchdringenden, die sich gleichen Elemente sondernden Geist. Auf den von ihm erwählten Grundsatz: „Etwas kann nicht aus Nichts und zu Nichts werden", gründete sich auch seine Lehre von der Bildung des Weltall's. Er war es auch, der die Sonnen- und Mondfinsternisse als naturgemässe Erscheinungen erklärte; deshalb als Gotteslästerer verdächtigt, wäre ihm fast das Loos des Sokrates beschieden gewesen, doch verliess er Athen und ging nach Lampsakus in Kleinasien wo er 427 v. Chr. starb. Neben diesem im Mittelgrunde des Bildes stehen zwei Mägde des Periklei'schen Hauses. Das Bild wurde erworben aus den Geldern des Kunstvereins. 1868. Leinwand. H. 4' 8½", br. 6' 3½".

Moderne Malerschulen.

Wie wir es bei den verschiedenen alten Malerschulen verfolgen konnten, dass es das begeisterte Dichter- und Prophetenwort gewesen, welches einen höheren Aufschwung auch in der bildenden Kunst herbeiführte, so ist auch in der am Ende des vorigen Jahrhunderts in Deutschland erwachten literarisch-klassischen Richtung dieser Einfluss leicht zu erkennen. Ausser den Uebersetzungen der älteren klassischen Werke, erscheinen da auch Männer, die durch ihre eigene Genialität mächtig anzuregen wussten. Vornehmlich waren es Klopstock, Lessing, Goethe und Schiller, welche durch gewaltige Dichtungen geistige Bewegung hervorriefen. Bereits war Winkelmann erschienen, der von unwiderstehlicher Sehnsucht nach dem Schauen des Schönen getrieben nach unsäglichem Leiden und Entbehren endlich Italiens Kunstgebilde erreichte und dann in bis dahin noch nicht dagewesener tiefer und klarer Sprache auf die Schätze der klassisch-griechischen und römischen Kunst aufmerksam machte und gegen die in Manierismus und akademisch verzopfte Gliederpuppendarstellungen, die in vielfach prunkender Aeusserlichkeit und dabei geistiger Leere versunkene Kunst kräftig predigte. Und so erscheint denn zunächst der Holsteiner Asmus Carstens geb. 1754, der durchdrungen von dem reinen Geiste echt griechischer Anschauung, man darf wohl sagen als Wiedererwecker und Reiniger, aber auch als Märtyrer der bildenden Kunst schon 1798 in Rom starb. In ihm war schon ein ähnlicher Geist wirksam, wie der, welcher aus Schillers Briefen über „ästhetische Erziehung des Menschen" mahnend spricht mit den Worten beginnend: „Der Künstler ist zwar der Sohn seiner Zeit, aber schlimm für ihn, wenn er zugleich ihr Zögling oder gar ihr Liebling ist." Ihm folgten und trugen vielfach zum Wiederaufschwung der Kunst bei: von Wächter geboren 1762, Anton Koch geboren 1768, Schick geboren 1779, Veit geboren 1794, Hess geboren 1798, Genelli geboren 1798, Führich geboren 1800. Ihnen Allen war es wohl bewusst „dass zu allen Zeiten, wo die Kunst verfiel, sie durch die Künstler verfallen ist" „dass die schöne und hohe Ruhe der Charakter eines edlen Kunstwerkes sein muss und dass der Künstler kein einziges Element aus der Wirklichkeit brauchen kann wie er es findet, dass sein Werk in allen Theilen ideal sein muss". Vor Allen aber Cornelius, der geboren am 24. September 1783 zu Düsseldorf, mit Recht als der eigentliche Chorführer im grossen Drama der modernen Malerei bezeichnet wird. Eine danteske Heldennatur im Gebiete der bildenden Kunst, die in Wahrheit von sich sagen konnte:

> **Kunst hab' ich geliebt,**
> **Kunst hab' ich geübt**
> **Mein Lebenlang.**
> **Künste hab' ich verachtet**
> **Nach Wahrheit nur getrachtet.**
> **Drum ist mir nicht bang.**

die voll tief symbolischen Verstandes eine Steigerung des Ausdrucks majestätischer Grösse, geistiger Macht und des gewaltigsten

Schwunges der Leidenschaften zur Darstellung brachte, wie sie zuvor nie dagewesen. Ein tief aufrichtiger männlich muthiger allen Schein verachtender patriotisch und religiös mächtig begeisterter Mann, dessen Kunstweise nur mit der geistigen Gewalt der Sprache der Propheten des alten Bundes zu vergleichen ist. Er hatte in seinen jungen Jahren vielfach aus dem Buch der Bücher die höchste geistige Nahrung erhalten und wie jene Propheten auftreten um die Zeit, wo grosse geistige Verkommenheit in den Völkern eingerissen war, wie sich in ihnen der der Masse mangelnde glaubensmuthige Sinn zu concentriren schien, wie gewissermaassen das Gleichmaass herstellend sich in ihnen zusammendrängte was sonst auf viele in geringeren Theilen vertheilt erschien, wie der Rückschlag des Mangels an Ernst in den Zeiten des Krieges und mannichfach anderer Noth verdoppelten religiösen Ernst erzeugen musste, so verkörperte sich in Cornelius vorzugsweise die auf das leichtsinnige glaubensbare Zeitalter Ludwig XV. und dessen über ganz Europa verbreitete verderbliche Nachwirkungen nun folgende Rückkehr zum Ernste und gewann in seinem aus der gegenseitigen Durchdringung echt künstlerischer wie religiös philosophischer Anschauungen hervorgegangenem Schaffen urmächtige Form. Wie auch er ein Kämpfer war, mag aus folgenden wenigen von ihm verfassten Reimen entnommen werden, die zu bezeichnend für Echtes und Unechtes und zu wenig bekannt sind, als dass wir uns enthalten könnten sie hier beizufügen:

Ungestraft bleibt nie ein Deutscher der nach männlich Hohem ringt
Und die grosse Zahl der Grauen aus dem Eselstrabe bringt,
Die an helle Geistesflammen setzen Kochschmorbratenpfannen
Und die Hippokrene leiten in die Waschscheuerbadewannen.
Hinter Dante's weisser Fahne taumelt dämmernd dies Geschlecht,
Von der Hölle selbst verstossen, weil's zu jämmerlich und schlecht.

In Cornelius ist eine neue auf Albrecht Dürer'scher Anschauung fussende und doch durchaus originelle für alle Zukunft maassgebende Grundlage der echten, grossen, urkräftig germanisches Element in sich bergenden charakteristischen Kunstform belebt worden. Voll geistiger Weihe und Seelenadel schuf er in grossen erhabenen Zügen, in vollstem Gedankenzusammenhange seine mächtigen im höchsten Sinne des Wortes „historisch" zu nennenden Bilder, in denen fern von allem Kleinlichen, Zufälligen und Nebensächlichen, bald die sturmerfüllteste Macht der Leidenschaft, bald das stille friedensreiche Glaubensglück, bald unendlich tiefer Schmerz und erschütternde Klage, bald Andacht und innigste Liebe, vor allen aber eine wahrhaft überirdische Hoheit und göttliche Majestät zum Ausdrucke gelangte. Eine andere Seite aber der künstlerischen Neugeburt unserer Zeit sehen wir durch die begeisterten Lehrer der Romantik zugleich sich verbreiten. Hier waren es vor Allen Friedrich Schlegel, Tieck, Novalis, Wackenroder welche es laut verkündeten, dass alle echte christliche Kunst ein Symbol des Himmlischen und alles in ihr Geheimniss und tiefsinnig sei. Sie sind es, die im Gegensatz zu Winkelmann, der auf die gute Grundlage altgriechischer Kunstwerke hingewiesen, auf's eindringlichste die altitalienischen Meister vor Raphael als die besten Lehrmeister und in deren Geist zu schaffen Noth thue anpreisen. Und während uns in Cornelius die herbe germanische Anschauung erscheint ausgerüstet mit einer mächtigen Divinationsgabe für die Darstellung der grossartigsten Typen, sehen wir dann in Overbeck jene romantische, den älteren Italienern, ja dem reinsten derselben dem gottseligen Fiesole ähnliche Kunst erblühen, welche im Gegensatz zu der markigen Schärfe und durchgreifenden ja rücksichtslosen Energie des cornelianischen Stils in einer sanften Verallgemeinerung der Form und einem durchgehends gelinderen Verfahren sich genug thut. Er wurde 1789 zu Lübeck geboren und lebt noch gegenwärtig in Rom. Ihm schlossen sich Schadow, Veit, Hess, Schnorr, die beiden Eberhard, Ramboux, in der neuesten Zeit Mintrop, Deger und manche Andere in ähnlichem Schaffen an und so ist diese edle Anschauung, mag sie auch der vollen Harmonie und Abrundung der klassischen Muster entbehren, als Wiedererweckerin des echten symbolischen Geistes in ihrer gewaltig reinigenden Kraft von einer grossen unberechenbar fortwirkenden Bedeutung für den Entwicklungsgang unseres künstlerischen Lebens geworden. In dieser gesammten Richtung sehen wir die hohe Bedeutung der Kunst, wie sie sich aus natürlich unbefangenem Gemüthe kund gibt und daher auch in gleichem Sinne anregt und verstanden wird, auf ihre naturgemässen Anfänge zurückgeführt. Dieselben reinen Accorde, dieselben heiligen Melodien, die in dem ursprünglichen Entwicklungsverlauf der ersten Kunstperioden so wunderbar erklangen, die sich aber in den complicirten Kulturverhältnissen unserer Zeit so leicht verlieren, ertönen wieder in hochbestimmter Form und bedeutsamer Eigenthümlichkeit. Wir fühlen bei ihr die Wahrheit von Michel Angelos Ausspruch: „Die echte Kunst ist edel und fromm durch den Geist, in dem sie arbeitet. Denn für die, welche es begreifen, macht nichts die Seele so fromm und rein, als die Mühe, etwas Vollendetes zu schaffen; denn Gott ist die Vollendung, und wer ihr nachstrebt, strebt dem Göttlichen nach. Die wahre Malerei ist nur ein Abbild der Vollkommenheit Gottes, ein Schatten des Pinsels, mit dem Er malt, eine Melodie, ein Streben nach Einklang. Ein ganz lebendiges Verständniss aber nur kann fühlen, worin die Schwierigkeit liegt. Und desshalb ist diese Kunst so selten und es gibt so wenige, die sie erreichen." Aber nicht nur für die stillthätige gottbegnadigte Künstlerseele ist solche echte Kunstausübung von läuternder Wirkung; in dem was aus ihr entsprossen, ist auch für die übrige Menschheit ein heiliges Mittlerthum geboten, das den rechten Muth zu stählen, indem es auf's Ewige den Sinn richtet, die Trauer zu erhellen vermag. Wie ein stilles edles Beispiel von den Menschen leicht aufgenommen wird und sie zur Nachahmung lockt, zum unbewussten Lieben und Erfüllen des Guten leichter führt als heftiges Predigen und Zwingenwollen, als die Anwendung durch Schroffheit abstossender Mittel, so spricht die echte reine Kunst, die in Harmonien sich verkündet, eine einschmeichelnde aber sicher überredende Sprache. Ein Heilswort sanft lockender Art, anziehend durch das Schöne in welchem das Gute erst zu seiner vollen Wirkung erblüht, führt sie auf geheimnissvollem aber freundlich sicherem Pfade die Menschheit zum erhabenen Ziele der Vollendung. Sie ist es, die da, wie ein Dichter singt:

„vermag aus Sündenketten
So Könige wie Völker zu erretten"

die den so oft als „ungerechten Mammon" bezeichneten Reichthum durch richtige Verwendung heiligt, wodurch dieser auch als Vermittler zum Guten durch das Schöne seinen hohen Zweck erfüllt, sie ist es, in deren mystischer und symbolischer Ausdrucksweise das den Sterblichen gegönnte Maass von Erkenntniss höherer Wahrheit sich heller offenbart, als es auf dem Wege der nüchternen Verstandesforschung jemals geschehen kann. Und wie solche echte Kunst aus der höchsten, heiligsten der Seelenkräfte, der Liebe entsprosst, so auch nährt das echte Umgehen mit ihr diese göttlichste Tugend, die da das Band der Vollkommenheit ist. — Dass es der Richtung auf das reine Ideal welche wir im Vorhergehenden zu charakterisiren versucht haben, bis auf den heutigen Tag an treuer Pflege durch einzelne Vertreter nicht ganz gebricht, ist bereits angedeutet worden, keineswegs jedoch hat die edle Tradition der grossen Wiedererwecker in den modernen Entwicklungen sich ununterbrochen erhalten, sondern ist zunächst durch die besonders in der Düsseldorfer Schule der 30ger Jahre blühende romantische Anschauung abgelöst und weiterhin von den ausgesprochen radical naturalistischen Bestrebungen durchkreuzt und befeindet worden, in deren übermächtigem Strome wir gegenwärtig noch mitten inne stehen. Die Betrachtung der auf den nachfolgenden Blättern unseres Katalogs verzeichneten Kunstwerke wird lehren, dass dieser Gang der Dinge in der Reihe von Beispielen, welche unsere auf diesem Gebiete erst in ihren Anfängen stehende Gallerie darbietet, wenigstens was die letzten Entwicklungsstadien betrifft, schon mit ziemlicher Vollständigkeit anschaulich wird.

Gottlieb Schick,

geboren 1779 in Stuttgart. Früh schon zeigte er die unwiderstehlichste Neigung zur Kunst. Der damals berühmte Maler Hetsch erkannte und bildete sorgfältigst sein grosses Talent. 1798 ging er nach damaliger Gewohnheit nach Paris, um in Davids berühmter Schule seine weitere Entwicklung zu erstreben. Dort hatte er Gelegenheit zu lernen, gelangte er zu Ehre und Auszeichnung, was indess die Empfindung nicht unterdrücken konnte, dass es edlere ihm entsprechendere Bahnen der Kunst gebe. 1802 nach Stuttgart zurückgekehrt, erfreute er sich der Rathschläge Danneckers und ging dann nach Rom zum längstersehnten Ziele seines Strebens. Hier öffnete sich seinem empfänglichen Gemüthe das wahre Heiligthum höchster Kunst und er gelangte zur Uebereinstimmung mit sich selbst. So entstanden denn ausser Portraits, die er theilweise als Mittel zu seinem Unterhalte übernahm und einzelnen in idealem Sinne geschaffenen Landschaften, besonders mythologische, alt- und neutestamentliche Bilder, in welchen sein grosser Schönheitssinn, ein intensives tiefes Gefühl und Sinn für die besondere Individualität der Körperschönheit, deren Studium er bei dem vielfachen in Davids Atelier begonnenen, in Rom fortgesetzten Aktzeichnen sich besonders gewidmet hatte, reinen Ausdruck erhielt. Der so hoch begabte Künstler, der im freundschaftlichen Verkehr mit den Gebildetsten seiner Zeit stand, erlag 1812 am Himmelfahrtstage in Stuttgart einem unheilbaren Uebel, dessen Gewalt auch nicht in der Heimath gehemmt werden konnte. In seinem Hauptwerke „Apollo unter den Hirten" ist eine so reine lautere Schönheit des Nackten, „die höchste der Formen, die menschliche" so von keuschem Geiste paradiesischer Unschuld durchhaucht, dass es als wahrer Gegensatz zu so manchen um unheiligen Sinnenreizes willen entstandenen Werken der Neuzeit dasteht, die nur zu sehr an das frivole Kunsttreiben unter Ludwig XV. erinnern. Er gibt darin wie aus höherer Divinationsgabe geschaffene, zu vergeistigter Form erhobene Erscheinungen der edlen ursprünglichen Natur, der noch kein Makel der Sündhaftigkeit anklebt und die noch nicht die verklärende Hülle abgestreift hat, in der die Ebenbildlichkeit Gottes noch ungetrübt und dem reinen Betrachter des Bildes rein wie die Absicht Gottes in der Natur erscheinen muss. Und wo er sich in seiner Darstellung der Gewänder bedient, da lassen diese, „wie ein Echo der Gestalt" die reine Körperform durchfühlen, helfen, nach Schillers bezeichnendem Ausdruck „dem Künstler den Raum seines Bildes reich und anmuthig auszufüllen, die getrennten Parthien stetig zu verbinden und um der Farbe, die das Auge reizt und erquickt, einen Spielraum zu geben." „Apollo unter den Hirten" ist das vorletzte Werk unseres Meisters und wie er einst Noahs Dankopfer malte, um seinen eigenen Dankesempfindungen für die von Gott empfangenen Wohlthaten begeisterten Ausdruck zu geben, so entstand dieses Bild aus dem Vollgefühl für seine eigene Glückesexistenz und dem damit verbundenen hoch entwickelten Sinn für wahrhaft ideale Schönheit. Aber als ob der in solchem reinen geistigen Schauen und Schaffen heiliger Schönheit liegende edle

Genuss nicht seine Seele ganz befriedigen gekonnt, weil er getrübt wurde durch die Empfindung, dass diese Erdenseligkeit höchster Art so vielen Menschen verloren ist, ergriff er in seinem letzten Werke einen Gegenstand, der uns wie ein ahnungsvolles Jenseitsschauen berührt. Er beschreibt ihn selbst mit den Worten: „Es stellt Jesus Christus vor in dem Alter zwischen Knaben und Jüngling; er schläft auf Wolken über der Erde erhoben in den Armen der Engel, die ihre Flügel über ihn halten, es erscheint ihm in einer Glorie das Kreuz und er breitet sehnsüchtig im Traum die Arme danach aus. Andere Engel knieen anbetend vor ihm. Der Sinn davon ist die erhabene Vorempfindung seines Leidens und die Erlösung des menschlichen Geschlechts durch dieses Leiden."

*942. **Eva**, die zuerst ihr Bild im Spiegel eines Baches sieht. Das Gemälde soll die erwachende Eitelkeit darstellen. Ihr Symbol ist der Pfau. Er ist auf einem Aste des rechts stehenden Baumes angebracht, an dessen Wurzeln sich eine aus dem Wasser kommende Schlange (das altbiblische Symbol des Bösen namentlich der verlockenden Wollust) windet. Es ist eine frühe Arbeit des Künstlers, der erst in dem Bilde „Apollo unter den Hirten", das sich im Stuttgarter Museum befindet, seinen Höhepunkt erreichte. Geschenk des Vereins zur Erwerbung von Kunstwerken für das Museum der Stadt Köln 1861. Leinwand. H. 6' 5½'', br. 5' 1'''.

Johann Anton Ramboux,

geboren 1790 zu Trier, ging, nachdem er von A. d'Orval zu Florenville in den Anfangsgründen der Kunst unterrichtet worden, 1812 nach Paris in Davids Schule, wo er voll Begeisterung für seinen Meister drei Jahre studirte und tüchtige Kenntnisse erwarb. Dann nach Deutschland zurückgekehrt ging ihm tiefere und reinere Anschauung auf und war er eifrigst bemüht das französische Wesen abzustreifen. Während eines Jahres, das er in München und der beiden darauf folgenden Jahre, die er in Rom studirend verlebte, gelang ihm dies und das hier folgende Bild Nro. 943. „Adam und Eva" wurde mit Recht als der Erguss eines ausgezeichneten Talentes gepriesen. Diesem Werke folgten bald andere von gleicher Bedeutsamkeit. Dann aber unternahm er, die charakteristischsten Monumente christlicher Malerei in Italien in Aquarellfarben zu copiren. Gegen 300 dieser ausgezeichneten Blätter, die das schätzbarste Hülfsmittel für künstlerische und kunsthistorische Studien bilden, wurden für die Stadt Düsseldorf erworben. Seit dem Jahre 1844 war Ramboux Conservator der Wallraf'schen Sammlungen, dann seit 1861 des für dieselben errichteten Museums Wallraf-Richartz in Köln. Ausser seinem verdienstvollen Wirken in diesem Amte schuf er noch viele Werke, unter denen das bedeutendste die colorirten

Cartons zu den Stickereien im Chor des hiesigen Domes. Am 2. Oktober 1866 nahm ihn der Tod aus einem rastlos thätigen und sittlich treuen Leben hinweg. Ausser einem Carton, die Scene aus dem Decameron des Boccaccio, eine Gesellschaft von jungen Leuten vorstellend, die sich vor der Pest in Florenz auf eine benachbarte Villa geflüchtet, wurden aus seinem Nachlasse die hier folgenden Werke, so wie 57 altitalienische Originalgemälde für unsere Sammlung erworben.

*943. **Das erste Elternpaar.** Adam ist mit Graben beschäftigt. Rechts flüchtet sich der kleine Kain vor einem Ziegenbocke zur Eva, auf deren Schooss der kleine Abel sitzt und einem rechts neben ihm stehenden Lamme eine Kirsche reicht. Auf einer Insel im Mittelgrunde des Bildes ist die Verstossung aus dem Paradiese dargestellt. Das Bild wurde im Jahre 1818 in Rom gemalt und zeigt den ernsten reinen Sinn, so wie die strenge Zeichnung die in der Gestalt des Adam wahrhaft klassisch erscheint, welche die deutschen in Rom entstandenen Kunstwerke in jener Epoche so besonders auszeichnet. Erworben aus dem de Noël-Fonds. 1867. Leinwand. H. 3' 10", br. 4' 5".

*944. **Doppelbildniss der Gebrüder Eberhard.** Links ist das Bildniss des Bildhauers Franz Eberhard, (geboren 1767 gestorben 1837), rechts das des Conrad Eberhard (Bildhauer, auch als Maler tüchtig, geboren 1768, seit 1816 Professor an der Akademie zu München, wo er 1863 starb). Die 1822 in Rom gemalten Bilder sind von besonderer, an Holbeins Weise erinnernder Schönheit. Geschenk des Geheimen Regierungs-Rath D. Oppenheim. 1867. Leinwand. H. 1' 1/4", br. 1' 1/4".

945. **Bildniss des als Erfinder der Lithographie anerkannten Alois Sennefelder,** geb. zu Prag 1771 gest. zu München 1834. Als Gegenstück zu demselben gehört und wurde 1831 gemalt:

946. **Bildniss des Simon Schmid,** geb. zu München 1760. (Auch ihm wird einzelnen Angaben zufolge die Erfindung der Lithographie zugeschrieben.) Dieses und das zuvorgenannte Bild sind Geschenke des Geheimen Regierungs-Rath D. Oppenheim. 1867. Holz. H. 1' 2½", br. 11½".

Peter Franz de Noter,

geboren den 23. Februar 1779 zu Waelhein, studirte in Mecheln wurde Professor an der Akademie zu Gent, wo er 1842 im November starb.

947. **Architekturbild.** Geschenk des kölnischen Kunstvereins 1839. Leinwand. H. 2' 10", br. 2' 3¼".

Engelbert Willmes,

geboren zu Köln 1780, studirte von 1808 bis 1811 in Paris. Er starb am 7. November 1866 in Köln.

948. **Napoleon über die schneebedeckten Alpen reitend.** Copie nach David. Geschenk des Künstlers an die Municipalbehörde in Köln 1811. Leinwand. H. 4' 3¾'', br. 3' 7½''.

Franz Stirnbrand,

geboren 1786. Ohne eigentlichen Lehrer gehabt zu haben, übte er sich als Autodidakt in der Malerei, erhielt auf seinen Reisen in Italien, namentlich bei längerem Aufenthalte in Rom, dann in Paris, mannichfache Anregung durch Kunstwerke und Künstler. Er hat viele Portraits geschaffen und ist noch gegenwärtig in Stuttgart mit Anerkennung thätig.

949. **Weibliches Bildniss.** Geschenk des Künstlers 1861. Leinwand. H. 3' 6'', br. 2' 9'''.

D. L. Lokhorst.

Das Leben des Künstlers ist unbekannt.

950. **Viehstück.** Geschenk des Herrn Bauruth M. Biercher 1862. Leinwand. H. 3' 6¾'', br. 4' 6''.

Carl Begas,

geboren den 30. September 1794 zu Heinsberg bei Aachen, erhielt den ersten Unterricht bei Philippart in Bonn, lebte ein Jahr in Köln und arbeitete dann 18 Monate im Atelier des berühmten Malers Gros in Paris. Dort erregte eine von ihm angefangene Copie die Aufmerksamkeit des Königs Friedrich Wilhelm III. von Preussen, der dieselbe kaufte, ihm mehrere Aufträge gab und als er 1821 das Bild für den Berliner Dom „die Ausgiessung des heiligen Geistes" selbst nach Berlin brachte, ihm die Mittel zum Aufenthalte in Italien gab. 1825 kehrte er zum bleibenden Aufenthalte nach Berlin zurück. Dort malte er viele Portraits, biblisch-historische, genreartige und Salonbilder die in ihrer besonderen Behandlung von verschiedenartigst künstlerischem Einflusse und mannichfaltigstem Streben zeugen. Er war Hofmaler des Königs und Professor an der Akademie zu Berlin, wo er 1855 starb.

*951. **Doppelbildniss der Eltern des Künstlers.** Geschenk des Vereins zur Erwerbung von Kunstwerken für das Museum der Stadt Köln 1857. Die Bilder sind in der strengen, der altdeutschen ähnlichen

Weise gemalt, welche seit Beginn der neuen ernsteren Kunstepoche wieder von allen Seiten mit Erfolg gepflegt wurde, später jedoch der mehr auf Effekt gerichteten Behandlung wiederum weichen musste. Leinwand. H. 1′ 3½″, br. 2′ 7″.

*952. **Des Künstlers eigenes Bildniss**, gemalt 1848. Das Bild ist in jener späteren, durch die grosse Wirkung der Werke der belgischen Maler Gallait und de Kaiser beeinflussten Zeit entstanden und in diesem Sinne mit grosser Kraft und Klarheit ausgeführt. Geschenk der Frau Professor Begas in Berlin 1857. Leinwand. H. 2′ 2″, br. 1′ 10″.

Joseph Weber,

geboren in Mannheim, lebte lange in Köln und malte vorzugsweise Bildnisse.

953. **Bildniss des Malers Gisbert Flüggen.** Geschenk von Fräulein Flüggen. Leinwand. H. 1′ 8″, br. 1′ 5½″.

Simon Meister,

geboren zu Coblenz 29. Februar 1803, zeigte sehr früh schon Anlagen zur Malerei und es wurden ihm von Kunstfreunden die Mittel gereicht, nach Paris gehen zu können, wo er mit bedeutendem Erfolge sich unter der Leitung des Horace Vernet, zu dessen besonderen Lieblingsschülern er bald gehörte, entwickelte. Wie sein Lehrer so liebte er ausser der Portrait- besonders auch die Thier- und Schlachtenmalerei und zeichnete sich durch grosse Lebendigkeit und Frische der Darstellungen, bei zwar nicht immer feinem und transparentem doch ungemein frischem Colorit, aus. Für seine grosse eigenthümliche Begabung fehlte es in Köln, wo er sich seit 1833 niedergelassen hatte, an entsprechenden Aufträgen, doch hatte er sich nicht entschliessen können einem Rufe an den Hof von St. Petersburg zu folgen. Er starb vor der Zeit gealtert am 29. Februar 1844.

954. **Des Künstlers eigenes Bildniss.** Gemalt 1827. Geschenk der Wittwe Lachnit. 1868. Leinwand. H. 1′ 11″, br. 1′ 6″.

955. **Reiterbildniss Friedrich Wilhelm IV. als Kronprinzen.** Ihm zur Seite links gleichfalls zu Rosse sitzend der General von Pfuel und rechts der General und Stadtkommandant von der Lund. Das Bild wurde 1834 gemalt. Geschenk der kölnischen Karnevals-Gesellschaft. 1839. Leinwand. H. 10′ 1″, br. 8′ 11″.

956. **Kämpfende Löwen.** Unter denselben liegt ein todter Tiger. Ungemein lebendige Darstellung. Geschenk des Kunstvereins für Rheinland und Westphalen. 1836. Leinwand. H. 6′ 10″, br. 7′ 9″.

Günther Gensler,

geboren zu Hamburg den 18. Februar 1803, machte seine Studien in Dresden 1828, den Niederlanden 1837, in Italien 1844—45, war hauptsächlich im grösseren Portraitfache beschäftigt, malte namentlich verschiedene Bilder Künstlergruppen darstellend, deren zwei, von 1849 und 1860 in der Hamburger Kunsthalle, eines von 1854 im Leipziger Museum sich befinden. Er lebt gegenwärtig mit Bildnissmalen beschäftigt in Hamburg.

957. **Versammlung hamburgischer Künstler.** Das Bild wurde im Jahre 1859 gemalt und der Künstler schenkte es 1861 unserem Museum. Links sitzt der Maler des Bildes und neben ihm sind folgende Künstler dargestellt. Otto Specter Aetatis 52. Adolf Vollmer Aetatis 53. Martin Gensler Aetatis 48. Rudo Herdorf Aetatis 43. Leinwand. H. 5′ 4″, br. 5′ 11½″.

Bernhard van de Laar,

geboren den 28. September 1804 zu Rotterdam.

958. **Das Innere der Kirche von St. Johann in Herzogenbusch.** Geschenk der kölnischen Dampfschifffahrts-Gesellschaft. 1839. Leinwand. H. 1′ 8″, br. 1′ 8″.

Johann Wilhelm Schirmer,

geboren den 5. September 1807 in Jülich, erlernte zuerst das Geschäft seines Vaters, die Buchbinderei, zünftig und konnte somit erst nach den hierzu festgesetzten vier Jahren seinem Drange sich als Maler auszubilden nachkommen. Er ging dann 1825 nach Düsseldorf, wurde Schüler der Elementarklasse der Akademie und hatte die Absicht sich der Historienmalerei zu widmen. Lessings Beispiel als Landschaftmaler wirkte aber bald auf ihn ein und er erkannte seinen wahren Beruf. Schon im Jahre 1828 sandte er eine Landschaft von bedeutender Dimension, einen „deutschen Urwald" darstellend, zur Berliner Kunstausstellung wo dieselbe besonderes Aufsehen erregte. Im Jahre 1830 wurde er zum Hülfslehrer, 1839 zum Professor an der Akademie ernannt. Ausser den zur Ferienzeit regelmässig unternommenen Studienreisen ist er mehrmals in der Schweiz, in Frankreich und von 1839 bis 40 in Italien gewesen und so entstand ein reicher Schatz von Studien gediegenster Art. Schirmer, von regem Interesse für alles Höhere beseelt, hatte durch den Verkehr mit den Gebildetsten und Kenntnissnahme des Bedeutendsten auf dem Gebiete der Literatur allmälig eine seltene Bildung erlangt und gehörte zu den denkendsten, zuverlässigsten, offensten, in treuem Wohlwollen energischsten Charakteren. Er starb, nachdem er von 1854 der Kunstschule in Karlsruhe als Direktor vorgestanden hatte, nach anderthalbtägigem Krankenlager am 11. September 1863. Die grössere Würdigung seiner Werke erfolgte erst nach seinem Tode und werden diese erst in der Zukunft in vollem Werthe erkannt werden.

In Schirmers Bildern ist sein Entwicklungsgang deutlich zu verfolgen. Mit ganz ungemein strenger und fein vollendeter Nachbildung von Naturstudien beginnend sind seine in der frühesten Zeit gewählten Motive schon immer poetisch und zur Seele sprechend, doch kommt er erst in späteren Jahren durch Kenntniss klassischer Muster, namentlich Poussin'scher Werke, zum bewussten Bau der Formen als Composition, in der er bedeutsame, der Stimmung entsprechend abgewogene Grössenverhältnisse zeigt, die in ihrer Gegen- und Zusammenwirkung rhythmischen Formenklang bieten. Wie das Gesetz der Metrik in der Dichtkunst waltet und eine höhere Sprache in gebundener Form den Dichter zu dem Ausspruche führte:

> „Die Prosa bringt kein Wort hervor,
> Wie gross es sei, es wird ein Bruchstück bleiben,
> Die Poesie kann nicht vier Zeilen schreiben,
> Sie sind ein Ganzes dir im Ohr."

so ist durch seine maassvollen Verhältnisse Alles zu innerlich abgerundeter Klangsprache geworden, sei es Fels und Baum, Wald und Hügel, oder Berg und Wolke, Wasser und Luft, überall ist feinste Gliederungsschönheit in der mächtigsten Massenvertheilung und nirgendwo der Zufall der Natur, sondern der ordnende Geist und das warm und tief empfindende Gemüth des Künstlers sichtbar. In seinen Bildern, deren vorherrschende Stimmung und Auffassung aber ein Betrachten auf weite Distanz verlangt und demzufolge eine gewisse Breite der Anlage sowohl, als des Vortrages bedingt, ist auch zugleich ein auf tiefe Beobachtung der Natur gegründeter Farbenreichthum angewendet, wie ihn selbst Poussin in dieser Weise nicht gekannt hat. Eine ganz besondere, vor ihm so noch nicht kundgewordene Fähigkeit Schirmers aber war, dass er in seinen biblischen Landschaften, anknüpfend an bestimmte Situationen der heiligen Geschichte, welche in verhältnissmässig kleinen Staffagen angedeutet werden, die für jeden einzelnen Vorgang passende Stimmung ausgesprochenstermaassen zu geben wusste, so dass bei ihm die Landschaft zur Trägerin mannichfachsten Ausdruckes wurde und — den verschiedenen Sätzen einer symphonischen Tondichtung vergleichbar — in ihr bald Heiterkeit, bald Ernst, heilige Wehmuth und Schauer majestätischer Erhabenheit, bald idyllische und elegische, bald heroisch dramatische Klänge unsere Seele ergreifen. †) Daher kommt es, dass man von dem Reichthum

---

†) Unsere Sammlung besitzt in den beiden Nummern 960 und 961, obwohl es nur Skizzen sind, zwei hervorragend charakteristische Beispiele dieser eigenthümlichen Begabung des Schirmer'schen Genius.

seines Künstlernaturells, von seiner vielumfassenden Kraft kaum
anders einen vollen Begriff erlangen kann, als indem man eine
grössere Anzahl seiner sich gegenseitig hebenden und ergänzenden
Werke beisammen sieht, während so manch anderer Künstler in
Einem einzigen Werke den Umfang seines ganzen Vermögens
überblicken lässt. Um so mehr ist dies der Fall, da Schirmers
Arbeiten durch die ihnen innewohnende Harmonie bei längerer
und öfterer Beschauung in ganz anderer Weise gewinnen, als wir
dies von so vielen modernen Werken sagen können, die zwar
einen höheren Grad äusserlicher Fertigkeit und durch sie erreichter
Illusion, aber einen desto geringeren jenes Sinnes für Maass und
Ordnung zeigen.

*959. **Italienische Landschaft.** An einem breiten, sich links im Bilde hin-
ziehenden Waldesrande, dessen entferntere Bäume noch von der Abendsonne beschienen werden, zieht sich nach der Mitte und dem Vordergrunde des Bildes ein klarer Teich. In seinen Wellen halb versteckt
sind zwei badende Frauen und im Vordergrunde am Ufer sitzend eine
vom Rücken gesehene eben beschäftigt den Haarschmuck wieder zu
ordnen, sichtbar. Eine helle, von goldigem Abendlichte durchglühte
baumbedeckte Anhöhe und feingeformte Berge, über diesen lichtdurch-
strahlt herrlich geformte Wolken bilden den Hintergrund, der rechts
mit zwei prächtigen wilden Castanienbäumen abschliesst. Das Bild entstand im Jahre 1847 und wurde 1864 vom Museumsverein erworben
und der Stadt Köln geschenkt. Leinwand. H. 4' 4'', br. 6' 10½''.

960. **Landschaft.** Staffage: der barmherzige Samariter. Skizze aus einem
Cyklus biblischer Landschaften. Dazu gehört:

961. **Landschaft.** Staffage: der nach der Ermordung des Abels flüchtige
Kain. Die im Jahre 1861 entstandenen Skizzen schenkte 1866 der
Conservator Niessen dem Museum seiner Vaterstadt. H. 1' 1½'',
br. 1' 6¾''.

Carl Friedrich Lessing,

geboren zu Breslau am 15. Februar 1808. Da sein Vater sehr
früh, anstatt für Schulunterricht, Liebe zur bildlichen Darstellung
bei seinem Sohne bemerkte, glaubte er ihn dem Baufache bestimmen
zu müssen und schickte ihn nach Berlin, wo sich, besonders nach
einer Reise nach der Insel Rügen und dem Unterricht bei Rösel,
später bei Däling, sein Beruf sich der Malerei zu widmen, (was er
gegen den Willen seines Vaters durchgesetzt hatte), mit Erfolg
herausstellte. Als Schadow 1837 zum Direktor der Düsseldorfer
Akademie ernannt worden war, zog Lessing mit noch viel anderen
Schülern nach Düsseldorf, wo er sich bald zu einem der bedeutendsten Landschaftmaler entwickelte. Schon seine ersten Bilder zeigen

eine ungemein feine Naturbeobachtung und sind wahrhaft weihevoll durch einen romantisch poetischen, meist melancholischen Hauch von Stimmungsschönheit und echt deutscher Charakteristik. Schadows künstlerische und Friedrich von Uechtritz's literarische Anregung führten ihn zur historischen Kunst, die er in ungemein fein charakteristischer Weise mit Benutzung von Naturstudien auf's fleissigste übte. Es sind zunächst romantische Werke, in denen er keineswegs eine ideal klassische und reine Symmetrie künstlerischer Abrundung im Bau der Composition erstrebt, sondern einer subjektiven Empfindung meist melancholischer und lyrischer Art Ausdruck gibt, wobei er mit feiner Seelenmalerei stets eine genreartige, zufällige, daguerrotypisch wahre, jedoch nichts weniger als unedle Form verbindet. An diese schlossen sich ähnlich behandelte historische Werke, welche theilweise der Kirchen- und Reformationsgeschichte entnommene Motive darstellen. 1859 folgte er einem Rufe als Galleriedirektor nach Karlsruhe, wo er noch gegenwärtig thätig ist.

962. **Der Klosterhof im Schnee.** In dem inneren Klostergange sicht man eine Prozession von botenden Nonnen nach einem in der Kapelle vor dem Altar stehenden Katafalk ziehen. Das im Jahre 1828 entstandene Bild ist ein Geschenk des Herrn Erzbischofs Ferdinand August Graf Spiegel zum Desenberg, laut Testament 1835. Leinwand. H. 1' 11". br. 2' 4".

963. **Landschaft.** Rechts von der Mitte, auf einem Hügel steht eine Kapelle. Hinter dieser sind Linden, an welche sich rechts, den Saum eines Waldes bildend, Eichen schliessen. Im Mittelgrunde links, unterhalb einer Fernsicht welche verschiedene Ortschaften zeigt, wandeln zwischen Heiligenhäuschen zwei Dominikanermönche. Mehr im Vordergrunde links wendet sich ein invalider Bettler an einen vornehmen Greis, der an seinem Arme eine junge Dame führt. Neben diesem steht wie Auftrag erwartend ein Page an dem Wege, auf welchem weiter oben Bauern zur Kapelle wandeln, andere sind rechts im Vordergrunde an einer Pumpe beschäftigt. Das Bild entstand 1860. Bei aller Feinheit im Einzelnen kann es doch nicht gerade als ein sehr charakteristisches Beispiel der dem Meister eigenthümlichen stimmungsreichen Naturbetrachtung angesehen werden. Geschenk des Museumsvereins 1860. Leinwand. H. 4' 3½", br. 6' 6".

Rudolph Jordan,

geboren zu Berlin 1810, hat sich ursprünglich für die Stallmeister-Carriere ausgebildet. Als er bereits das 21. Lebensjahr erreicht hatte, ward er Schüler des Professor Wach. Doch musste derselbe bald inne werden, dass eine andere, als die von ihm verfolgte Richtung, den Schüler von ihm trennte. Nach Ableistung des

Militairdienstes reiste Jordan nach Rügen, wo ihm Anschauungen wurden, die seine eigenthümliche, später zu so bedeutenden Erfolgen gekommene Kunstrichtung bestimmten. Er entschloss sich dann zu gründlicherem Studium, als sein bisheriges autodidaktisches Verfahren hätte bieten können, wurde von 1833 bis 1840 Eleve der Akademie zu Düsseldorf und arbeitete in deren Meisterklasse bis 1848. In dieser Zeit und später, wo er ein Privatatelier bezogen hatte und auch für Schüler ähnlicher Richtung anregend wirkte, entstanden seine kernig gesunden Gestalten voll lebendig frischen Wesens, Darstellungen, die er mit feiner Beobachtungsgabe meistens dem Seemannsleben abgelauscht hatte und die ihm einen bedeutenden Ruhm und Erfolg sicherten.

964. **Der Suppentag** in einem französischen Kloster. Gemalt 1868 und erworben aus den Geldern des kölnischen Kunstvereins. Leinwand. H. 3' 5½", br. 2' 11".

Adolph Höninghaus,

geboren in Crefeld 1811, widmete sich, nachdem er zuvor schon architektonische Studien gemacht und sich eine allgemeine Bildung angeeignet, der Landschaftmalerei, besuchte von 1829 bis 1835 die Akademie zu Düsseldorf, grossentheils als Schüler von Schirmer, dessen ernste Richtung ihm besonders anregend war. Im Jahre 1843 erreichte er's, nach Italien dem Ziele seines idealen Strebens zu kommen, wo er während vier Jahren dann theils mit gediegensten Naturstudien, theils mit Ausführung ernster Bilder beschäftigt war. So auch war er später in Düsseldorf thätig, doch dem Geschmacke der Zeit, welche vorzugsweise im naturalistischen Sinne ausgeführte Veduten verlangt, entsprechen seine meist ernst und in stilistischer Weise gedachten Bilder nicht und fanden meist nur bei Kennern und Künstlern Beifall geräuschloser Art. 1853 zog Höninghaus, von dem ein schönes Werk, „Ansicht von Terracina", in der Gallerie zu Düsseldorf sich befindet, nach Dresden, wo er gegenwärtig noch rüstig schafft und durch seinen hohen Bildungsgrad, seinen gediegenen Charakter und väterliches Wohlwollen im persönlichen Verkehre in vortheilhafter Weise auf junge strebsame Künstler anregend einwirkt.

965. **Die St. Peterskirche und der Palast des Vatican zu Rom.** Zwischen Bäumen, in deren Schatten die Saltarella tanzend römisches Volk den Vordergrund bildet, lässt eine Durchsicht einen Blick auf den in abendlich goldigem Lichte glänzenden, dem Apostelfürsten geweihten, Riesenbau offen. Das Bild entstand 1852. Geschenk des Conservators Niessen 1868. Leinwand. H. 10", br. 1' 1".

Eduard Bendemann,

geboren in Berlin am 3. Dezember 1811, kam 1827 als Schüler zur Akademie nach Düsseldorf, wo sein Talent sich ungemein rasch entwickelte. Sehr bald schon machte ein Bildniss (1828) und „Boas und Ruth auf dem Felde" (1830) bedeutendes Aufsehen. Eine ganz bewundernswerth frühe Reife aber erhielt er durch die in Gesellschaft seines Meisters Schadow und seiner älteren Freunde nun angetretene Reise nach Rom. Das im Herbste 1831 gleich nach seiner Rückkehr von dort in Düsseldorf begonnene Werk: „Die trauernden Juden im Exile" verdient durch seine tiefe elegische Empfindung, feine reine Zeichnung, edle Auffassung und zarte Malerei nicht nur als ein Höhenpunkt der romantischen Richtung der Düsseldorfer Schule angesehen zu werden. Es ist mehr, als dies. Denn es waltet zugleich eine Grossartigkeit der Anschauung in diesem Bilde, eine Macht und Bedeutsamkeit im Baue der Composition wie der Formengebung, eine Strenge der Zeichnung, welche, angehaucht vom Geiste Michel Angelos, das Beste selbst, was die Genossen jener Zeit und Schule hervorgebracht haben, weit überragt und uns die über Jahrhunderte hinweg wunderbar fortwirkende fruchtbringende Kraft jener in Rom versammelten hohen Kunstgebilde nicht verkennen lässt. Ein merkwürdiges Denkmal des kaum in ähnlicher Weise je wieder so geglückten Bestrebens, Naturwahrheit der Erscheinung mit reiner Idealität und stilistischer Harmonie zu verbinden, besitzen wir in dieser seltenen Schöpfung. 1838 begann der Künstler in Dresden, wohin er als Professor an die Akademie berufen worden war, den Ehren-Concert- und Ballsaal des Königl. Schlosses mit Fresken zu schmücken. Als Schadow 1859 seine Directorstelle in Düsseldorf niederlegte, trat Bendemann für ihn ein, wurde aber durch vielfache Kränklichkeit gehindert seinen edlen Einfluss zur vollkommenen Geltung zu bringen. Seit dem Januar 1868 lebt er nur der Ausübung seiner Kunst sich widmend.

*966. **Die trauernden Juden im Exile.** Geschenk des Kunstvereins für Rheinland und Westphalen 1832. Der Rahmen des Bildes trägt die erklärende Aufschrift: „An den Wassern zu Babylon sassen wir und weinten, wenn wir an Zion gedachten." Ein gefesselter Greis von grossartig ernst patriarchalischem Ansehen, in seiner herabhängenden Rechten eine Harfe haltend, sitzt unter einer rebenumwachsenen Weide. Er wendet sein trauerndes Angesicht nach links, wo neben ihm eine Mutter ihr kleines Kind an sich drückend schmerzvollen Ausdrucks in die Ferne blickt. Seine linke Hand liegt auf der Schulter des auf der andern Seite neben ihm hingestreckten jungen Mädchens, das ihr Angesicht auf seinem Knie birgt. Hinter ihr sitzt, in tiefer Melancholie den Kopf auf die linke Hand gestützt, ein anderes junges Weib.

Den Hintergrund bilden die Ufer des Euphrat und jenseits derselben in der Ferne Babylon, der Mittelpunkt des Beelcultus, von dem die Stadt ihren Namen hatte. Leinwand. H. 5′ 8½″, br. 8′ 8½″.

Friedrich Anton Wyttenbach,

geboren zu Trier den 26. März 1812, studirte in Düsseldorf und malte hauptsächlich Jagd- und Genrebilder. Er starb am 9. November 1845.

967. **Ein Maler malt in einem Stalle Studien.** Leinwand. H. 2′ 5½″, br. 1′ 10″.

L. Rosenfelder,

geboren zu Breslau am 18. Juli 1813. Er wurde im Jahre 1833 Schüler der Akademie der Künste und 1836 des Professor W. Hensel zu Berlin. Nachdem er bereits viele Anerkennung für historische Bilder erhalten, wurde er 1845 zur Gründung der Akademie als Director nach Königsberg berufen, wo er gegenwärtig noch thätig ist. Das folgende Bild entstand im Jahre 1861 und wurde von der Verbindung für historische Kunst angekauft, durch deren Verloosung es der Stadt Köln zufiel.

968. **Betende am Sarge Heinrich IV.** Der römisch-deutsche Kaiser Heinrich IV. geboren 1050, starb 1106 zu Lüttich im Bann. Seine Leiche musste wieder ausgegraben werden und blieb fünf Jahre zu Speier in der ungeweihten Kapelle. Leinwand. H. 3′ 10½″, br. 4′ 10″.

Wilhelm Kleinenbroich,

geboren 1814 zu Köln, wo er einige Zeit Schüler von Simon Meister war. Später besuchte er die Akademie zu Düsseldorf. Er lebt nun meistens mit Portrait- und decorativen Arbeiten beschäftigt in Köln.

969. **Mahl- und Schlachtsteuerscene.** Der Vordergrund des Bildes zeigt einen Steuerbeamten, welcher eine arme Familie, die ein kleines Schwarzbrod in einem Bündel Holz verborgen hatte, um dasselbe zu schmuggeln, in diesem Vorhaben ertappt hat. Rechts oben untersucht ein anderer Beamter einen auf dem Kopfe einer Bauernfrau befindlichen Korb. Links im Mittelgrunde zu Ross und Wagen eine heimkehrende Jagdgesellschaft, Hasen und anderes Wild liegen auf einem daneben trabenden Esel. Ein Steuerbeamter grüsst die vornehmen Herren und Damen höflichst ohne sie mit Untersuchung wegen steuerpflichtiger Gegenstände zu behelligen. Das Bild wurde 1847 gemalt und Herr J. Schemmer schenkte es 1867 dem Museum der Stadt Köln. Leinwand. H. 4′ 8½″, br. 5′ 4½″.

Eduard Geselschap,

geboren den 22. März 1814 zu Amsterdam, verlebte seine frühesten Jugendjahre in Wesel, bezog 1834 die Akademie zu Düsseldorf und arbeitet seit 1841 selbstständig in seinem Privatatelier. Mit historisch-romantischer Richtung beginnend, hat er später, und namentlich während der letzten 25 Jahre, viele mehr dem Genrefach angehörige Motive und mit besonderer Vorliebe Scenen traulicher Häuslichkeit behandelt. Bei diesen weiss er die Lampenbeleuchtung zu poetischer Wirkung zu bringen und durch eine aus den Rembrandt'schen coloristischen Gesetzen entsprungene organisch gebaute Stimmungscomposition zauberische Effekte zu erreichen. Geselschap ist es, der Theodor Mintrops grosses Talent entdeckte und in wahrhaft brüderlicher Weise pflegte.

*970. **Soirée musicale.** In einem von reichem Kerzenscheine beleuchteten brillant ausgestatteten Prachtsalon sehen wir eine Gesellschaft vornehmer Herren und Damen, die im Costüme aus dem Anfange des XVII. Jahrhunderts, theils musicirend, theils als Zuhörer oder in geistig graziöser Unterhaltung begriffen, dargestellt sind. Eine erhöhte Gemüthsstimmung ist in der ganzen glanzreichen ästhetischen Welt, in welche wir hier versetzt werden, durchzufühlen und wir schauen den besonderen Reiz edler Vornehmheit, welcher edle Genüsse zugänglich und in welcher der dafür empfängliche feinfühlige Sinn herrscht. Das Bild zeichnet sich vor vielen andern auch dadurch aus, dass es in brillanten Farben wohlthuende Gegensätze, wohlgeordnete Licht- und Schatten-, so wie Helldunkelmassen und edle Silhouetten, einen rein abgewogenen Bau der Totalcomposition in hervorragender Weise zeigt. Es wurde 1867 gemalt und aus dem Richartz-Fonds erworben. Leinwand. H. 3′, br. 3′ 8½″.

Joseph Fay,

geboren zu Köln 1815, ging 1833 nach Düsseldorf zur Akademie, wo er bis 1841 als Eleve blieb. Früh schon zeigte er ein bedeutendes Talent, doch konnte die ganze Grösse desselben erst zu Tage treten, als eine demselben entsprechende Aufgabe an ihn kam. Es war dies bei der im Jahre 1840 ausgeschriebenen Concurrenz zur Ausschmückung des Rathhaussaales in Elberfeld, wo er durch seine Compositionen „Sitte und Leben der alten Deutschen" stilistisch grossartig, ungemein lebendige Darstellungen, in Erstaunen setzte. In München unter Einwirkung der dortigen, namentlich der Cornelius'schen Kunstwerke, zeichnete er dann die Cartons und nach Alfresco-Ausführung derselben in Elberfeld ging er nach Paris wo er sich der Schule des Paul Delaroche anschloss und in mehr romantischer und coloristische Schönheit erstrebender Weise malte. Dass eine so bedeutende Kraft, wie Fay, nicht durch entsprechende Aufträge gefördert wurde, ist ein schlimmes Zeichen unserer Zeit. Fay wandte sich, nach Düsseldorf zurückgekehrt, der mit Landschaft verbundenen Genremalerei zu und bietet darin noch stets Werke von feinem malerischem Reize.

971. **Simson**, der Richter in Juda, der herculische Kämpfer gegen die Philister, liegt schlafend vor der Dalila, die dessen Locken (der Bibel nach der Sitz seiner Stärke) emporhält, während einer der drei hinter dem Vorhange im Mittelgrunde des Bildes erscheinenden Philisterfürsten im Begriffe ist dieselben abzuschneiden. Der Künstler malte dies Jugendwerk im Jahre 1839. Geschenk des Herrn Christoph Andreae in Mülheim a/Rh. 1859. Leinwand. H. 6′ 6″, br. 6′ 7½″.

Reinhard Sebastian Zimmermann,

geboren 1815 zu Hagenau am Bodensee, hat sich als Genremaler, der seine Motive aus dem Münchener Volksleben und dem modernen Tagesverkehr wählt und dessen Bilder grosse Frische und lebendige Charakteristik zeigen, mannichfach hervorgethan. Er hat hauptsächlich sich in München ausgebildet, wo er gegenwärtig noch lebt.

972. **Der Schrannentag.** Baierische Bauern, unter ihnen links ein Jude, sitzen, den Ertrag ihres Fruchtverkaufes vor sich hinzählend um einen Tisch und thun sich gütlich mit Champagner. Diese sind umgeben von andern, in denen theilweise sehr verschiedene Gemüthsstimmung (besonders in dem rechts sitzenden Bier trinkenden Bauern) ausgesprochen ist. Rechts im schattigen Mittelgrunde Musikanten. Leinwand. H. 2′ 9¾″, br. 3′ 7½″.

Wilhelm Meyer,

geboren den 23. Dezember 1815 in Köln, ward nachdem er mehrere Schulen durchgemacht, zur kaufmännischen Laufbahn bestimmt. Seit dem Jahre 1837 aber begann er unter der Leitung von Andreas Achenbach in Düsseldorf seine künstlerischen Studien und hat sich später, in Köln wohnend, zu einem tüchtigen Marinemaler entwickelt. Von ihm besitzt unsere Sammlung das folgende Bild:

973. **Seestück.** Geschenk des kölnischen Gewerbevereins. 1865. Leinwand. H. 2′ 10″, br. 3′ 10½″.

Julius Schrader,

geboren 1815 in Berlin, wo er nachdem er zuvor schon Unterricht von seinem Vater erhalten hatte, im Alter von 14 Jahren die Akademie besuchte. Von 1837 bis 1845 arbeitete er in der Akademie zu Düsseldorf, reiste dann durch Holland, Belgien, England und später über München nach Italien. Zwei Jahre später kehrte er über Paris nach Berlin zurück, wo er seit 1850 als Professor an der Akademie thätig ist und nebst vielen Portraits historische Compositionen in energisch naturalistischer Weise kraftvoll und glänzend behandelt ausführt.

974. **Cromwell am Krankenbette seiner Tochter.** Lady Claypole, des Protectors Lieblingskind, durch den Schmerz über die Hinrichtung des um royalistischer Umtriebe willen 1658 verurtheilten von ihr hoch verehrten D. Huet auf's Krankenbett geworfen, macht, dem Tode nahe während gemeinsamer Andacht dem tieferschütterten Vater Vorwürfe über die blutige Härte seiner Regierung. Geschenk des Vereins zur Erwerbung von Kunstwerken für das Museum der Stadt Köln. 1859. Leinwand. H. 4' 10½'', br. 5' 11½''.

975. **Bildniss des Peter von Cornelius,** gemalt 1864. Geschenk des Professor Schrader. 1864. H. 3' 1'', br. 2' 5½''.

*976. **Des Künstlers eigenes Bildniss,** gemalt 1865. Geschenk des Herrn D. Oppenheim. 1865. H. 2' 1½'', br. 1' 9½''.

Henry Ritter,

geboren den 24. Mai 1816 zu Montreal in Canada, kam nach dem Tode seiner Eltern schon in früher Jugend zu seinem Oheim nach Hamburg wo er sich dem Kaufmannsstande widmen sollte. Doch durch des Knaben dringendes Bitten und mannichfache Proben zum Künstlerberufe veranlasst, gab ihn sein Oheim zu Vorbereitungsstudien zu dem Hamburger Künstler Gröger und 1836 als Eleven an die Akademie zu Düsseldorf, wo sich sein grosses Talent ungemein rasch entfaltete. Schon im Jahre 1838 führte er ein Bild (eigene Composition) aus und bald folgte eine Reihe ungemein frischer, meist aus dem Seemannsleben entnommener, Bilder, welche sich durch überraschende Lebendigkeit, Phantasiereichthum, gesunde Technik, glänzende und natürliche Farbe auszeichnen. Doch bei all der scharfen, oft derben Charakteristik und Seelenmalerei von frischer lebenswarmer und wahrer Empfindung begegnen wir auch bei ihm dem fast allen Künstlern der Düsseldorfer Schule anhaftenden Mangel des Gefühls für musikalische Abrundung der malerischen Tonverhältnisse und Abwägen zu melodischer Stimmungsschönheit; wir vermissen den eigentlichen Malergedanken als magische Licht- und Farbencomposition, wie sie uns an den Werken der alten Niederländer erfreut. Wäre ihm ein längeres Leben beschieden gewesen, wahrscheinlich würde er dann auch diesen hohen Kunstanforderungen entsprochen haben, da seine durchaus edel erscheinende Natur dafür angelegt erschien. Er starb schon am 21. Dezember 1853 an den Folgen eines Brustleidens.

977. Middys Predigt. Ein noch junger kleiner Seecadet hält drei angetrunkenen Matrosen (der mittlere, ein Neger, verbirgt die Flasche unter seinem vor sich hingehaltenen Hute) eine Strafpredigt, die indess sichtlich Widerrede humoristischer Art hervorruft. Es ist ein geistreich, lebendig charakteristisch durchgeführtes Bild, in seiner Art ein Höhenpunkt deutscher Genremalerei. Das im Jahre 1852 entstandene Bild wurde 1867 vom Museumsverein dem Museum geschenkt. Leinwand. H. 1′ 5½″, br. 1′ 4″.

Friedrich Voltz,

geboren 1817 in Nördlingen, lebt in München, wo er sich zu einem hervorragenden Thiermaler ausgebildet hat.

978. Eine Viehherde. Sie ist in einer hellen, wie kurz vor einem Gewitter von feuchtem Mittagssonnenglanze durchleuchteten Landschaft und ihre Spiegelung im Wasser des Vordergrundes bietet einen brillanten Effekt. Links davon sitzt der Hirte, dem sein Töchterchen eben das Mittagsmahl gebracht hat und neben ihm sein Hund. Ein mit Frucht beladener Wagen zieht im Mittelgrunde nach dem fernliegenden vom Gewitterregen bedrohten Dorfe hin. Geschenk der kölnischen Weinhandlung J. A. Mumm, zur Feier ihres hundertjährigen Bestehens am 30. September 1861. Leinwand. H. 4′ 4½″, br. 6′ 3″.

A. Schönbein.

Das Leben des Künstlers ist uns unbekannt.

979. Schweizerlandschaft. Motiv: An der Lütschine im Lauterbrunnerthal. Geschenk des Herrn Gartendirektor Lenne in Potsdam. Leinwand. H. 1′ 8½″, br. 2′ 4″.

Christian Böttcher,

geboren den 9. Dezember 1818 in Imgenbruch bei Montjoie. Er war bereits als Lithograph in Stuttgart thätig gewesen, als er nach Düsseldorf kam, wo er von 1844 bis 1849 sich in der Akademie ausbildete. Unter seinen vielen meist heiteren lebensfrischen Genrebildern, sind diejenigen, welche das rheinische Volksleben behandeln, die besten und ansprechendsten.

980. Sommernacht am Rhein. Unter einer breiten Linde, an welcher ein kerzenreicher Kronleuchter hängt, hat sich eine Gesellschaft von jungen Männern und Mädchen um eine Maiweinbowle versammelt. Ein herankommender Knabe reicht einem der heiteren Männer den eben herbei geholten Hausschlüssel. Mehr im Vordergrunde entfernen sich zwei Alte, vielleicht der Schullehrer und Küster, von denen der eine mehrere auf der linken Seite des Bildes um einen kleinen Tisch sitzende, in Politik vertiefte Stammgäste grüsst. Rechts im Mittelgrunde ist der bereits nach Hause ziehende, vom hellen Mond beschienene Ortspfarrer, hinter welchem der glänzende Rhein mit seinen Bergen und rechts die Ortskirche sichtbar. Die helle Luft und reine Lust des gesegneten Rheinlandes lacht uns aus diesem, wie so manch anderem Bilde des Künstlers an. Wie auf verschiedenen andern seiner Bilder hat er auch hier Portraits von Kunstgenossen angebracht (Th. Mintrop, Ad. Schmitz, Fritz Werner u. a.). Geschenk aus dem Vermächtniss der verstorbenen Wittwe Katharina Schiefer 1864. Leinwand. H. 3′ 9″, br. 6′.

Wilhelm Camphausen,

geboren den 18. Februar 1818 in Düsseldorf, war dort seit 1834, nur mit Unterbrechung einer Reise über Berlin und Dresden nach München, Schüler der Akademie, in welcher er bis 1850 verblieb. Als Schlachtenmaler hat er sich vorzugsweise ausgebildet, doch auch als Genre- und Bildnissmaler, als Pferdeportraitist sowie als Illustrator und Darsteller modern-historischer Bilder hat er Verdienstvolles geleistet, und ist noch stets, vorzugsweise als malender Chronist der neueren Kriegesthaten der preussischen Armee, mit bedeutendem Erfolge thätig.

981. **Prinz Eugen von Savoyen in der Schlacht bei Belgrad.** Zu dem rechts neben dem Helden reitenden Offizier hat der Künstler das Bildniss des Dichters Carl Immermann, zu dem auf dessen Rechter das des Malers Theodor Hildebrandt benutzt. Das 1842 gemalte Bild ist lebendig componirt. Herr Rittergutsbesitzer Friedrich von Ammon aus Cleve schenkte es 1843 dem Museum. Leinwand. H. 3′ 11¾″, br. 5′ 5¾″.

982. **Gepanzerte Reiter aus dem Gefecht kommend.** Ein Verwundeter wird aus dem Schlachtgewühl, das im Hintergrunde in der Nähe eines Dorfes sichtbar ist, weggebracht. Gemalt 1838. Geschenk des Gartendirektors Herrn Lenne in Potsdam 1866. Leinwand. H. 1′ 9¾″, br. 2′ 4″.

Wilhelm Heinrich Schmidt,

geboren den 12. April 1819 zu Amsterdam, studirte bei G. de Meyer und benutzte alle Gelegenheiten, wo Natur und Kunstwerke ihm für seine Entfaltung förderlich werden konnten. 1840 bereiste er Deutschland, 1842 wurde er Lehrer an der Akademie zu Delft. Das folgende Bild malte er 1845. Leider starb er sehr früh.

*983. **Gebet bei einer Leiche.** Betende Mönche und Kinder sowie die Angehörigen des Verstorbenen knieen und stehen um den links aufgestellten Sarg. Schöner tiefer Farbenton, sowie warm empfundener Ausdruck sind besondere Tugenden des Bildes. Geschenk des kölnischen Kunstvereins 1846. Leinwand. H. 3′ 9¾″, br. 4′ 9″.

Ernst Slingeneijer,

geboren 1820 zu Loockristy bei Gent. Er ist ein Schüler des Direktor Wappers in Antwerpen, wo er noch längere Zeit wohnte. Gegenwärtig lebt er in Brüssel.

984. **Der Untergang des französischen Kriegsschiffes Le Vengeur.** (Episode aus dem englisch-französischen Seekriege der 90ger Jahre). Unter furchtbaren Zornausbrüchen und unter dem Rufe „Vive la Republique" weihte sich dessen Mannschaft dem Tode. Das Bild repräsentirt in ungemein kraftvoller Weise die belgische Richtung nach der Seite des krassesten Naturalismus. Geschenk des kölnischen Kunstvereins 1845. Leinwand. H. 13′ 1/2″, br. 10′ 1″.

Graf Stanislaus von Kalkreuth,

geboren am 25. Dezember 1820 zu Kozmin im Grossherzogthum Posen. Er war bereits Garde-Offizier, als er sich entschloss die Kunst zu seinem Lebensberufe zu machen. Im Jahre 1846 und 47 war er Eleve der Düsseldorfer Akademie und Schirmers specielle Leitung half, dass er sehr bald schon Bilder auf die Ausstellung bringen konnte. Die meisten seiner Arbeiten kamen in den Besitz Sr. Majestät der Königs von Preussen. Im Jahre 1858 zog er nach Weimar und wirkt dort seit 1860 als Direktor der neu errichteten Grossherzoglich Sächsischen Kunstschule.

985. **Morgenlandschaft aus Tyrol.** Das Bild, das edle Linien, grossen breiten Bau der Composition, einen klaren Farbenton zeigt, entstand im Jahre 1852 und Schirmers echt künstlerischer Einfluss ist darin wohl erkennbar. Im Jahre 1866 schenkte es der Conservator J. Niessen dem Museum. Leinwand. H. 2′ 1 1/2″, br. 3′ 2 1/4″.

Erich Correns,

geboren 1820 zu Köln, studirte in Bonn Jurisprudenz und ging dann nach München. Dort hat er sich als ein guter Portraitmaler und in letzterer Zeit als Maler ansprechender Genrebilder entwickelt.

986. **Bildniss des Dombaumeisters, Geheimen Regierungs- und Baurathes Ernst Zwirner** (gestorben 1861). Gemalt auf Bestellung der Stadt Köln 1861. Leinwand. H. 7′ 11″, br. 5′ 7″.

Hubert Salentin,

geboren 1822 zu Zülpich, kam 14 Jahre alt zu einem Schlosser in Köln in die Lehre. Nachdem er dann nach drei Jahren zum

Gesellen geworden, wurde es ihm möglich sich in freien Sonntagsstunden mit der Malerei zu beschäftigen. Dies dauerte 10 Jahre und er übernahm dann in seiner Vaterstadt eine Schmiedewerkstätte als Meister, wodurch ihm nun mehr Gelegenheit wurde, freie Stunden seiner Lieblingsneigung zu widmen. Da seine Arbeiten Beifall fanden, überredete er seine Mutter und seine Schwestern mit ihm nach Köln zu ziehen, wo er unter der Leitung des Conservator Ramboux sich vervollkommnete und als Portraitmaler thätig war. Im Alter von 28 Jahren zog er nach Düsseldorf, wo er in der Akademie unter Professor Sohns und Direktor Schadows, später unter Tidemands Leitung rasche Fortschritte machte und viele lebensvoll frische, durch schönen Farbenton und feine Charakteristik hervorleuchtende Bilder schuf.

987. **Wallfahrer an einer Heilquelle.** In der Nähe einer Kapelle, unter einem links' stehenden Heiligenhäuschen, hinter dessen Gitterfenster ein Madonnenbild sichtbar ist, fliesst der Gesundheit bringende Quell, an welchem ein sich niederbeugender Mann eben seinen Krug füllen lässt, um ihn dem in der Mitte des Bildes auf einem Esel ruhenden, von seiner Mutter unterstützten kranken Sohne zu reichen. Diese Hauptgestalten, so wie die sie umgebenden Gruppen von Landleuten sind im Streiflichte der hochstehenden Sonne dargestellt und lassen den Einblick in das Innere eines schattigen Waldes frei, in dessen tieferem Grunde man neu ankommende Wallfahrer, rechts eine Bude mit Heiligenbilderverkäufern gewahrt. Leinwand. H. 3′ 1″, br. 4′ 4″.

Hermann Steinfurth,

geboren zu Hamburg 1824, wurde nachdem er eine Zeit lang Privatschüler des Professor Sohn in Düsseldorf gewesen, Schüler der unter der speciellen Leitung Schadows stehenden I. Klasse der Akademie. 1852 ging er für einige Zeit nach Italien und lebt seitdem in verschiedenen Städten Deutschlands, grossentheils in Düsseldorf und seiner Vaterstadt.

988. **Die Erziehung des Jupiter.** Der personificirenden griechischen Sage nach wurde der in die Welt der Endlichkeiten herabgekommene Jupiter (Lichtgott) von der Rhea geboren, auf dem Berge Ida auf Kreta, verborgen vor seinem Vater, dem seine eigenen Kinder verschlingenden Urgotte Saturnus, der Adrastea (Schicksal) zur Auferziehung übergeben. Die Ziege Amalthea (Kraft, Nahrung) säugte ihn, von dem es heisst dass er später seinen Vater entthronte, das verderbte Menschengeschlecht vertilgte, neue Menschen schuf, den Himmel und die Erde beherrschte. Geschenk des Herrn Professor J. M. Firmenich aus dem Nachlasse seines Oheims J. H. Richartz 1861. Leinwand. H. 3′ 1¼″, br. 4′ 6¼″.

Bernhard Plockhorst,

geboren in Braunschweig 1825, studirte in Berlin, Dresden, München und in den Jahren 1853 und 54 in Paris. Er malte viele Portraits, mehrere religiöse, historische und Genrebilder. Seit dem Jahre 1865 ist er Professor an der Kunstschule zu Weimar. Das folgende Bild entstand 1861—63.

989. **Der Kampf des Erzengels Michael mit dem Satan um die Leiche des Moses.** Das Motiv zu dem Bilde gehört einer talmudistischen, angeblich aus dem Jahre 250 v. Chr. herrührenden Ueberlieferung an, auf welche in der Epistel des Apostel Juda Vers 9 Bezug genommen wird, mit den Worten: „Michael aber, der Erzengel, da er mit dem Teufel zankete, und mit ihm redete über dem Leichnam Moses, durfte er das Urtheil der Lästerung nicht fällen; sondern sprach: der Herr strafe dich!" Das Bild wurde 1864 aus dem Richartz-Fonds erworben. Leinwand. H. 8′ 6″, br. 6′ 7″.

Carl Piloty,

geboren 1826 in München, besuchte früh schon, nachdem ihm im väterlichen Hause (der bekannten Lithographischen Anstalt) Anregung geworden war, die Akademie und suchte dann in der Weise der eben damals grosses Aufsehen erregenden, im naturalistischen Sinne schaffenden belgischen und französischen Meister zu malen, was ihm in bedeutendem Grade und mit viel äusserem Erfolge gelang. Er betrat den Weg, welchen am Anfange des XVII. Jahrhunderts Caravaggio eingeschlagen hatte, auf welchem dieser, mit den gesteigertsten Kunstmitteln arbeitend, die am meisten auf die Sinne wirkenden Effekte und Motive wählte, welche die lebendigste Illusion zulassen, ein Weg aber, der das von den gewaltigsten Kunstheroen mit grossartigen Opfern eroberte ideale Kunstgebiet (dies unser heiliges deutsches Erbe) zu gefährden und ähnlich wie in früheren Zeiten es geschah, die Kunst dem Verfalle zuzuführen droht. Seit Piloty nach seines Schwagers Schorn Tode als Hülfslehrer und später als Professor an der Münchener Akademie angestellt worden, hat diese Richtung bedeutenden Boden gewonnen und indem sie bei Schülern und Kunstlaien wachsenden Anklang findet, durchkreuzt sie die von Cornelius, seinen Genossen und Schülern gepflegten, idealistischen Bestrebungen in einer Weise, von welcher bei unläugbar glänzenden Erfolgen sich nicht verkennen lässt, wie sehr sie auch der ethischen Seite der künstlerischen Charakterbildung bedrohlich werden kann.

990. **Galilei als Gefangner.** Der gelehrte scharfsinnige Astronom, der als Naturforscher hochverdiente charaktervolle Mann, hat mathematische

Linien auf den Boden gezeichnet, auf welche, sein Bett streifend, ein Sonnenstrahl fällt, und steht in nachdenkender Stellung vor denselben, um daraus über den Rundlauf der Erde Schlüsse zu ziehen. Im Hintergrunde hat der Maler ein vergittertes Fenster angebracht, an welchem zwei beobachtende Mönche sichtbar. Geschenk des Vereins zur Erwerbung von Kunstwerken 1861. Leinwand. H. 9' 9'', br. 7'.

Oswald Achenbach,

geboren zu Düsseldorf am 2. Februar 1827, war von 1839—1841 Schüler der Akademie daselbst, dann wurde sein Bruder Andreas, geboren 1815, sein Lehrer, unter dessen Leitung sich schon sehr früh sein besonderes Talent, den Zauber des Lichtes und der Farbenstimmung in poetischem Sinne zu bieten, entwickelte. Durch seine Studienreisen im baierischen Gebirge, der Schweiz, 1845 in Oberitalien, 1850 und 51 im südlichen Italien, entwickelte sich erst recht sein überaus fruchtbares Talent in seiner besonderen Eigenthümlichkeit. In seinen Bildern ist ganz besonders eine coloristischharmonische Totalwirkung, die Alles dem malerischen Beleuchtungsgesetze mit sicherster Behandlung und erstaunlicher Leichtigkeit des graziösesten Vortrags anzupassen weiss und zu dem aus stylistischen Gesetzen des Formenrhythmus entstandenen Bildern Schirmers in einer Art von Gegensatz steht.

991. **Landschaft mit dem Blick auf Castel Gandolfo.** Unter den sich hoch wölbenden immergrünen Eichen des Vordergrundes sieht man die Saltarella tanzende Bauern, umgeben von einheimischen und fremden Zuschauern. Links ein Abbate, der seine Zöglinge, welche sich nach jenen Tanzenden umschauen, antreibt ihres Weges weiter zu wandeln. Ein Durchblick zeigt das im abendlichen Sonnenglanze leuchtende Castel Gandolfo. Geschenk des kölnischen Kunstvereins 1866. Leinwand. H. 3' 4¾'', br. 4' 8½'''.

Benjamin Vautier,

geboren 1829 zu Morges am Genfersee, besuchte mit 16 Jahren eine Zeichenschule in Genf, wo er nach Gyps und der Natur zeichnete, dann war er mehrere Jahre mit Emailarbeiten für Broschen und Uhren beschäftigt, zugleich sich übend Miniaturportraits zu malen. 1850 ging er nach Düsseldorf, wo er anfangs Schüler der Akademie und dann des Professor Jordan wurde. Nachdem er einige Zeit in Paris zugebracht, kehrte er wieder nach Düsseldorf zurück, von wo aus er oft Studienreisen nach dem Schwarzwalde und in's Berner Oberland macht. Aus letzterem entnahm er auch das Motiv zu dem folgenden Bilde:

*992. **Ein Leichenschmaus.** Die Wittwe des eben zur letzten Ruhe Bestatteten sitzt in trauervoller Bewegung neben dem Bette. Rechts deren Verwandte und Befreundete, im nächsten Vordergrund vor dem mit Speisen besetzten Tische die Gäste bedienend das Töchterchen der Wittwe, an das der kleine Knabe verweinten Angesichts sich ängstlich anklammert. Der Sitte des Berner Oberlandes gemäss, dessen Costüm auch die Gestalten zeigen, sind die vom Begräbnissgange zurückgekehrten Männer in einem anderen Gemache versammelt und hier durch eine Thüre im Mittelgrunde rechts sichtbar. Das Bild, ausgezeichnet durch die feinste und rührendste Seelenmalerei, ist wie eine thatsächliche mit allen ihren Zufälligkeiten naiv wiedergegebene Situation behandelt. Erworben aus dem Richartz-Fonds 1866. Leinwand. H. 3′ 1/4″, br. 4′ 6 1/4″.

L. E. de Cawer.

Der Künstler, über dessen Leben wenig bekannt geworden, soll längere Zeit in Brüssel gelebt haben und gegenwärtig etwa 38 Jahre alt sein.

993. **Der Kornkai in Haarlem.** Gemalt 1851. Dazu gehört:

994. **Ansicht von Rotterdam.** Gemalt 1853. Geschenke des Herrn Carl Glasmacher. Leinwand. H. 2′ 2″, br. 3′ 1″.

Otto Schwerdgeburth,

der Sohn des gegenwärtig 84 Jahre alten, noch in Weimar lebenden bekannten Kupferstechers C. A. Schwerdgeburth, wurde geboren am 5. März 1835. Sein Vater erkannte früh sein Talent und gab ihm den ersten Unterricht, der indess durch die darauf folgenden Schülerjahre bei dem gediegenen Meister Preller erst recht zu einer guten Grundlage für die spätere Entwicklung wurde. Im Jahre 1856 ging er nach Antwerpen, wo er vier Jahre blieb, theils die bekannten belgischen Maler Guffens und Sweerts bei der Ausführung der Frescobilder an der später abgebrannten Börse daselbst unterstützend, theils mit Ausführung eigener Compositionen beschäftigt. Nach Weimar zurückgekehrt, schuf er in stiller Zurückgezogenheit eine Reihe dem historischen Genre angehöriger Bilder und das untengenannte, welches unter dem Einflusse des in Weimar lebenden Professors Pauwels aus Antwerpen entstand, darf als der Gipfelpunkt seiner künstlerischen Entwicklung angesehen werden. Er kränkelte an einem Brustleiden, das ihn vielfach hinderte sich recht der Arbeit zu widmen und erlag diesem schon am 16. Dezember 1866.

995. **Die Spaziergänger vor dem Thor.** Die Mitte des Bildes zeigt uns Faust, den in Göthes Tragödie geschilderten Repräsentanten einer bedeutsamen Stufe des modernen Geisteslebens, ihm zur Seite seinen Famulus, den trockenen Stubengelehrten Wagner, der nicht ahnend das schmerzvolle Ringen mächtiger Geistesarbeit, welches in dem Antlitz des in einsame Betrachtung versunkenen Faust so tiefe Leidensspuren eingegraben hat, in philisterhafter Selbstzufriedenheit vor sich hinlächelt. Diese im heiteren Glanze der Abendsonne Wandelnden sind umgeben von den so reich in ihren äusseren und inneren Gegensätzen charakterisirten Gruppen der Schüler, Bürger und Bürgermädchen, Soldaten etc. bis herab zu dem bettelnden Leiermann, welchem der Maler, um den Raum in passender Weise auszufüllen, noch Knaben zugefügt hat, die sich um Ostereier raufen. Das Bild ist im naiv naturalistischen Sinne ungemein geschickt ausgeführt. Geschenk des Museumsvereins 1864. Leinwand. H. 2' 7½", br. 5' 11".

Wilhelm Leibl,

geboren in Köln 1846, lebt seit 4 Jahren als Schüler der Akademie zu München und hat bereits mehrfache Proben eines hervorragenden Talentes geliefert, in denen ein den grossen niederländischen Meistern des Helldunkels verwandter Sinn sich vielversprechend offenbart.

*996. **Bildniss** des Dom-Capellmeisters Carl Leibl (Vater des Künstlers Aetatis 83). Der Künstler malte das Bild 1866 und schenkte es 1868 dem Museum. Leinwand. H. 2' 5", br. 1' 11½".

Von unbekannter Künstlerhand ist das folgende Bild:

997. **Bildniss Wallrafs.** Kleine Copie des sub Nro. 512 angegebenen Bildes. Geschenk des Herrn General-Consul von Bartels 1861. Leinwand. H. 1' 1¼", br. 10½".

Aquarelle.

Franz Christian Gau,

geboren zu Köln 1790, widmete sich bis zu seinem 20. Jahre gelehrten Studien, dann aber begann er unter der Leitung des Malers Joseph Hoffmann vorzugsweise schöne Architektur und Decoration zu zeichnen. Hierauf wandte er sich nach Paris, wo er unter anderem eine von Büschel ausgeschriebene Architektur-Preisaufgabe bearbeitete und gewann. Im Jahre 1814 ging er nach Italien, alle Orte, welche wesentlich künstlerisch Interessantes bieten, durchwandernd. Nach vierjährigem Aufenthalt daselbst unternahm er seine kühne Wanderschaft nach Asien, durchreiste Palästina (eine Zeitlang zu Jerusalem verweilend), dann die wüsten Strecken Afrikas und vorzüglich Aegypten. Nach zweijähriger Abwesenheit von Rom kehrte er über Alexandria wieder dorthin zurück, wo die von ihm mitgebrachten Zeichnungen und Studien die grösste Anerkennung fanden. In den Jahren von 1821 bis 1827 erschienen nach seinen Zeichnungen ausgeführt: „Sechszig Blätter neu entdeckte Denkmäler von Nubien und den Ufern des Nils". Von Rom begab sich Gau wieder nach Paris wo er 1844 eine Architekturschule eröffnete, in welcher besonders Deutsche Ausbildung fanden, die aber nur 4 Jahre bestand. Ausser der Restauration vieler hervorragender Bauten, hat er auch bedeutende Neubauten unter anderem die Kirche St. Clotilde dort ausgeführt. Er starb 1854 und ausser den folgenden Zeichnungen hinterliess er das unter Nro. 611 angeführte Gemälde dem Museum seiner Vaterstadt.

998. **Die Kirche St. Clotilde in Paris.** Entwurf zu der in Paris von 1847 bis 1853 (leider nur theilweise) nach den Plänen des Künstlers in streng gothischem Stile auf Kosten der Stadt Paris ausgeführten Kirche. Der Meister erkrankte während der Ausführung des Baues und der Architekt der Stadt Paris, Bally, übernahm die Fortführung desselben unter Modificationen, welche in Bezug auf Schönheit und Reinheit des Stiles dem Werke nur zum Nachtheil gereichten. Die Kirche misst im Lichten ohne die östliche Thurmhalle 228' bei 70' Weite; die Gesammtlänge der bebauten Fläche beträgt 300'. Geschenk des Künstlers gemäss Testamentsbestimmung 1854. Grösse ohne Papierrand. H. 1' 8 $\frac{3}{4}$", br. 1' 4 $\frac{1}{3}$".

999. **Ansicht von Kalapsche in Nubien.** Papier. H. 6 $\frac{3}{4}$", br. 1' 2 $\frac{3}{4}$".

1000. **Ansicht von Tchta in Nubien.** Papier. H. 6", br. 11".

1001. **Ansicht von Jerusalem.** Papier. H. 10 $\frac{1}{2}$", br. 3' 1 $\frac{1}{2}$".

David Levy-Elkan,

geboren 1808 zu Köln, studirte in Düsseldorf und errichtete später eine lithographische Anstalt zu Köln. 1858 übernahm er die Führung der früher unter der Firma Arnz & Comp. bestehenden lithographischen Anstalt in Düsseldorf. Er starb 1866 zu Köln. Mit grosser Phantasie begabt zeichnete er vorzugsweise im gothischen Stile.

1002. **Einzug des Kaisers Maximilian in Köln.** Geschenk des Herrn Professor J. M. Firmenich aus dem Nachlasse seines Oheims J. H. Richartz 1861. Pergament. H. 2' 7 $\frac{1}{2}$", br. 2' 2 $\frac{1}{2}$".

Caspar Scheuren,

geboren den 22. August 1810 in Aachen, ist der Sohn eines Gemälde-Restaurateurs und Miniaturmalers, der frühzeitig das bedeutende Talent seines Sohnes erkannte, ihn 1829 zur Ausbildung nach der Akademie zu Düsseldorf schickte, wo er sich sehr rasch zu einem hervorragenden Landschaftmaler, Arabeskenzeichner und Aquarellisten ausbildete und gegenwärtig noch thätig ist. Er ist mit ungemein beweglicher lebendiger Phantasie begabt, die ausserordentlich reich ist an poetischen Beziehungen, denen er auch zugleich in Figuren Ausdruck zu geben weiss. Sein Vortrag ist von ganz unvergleichlicher Eleganz und graziöser Leichtigkeit und er weiss der märchen- und sagenhaften romantischen Poesie entsprechende zauberisch klare, duftige, von Licht und Farbenschmelz erfüllte Stimmung zu schaffen, die wir durch sein besonderes Talent geistreicher Verbindung mit sinn- und geschmackvoller Ornamentik noch vielfach erhöht sehen.

Auf das folgende Werk hat Scheuren die besten Kräfte seines Lebens verwandt. Als Ihrer Majestät unserer Königin das Album vorgelegt wurde, fasste sie den schönen Gedanken, dasselbe dem kölnischen Museum zuzuwenden. Das erhabene Herrscherpaar zeichnete sofort eine beträchtliche Summe. Ihre Königlichen Hoheiten der Kronprinz und die Kronprinzessin schlossen sich an. Die noch fehlenden Mittel wurden durch die Herren Graf Egon von Fürstenberg-Stammheim, Prof. J. M. Firmenich-Richartz, Geh. Commercienrath A. Oppenheim, Reg.-Präsident v. Möller, Geh. Commercienrath Mevissen, Geh. Commercienrath Deichmann, Commercienrath V. Wendelstadt, H. J. W. Königs, Julius Markus, Commercienrath J. vom Rath, Commercienrath W. Joest, Geh. Commercienrath E. Schnitzler und Frau Schaaffhausen gedeckt. So erhielt unsere Anstalt das Geschenk im März 1862. Die folgenden Erklärungen sind vom Künstler gegeben.

1003. **Landschaft, Sage, Geschichte und Monumentales der Rheinprovinz.**

In 26 Blättern. Grösse: H. 1′ 6½″, br. 2′ ¾″. Illustrirt von C. Scheuren. Düsseldorf 1862.

1004. **Rhein-Preussens Vergangenheit und Zukunft.**

„Das Alte stürzt, es ändert sich die Zeit
Und neues Leben blüht aus den Ruinen."
(Schiller.)

Rhein, Mosel, Lurlei.

„Deutscher Kunst und deutschem Wein
Soll ich stets gewidmet sein!"

I. Abtheilung.

1005.   Von Cleve bis Coblenz.

„Gruss dir, Romantik."

Einleitung. Die Poesie hoch zu Ross ins Horn stossend, vom Dichter und Sänger geführt, entsteigt der Waldesnacht und zieht ins mondbeglänzte Rheinthal. Der Klausner lauscht, Gnomen mit Fackeln begleiten den Zug und Elfen schweben voran.

Zu beiden Seiten der rheinische Sagen- und Legendenkreis, als: Schwanenritter kommt daher gefahren; Siegfried schleppt den Drachen heran; Lorelei stimmt an ihr Zauberlied; Gnomen, Elfen bringen den Nibelungenhort; Genovefa mit ihrem Schmerzenreich. — Roland in Liebesschmerz trauernd; Hildegund im Gebet versunken; St. Goar die Fische segnend; Engel den Segen überbringend.

Rheinische Kunst und Künstler. Das Dombild zu Köln. Meister Stephan (Malerei), Meister Gerhard (Baukunst), Meister Krien [?] (Bildhauerkunst), Meister Frauenlob (Dichtkunst), Meister Beethoven (Musik).

Heraldik. Wappen: Köln, Düsseldorf, Aachen, Düren, Cleve, Bonn, Coblenz. St. Goar, Drachenfels etc.

1006.   K ö l n.

„Coellen ein Kroin
boven alle Steden schoin."
(Köln. Reimchronik.)

Landschaft. Die Stadt Köln in ihrer Gegenwart mit der stehenden Brücke und dem Dombau; Dampfboote, Locomotiven, Fabriken und Schifffahrt.

Geschichte. Marcellus. Agrippina. Drusus. Meister Gottfried Hagen, der die Reimchronik von Köln geschrieben, greift in die Saiten. Ihn umgibt ein Geisterkreis der Vergangenheit, welcher den Burg- und Kloster-Ruinen entsteigt. Darunter der heilige Anno, der heilige Engelbert, Albertus Magnus, Thomas von Aquin etc. Kaiser, borgische Herzöge, Bürgermeister, Ritter und Bürger.

Architektur. Auf hohen Zinnen Conrad von Hochstaden. Erzbischof Philipp. Kaiser Constantin, Karl der Grosse. — Das Museum. Der Dom im Verfall und in der Wiedererstehung, der Gürzenich, die stehende Brücke.

Volksleben. Handel. Bürger. Carneval.

Heraldik. Stadtwappen von Köln. Preussen und Reichsadler. Die Wappen der Regierungsbezirke Trier, Aachen, Düsseldorf, Coblenz.

Aquarelle.

1007. **B e r g.**

„Romryke Berge!"
(Siegesruf in der Schlacht von Worringen.)

Landschaft. Düsseldorf vom Hofgarten aus aufgenommen. Jacobi's Garten oder Malkasten.

Architektur. Eingang zur Gemälde-Ausstellung und früheren Gallerie. Das Ständehaus, das Rathhaus, der Kurfürst Johann Wilhelm. — Der Fürstenchor zu Altenberg, welcher die Gräber der bergischen Herzoge enthält: Gebrüder Adolph und Eberhard, Wilhelm I., Gerhard I., Wilhelm II., Wilhelm, Adolph VIII., Margaretha, Gerhard, Sybilla von Brandenburg.

Kunst, Poesie und Religion. Peter von Cornelius, Wilhelm von Schadow, Bendemann, Deger, Lessing, Jacobi, Heine, Immermann, heiliger Suibertus, Dr. Neander.

Monumentales. Fries von Fay, in Fresco um den Rathhaus-Saal zu Elberfeld, das Leben der Deutschen darstellend. Opfer, Hirten- und Familienleben. Kriegerischer Tanz. Trunk und Spiel, Jagd.

Handel und Industrie. Feuer und Wasser. Wupper und Ruhr. Bergmann. Techniker. Schwertfeger und Schmied.

Heraldik. Wappen: Düsseldorf. Künstler und Malkasten. Elberfeld, Barmen, Solingen, Lennep, Neuss, Ruhrort, Gladbach, Kaiserswerth.

1008. **C l e v e.**

„Uns ist in alten Mären
Wundersviel geseit."
(Nibelungenlied.)

Architektur. Die Kirche zu Xanten, von Essen, von Werden. Der Schwanenthurm zu Cleve. Das Rathhaus zu Wesel.

Landschaft. Duisburg und die Ruhr.

Sage. Der Schwanenritter. Otto der Schütz. Siegfried und Chriemhilde, Siegmund und Sieglinde.

Geschichte. Römische Kaiser, Waffen, Altäre.

Legende. St. Victor, Patron der Stadt.

Heraldik. Wappen: Duisburg, Essen, Werden, Wesel, Xanten, Cleve, Geldern, Moers, Crefeld.

1009. **A a c h e n.**

„Geweiht zur Ehre der seligsten Jungfrau Maria,
Gottes Gebärerin und Beschützerin unserer Kirche."
(Lat. Inschrift im Oktogon zur Zeit der Einweihung.)

Architektur. Innere Ansicht der Münsterkirche. Das Oktogon und der Chor. Der Rathhaus-Saal. Die Reste des Kaiserpalastes im Domgange.

Landschaft. Ansicht von Aachen. Ansicht von Burtscheid.

Alterthum. Die Reliquien der Kirche. Das Muttergottesbild über Otto's III. Grab; der Kronleuchter. Die Wölfin. Der Pinienapfel. Die Löwenköpfe der broncenen Thüre. Goldener Kasten, worin die grossen Heiligenthümer. Stuhl Karl's des Grossen und sein Sarkophag.

Geschichte und Monumentales. Taufe Wittekind's. Krönung Karl's des Grossen. Frescobilder im Rathhaus-Saale von A. Rethel. Statuen Friedrich Barbarossa's und Rudolph's von Habsburg, derjenigen Kaiser, welche sich um die Kirche sehr verdient gemacht.

Sage. Ring der Fastrade. Hygieia.

Volksleben. Curgast. Fabrikarbeiterin. Pilger. Weber.

Heraldik. Wappen der Münsterkirche, der Stadt und von Burtscheid, Jülich und Heinsberg, Düren und Eupen.

1010.   **Bonn.**

„An des Rheines kühlem Strande
Stehen Burgen stolz und kühn.
Ihre Dächer sind zerfallen,
Und der Wind streicht durch die Hallen,
Wolken ziehen drüber hin."
(Studentenlied.)

Landschaft. Bonn vom Kreuzberg aus. Ruine Heisterbach. Ruine Godesberg. Ruine Drachenfels.

Legende und Sage. Letzter Mönch von Heisterbach. Letzter Ritter vom Drachenfels.

Monumentales. Die vier Facultäten, aus den Frescobildern in der Aula der Universität zu Bonn.

Embleme. Wissenschaft und Kunst. Industrie und Handel.

Heraldik. Wappen: Sachsen, Bonn, Heisterbach, Drachenfels.

1011.   **Siebengebirge.**

„Und begräbt das Kloster schön Hildegund,
So setz' ich mich hier auf den Stein
Und schaue zeitlebens zum Tode wund
Hinab auf das Kloster im Rhein."
(K. Simrock.)

Landschaft. Drachenfels, Petersberg, Wolkenburg, Nonnenwerth. Bahnhof zu Rolandseck.

Geschichte. König Eduard III. von England, auf seiner Reise nach Coblenz zum Kaiser Ludwig, empfängt auf der Insel Nonnenwerth die Huldigung der Fürsten.

Legende. Gunhilde dem Drachen geopfert. Siegfried den Drachen tödtend.

Sage. Roland und Hildegund.

Heraldik. Wappen Englands.

1012.   R e m a g e n.

"Sei getreu bis in den Tod und ich will dir die Krone
des Lebens geben." Apoc. Cap. II. 10.
(Latein. Inschrift über dem Altar.)

"Heiliger Apollinarius, zu dir kommen wir,
Deine Fürbitte begehren wir."
(Litanei aus der Festzeit, von tausend Pilgern
gesprochen.)

Architektur. Innere Ansicht der Apollinariskirche.

Landschaft. Remagen in der Festzeit. Ruine von Hammerstein. Andernach. Schloss Argenfels. Schloss Rheineck. Stadtthor von Linz. Kirche von Sinzig.

Geschichte. Gaugraf Otto der Salier zu Hammerstein im Bann wegen der Vermählung mit seiner Nichte. Heinrich IV. auf der Flucht zu Hammerstein verweilend. Zu Andernach in der Reformationszeit führt ein greiser Mönch durch sein Flehen die Bürger zum alten Glauben zurück. Grosse Hexenverbrennung zu Andernach.

Allegorie. Schlachtfries besiegter Römer und kämpfende Germanen.

Heraldik. Familienwappen Fürstenberg - Stammheim. Wappen Zwirner's und der Künstler. Andernach. Hammerstein. Argenfels. Rheineck. Remagen. Linz und Sinzig.

1013.   E n g e r s a u.

"O wie um Strom und Au, Wald und Gestein
Sich tausendfach Erinnerungen ranken."
(Wolfgang Müller.)

Landschaft. Schloss und Ruine Sayn-Wittgenstein. Neuwied und das Rheinthal. Ruine Altwied. Ruine Isenburg. Abtei Siegburg. Wetzlar.

Architektur. Ritter-Saal zu Solms-Braunfels. Schloss-Saal zu Engers. Plafondgemälde daselbst von Januarius Zick gemalt.

Volksleben auf dem Westerwalde. Schnitter und Mäherin. Schäfer und Gänsemädchen. Bergmann und Köhler.

Allegorie. Sieg und Lahn.

Heraldik. Wappen von Sayn-Wittgenstein, Neuwied, Altwied und Isenburg, Siegburg und Wetzlar.

1014.   A h r t h a l.

"Wo kostet wohl die Rebe solchen Fleiss?
Der süsse Trank verkündet's nicht den Lippen."
(Wolfgang Müller.)

Landschaft. Die Landskron und Blick nach der Eifel und ins Ahrthal. Städtchen Ahrweiler. Ruine der Ahrburg. Dorf Altenahr.

Geschichte. Kaiser Philipp von Schwaben, Gründer der Landskrone. Der hundertjährige Burggraf Gerhard III. von der Landskron, der letzte seines Stammes. Die Kriegsfurie, welche im Ahrthal unter den Schweden und Franzosen gewüthet.

Aquarelle.

Volksleben. Die Frohnleichnams-Prozession zu Ahrweiler. Das Mailehn unter den Linden. Die Maikrone. St. Petrus zu Walportzheim. Maler, Studenten, Touristen. Mühe und Arbeit im Weinberg. Segen und reiche Lese. Trauer und schlechtes Weinjahr. Auswanderung nach America.

Heraldik. Wappen der Landskron. Ahrweiler, Ahrburg, Schwaben, Schweden, Frankreich.

1015. **Maienfeld.**

„Gott getraut — gut gebaut."
(Alter Spruch.)

Architektur. Burg Elz. Genovefathurm zu Maien. Genovefagrab in der Frauenkirche.

Landschaft. Laacher-See nebst Abtei.

Legende. Die heilige Genovefa in der Wüste lehrt ihren Sohn Schmerzenreich beten. Sie wird vom Pfalzgrafen Siegfried wiedererkannt.

Märchen. Die Grossmutter erzählt von dem versunkenen Schloss. Der lauschende Knabe wird herabgezogen in den See und die Grossmutter betet an seiner Leiche.

Allegorie. Ein Ritter zieht gewappnet zur Abenteuerfahrt, die Minne begleitet ihn. Der Elz- und der Nettebach.

Heraldik. Wappen der Burg Elz und der Abtei Laach.

1016. **Eifel.**

„Tief ernst und stumm und kalt ist hier die Welt
In diesen öden unfruchtbaren Weiten."
(Wolfgang Müller.)

Landschaft. Gebirge bei Gerolstein. Uelmer Maare. Gillenfelder Maar. Ruine der Nürburg. Gerolstein. Niedeck. Manderscheid.

Volksleben. Hirt, Bauer und Bäuerin.

Allegorie. Pluto und Neptun. (Feuer und Wasser.)

Geschichte. Kaiser Ludwig der Fromme und Lothar I. in der Abtei Prüm.

Heraldik. Wappen von Niedeck, Gerolstein, Manderscheid, Prüm.

1017. **Mosel.**

„Sei mir gegrüsset, o Strom, belobt ob Fluren und Pflanzern,
Dem die Belgen die Stadt, die des Thrones gewürdiget, danken.
Strom, dess Hügel umher mit duftendem Bacchus bepflanzt sind.
Schiffbar, gleich wie das Meer, doch abwärts eilend in Wogen,
Als ein Fluss und dem See an krystallener Tiefe vergleichbar."
(Ausonius' Mosella.)

Architektur. Porta Nigra, Amphitheater, römische Bäder. Dom. Liebfrauenkirche. Basilika. Ansicht der Stadt Trier.

Landschaft. Ruine von Kloster Marienburg. Trarbach. Kochem. Beilstein. Bernkastel. Bischofstein.

Allegorie. Im Rebengewinde und zwischen Genien die Namen der besten Moselweine.

Geschichte. Kurfürst Balduin von Trier. Cardinal Cusanus von Cues. Abt Trithemius von Trittenheim. Sanct Castor von Carden.

Heraldik. Wappen: Trier, Bernkastel, Beilstein, Trarbach, Kochem, Bischofstein.

1018.   Nahe- und Saarthal.

„Ich tien."
(Motto Johann's von Böhmen, von welchem es auf die Prinzen von Wallis überging.)

Architektur. Grabkapelle des blinden Königs Johann von Böhmen. Durch Friedrich Wilhelm IV. wieder hergestellt.

Landschaft. Die Klause an der Saar. Kastel. Saarburg. Simmern. Der Rheingrafenstein an der Nahe. Der Rothenfels an der Nahe. Kreuznach mit dem M. Mort-Denkmal.

Allegorie. Nahe und Saar. Römer und Ritter.

Geschichte. Johann von Böhmen fällt in der Schlacht zu Crecy. (Motiv nach dem Frescobild auf Stolzenfels).

Volksleben. Jagdzug auf dem Hunsrücken.

Heraldik. Wappen: Saarbrücken, Saarlouis, Saarburg, Böhmen.

II. Abtheilung.

1019.   Von Coblenz bis Bingen.

„Fides!"

Initiale. Borussia empfängt die Huldigung der Kräfte des Rheinlands durch Genien dargebracht und symbolisch dargestellt. Kunst, Wissenschaft und Poesie; Wehrkraft, Handel und Industrie, Wein und Ackerbau; Schätze der Erde und des Wassers, Trophäen und das Bild der Treue bilden den Schluss. (Die Karte der Rheinprovinz.)

1020.   Coblenz.

„Semper Idem."
„Immer dieselbe."
(Königin Elisabeth von England.)

Landschaft. Die Stadt Coblenz nebst Umgebung von Besselich aus. Ehrenbreitstein. Feste Constantin und Alexander. Die Rhein-Anlage.

Architektur. Innere Ansicht der St. Castorkirche. Schlossaufgang. Schlosskapelle.

Legende. Der heilige Castor, die heilige Rizza.

Allegorie. Die Rheinlande im Frieden und Segen.

Geschichte. Heinrich IV. im Bann wird in der Osterzeit der Eingang zur Castorkirche verwehrt. Heinrich V. liegt in der Castorkirche reumüthig zu den Füssen seines Vaters. Eduard III. von England wird bei seiner Ankunft mit einem Adler beschenkt. Kaiser Ludwig, Eduard III. zur Seite, hält zu Coblenz Reichstag. Ludwig der Fromme, Friedrich Barbarossa, Conrad III., der heilige Bernhard, Grossmeister Waldpott-Bassenheim, Kurfürst Clemens Wenceslaus von Trier (Prinz von Sachsen).

Heraldik. Das vereinigte königliche Wappen. Wappen von England und Baden. Stadtwappen von Coblenz und der Regierungsbezirke Köln, Trier, Aachen, Düsseldorf.

1021.   S t o l z e n f e l s.

„Vom Fels zum Meer."
(Wahlspruch der Hohenzollern.)

Landschaft. Burg Stolzenfels in ihrer Vollendung. Stolzenfels im Jahre 1640. Die Burg als Ruine, im Aufbau begriffen. Die Schlosskapelle. Der Burggarten.

Architektur. Rittersaal und Zimmer der Königin.

Geschichte und Monumentales. Die schöne Isabella von England, Braut Kaiser Heinrich's II., wird zu Stolzenfels empfangen 1235. (Nach dem Frescobild von Stilke zu Stolzenfels.) Pfalzgraf Ruprecht zu Rhense zum Kaiser erwählt, wird 1400 zu Stolzenfels von den Kurfürsten begrüsst. (Nach dem Frescobilde zu Stolzenfels von Lasinsky.) Kurfürst Bischof Werner und Johann von Baden.

Allegorie. Die Lahn und der Königsbach.

Heraldik. Adler Preussens. Wappen: England, Baiern, Pfalz und Reichsadler.

1022.   K ö n i g s s t u h l und R h e n s e.

„Was ist des Deutschen Vaterland
Ist's Preussenland? Ist's Schwabenland?
Ist's, wo am Rhein die Rebe blüht?"
(E. M. Arndt.)

Landschaft. Oberlahnstein, Wenzelskapelle, Braubach, Marksburg, Niederspei, Rhense.

Architektur. Der Königsstuhl 1308. Derselbe nach der Zerstörung durch die Franzosen und jetzt von patriotischen Freunden wieder hergestellt.

Geschichte. Deutsche Kaiser wurden auf dem Königsstuhl folgende gewählt: Heinrich VII., Ludwig IV., Karl IV., Wenzel, Ruprecht, Sigmund. (Als Erinnerung an den ersten und letzten Kaiser: Karl der Grosse und Franz.)

Reliquien. Die in Wien aufbewahrten Reichs-Insignien: Krone, Schwert, Scepter, Reichsapfel.

Allegorie. Die trauernde Germania, Kurfürsten und Herolde.

Heraldik. Der einköpfige deutsche Reichsadler. Der zweiköpfige Reichsadler, wie er unter Kaiser Sigmund aufgenommen. Die Wappen der sieben Kurfürsten Mainz, Trier, Köln, Sachsen, Brandenburg, Pfalz, Böhmen. Wappen: Rhense. — Adler Preussens und Oesterreichs. Hohenzollern und Habsburg. Frankfurt und Aachen. Baiern, Sachsen, Würtemberg, Hannover, Braunschweig, Nassau, Baden, Hessen etc.

1023. St. Goar.

„Zieht nicht vorbei an St. Goar,
Die Stadt, die allzeit gastlich war."
(Simrock.)

Landschaft. Ruinen Rheinfels und St. Goar. Boppard. Salzig. Ruine Liebenstein und Sternberg.

Legende. St. Goar predigt das Evangelium, ihn umgeben Fischer, Pilger und Ritter.

Sage. Die feindlichen Brüder im Kampfe. Ritter Beier von Boppard erkennt seine treulos verlassene Braut, die im Zweikampfe mit ihm gefallen ist.

Geschichte. Der Tempelritter Conrad von Boppard das Ordensbanner tragend. Otto der Grosse und Heinrich VII. als Gönner der Stadt Boppard.

Heraldik. Stadtwappen von Boppard und St. Goar.

1024. Lurlei.

„Ich weiss nicht, was soll es bedeuten,
Dass ich so traurig bin?
Ein Märchen aus alten Zeiten,
Das kommt mir nicht aus dem Sinn."
(Heinrich Heine.)

(Frühlings-Abend.)

Landschaft. Der Lurleifelsen beim Mondaufgang.

Märchen. Dichtung und Sage belauschen die Lorelei, ihr Zauberlied im Kreise der Nixen und Gnomen anstimmend, welche sich vor dem neu erstandenen Leben der Eisenbahn zu ihr flüchten, wie durch deren Geräusch eingeschüchtert.

Aquarelle.

1025. **Oberwesel.**

> „Dich grüss' ich, du breiter, grüngoldiger Strom,
> Euch Schlösser und Dörfer und Städte und Dom."
> (Wolfgang Müller.)

(Sommer-Morgen.)

Landschaft. Stadt Oberwesel mit der Liebfrauenkirche; Wernerskapelle; Martins-Pfarrkirche; Ochsenthurm; Pfalzgrafenstein; Ruine Schönburg.

Architektur. Innere Ansicht der Liebfrauenkirche; Kreuzgang dabei.

Geschichte. Nach einem Familiengesetz Conrad's von Hohenstaufen mussten die Pfalzgräfinnen auf dem Pfalzgrafenstein ihre Niederkunft halten.

Sage. Die sieben Jungfrauen der Schönburg schauten bethörend zur Burg heraus und wurden wegen ihrer Sprödigkeit zu Felsen im Rhein verwandelt.

Geschichte. Graf Hermann von Schönburg war Marschall von Frankreich, Grand von Portugal, Herzog und Pair von England, † 1680 in der Schlacht und liegt zu London in der Westminster-Abtei begraben.

Heraldik. Stadtwappen Oberwesels, der Pfalz und Wappen der Familie Schönburg.

1026. **Bacharach.**

> „Am Rhein, am Rhein,
> Da wachsen unsere Reben,
> Gesegnet sei der Rhein!"
> (Claudius.)

(Herbst-Nachmittag.)

Landschaft. Marktplatz von Bacharach mit der Peterskirche, Wernerskapelle; Ruine Stahleck, Ruine Fürstenberg, Ruine Heimbach.

Volksleben. Fassbindermeister und seine Gesellen. Winzer und Winzerin. Wirth und Wanderer. Tanz und Lust.

Geschichte. Hermann von Stahleck voll Gram von Worms zurückkehrend, wo Friedrich I. ihn als Störer des Landfriedens zur Strafe des Hundetragens verurtheilt. — Conrad von Hohenstaufen, Bruder Friedrich's Barbarossa, bei seiner Anwesenheit zu Stahleck das Verhältniss seiner Tochter zu dem Welfen Heinrich entdeckend, deren Heirath später die Versöhnung der Welfen und Waiblinger veranlasste.

Allegorie. Bacharach als erster Stapelplatz der besten Rheinweine.

Aquarelle.

1027. **R h e i n s t e i n.**

„Suum quique."
„Jedem das Seine."
(Wahlspruch Preussens.)

(Winter.)

Landschaft. Burg Rheinstein. Rheinstein von der Ostseite. Rheinstein als Ruine. Die Clemenskapelle. Ruine Reichenstein. Ruine Sooneck.

Geschichte. Rudolph von Habsburg zu Rheinstein die Raubritter von Sooneck und Reichenstein richtend.

Sage. Die befreite Braut von Rheinstein, deren Pferd auf dem Wege zur Clemenskapelle den ihr aufgezwungenen Bräutigam erschlug. Die Clemenskapelle von den Witwen der Raubritter zur Sühne gestiftet. Schiffer beten darin, bevor sie das Binger Loch erreichen.

Heraldik. Adler Preussens. Wappen Bernburgs.

1028. **E n d e.**

„Valete!"

Der Mäusethurm in Winternacht.

Des Dichters Abschied von den Gestalten seiner Phantasie, welche, gleich dem Adler und dem Schwane, in die Ferne entschweben. Die Poesie mit dem Oelzweig, die Geschichte mit dem Schwerte, die Legende mit der Laute verlassen die trauernde Lorelei, während die jugendlichen Kräfte des emporblühenden Handels und der Industrie die Romantik bestatten.

Vincenz Statz,

geboren 1819 in Köln, war zunächst bei seinem Vater als Schreiner thätig, dann von 1837 bis 1841 beim damaligen Zimmermeister jetzigen Direktor der Kunstgewerbeschule zu Elberfeld, Ferdinand Luthmer, als Zimmermann, von 1841 bis 1844 Baueleve am Dome zu Köln unter Leitung des Dombaumeisters Zwirner, dann bis 1854 Dombauwerkmeister für Steinmetze, (Maurer und Zimmermeister). Vom Jahre 1861 an arbeitete er als qualifizirter Privatbaumeister. Im Jahre 1862 wurde er zum Dombaumeister zu Linz an der Donau, 1863 zum Diözesanbaumeister der Erzdiözese Köln und 1866 zum königl. Baurath ernannt. Der von ihm 1856 begonnene, seit 1866 vollendete Neubau der hiesigen St. Mauritiuskirche ragt durch die Reinheit und grossartige Einfachheit seines Stiles vor den meisten Neubauten hervor und darf nebst dem in jüngster Zeit erst gleichfalls im gothischen Stile ausgeführten eigenen Wohnhause des Künstlers als dessen bedeutendstes Werk angesehen werden. Er ist der Herausgeber mehrerer Werke über Baukunst, unter Anderen des dem Herrn August Reichensperger gewidmeten 1859 erschienenen: „Recueil d'Eglises et de Constructions Religieuses dans le Stile Gothique par Vincenz Statz". Die mitgetheilten Lebensdata lassen jenen naturgemäss praktischen Entwicklungsgang, der sich bei den Meistern der höchsten Blüthezeit der Gothik in so glänzenden Ergebnissen offenbart, auch hier in seinem ganzen unschätzbaren Werthe wiedererkennen.

1029. **Der Dom zu Köln** in seiner Vollendung gedacht. Geschenk des Dombauvereins 1857. Grösse der Bildfläche ohne Papierrand. H. 2' 1'', br. 1' 6½''.

1030. **Entwurf zu einem Wallraf-Richartz Monument.** Geschenk des Künstlers 1861. Grösse der Bildfläche ohne Papierrand. H. 2' 1'', br. 1' 6½''.

Cartons.

1031. **Scene aus dem Decameron des Boccaccio.** Carton von J. A. Ramboux. (Siehe Ramboux Seite 191.)
 Der Decamerone (das Zehntägige: hundert Erzählungen) soll um das Jahr 1348, wo Florenz von der Pest heimgesucht wurde, begonnen und gegen 1358 beendet worden sein. Auf die mittlere Gruppe unseres Cartons hat Folgendes Bezug: „Während der Dauer der Pest begegnen sich zufällig sieben junge Damen in der Kirche der heiligen Maria. Auf Antrieb der ältesten unter ihnen, Namens Pamphinea, beschliessen sie die so schrecklich heimgesuchte Stadt zu verlassen, und nachdem sich drei Jünglinge, welche zu ihren Bewunderern gehörten und während ihrer Berathschlagung in die Kirche getreten waren, ihrer Gesellschaft angeschlossen hatten, begeben sie sich nach einer zwei Meilen von Florenz belegenen Villa. Ehe die Sonne hoch am Himmel stand, wurde ein Mahl aufgetragen, das hauptsächlich aus Backwerk und Wein bestand. Gegen Mittag versammelten sich alle an einem erfrischenden Springbrunnen, worauf sie einen König als Leiter der Gesellschaft wählten und jeder eine Geschichte erzählte. Da zehn Personen gegenwärtig waren und zehn Tage von den vierzehn, während welcher sie diese Lebensweise fortsetzten, zum Theil mit Erzählung ausgefüllt wurden, so beläuft sich die Zahl sämmtlicher Novellen auf hundert." Die Namen der Erzähler sind an den beiden

Seiteneinfassungen des Cartons auf den Bandrollen angebracht. Pamfilo, Neifile, Filomene, Dioneo, Fiammetta, Pamphinea reina, Elisa, Lauretta, Filostrato, Emilia.

Im Hintergrunde links sehen wir die Halle einer Villa, in welcher man mit Zubereitung von Speisen beschäftigt ist und rechts im Hintergrunde die so schwer heimgesuchte Stadt Florenz, über welche die Sonne strahlend sich niederneigt. Zu dem ungemein heiteren, dem Charakter der erwähnten Erzählungen entsprechenden Ausdruck der mittleren Gruppe stehen die übrigen Darstellungen in schroffem Contraste.

Die Mitte der oberen Einfassung zeigt uns die allegorische Gestalt der Pest; ein halbnacktes Weib, in der Rechten eine Geissel haltend, liegt hingestreckt und vor ihr steht ein wuthschnaubender Wolf, (das Bild der Gefrässigkeit) über der Leiche eines Jünglings. Zu beiden Seiten dieser Gruppe sind Erzählende und in den Ecken lorbeerbekränzte Geschichtschreiber, (links Boccaccio). Die Predella zeigt links zwei ernste Männer, hinschauend auf eine Gruppe, bestehend aus zwei Männern, von denen einer ein Weinglas emporhebt, ein anderer vor ihm mit einer Zither in der Hand umhertanzend ein Mädchen heranzerrt. Dies hat Bezug auf den damaligen Zustand in Florenz. Es war ähnlich dem was der durch seine gedrängte und lebhafte Darstellungsweise hervorragende griechische Geschichtschreiber Thukydides 2. 53. in der berühmten Beschreibung der während des peloponnesischen Krieges in Athen ausgebrochenen Pest sagt: „Es war auch für zügelloses Betragen aller Art diese Seuche der Ursprung. Denn Jeder wagte nun, was er sonst verheimlicht oder nicht so keck verübt hätte, da man den schnellen Wechsel aller Dinge sah und wie die Reichen plötzlich hinstarben, während andere, die vorher nichts hatten, schnell in den Besitz ihrer Güter traten. Diese letztern wollten sie so eilig geniessen und sie zu ihrer Lust verwenden, da sie das Leben und seine Güter als gleich vergänglich ansahen. Keiner war geneigt sich für das, was gut und edel schien, zu mühen, da er es für zweifelhaft hielt, ob der Tod ihn nicht wegraffen würde, noch ehe er seinen Zweck erreicht hätte. Was aber den Sinnen schmeichelte und was von allen Seiten nur persönlichen Vortheil brachte, das achtete man für gut und nützlich. Keine Furcht vor den Göttern und kein menschliches Gesetz schränkte sie ein, da sie es in Betreff der Götter für gleichgültig hielten sie zu ehren oder nicht, weil doch alle ohne Unterschied umkamen; auf der andern Seite aber keiner bis an den Tag zu leben glaubte, wo er für sein Vergehen würde zur Strafe gezogen werden. Ein weit härteres Verhängniss schwebe indessen wirklich über ihrem Haupte und bevor sie dieses treffe, sei es recht, einige Freuden des Lebens zu kosten." Die Mitte der Predella und deren rechte Seite zeigen uns den Schauplatz des Todes und der Verheerung, die Wirkung der furchtbaren Geissel des menschlichen Geschlechts: das Begräbniss eines an der schauerlichen Seuche Gestorbenen. Rechts daneben liegt auf einem Bette, auf ihrem Schoosse ein todtes Kind haltend, händeringend eine Pestkranke, welcher ein mit Vorsicht hastig sich nahender junger Mann einen Trank reicht. Die so weit gespannten Gegensätze der Darstellung sind ungemein charakteristisch, wahrhaft Gemüthsbewegung erregend ausgeführt, und durch schöne Linienführung zeichnet sich dieser 1832 von Ramboux in Rom gezeichnete, im Jahre 1867 aus dem de Noël-Fonds für das Museum erworbene Carton aus. Papier. H. 8′ 5½″, br. 7′ 1″.

1032. **Christus auf einem Throne ruhend**, dessen oberer Theil von zwei schwebenden Engeln gehalten wird. Der Heiland hält in der Linken das Buch des Lebens und seine Rechte ist segnend erhoben. Zu seinen beiden Seiten stehen die vier Evangelisten, denen die symbolischen Gestalten „die vier lebenden Wesen" beigegeben sind. Links Lucas mit dem Stier, neben ihm Matthäus mit dem Engel, rechts Johannes mit dem Adler und Marcus mit dem Löwen. Es ist der als Vorbereitung entstandene Carton zu den vom Professor Begas (Siehe Seite 193) im Jahre 1845 Alfresco gemalten Altarnische der von Friedrich Wilhelm IV. 1843 im Basilikenstil erbauten Kirche zu Sacrow bei Potsdam. Papier. H. 12′, br. 18′ 7″. Dazu gehören (gleichfalls von Begas entworfen):

1033 u. 34. **Zwei Gruppen** von je drei lobsingenden schwebenden Engeln, ausgeführt in der Kuppel über den vorhergenannten Figuren. Die Cartons wurden 1857 von der Stadt Köln erworben. Papier. H. 3′ 11″, br. 7′ 1″ und H. 4′ 3″, br. 7′ 7½″.

Zeichnungen.

1035. **Bildniss Wallrafs.** Bleistiftzeichnung von C. Begas. 4. Januar 1819. (Siehe Begas Seite 193.) H. 11¾″, br. 9¼″.

Adolph Wegelin,

geboren 1810 in Cleve, war von 1828 bis 1832 Schüler der Düsseldorfer Kunstakademie, wo er sich besonders der Architektur- und Landschaftmalerei widmete. 1835 ging er seiner weiteren Ausbildung wegen nach München und liess sich dann im folgenden Jahre in Köln nieder, wo er seit dem Jahre 1842, in welchem der König Friedrich Wilhelm IV. von. Preussen auf sein Talent aufmerksam geworden war, für diesen kunstliebenden Fürsten besonders beschäftigt wurde. So entstanden denn für die königliche Sammlung eine grosse Anzahl von zart und gewissenhaft ausgeführten Aquarellbildern nach interessanten architektonischen Werken des Rhein- und Mosellandes sowie Belgiens und Hollands. Seit dem Tode dieses Kunstprotektors, dessen Gemahlin, Königin Elisabeth ihn auch zum Hofmaler ernannte, ist der Künstler in ähnlicher Weise, theilweise jedoch auch als Oelmaler, für anderweite Bestimmungen mit Erfolg thätig.

1036. **Das Innere der Kuppel von St. Gereon**, von der Empore aus gesehen. Geschenk Kölner Kunstfreunde 1868. H. 2′ 1″, br. 1′ 7¾″.

Sammlung neuerer Glasgemälde.

Geschenk
durch Testamentsbestimmung des am 14. Mai 1851 verstorbenen Herrn

Melchior Boisserée.

Es steht diese Sammlung von Copieen meist ungemein edler Vorbilder einzig in ihrer Art da und zeigt eindringlichst überzeugend, wie die Glasmalerei so besonders geeignet ist religiöse und symbolische Motive idealster Art zu behandeln. — Je strenger, je mehr den Gesetzen der Architektur in Linienführung, Bau der Composition und der Massenvertheilung der Stil dieser Motive, je voller, intensiver, klangvoller ihre Farbencomposition ist, um so edler wirken die in der Natur des transparenten Vortrags der Glasmalertechnik liegenden, allem falschen Naturalismus entzogenen Gegenstände.

1037. **Ein spitzbogiges Zimmerfenster.** In den vier gothisch-architektonischen Abtheilungen stehen unter goldigen Schutzgehäusen die Apostel: Bartholomäus, Simon, Matthias und der heilige Abt Bernard; nach den in der königl. baierischen Pinakothek zu München befindlichen Originalen von Meister Wilhelm von Köln (Siehe Seite 11) ausgeführt von Wilhelm Vörtel in München 1830 und 1831. Grösse jeder Abtheilung: H. 1′ 9¼″, br. 7″.

Glasgemälde.

1038. **Das Brustbild des Heilandes.** Nach dem in der königl. baierischen Pinakothek zu München befindlichen Originale von Hans Memlink (geboren 1420 † 1499, Schüler des Johann van Eyck) ausgeführt von Sänftle in München. H. 1' 4¾", br. 1' ¾".

1039. **Die Geburt des Christkindes.** Maria kniet vor dem im Stalle geborenen Christuskinde. Bewundernde Engel knieen rechts. Im Mittelgrunde sieht man Ochs und Esel an der Krippe (Siehe Anmerkung Seite 57). Vorne links naht der heilige Joseph eine brennende Kerze in seiner Linken tragend. Nach H. Memlink. (Pinakothek zu München) ausgeführt von Wilhelm Vörtel in München. H. 1' 4½", br. 11½".

1040. **Der auferstandene Heiland.** Segnend erhebt er seine rechte Hand und hält in seiner linken die mit dem Kreuze geschmückte Siegesfahne. Nach Hans Memlinks Original in der königl. baierischen Pinakothek zu München als einer der frühesten Versuche der neueren Glasmalerei (es sind noch 2 Scheiben) ausgeführt von Wilhelm Vörtel in München 1831. H. 1' 9¾", br. 10½".

1041. **Der heilige Christophorus†)** (Christusträger) das segnende Christuskind auf der Schulter tragend, durchschreitet bei aufgehender Sonne die Stromeswogen. Nach dem in der königl. baierischen Pinakothek zu München befindlichen Originale von Hans Memlink, ausgeführt von Wilhelm Vörtel im Jahre 1833 auf einer Glasplatte. H. 1' 11", br. 10".

---

†) Die schöne, ungemein dichterische, viel symbolische Deutung zulassende Legende vom heiligen Christoph, darf um den so oft in Bildern dargestellten Gegenstand zu verstehen, dem Beschauer derselben nicht fremd bleiben. Sie ist in hundertfacher Weise erzählt worden und ihr Ursprung ist vielleicht bis zu der ägyptischen Sage zurückzuführen, nach welcher Anubis das Sonnenkind Horus durch den Nil trug, welche Vermuthung noch dadurch an Wahrscheinlichkeit gewinnt, dass auf griechischen Bildern St. Christoph noch mit dem Hundskopf des Anubis dargestellt ist. (Vergl. Didron et Durand, manuel d'Iconographie chrétienne p. 325.) In Folgendem geben wir in der von August Sinemus (die Legende vom heiligen Christophorus, Hannover 1868) mitgetheilten anziehenden Form, die Legende des Heiligen, welcher, nachdem er nach Samos in Lycien gegangen, die Christen, welche um des Herrn willen die Marter litten, getröstet und nach Lycien durch seine Predigt des Evangeliums zum Christenthume geführt, unter einem römischen Könige (sein Name wird von den alten Legendisten verschieden angegeben, bei einigen heisst er Dagnus, bei andern Decius, auch Diocletian kommt vor) den Martyrtod gestorben sein soll:

„In alten, alten Zeiten gabs noch keinen Christen im deutschen Lande, sondern eitel Heiden. Die führten Krieg, und jagten in den dunklen Wäldern, und opferten auf hohen Bergen, und schlachteten Menschen dem Götzen Wodan zu Ehren, dass das rothe Blut floss von dem Messern und vom grauen Opferstein herab. Und in der Höhe kreischte der Steinadler und in den feuchten, schwarzen Waldgründen heulte der Wolf. So sahs hier herum aus. Da lebte auch Einer, der war eines Kopfes höher, denn die andern Heiden und hiess Offerus. Der nahm Kriegsdienst hier und dort, und wo es zu raufen gab, da wollt er dabei sein. Aber kein Kriegsherr war ihm recht, sein Sinn stund nach hohen Dingen, dienen wollt er wohl mit seinen Fäusten, aber nur dem Grössten, der sich vor keinem andern auf Erden zu fürchten hätte. Da hörte er vom römischen Kaiser, dass wäre der grösste Herr auf Erden. Da warf er seinen hohen Schild über den Rücken, und stieg mit seinem Spiess über die Alpen, und kam gen Welschland und verdingte sich beim Kaiser. Die römischen Kaiser aber waren dazumal schon Christen. Das ging eine Weile gut. Der Kaiser hatte keinen bessern Mann. Beim Dreinschlagen und Trinken war Offerus allemal der Erste. Da

1042. **Maria mit dem Kinde** unter einem oben von Engeln getragenen Baldachin. Links die heilige Margaretha, rechts die heilige Dorothea sitzend. Im Mittelgrunde in der schön componirten Landschaft sind viele musicirende Engel dargestellt. Nach dem in der königl. baierischen Pinakothek zu München befindlichen Originale des altkölnischen Meisters Johann von Mehlem, Schüler des Johann Schoorel ausgeführt von Wilhelm Vörtel. H. 1' 6½", br. 1' 11½".

Zwei Flügelbilder.

1043 u. 44. **Die heilige Catharina und der heilige Heinrich** nach den in der königl. baierischen Pinakothek zu München befindlichen Originalen des altkölnischen Meisters B. Bruyn (Siehe Seite 62) ausgeführt von Wilhelm Vörtel. H. 1' 7", br. 11½".

1045. **Der heilige Christoph mit dem Kinde.** Ein früher Versuch des unter Nro. 1041 besprochenen Bildes. (Es ist noch auf 4 Platten ausgeführt von Ainmüller 1829). H. 1' 11½", br. 10½".

1046. **Der Evangelist Lucas** im Begriff die ihm gegenüber sitzende dem Christuskinde die Brust reichende Maria zu malen. In einer reich ausgestatteten Halle, mit der Aussicht auf den Theil einer Stadt, einen Fluss und bis in blaue Ferne sich hinziehende Ufer. Nach Johann van Eyck ausgeführt von Ainmüller in Verbindung mit Wehrsdorfer 1831. H. 1' 8", br. 1' 4".

---

geschahs, dass der Kaiser einmal sein Lager an einem dicken, dicken Walde aufschlug. Und wie er mit Offerus beim Becher sitzt, und der Spielmann spielt, und im Liede kommt vom Teufel vor, so macht der Kaiser geschwind ein Kreuzlein vor seine Stirn. Das deucht dem Offerus wunderbar, und wie er fragt, da sagt der Kaiser: ja, das wäre von wegen des bösen Feindes, der sollte in dem Walde gar greulich hausen. Da schüttelt der Offerus sein Haupt. Er lässet sich seinen Sold auszahlen, und lässt den Kaiser Kaiser sein, denn er, sagt er, wollte nur dem grössten dienen, und wenn der Herr Satan so gross wäre, dass der Kaiser sich vor ihm fürchten thät, nun, so wollt er doch lieber dem Satan dienen. Da warf er seinen hohen Schild über den Rücken, und marschirt mit seinem Spiess stracks in den Wald hinein und tritt beim Fürst Satan in Dienst. Sie ziehen die Kreuz und die Quer, hin und her. Das gefiel Offerus ganz gut, und fehlte nimmer an Saufen und Bankettiren. Aber einmal ziehen sie auf einer Strasse, da stehen drei alte Kreuze. Das fiel nun dem Höllenprinz in Magen, drückt sich ganz gefährlich und will durch den Hohlweg schlupfen, durch Dorn und Busch. Warum denn, Herr Satan? fragt Offerus. Ei, sagt seine Hoheit, da in der Mitten ist ja Maria's Sohn! und dabei zittert er am ganzen Leib. Das war nichts für Offerus, lässt sich seinen Sold geben und verlässt den Schwarzen, um den zu suchen, dessen Marterholz schon so furchtbar sei. Da warf er seinen hohen Schild über den Rücken, und zieht mit seinem Spiess in die Weite. Und wo er hinkommt, da fragt er nach Maria's Sohn, dem wollt er dienen, und suchte und suchte, die Kreuz und die Quer, hin und her. Aber weil wenig Leute Jesum im Herzen tragen, so konnt ihm keiner rechten Bescheid geben, wie er Marien's Sohn könnte dienen. Endlich kommt er nach langem Irrsal zu einem frommen Einsiedler, der ihm von Christo Macht und grossem Reiche predigte. Das gefiel nun Offerus über die Massen wohl, und er sagte: Gut, so will ich dem fortan dienen; vor dem auch Satan sich fürchtet, und der Grösste ist; da ists doch der Mühe werth, zu dienen. Aber nun kam die Noth; denn Offerus wusste nicht, wie er ihm dienen sollte. Fragt deshalb den Einsiedler, wie man diesem Könige dienen müsse. „Mit Fasten" antwortete der. — „Wenn mich hungert, muss ich essen" antwortete aber Offerus. — „Mit Wachen" sagt der Einsiedler. — „Bin ich müde, muss ich schlafen; was anders!" entgegnete Offerus. —

1047. **Das Mädchen in's Kloster gehend** nach Christian Ruben ausgeführt durch Sänftle. H. 1′ 7½″, br. 1′ 2¾″.

1048. **Madonna mit dem Kinde** in einer reichen durchbrochenen gothischen Laube sitzend. Links reicht ein Engel dem Jesusknaben eine Blume. Hintergrund Gebäulichkeiten, Wald, Berg und blaue Luft. Nach Hugo van der Goes geb. 1400, gest. 1480, Schüler des Johann van Eyck, ausgeführt von Wilhelm Vörtel im Jahre 1834. H. 1′ 8″, br. 1′ 3″.

1049. **Die Anbetung der heiligen drei Könige.** Der älteste der Könige kniet vor dem auf dem Schoosse der Jungfrau ruhenden Christuskinde und küsst dessen Händchen. Die übrigen nebst dem Gefolge nahen ehrerbietigst von rechts. Links steht der heilige Joseph und hinter ihm kniet der Donator. Ausgeführt von Wilhelm Vörtel 1836. H. 1′ 9″, br. 1′ 11½″.

1050. Linker Seitenflügel: **Die Verkündigung.** H. 1′ 9″, br. 11″.

1051. Rechter Seitenflügel: **Die Darbringung Jesu im Tempel.** Nach Johann van Eyck ausgeführt von Wilhelm Vörtel 1836.

1052. **Der auferstandene Christus.** (Wiederholung des unter Nro. 1040 besprochenen Bildes, ausgeführt von Sänftle.) H. 1′ 9¼″, br. 10½″.

1053. **Die Apostel Johannes und Andreas.** Dazu gehört:

„Nun denn, mit Beten." — „Wie soll ich so viele Worte machen? Was anders, ein handfestes Stück Arbeit, damit will ich Christo dienen." — Nun war da ein reissend Wasser, das litt weder Steg, noch Brücke, da mussten aber die Pilger, so nach dem heiligen Lande wollten, hinüber. Da baute sich Offerus ein Hüttlein dran, und warf seinen Schild in die Ecke, und beugte seinen starken Rücken, und trug die Pilgersleut hinüber, herüber, ohne Lohn, ums ewige Leben, Christo zu Lieb. So that er Jahr aus Jahr ein, und dienet treulich Dem, den er nicht sah.

So ging Jahr um Jahr dahin. Unsres Offerus Haupt war weiss geworden. Da lag er einst des Nachts in seinem Hüttlein und schlief. Draussen wars pechrabenschwarze Nacht, dazu heulte der Sturm. Da hörte er auf einmal rufen: Lieber Offere, hol über! Gut, er macht sich auf, kommt ans andere Ufer. Aber da ist Niemand zu sehen. Also denkt er, ihm hätte geträumt, kehret um, legt sich wieder hin. Auf einmal kommt wieder die Stimme: Lieber Offere, hol über! Er reibt sich die Augen, greift zu seiner Palme, das ist sein Stab gewesen, und watet geduldig durchs Wasser hinüber. Abermals kein Mensch zu sehen. Ei, denkt er, und brummt in seinen langen Bart, das ist ja kurios! Und legt sich wieder in seine Hütte und schläft in Gottes Namen ein. Da hört ers zum dritten Male, ganz deutlich: Lieber, langer Offere, hol über! Der lange lange Offerus schaut wunderlich drein, indess er macht sich ins Wasser, und hinüber, ists doch Mariens Sohne zu Lieb. Siehe, da steht auch ein Knäblein, das war ganz wundersam anzuschauen. Auf seinem Haupt die Haare waren aus lauter Gold und glänzten so helle. Sein Kleid war weiss. Dazu trugs in seiner linken Hand eine Kugel, und darauf stand ein Kreuz. — Unser Offerus nimmts Kind federleicht mit einem Finger in die Höh und setzts auf seine breite Schulter. Aber im Wasser, es war wunderbar, da wird ihm das Kind immer schwerer, und immer schwerer, von Schritt zu Schritt. Ja, es ist ihm, als könnt ers nimmermehr hinüberbringen, und durch die hohe Fluth tragen, sondern jetzt, jetzt müsst er mit ihm zusammenbrechen. Und als er in der Mitte des Stroms angekommen, der Schweiss läuft von seiner Stirn, alle Glieder zittern, da schaut er sich verwundert nach dem Kinde um und spricht: Ei, liebes Kind, wie schwer bist du! Mir ist,

1054. **Die Apostel Paulus und Petrus**, nach Israel von Meckenem ausgeführt von Scherer 1835. H. 1' 9¼", br. 9¼".

1055. **Maria mit dem Kinde**, nach dem unter dem Namen Madonna della Casa Tempi in der Pinakothek zu München befindlichen Original von Raphael, ausgeführt von Jos. Scherer 1852. H. 1' 10½", br. 1' 3½".

1056. **Maria mit Jesus und Johannes**, nach dem im Louvre zu Paris befindlichen, unter dem Namen „La belle Jardinière" bekannten Bilde von Raphael, ausgeführt von Scherer im Jahre 1848. H. 1' 10", br. 1' 3½".

1057. **Die heilige Jungfrau Maria** mit ausgebreiteten Armen, in einer Glorie umgeben von Engeln und Cherubimen gen Himmel getragen. Nach dem Gemälde von Guido Reni in der königl. baierischen Pinakothek zu München ausgeführt von Scherer im Jahre 1835. H. 1' 10¼", br. 1' 3½".

1058. **Maria mit dem Kinde** von einer Glorie umgeben auf Wolken thronend nach dem von Raphael für Fuligno gemalten, gegenwärtig im Vatikan zu Rom befindlichen Bilde ausgeführt von Sänftle 1844. H. 1' 10¼", br. 1' 3½".

1059. **Maria**, aus dem Bilde die Himmelfahrt (Assunta) von Tizian in der Akademie zu Venedig, ausgeführt von Sänftle 1843. H. 1' 10¼", br. 1' 4½".

---

als trüge ich die ganze Welt auf meinen Schultern. Da sprach das Kind: Nicht die Welt allein, du trägst auch Den, der Himmel und Erde geschaffen hat. Und es drückte zu dreien Malen sein greises Haupt unters Wasser und spricht zu ihm: Ich bin Jesus Christus, dein König und dein Gott, um desswillen du hier gearbeitet hast. Ich taufe dich im Namen des Vaters, des Sohnes und des heiligen Geistes. Und als Christophorus aus Ufer gekommen, fällt er keuchend hin. Aber das Junkerlein steht vor ihm, und wie die helle Sonne glänzet sein Angesicht und spricht: Dir sind deine Sünden vergeben. Vorher hiessest du Offerus, hinfort sollst du Christophorus heissen, denn du hast der Welt Heiland getragen. — Und verschwand. Christophorus aber fiel nieder auf sein Angesicht und betete an." Der heilige Christoph wird in der gesammten Kirche des Mittelalters als ein Martyrer verehrt. In der römisch-katholischen Kirche ward ihm der 25. Juli, in der griechischen dagegen der 9. Mai als Festtag gewidmet.

In unserer Sammlung sehen wir ihn noch mehrfach ähnlich wie bei Hans Memlink aufgefasst (Siehe Nro. 217 und 289), doch finden wir ihn mitunter auch in einem mehr ritterlichen Costüm gebildet (Siehe Nro. 197) denn der ernste Künstler sah in ihm einen grossartigen Typus des durch das Christenthum verklärten heidnischen Heldenthums und seine Geschichte war es, die wie kaum eine andere unter den vielen lieblichen Dichtungen der Gottesminne (so wurde die alte Legendenpoesie genannt) so ganz besonders der deutschen Natur und Eigenart entsprach, als diese, die wie ein hohes Sinnbild erscheinen einer, in kraftvoller Demuth dem Höchsten dienenden, ihm trotz aller sinnlichen Lockungen und Verführungen treu ergebenen Seele, als ein grossartiges Symbol einer fürs Gute thatkräftigen Natur, diese Riesengestalt, die gegen Sturmesandrang und die grosse Strömung der Welt schreitend ihren Helden- und Siegesgang geht überwindend im Sinne der Worte Heinrich Suso's:

„Wer die geistliche Ritterschaft Gottes will unverzüglich führen, dem soll viel mehr grossen Gedränges begegnen, denn es je that zuvor bei den alten Zeiten den berühmten Helden, von deren kecken Ritterschaft die Welt pflegt zu singen und zu sagen."

Glasgemälde. 233

1060. **Maria mit dem Kinde.** Aus Raphaels „Madonna di San Sisto" in Dresden, ausgeführt von Wilhelm Vörtel im Jahre 1839. H. 1' 10''', br. 1' 3¼'''.

1061. **Landschaft.** Ansicht von Reggio in Calabrien mit der Meerenge von Messina, nach Rottmanns Bild in den Arcaden der Residenz zu München ausgeführt durch Wilhelm Vörtel. H. 1' 3''', br. 1' 6¾'''.

1062. **Das Ave Maria.** (Mädchen auf dem See.) Nach Ruben ausgeführt von Sänftle. H. 1' 3¼''', br. 1' 8¾'''.

1063. **Zwei Kinder** im Sturm auf dem See; nach F. Storch ausgeführt durch Sänftle 1845. H. 1' 3¼''', br. 1' 7¼'''.

1064. **Ein spitzbogiges Zimmerfenster.** In gothisch-architektonischen Abtheilungen stehen: der heilige Benedikt und die Apostel Philippus Matthäus und Jacobus der jüngere. Gegenstück zu Nro. 1037. Nach Meister Wilhelm von Köln ausgeführt durch Wilhelm Vörtel 1830 und 1831. H. 1' 9¼''', br. 7'''.

1065 u. 66. **Zwei Fenster mit Ornamenten.** H. 7' 6½''', br. 3'.

Nachtrag.[†]

Drei Bruchstücke von Wandmalerei aus dem 13. Jahrhundert,

der Uebergangszeit von der byzantinisch-romanischen zur gothischen Epoche (Siehe Seite 1 und 6). Gefunden in einer Hauscapellen-Chornische, welche von den im November 1868 abgetragenen Mauern des Hauses an der kölnischen St. Cunibertskirche (an der Linde Nro. 2) eingeschlossen waren. Sie stellen dar:

1067. **Johannes der Täufer** als der Hinweiser auf Christus, hält in seinen Händen eine Tafel, auf welcher das Lamm Gottes (das Symbol des zur Erlösung für die Menschheit lehrenden, leidenden und sterbenden Heilandes) dargestellt ist. H. 3' 5½", br. 1' 1½". Zu diesem gehört:

1068. **Maria Magdalena.** Sie hält in ihrer Linken das Salbgefäss (das Attribut, welches Bezug hat auf den bussfertigen Sinn und die Liebe zu Christus, welche sie bewogen, dessen Haupt und Füsse zu salben). H. 1' 2½", br. 1' 2¾".

1069. **Eine Gruppe von Kriegsvolk.** H. 9", br. 10".

Die Bilder zeigen eine ungemein praktische, einfache, für Betrachtung auf weite Distanz und an einer nicht sehr hell beleuchteten Stelle bestimmte Behandlung und viele von den Vorzügen, deren bei den Bildern von Nro. 1 bis 39 Erwähnung geschehen.

Camillo Ricci,

geboren 1580 war ein besonderer Lieblingsschüler des Ferrareser Meisters Hippolit Scarsella, in welchem sich das Gesetz der grossen venezianischen coloristischen Maler vorzugsweise erhalten hatte. Er ging ungemein genau auf seines Meisters Kunstanschauung und Behandlung ein und in Ferrara befinden sich seine hervorragendsten, christliche wie mythologische Motive behandelnden Werke. Dort starb er schon im Jahre 1618.

[†] Die im Nachtrag verzeichneten Gegenstände sind den städtischen Sammlungen erst bei vorgeschrittener Drucklegung des Verzeichnisses einverleibt worden und wären die drei ersten Nummern nach Nro. 39, die beiden andern nach Nro. 831, resp. 834 des letzteren einzuschalten.

1070. **Adam und Eva** unter dem Baume der Erkenntniss des Bösen und Guten. Das leider vielfach beschädigte und ungenügend restaurirte Bild zeigt einen grossen breiten Bau der Composition und ein kraftvoll leuchtendes an die guten Venezianer erinnerndes Colorit. Geschenk des Herrn Chr. Boisserée 1868. Leinwand. H. 1' 4¼", br. 1' 1½".

Giuseppe Ribera, genannt Spagnoletto,

geboren 1593 zu Xativa im spanischen Königreiche Valenzia, kam früh schon mit Noth und Mangel kämpfend nach Neapel, wo er um 1606 bei Caravaggio Unterricht erhielt, dessen leidenschaftliche Darstellungen, starke Gegensätze von Licht und Schatten, freie Pinselführung und rücksichtsloser Naturalismus ihn besonders angezogen hatten. Bald übertraf er seinen Meister in all jenen Eigenschaften, erlebte bedeutende Erfolge in äusseren Glücksverhältnissen, wobei sich sein Charakter als kalt und hochmüthig gegen arme, mit minder Erfolg strebende Kunstgenossen zeigte. Tücke- und ränkevoll in verbrecherischster Leidenschaftlichkeit mit Dolch und Gift und Mordanstiftung seine Kunstgegner, als welche er die besten der Caraccischen Schule (d'Arpino, Guido Reni, Dominichino, Gessi) ansah, verfolgend, wie er in seinem Wesen als Mensch uns entgegentritt, zeigen sich finsterer Sinn und düstere dämonische Energie mit gewaltiger Virtuosität gepaart auch in den schauerlichen Ausgeburten seiner an den grässlichsten Marterscenen sich weidenden Phantasie. Sein Stolz, der den Verkehr mit den Höchsten des neapolitanischen Fürstenpalastes suchte, ward zuletzt durch die von einem Prinzen verübte Schändung seiner Tochter auf's Tiefste verletzt. Man sagt, dass er bald darauf, von Gewissensbissen gefoltert und sich selbst verhasst geworden, 1656 zur See gegangen und nicht mehr gesehen worden sei. Es fehlt an Nachrichten, wann und wo sein schuldvolles Leben endete.

1071. **Aufwärtsblickender Kopf eines alten Mannes.** Vielleicht die Studie zu einem sich geisselnden Heiligen. Geschenk des Herrn Chr. Boisserée 1868. Leinwand. H. 2' ¾", br. 1' 5".

Verzeichniß

der

RÖMISCHEN ALTERTHÜMER

des

Museums Wallraf-Richartz in Köln.

Aufgestellt

von

Prof. Dr. H. Düntzer.

Köln.
Druck der Chr. Gehly'schen Buchdruckerei.

I.
Erdgeschoß.

Den Eintretenden blickt hoch an dem äussersten Fenster rechts
1. **die kolossale Marmormaske des von Perseus abgeschlagenen Hauptes der sterbenden Meduse** mit ergreifendem Ausdrucke unendlichen Leides an. Dieses herrliche Erzeugniss griechischer Kunst ward zu Rom im sogenannten Friedenstempel gefunden, wo es wahrscheinlich ähnlich wie hier von der Höhe einer Wand herabschaute, wie Medusenmasken an Mauern und Wänden als Unheil abwehrende Bilder angebracht wurden. Aus der Sammlung Albagini zu Rom kaufte es der Kunsthändler Fernando Giorgini daselbst, dessen Sohn Gaëtano es mit 22 andern römischen Alterthümern, die grossentheils aus der Sammlung Accaramboni stammten, im Sommer 1818 nach Köln brachte, wo sie Wallraf für den Preis von 16352 Francs kaufte, um sie seiner vor kurzem seiner Vaterstadt geschenkten Sammlung einzuverleiben. Die Stadt aber trat für Wallraf ein und übernahm selbst die Zahlung. Da die meisten Alterthümer im Erdgeschosse aus diesem Kaufe und einigen spätern Erwerbungen Wallrafs von Giorgini*) herrühren, für die er selbst die Zahlung leistete, so geben wir im folgenden die Herkunft der einzelnen Stücke aus Italien nicht weiter an. Unsere Medusenmaske aus pentelischem Marmor**) von dem attischen Berge Pentelikon ($λίθος\ Πεντελήσιος$) ist 2' 3" hoch, 2' 6" breit, 1' 1½" tief. Darunter steht ein neues Fussgestell, 9½" hoch, unten 1' 4", oben 1' Durchmesser; unter diesem befindet sich der zweistufige Fuss eines alten Säulenfusses von tertiärem Litorinellkalk aus der Gegend von Mainz (bei Weisenau, Mombach, Budenheim und Oppenheim), 6" hoch, unten 1' 7", oben 1' 6" Durchmesser. Neu sind an dem im Ganzen wohl erhaltenen Kuntwerke Nase und Mund, ein Stück oberhalb des linken Auges, die Flügel, der Knoten der Schlangen unterhalb des Kinnes und die unterhalb der Haare herabhängenden

---

*) 1819 kaufte Wallraf die schönen Büsten des Scipio, des ältern Cato, des Julius Cäsar und des Vitellius, sowie die drei im untern Kreuzgange aufgestellten marmornen Aschenkästchen (Nro. 128. 134. 135). Giorgini schenkte bei dieser Gelegenheit der Stadt ein „bellissimo framento di architectura d'ordine composito" und Wallraf selbst „alcuni lumi antichi di terra cotta". Auch Ende 1819 erhielt Wallraf noch zwei Kisten Alterthümer von ihm zugesandt. Ob er davon einiges kaufte, wissen wir nicht. Von Giorgini stammt wohl auch II, 116.

**) Die Bestimmung der Steine verdanken wir der freundlichen Güte unseres berühmten Landsmannes Berghauptmann Prof. Dr. Nöggerath.

Zipfel einer Schleife. Eine nicht ganz entsprechende Abbildung findet sich vor dem ersten Hefte des „Centralmuseums rheinländischer Inschriften von L. Lersch". Wie in den meisten Darstellungen der spätern griechischen und der römischen Kunst, so ist auch hier die ursprüngliche Fratzengestalt der Meduse, der Tochter des Phorkys und der Keto, zu einer in allem Reize voller jugendlicher Schönheit prangenden Jungfrau geworden, welche der sie treffende Tod mit bitterm Unwillen und tiefstem Schmerze durchzuckt. Die beiden Schlangen, welche in der ältern (nicht in der ältesten) Kunst ihr Haupt, wie das der Furien, grausig umschlingen, sind so weit zurückgetreten, dass sie das cirunde, nicht mehr, wie früher, kreisrunde Angesicht der Jungfrau gleich einer Binde umgeben, unter ihrem Kinne sich in einen Knoten verschlingen und zur Seite wie flatternde Bänder aus den Haaren herabhängen. Oberhalb des Hauptes bemerkt man die nach rechts gewandten Köpfe der Schlangen, die eher Unmuth über ihre Stellung als giftige Wuth verrathen; unter dem darüber sich erhebenden mächtigen Flügelpaare, das auf die göttliche Natur der Meduse deutet, sind sie fast versteckt. Das reiche, in anmuthigen Schlangenwindungen bis in die Nähe des Kinnes herabfliessende Haar erhöht den Eindruck des durch schöne Verhältnisse und reine Züge anziehenden Gesichtes, aber Augen und Augenbrauen verrathen den auf ihr lastenden Schmerz, und die Bitterkeit ihres Gefühls prägen der freilich neu hergestellte halbgeöffnete Mund und die Mundwinkel aus. Nicht allein ihr früher, so unwürdiger Tod, sondern ihr ganzes sich darin gipfelndes Unglück, das ihre prangende Götterschönheit durch die Zugabe der Schlangen entstellt, und so alle von ihrem Anblicke zurückscheucht, hat ihr das Herz zusammengepresst. So veredelte die griechische Kunst das von der Sage überlieferte versteinernde Antlitz der Meduse, das selbst aus fratzenhafter Auffassung der Mondphasen hervorgegangen war. Visconti, der berühmte Kunstkenner, schrieb über unsere Meduse dem frühern Besitzer: „In diesem vortrefflichen sehr wenig beschädigten Marmorwerke zeigt der griechische Künstler die Schönheit, den Zorn und den Schmerz, und er hat mit jener den grossen Künstlern eigenen Kühnheit in den aus dem Gefühle geschöpften Zügen auch das Handeln und Leiden der Seele ausgedrückt. Die Zeichnung ist rein und trägt den Stempel jenes glücklichen Zeitalters, worin ein Titus, die Freude des menschlichen Geschlechts, lebte. Dieses antike Basrelief wird, auf seine erforderliche Höhe gestellt, von Künstlern als das Werk eines der vorzüglichsten griechischen Bildhauer anerkannt werden, welche durch eine geistreiche Behandlung dem kalten Marmor Geist und Leben einzuhauchen verstanden." Einen Vergleich mit unserer Meduse hält nur das in der münchener Glyptothek befindliche kolossale Medusenhaupt aus, das früher eine Hauptzierde der rondaninischen Sammlung in Rom bildete. Sulpiz Boisserée, der davon im Jahre 1826 einen alten Abguss bei Goethe sah, bemerkt: „Sie macht den eigenen Eindruck von einem Sterbenden, dessen Ausdruck zwischen ungeheurem Schmerz, Wahnsinn und Wuth schwebend ist; man sieht ein von leiblichem und geistigem Schmerz überwältigtes kräftiges weibliches Wesen mit vieler Naturwahrheit dargestellt. Goethe meinte, bei aller Wahrheit seien die Augen und der Mund übermässig gross und zwar nicht nur durch den Ausdruck, sondern aus Absicht, um den Charakter zu steigern. Ob es wahr ist?" Ueber andere Darstellungen der Meduse in der Bildhauerkunst und Malerei vgl. Karl Levezow in den „Abhandlungen der Berliner Akademie" 1832 S. 158—234 und Welckers „Alte Denkmäler" IV, 67 ff.

2. Unter der Meduse steht ein runder, mit Ring und Sockel versehener **Altar des Juppiter** von tertiärem Litorinellkalk aus der Gegend bei Mainz, 2′ 1″ hoch, in der Mitte 1′ 9″, oben und unten 1′ 11″ Durchmesser, mit der einfachen Inschrift:

I · O · M ·
Iovi optimo maximo.

Gefunden im September 1826 auf der Apernstrasse 17. Auf dem Altare befand sich wohl das Standbild des Gottes.

3. Darunter ein viereckiger, ganz unverzierter **Weihestein des Juppiter, gesetzt von einem Befehlshaber der deutschen Flotte und dem in Köln geborenen oder angenommenen Sohne desselben.** Dichter weisser Jurakalk, aus der Gegend von Metz und Verdun, der von den Römern in den Rheingegenden am meisten verwandte Stein von grosser Festigkeit*), 4′ 2″ hoch, 2′ 7″ breit, 2′ tief. Gefunden in der Lungengasse im Oktober 1845. Die Inschrift endet weit oberhalb des Endes des Steines, wie sich dies häufig, besonders bei Grabsteinen, findet.**)

I O M
M·AEMILIVSCRESCENS
PRAEF·CLASS·GERM P·F
CV M AEMILIO MACRIN O
FI LIO H I C SVSCEPTO

Iovi optimo maximo Marcus Aemilius Crescens praefectus classis Germanicae piae fidelis cum Aemilio Macrino filio hic suscepto.

Eine deutsche Flotte findet sich mit und ohne den Beinamen pia fidelis (die fromme, treue) auch auf andern Inschriften. Vgl. II, 1 und 177. Suscipere wird vom Anerkennen des eigenen eben geborenen Kindes, aber auch vom Annehmen eines fremden gebraucht.

---

*) Vgl. von Dechen Bonner Jahrbücher (Jahrbücher des Vereins von Alterthumsfreunden im Rheinlande) XXXVIII, 18 f. Die hiesigen Steinmetzen nennen diesen noch zur Zeit Karls des Grossen verwandten Stein **Römerstein**.

**) Die Inschriften sind möglichst genau wiedergegeben; wo die verschiedene Breite und Grösse der Buchstaben nicht wiederzugeben war, stehen die Enden der Buchstaben in den Zeilen ganz so übereinander wie auf den Inschriften.

4. Büste des griechischen Philosophen Epikur, dessen Bildnisse bei den Römern zu den beliebtesten gehörten. Carrarischer Marmor (marmor Lunense). Der allein echte Kopf ist 1' 6'' hoch, 11¾'' breit, 1' 1½'' tief, die Büste 9½'' hoch, 1' 1½'' breit, 9¾'' tief, der Fuss 7'' hoch, unten 9''', oben 7½'' Durchmesser. Am Kopfe ist der vordere Theil der Nase und ein Stück oberhalb des linken Auges neu. Die Stirn des ernst schauenden Philosophen zeigt zwei tiefe Furchen. Das reiche Haupt- und Barthaar ist wohl geordnet und gepflegt. Nach einer Doppelherme und einer Bronzestatue mit dem Namen des Philosophen hat man das Bildniss des Epikur festgestellt.

5. Büste eines andern Weisen. Pentelischer Marmor. Kopf 1' 2¾'' hoch, 10'' breit und tief. Büste 9¾'' hoch, 1' 1'' breit, 10½'' tief, Fuss 6½'' hoch, unten 9''', oben 7½'' Durchmesser. Am Kopfe, der allein alt ist, haben die Ohren stark gelitten; der Vordertheil der Nase und ein Stück über dem rechten Auge mussten hergestellt werden. Die Haare treten an beiden Seiten zurück, nur in der Mitte reichen sie bis zur Stirn. Neben der Nase bemerkt man starke Einschnitte. Das Kinn des ernst vor sich schauenden Weisen tritt mehr hervor, wie bei Nro. 4. Giorgini gab die Büste für den Pythagoras aus, bei dem man die auf seine priesterliche Würde deutende Binde erwartet. Eher ist an Diogenes zu denken, den Cyniker, der sonst nicht den reichen Haarwuchs, wie auf unserm Mosaik (Nro. 30), hat.

6. Büste des Kaisers Vespasian (69—79 n. Chr.). Carrarischer Marmor. Kopf 1' 1'' hoch, 10'' breit, 10½'' tief. Büste 6½'' hoch, 1' breit, 7½'' tief. Fuss 4½'' hoch, unten 8''', oben 7'' Durchmesser. Der allein echte unbärtige Kopf hat sehr spärliches Haar, auf der Stirne vier starke Furchen; um Nase und Mund ist das Gesicht sehr eingefallen; die Unterlippe tritt etwas hervor. Das Auge deutet auf Klugheit und Selbstzufriedenheit. Von der vortrefflichen Büste Vespasians, die sich zu Wien befindet (Nro. 161), weicht unsere mehrfach ab.

7. Büste des Kaisers Titus (79—81), vom Volke „die Liebe und Freude des Menschengeschlechts" genannt. Carrarischer Marmor. Kopf 1' 2'' hoch, 11½'' breit, 10½'' tief. Die neuere Büste 1' hoch, 11¾'' breit, 11'' tief. Fuss 4¾'' hoch, unten 8''', oben 6¾'' Durchmesser. Die Spitze der Nase war verloren gegangen. Das Haar ist zierlich in Locken gelegt. Aus dem freundlich blickenden Auge spricht herzliche Güte. Die Backen sind voll, das Kinn tritt etwas zurück. Berühmt ist der albanische kolossale Kopf des Titus.

8. Büste des Kaisers Vitellius, der als consularischer Legat am 1. December 68 nach Köln kam, wo er schon am folgenden 2. Januar von den Soldaten zum Kaiser ausgerufen und mit dem hier im Tempel des Mars aufbewahrten Schwerte des Julius Cäsar feierlich durch die Strassen getragen ward. Er nahm den Namen Germanicus an, und zog bald darauf nach Rom. Den Dolch, womit der Gegenkaiser Otho sich getödtet hatte, weihte er dem Tempel des Mars zu Köln. Aber Uebermuth, Grausamkeit und Schwelgerei stürzten ihn noch vor dem Ende des Jahres. Vespasian zog als Sieger in Rom ein. Vitellius ward aus seinem feigen Versteck am 24. December herausgezogen, mit Spott und Hohn durch die Stadt geführt, langsam getödtet und seine Leiche in die Tiber geschleift. Unsere Büste aus carrarischem Marmor, nur auf der Stirn etwas verletzt, 1' 6'' hoch, 11½'' breit und tief, ist auf eine dünne Platte aufgekittet; der Fuss ist 10¾'' hoch, unten 1', oben 10'' Durchmesser. Von dem lockigen Haare hängt eine Locke in der Mitte des Kopfes auf der Stirn. Das Gesicht ist voll und feist, die Augen unbedeutend. Im sechzehnten Jahrhundert fertigten die Fälscher ganz besonders Büsten des Vitellius an. Auch unsere scheint zu diesen zu gehören, da sie keine der bezeichnenden Eigenthümlichkeiten hat, welche die unzweifelhaft echte Kolossalbüste zu Wien (Nro. 38, Catalog S. 28) darbietet. In dieser hat der berüchtigte Schlemmer eine schmale Stirn, einen sinnlichen Mund, ungeheures Unterkinn und Kiefer und grosse Ohren; das Haar ist, wie bei unserer Büste, zierlich frisirt. Echt ist von Vitellius auch eine Büste zu Mantua. Die Goldmünze, die man zu Rom gleich nach seiner Erwählung schlug, ward ohne Kenntniss seiner Gesichtszüge angefertigt.

9. **Vortreffliche Büste des ältern Scipio Africanus**, des Besiegers des Hannibal, wegen seiner einfachen Grösse, seiner muthigen Entschiedenheit und tiefen Gläubigkeit als ein Muster wahrer Römertugend verehrt. Marmor von der Insel Paros ($λίθος Πάριος$), 1' 9'' hoch, 10½'' breit, 1' 1'' tief. Der Fuss 9'' hoch, unten 10½''', oben 7½'' Durchmesser. Auf der hohen Stirne des kahlen, unbärtigen Kopfes sieht man zwei Furchen, die, wie die Falten oberhalb der Nase, stark ausgeprägt sind. Mundwinkel und Kinn sind scharf eingeschnitten. Das Auge deutet auf Hoheit, Tiefe und Ernst. Auf der Stirne sieht man, wie auf allen Bildnissen unseres Scipio, eine grosse Schramme, welche auf einen natürlichen Fehler deutet; vermuthlich schrieb sich dieser Fehler von seiner Geburt her, die eine gewaltsame war, da die Mutter dabei starb. Die Köpfe Scipios sind wahrscheinlich nach dem bei seinem Grabmale in der Nähe von Liternum in Campanien angefertigt, wo er auf seinem Landgute im Jahre 183 v. Chr. starb. Eine ähnliche Büste, 1' 3'' hoch, findet sich zu Wien (Nro. 133, Catalog S. 27).

10. **Büste der ältern Agrippina**, Tochter des Agrippa und der Julia, der einzigen Tochter des Augustus, Gattin des Germanicus, den sie auf seinen Feldzügen begleitete und dem sie während ihres Aufenthaltes im Lager bei Köln im Jahre 16 n. Chr. eine Tochter gleichen Namens gebar, die als Gründerin der römischen Colonie in unserer Stadt und als tragisches Scheusal ihren Namen verewigen sollte. Der gewaltsame Tod ihres heissgeliebten Gatten riss sie zu leidenschaftlichem Widerstand gegen Tiberius hin. Sie starb verbannt auf der Insel Pandataria einen freiwilligen

Hungertod. Ihr Sohn, der berüchtigte Kaiser Caligula, brachte die Asche seiner Mutter nach Rom. Der hohle Würfel, der einst ihre Asche enthielt, steht in Rom auf dem Capitol im Hofe des Palastes der Conservatoren. Unsere Büste aus carrarischem Marmor ist 1′ 2³/₄″ hoch, 9″ breit, 7½″ tief, der Fuss 5¼″ hoch, unten 7″, oben 5½″ Durchmesser. Agrippina ist verhüllt mit dem sogenannten ricinium, einem viereckigen doppelt gefaltenen Tuche, das besonders von Trauernden getragen ward, und als eine solche wird sie hier gedacht. Ein Stück der linken und der untern Seite dieses Schleiertuches, unter welchem vorn die Haare hervorkommen, ist neu angesetzt. Das Falten werfende Untergewand (tunica) bedeckt den nur wenig entblössten Busen. Die scharfen, ausdrucksvollen Züge deuten auf den Kummer hin, welcher an diesem liebevollen, grausem Unglück verfallenen Leben genagt hat. Nase unf Kinn sind neu. Unserer Büste entspricht ganz eine im Vatican, wo aber Agrippina nicht verhüllt ist. Stahr, der (römische Kaiserfrauen 342 ff.) die sitzende florentinische Agrippina genau beschreibt, kennt weder die vaticanische noch unsere Agrippina. Eine andere, stark hergestellte, hat man in Wien (Nro. 218 b, Catalog S. 47).

11. **Männliche Büste im Paludamentum, dem Feldherrnmantel, nach Steinbüchel Augustus.** Kopf aus weissem Marmor mit lichtbraunen Flecken, 10¾″ hoch, 6½″ breit und tief. Das neue Gewand aus schönem graubräunlichem Marmor (Uebergangskalkstein mit Encrinitengliedern, wahrscheinlich von der Lahn), ist 9″ hoch, 1′ 2½″ breit, 7″ tief, der Fuss 4½″ hoch, unten 5½″, oben 4¼″ Durchmesser. Wallraf muss diese Büste und die beiden ähnlichen Nro. 12 und 25 in Köln erworben haben, da de Noël sie unter den „vaterländischen Alterthümern" aufführt; doch dürften sie in früherer Zeit aus Italien hierher gekommen sein. Die Haare sind schlicht geordnet, der Blick des gesenkten Antlitzes ist nachdenklich zur Erde gesenkt. Die Augenbrauen und Augensterne finden sich bezeichnet, letztere gebohrt. Ein Loch auf der linken Schulter ist von einem früher dort vorhandenen Knopfe zurückgeblieben. Oberhalb der Brust sieht man unter dem Paludamentum das glatt anliegende Untergewand.

12. **Aehnliche Büste aus demselben Marmor, nach Steinbüchel Germanious, der Gatte der ältern Agrippina,** der Sohn des Nero Claudius Drusus, der Besieger des Arminius, der die Thusnelda zu Rom im Triumphe aufführte, aber zwei Jahre später, allgemein betrauert, an Gift starb. Kopf 10½″ hoch, 6½″ breit und tief. Das Gewand aus schwarzrothem Marmor ist 9½″ hoch, 1′ 3¾″ breit, 8″ tief. Fuss 4¾″ hoch, unten 5½″, oben 4¼″ Durchmesser. Das Haar ist ähnlich geordnet wie bei Nro. 11, aber etwas höher, die Augensterne sind auch hier bezeichnet. Nachdenklich schaut er vor sich hin. Vgl. Büste Nro. 23. Hier findet sich das Loch, das von dem frühern Knopfe zurückgeblieben ist, auf der rechten Schulter; sonst ist die Bekleidung ganz wie bei Nro. 11.

13. Büste der jüngern Agrippina, der Gründerin Kölns. Vgl. zu Nro. 10. Carrarischer Marmor, 1' 2" hoch, 10" breit, 7½" tief. Der Fuss aus graugeädertem Marmor ist 6" hoch, hat unten 6"', oben 5¼" Durchmesser. Gefunden während des siebenjährigen Krieges auf einem Kirchhofe in Köln vom Rheinzollbeamten Nolten aus Uerdingen, dessen in Wallrafs Hause wohnender Sohn die Büste an Wallraf verkaufte. Das ganze Vorderhaupt bedecken sehr viele muschelartige Löckchen; von der Mitte des Scheitels an ist das Haar ganz glatt, endet aber hinten in einen 3" langen, 3¼" breiten ägyptisch zusammengedrehten Zopf; Flechten hängen an beiden Seiten bis zur Schulter herab. Die Lippen sind fein und schmal, die Oberlippe steht etwas heraus. Die Augen, deren Sterne bezeichnet sind, blicken anmuthig hervor. Die Nase hat etwas gelitten. Unsere Büste entspricht ziemlich genau der herrlichen farnesischen Agrippina zu Neapel, die Stahr (Agrippina S. 241 ff.) näher beschrieben hat. Unsere Agrippina wird in Köln gemacht sein, wo Bildnisse der Gründerin der Stadt wohl nicht zu den Seltenheiten gehörten.

In den beiden Sälen rechts finden sich die Römischen Gemmen, Griechische (61) und Römische Münzen (unter denen die schweren Etrurischen und Altitalischen Asse von Bedeutung, von den Kaisermünzen ein Nigrinian), kleine schöne Mosaikstücke, Etrurische Vasenbilder auf Plättchen und Schiefer und kleinere Alterthümer, zum Theil verschlossen. In einem Glasschranke an der linken Wand des zweiten Saales steht ein kleines Frauenköpfchen von braunem Stein mit loser Perücke. Die Gegenstände sollen besonders verzeichnet werden.

14. Büste des Mercur. Carrarischer Marmor, 11" hoch, 8" breit, 8½" tief. Fuss aus schwarzem Marmor mit weissen Streifen, 4" hoch, unten 5" breit, 4½" tief, oben 4½" breit und tief. In Köln von Wallraf erworben. Auf dem reichgelockten Haupte hat der Gott den Hut (Petasus) mit zwei Flügeln. Gebohrt.

15. Herme des bärtigen Bacchus. Pentelischer Marmor, 1' 1¼" hoch, 8¼" breit, 7½" tief. Nur das Ende des Kinnbartes ist neu. Auf dem reichgelockten Haupte hat der Gott die Binde; von diesem hängen zwei Flechten, je eine an jeder Seite, auf die Schultern herab. Ganz ähnliche Hermen bei Visconti Museo Pio-Clementino VI Tav. VII. VIII. und VIII Tav. XXX. Giorgini hatte die Büste als Aesculap bezeichnet.

16. Schöner Kopf der Niobe. Pentelischer Marmor. Kopf 1' 10" hoch, 1' breit, 1' 6" tief. Fuss 2' 9" hoch, 1' 6" breit. Niobe schaut schmerzlich nach oben. Die Haare sind hinten nach oben in einen Knoten gebunden. Neu sind an dem trefflich gearbeiteten Kopfe Nase, Mund und Kinn, die nicht im Sinne des Künstlers hergestellt worden, und eine Stelle des Oberkopfes. Unter den vorhandenen Niobeköpfen, deren Welcker (Alte Denkmäler I, 223 ff.) mit unserm neun aufzählt, nimmt er eine nicht unbedeutende Stelle ein. Er hat ungefähr die Grösse des Kopfes der berühmten florentinischen Niobe. Giorgini hatte ihn als Junokopf bezeichnet.

Er steht auf einer **Granitsäule**, woran oben Reste des Ringes (Astragalus) und eine Eisenklammer. Die 4' 9½'' hohe, im Durchmesser 1' 6'' starke Säule ward im Jahre 1820 im Filzengraben Nro. 22—24 gefunden.

17. **Zierliches Köpfchen der Minerva.** Carrarischer Marmor, 8'' hoch, 4'' breit, 3½'' tief. Fuss aus schwarzgrauem Marmor, 3½'' hoch, unten 5'' breit, 4½'' tief, oben 4'' breit und tief. Stammt nicht aus Italien. Unter dem mit Blumenschmuck verzierten, mit einem einfach gebogenen Kegel (conus) versehenen Helme kommen die Locken der mit selbstbewusster Ruhe schauenden Göttin hervor.

18. **Reichgelockter Jünglingskopf mit Hals.** Weisser Marmor, 10'' hoch, 7'' breit, 7½'' tief. Auf einer schwarzen Marmorplatte, 2'' hoch, 5'' breit und tief. Nicht aus Italien.

19. **Büste der Cleopatra mit der Schlange an der entblössten linken Brust.** Kopf 1' 6'' hoch, 11'' breit, 1' 2'' tief. Das Ganze mit dem Fusse ist 3' 8'' hoch, 2' 8½'' breit, 1' 1'' tief. Nur der hinten gegen die Mitte in einen Haarknoten endende Kopf aus pentelischem Marmor ist zum Theil alt (neu sind der linke Theil des Hinterkopfes, das Kinn, die rechte Wange und das rechte Auge), hat aber schwerlich einer Cleopatra angehört.

Darunter steht eine **Granitsäule** mit vollständigem Ringe, 3' 11½'' hoch, 1' 6'' Durchmesser, die in der Elstergasse im Garten des Eckhauses der Röhrergasse gefunden worden ist.

20. **Kopf des ältern Scipio Africanus**, ganz ähnlich Nro. 9, nur kleiner und von carrarischem Marmor, weniger scharf und bezeichnend. Kopf 11'' hoch, 6½'' breit, 8½'' tief. Büste 6'' hoch, 8½'' breit, 5½'' tief. Fuss 5½'' hoch, 8'' unten, 7½'' oben Durchmesser. Gefunden gegen das Jahr 1800 im Rhein, vom Freiherrn von Hüpsch an Dr. Best geschenkt, aus dessen Nachlass die Schulcommission ihn dem Museum überwies.

21. **Schöne Büste des Julius Cäsar, des ersten Beherrschers des einstigen Freistaates.** Kopf, aus parischem Marmor, 1' 1'' hoch, 8'' breit, 9½'' tief, von vortrefflicher Arbeit. Das schöne Gewand aus carrarischem Marmor, 11½'' hoch, 2' 2'' breit, 1' 1½'' tief, hat, wenn es alt sein sollte, wenigstens nicht zum Kopfe gehört. Fuss 5½'' hoch, unten 8'', oben 6¼'' Durchmesser. Auf dem Kopfe volles lockiges Haar; auf der Stirne sind drei Furchen und die zwei Falten oberhalb der Nase scharf ausgeprägt. Den ernsten, Klarheit, Schärfe und Entschiedenheit verrathenden Blick hat er zur Erde gesenkt. Das auf der rechten Schulter mit einem Knopfe zusammengehaltene Paludamentum lässt das zierliche Untergewand an der Brust und auf den Schultern frei. Ueber die Abbildungen Cäsars vgl. Visconti Musco Pio-Clementino VI, 191 ff.

22. **Büste des jüngern Cato**, des edlen Republicaners, der sich den Tod gab, weil er den Untergang der Freiheit nicht überleben wollte, des würdigsten Gegners Cäsars. Carrarischer Marmor. Kopf 1′ 1″ hoch, 6½″ breit, 8¼″ tief. Das neue Gewand 1′ 5″ hoch, 1′ 11″ breit, 11″ tief. Der Fuss 5½″ hoch, unten 7½″, oben 7¼″ Durchmesser. Die Nase ist angesetzt, wie auch ein Stück oberhalb des linken Auges. Auf dem Haupte hat er nur spärliches Haar. Ernst mit fester Entschiedenheit schaut er vor sich hin. Er hat die Toga umgeworfen.

23. **Büste des Germanicus** (vgl. Nro. 11). Griechischer Marmor. Kopf 10″, hoch, 8″ breit und tief. Hals und Gewand 1′ 1,2″ hoch, 1′ 7″ breit, 10½″ tief. Fuss 6″ hoch, unten 8″, oben 6½″ Durchmesser. Das kurze Haar hängt weit über die Stirn; er trägt einen kurzen Backen- und Kinnbart. Auf der Stirn hat er eine Furche. Mit ruhigem Ernste schaut er vor sich hin. Die Nase ist angesetzt. Das Untergewand hat oben auf der Brust eine Art Krause. Das übergeworfene Paludamentum ist auf der rechten Schulter durch einen Knopf befestigt.

24. **Schöne mit Ausnahme der Nasenspitze ganz erhaltene Büste des ältern Cato**, des strengen Pflegers altrömischer Zucht und Einfalt, des unerschütterlichen Feindes von Carthago, des unbeugsamen Kämpfers gegen patricischen Uebermuth, des auf seine plebejische Herkunft stolzen Staatsmannes, Feldherrn und Weisen. Carrarischer Marmor, 2′ 1½″ hoch, 1′ 11½″ breit, 1′ ½″ tief. Der Fuss, mit später eingemeisseltem Namen ist 7″ hoch, unten 8″, oben 6½″ Durchmesser. Schöne Arbeit. Das Haar zeigt sich auf der Mitte des Kopfes spärlich. Auf der Stirne sieht man drei Furchen und drei Falten oberhalb der Nase; die Augenbrauen sind stark gewölbt. Feste Züge bezeichnen das scharf ausgeprägte Gesicht; besonders stark ist die Unterlippe. Das oben in Falten sich legende Untergewand sieht man unter der ohne Sorgfalt rasch umgeworfenen Toga.

25. **Männliche Büste mit Paludamentum**, wie Nro. 11. 12, nach Steinbüchel der ältere Drusus, der Vater des Germanicus. Carrarischer Marmor. Kopf 9″ hoch, 5½″ breit, 6″ tief. Das spätere weissrothe Gewand ist 9½″ hoch, 1′ 3″ breit, 6½″ tief, der Fuss 4¾″ hoch, unten 5¾″, oben 4½″ Durchmesser. Von seiner Herkunft gilt dasselbe, wie von Nro. 11. Das jugendliche Gesicht zeigt ruhiges Selbstbewusstsein; das Haupt ist von mässigen Haaren bedeckt. In der Mitte der Stirn zeigt sich eine starke Furche. Die Augensterne sind bezeichnet. Das Paludamentum ist durch einen Knopf auf der rechten Schulter befestigt.

26. **Weibliche Büste aus pentelischem Marmor**, nach Giorgini eine Muse. Kopf 1′ 1″ hoch, 10½″ breit, 11½″ tief. Die spätere Büste ist 7⅓″ hoch, 10¼″ breit, 6½″ tief, der Fuss 7″ hoch, unten 7¼″, oben 6⅓″ Durchmesser. Die Nase und der Hintertheil des obern Kopfes sind neu. Ungefähr in der Mitte des Kopfes schlingt sich durch die gescheitelten,

lockigen, hinten in einen Knoten geschlungenen Haare ein breites Band. Die Augenbrauen bilden einen sanft sich erhebenden Bogen. Sehnsüchtig scheint sie vor sich hin zu schauen, so dass man in dem Kopfe eine Venus sehen könnte.

27. **Herme des Juppiter Ammon**, in stehender Weise mit lang herabwallendem Haare und Bart und stark nach oben gewundenen Widderhörnern, die fast die Höhe der Stirn erreichen. Pentelischer Marmor, 1' 7½" hoch, 1' 2½" breit, 10½" tief. Eine meisterhaft gearbeitete Maske des Juppiter Ammon befindet sich zu Wien (Nro. 117, Catalog S. 36).

Darunter steht eine Säule von weissem Sandstein, 4' 4" hoch, 1' Durchmesser.

28. **Kolossale Maske eines Flussgottes.** Weisser Marmor, 1' 11½" hoch, 1' 5½" breit, 11" tief. Fuss 8½" hoch, 1' breit, 7½" tief. Haupt- und Barthaar wallen reich herab; der Mund ist weit geöffnet. Vgl. im untern Kreuzgange Nro. 56.

Steht auf einer Säule von braunem Sandstein, 4' 1" hoch, 1' 1" Durchmesser.

29. **Weibliche Büste aus carrarischem Marmor**, Nro. 26 sehr ähnlich. 1' 1½', hoch, 8¼" breit, 8½" tief. Fuss 4¾" hoch, unten 5½", oben 3½" Durchmesser. Herkunft unbekannt. Der hintere Theil des Kopfes ist neu. Die Augen, deren Sterne angegeben sind, bilden einen Halbkreis und bezeichnen süsses Lächeln. Die Augenbrauen erheben sich hoch. Sonst ist die ganze Anordnung gleich Nro. 26. Wahrscheinlich Venus.

30. Von der Mitte der vordern Steinbrüstung herab hat man den besten Blick auf das im untern Kreuzgange niedergelegte ganz einzige grosse **Mosaik der Weisen**, das bei der trefflichen Composition und der richtigen Zeichnung eher dem dritten als dem vierten christlichen Jahrhundert angehört. 22' 6" lang, 21' 8" breit. Gefunden im Jahre 1844 im Garten des Hospitals nach der Lungengasse zu. Vgl. E. Weyden, Kölnische Zeitung 1844 Nro. 107f. Die vordere Seite lag der Poststrasse, die entgegengesetzte, am Kreuzgange, der Cäcilienstrasse, die Seite rechts der Kirche St. Peter, die links der Lungengasse zu, so dass der Eingang in das Zimmer, wozu der Boden gehörte, von der Poststrasse, also von der Ostseite, gewesen sein muss. Hier hatte sich noch ein zweiter Mosaikboden angeschlossen; denn man bemerkte daselbst noch ein Kleeblatt, den Anfang einer neuen Einfassung und sich durchschneidende Kreise, doch konnte man keine weitere Spuren entdecken. Man fand ihn etwa 8 (nicht 15) Fuss unter dem Boden; unter dem Mosaik lag zunächst eine Lage Ziegelmehl mit Kalk, etwa 2" tief, dann etwa 5" hoch klein geklopfte Ziegelsteine mit schweren Basaltsteinen dazwischen und einem Kalküberzuge, darauf etwa 1" hoch weisser Kies und zu unterst eine Lehmschicht. Die Angaben in Gerhards „archäologischer Zeitung" 1844 Nro. 16 und Ritschls „rheinischem Museum" IV, 611 sind

zum Theil unrichtig und ungenau. Auf dem Brustbilde des Sophokles lagen ein paar Münzen der Helena, der Gattin des Kaisers Julian, so fest, dass sie nur mit Mühe abgelöst werden konnten. Das Mosaik ist aus Pasten (durchsichtigen künstlichen Steinchen) der verschiedensten Form, Grösse ($1/4''$ bis $7/10''$) und Farbe höchst anmuthig zusammengesetzt. Die Mitte des Ganzen nimmt ein Sechseck mit einem Brustbilde ein. Rund um die sechs Ecken ziehen sich sechs mit Rosetten gezierte, durch Dreiecke geschiedene Rechtecke. Diesen Kreis umschlingen sechs Sechsecke mit Brustbildern, so dass zwei in gleicher Linie mit dem mittlern liegen, je zwei oberhalb und unterhalb rechts und links; zwischen je zwei Sechsecken befindet sich ein Rechteck. Die Brustbilder haben nicht die gleiche Lage mit dem mittlern, wodurch eine Eintönigkeit entstehen würde, sondern die Köpfe sind rechts vom mittlern nach der vordern, links nach der entgegengesetzten Seite des Mosaiks gewandt, so dass je zwei Brustbilder umgekehrt gegeneinander stehen. Um diesen Kreis der Brustbilder schliesst sich wieder ein weiterer von Rechtecken, die mit Dreiecken wechseln. Die vier Ecken werden gleichfalls von Rechtecken ausgefüllt. Zwischen je einem Eckrechtecke und dem zunächstliegenden der rechten und linken Seite sieht man zierliche Trapeze mit wohl erhaltenen Trinkgefässen und Früchten in Schalen, in der Mitte der beiden Seiten zwischen den beiden Rechtecken in der Mitte ein längliches Viereck und an den beiden andern Seiten drei gleich hohe Dreiecke. Ein breiter weisser Rand legt sich herum, worin schwarze Kreisausschnitte in einer dem Viertelmonde ähnlichen Gestalt (nur dass in der Mitte eine Spitze sich bildet) das Muster bilden. Darauf folgt ein weisser und zuletzt ein schwarzer Rand (aus schwarzem Marmor und weissen Pasten); bloss an der Vorderseite sieht man statt dessen eine Art rothweisser Kettenringe, wie wir sie auch sonst auf Mosaiken finden. Der entgegengesetzte Rand, jetzt am Kreuzgange, war zerstört, ebenso die beiden Trapeze links und zum Theil das obere rechts, wie auch das Brustbild oben links und das mittlere rechts, die nach der Zeichnung des Herrn Conservator Ramboux als Platon und Aristoteles hergestellt worden sind. Diese Wahl der fehlenden Weisen ist ohne Zweifel ganz wider den Sinn desjenigen, der die sieben Weisen hier vereinigte. Im Mittelpunkt sehen wir mit seinem Namen bezeichnet (*ΔΙΟΓΕΝΗC*) den Cyniker Diogenes von Sinope in seinem bekannten Fasse, das hier braunroth ist, in der Tracht der Cyniker; er trägt nur den hier dunkelgrünen Mantel (*τριβώνιον*), der bloss die linke Schulter bedeckt; die flach ausgebreitete Hand des gebogenen rechten Armes hält den Mantel fest. Von den sonst bekannten Bildnissen des Diogenes (vgl. rheinisches Museum IV, 612) unterscheidet sich das unsere nur durch den ziemlich reichen Wuchs des grauen Haares. Zur Seite des Diogenes steht links Sokrates (*CωΚΡΑΤΗC*), dessen stumpfnasiges kahlköpfiges Silensgesicht allbekannt ist; hier aber sehen wir ihn mit gerader Nase, offenen grossen Augen, länglichem edlem Gesicht, reichem weissem Haar und Bart. Man hat gemeint, Sokrates sei später in der edlen Weise des Silen als Wärters des Bacchus dargestellt worden, aber die Verschiedenheit scheint einfach sich dadurch zu erklären, dass der Besitzer des Hauses oder der, welcher sonst den Entwurf zum Mosaik machte, kein abstossendes Bild unter seinen Weisen dulden wollte, und daher hier von der Porträtähnlichkeit absah, wie er auch dem Diogenes reichen Haarwuchs gab. Auf der rechten Seite des Diogenes erwartet man nichts weniger als den hier hergestellten Aristoteles ($APICTOTE\varLambda HC$), dessen Philosophie damals ohne besondern praktischen Einfluss war, sondern viel eher den so sehr beliebten Epikur oder etwa den Stoiker Zeno, der neben Epikur die meisten Anhänger zählte. Oberhalb sieht man rechts den Cheilon [$\chi EI\varLambda\omega\nu$*)], den durch seinen Spruch: „Lerne dich selbst kennen!" besonders bekannten spartanischen Staatsmann und Weisen, den man unter die Zahl der sieben aufnahm. Er hat hier braunrothes Haar und einen langen Bart; gegen spartanische Sitte trägt er Ober- und Untergewand, und zwar von weisser Farbe, die man auf seine öffentliche Stellung beziehen könnte. Die Falten der Stirn deuten auf Nachdenken. Die gebogene Nase und die rechte Wange waren etwas beschädigt. Die Darstellung Cheilons weicht von der eines andern Mosaiks wesentlich ab. Ihm gegenüber hat man den Platon ($\varPi\varLambda ATwN$) hergestellt; viel eher erwartet man hier den grossen athenischen Staatsmann und Weisen Solon, der, wie Cheilon und der gleich zu nennende Kleobulos, zu den sieben Weisen zählte. Unterhalb des Diogenes steht links Kleobulos ($xEOBOY\varLambda OC$), rechts Sophokles ($CO\varPhi OK\varLambda HC$). Kleobulos aus Lindos, gleichfalls einer der sieben Weisen, ausgezeichnet durch Schönheit und Stärke, ist auch als Dichter von Liedern und Räthseln bekannt, und dadurch zum Begleiter des Sophokles ganz besonders passend. Er ist als jüngerer Mann dargestellt, mit kurzem röthlichem Haare, ohne Bart; der auf beiden Schultern ruhende orangenfarbene Mantel lässt die breite offene Brust unbedeckt. Sophokles endlich, der weise Dichter, dessen Weisheit schon der Name ausspricht, erscheint hier als stattlicher Mann mit seelenvollem, nach oben gerichtetem Blicke; er trägt einen schwarzen Bart. Sein graues Gewand ruht auf beiden Schultern, bedeckt aber die rechte Seite nicht. Der Gesichtsausdruck entspricht den sonst bekannten Bildern. Vgl. Welckers „Alte Denkmäler" I, 455 ff. Eine Abbildung unseres Kopfes gab Welcker in den „Annali dell' istituto di correspondenza archeologica" IV Tav. XXVIII. Eine auch in den Farben ungenaue Abbildung unseres ganzen Mosaiks ist der Abhandlung von L. Lersch „Das Kölner Mosaik" beigegeben, welche als Programm des bonner Vereins von Alterthumsfreunden im Rheinlande zum Winckelmannsfeste 1845 erschien. Vgl. auch Urlichs im „rheinischen Museum" IV, 611 ff. Eine andere Abbildung unter Glas hängt im Museum im Zimmer rechts. Sieben Personen, wie hier, finden wir auch auf einem Mosaik zu Sarsina vereinigt, dessen Anordnung freilich eine ganz verschiedene ist; es scheinen Aerzte zu sein, die sich über einen

---

*) Wir bezeichnen die ausgefallenen, jetzt ergänzten Buchstaben durch kleinere Schrift.

Kranken berathschlagen. Zu einem ähnlichen Fussboden könnte das Bild des Cheilon in Verona gehört haben, das durch den beigefügten Spruch desselben: (ΓΝΩΘΙ CAVTON) „Lerne dich selbst kennen!" sich zu erkennen gibt.

Auf dem Gange hinter der hintern Brüstung oberhalb des Mosaiks stehen die griechischen und römischen zum Theil sehr schönen Gläser und Schalen, sowie die römischen Alterthümer von Thon und Bronze, die besonders verzeichnet werden sollen.

An dem äussersten Ende des Erdgeschosses links.

31. **Büste der Julia Mammäa**, der trefflichen Mutter des Kaisers Severus Alexander (geb. 208, gest. 235), deren Bildnisse nach denen der Faustina, der Gemahlin des Antoninus Pius, von allen römischen Kaiserinnen, am verbreitetsten waren. Carrarischer Marmor, Kopf 10" hoch, 8½" breit, 8¾" tief. Brust und Gewand, die später sind, 10½" hoch, 1' 5½" breit, 8½" tief. Fuss 5½" hoch, unten 7½", oben 6" Durchmesser. Vorn bis über die Mitte des Kopfes hat sie viele grosse muschelartige Locken unmittelbar neben einander, hinten zierliche Flechten bis tief herab, andere in der Höhe des Kopfes in einen Knoten verschlungen. Die Nase war vorn abgebrochen. Das faltige Untergewand erscheint über dem wenig entblössten Busen unter dem auf der linken Schulter mit einem grossen Knopfe befestigten Mantel (palla). Vgl. Visconti Museo Pio-Clementino VI, 240 ff.

32. **Männliche Büste**, bloss mit der Chlamys über der rechten Schulter bekleidet, nach Giorgini der Triumvir Crassus, der gegen die Parther fiel. Carrarischer Marmor. Kopf 9½" hoch, 9" breit, 9½" tief, Brust und Gewand 11¾" hoch, 1' 8½" breit, 9½" tief. Fuss 6" hoch, unten 7½", oben 6" Durchmesser. Am Kopfe sind die Ohren neu. Das Haar ist einfach geordnet. Kurzer Backen- und Kinnbart, wie bei Nro. 23, Zwei Furchen auf der Stirn.

33. **Schöner Frauenkopf.** Carrarischer Marmor, 10½" hoch, 7" breit, 8½" tief. Fuss von schwarzem, weissgeädertem Marmor, 4¾" hoch, unten 5¾" breit, 4¾" tief, oben 4¼" breit und tief. Nicht aus Italien stammend. Zierliche reiche Flechten sind von hinten bis zur Stirn über den Scheitel gelegt, andere fallen bis unterhalb der Ohren herab. Feine Augenbrauen. Die Augensterne sind bezeichnet. Vielleicht Venus?

34. **Frauenkopf.** Carrarischer Marmor, 11" hoch, 7" breit, 7½" tief. Fuss, 5" hoch, breit und tief. Wohl in Köln gefunden. Die Nasenspitze ist abgebrochen. Die Haare liegen in Flechten über dem Scheitel, sind hinten nach unten in einen starken Zopf gebunden.

II.

Unterer Kreuzgang.

Wir wenden uns zum äussersten Ende des rechten Flügels.

1. **Altar des Juppiter und des Hercules Saxanus** (des Hercules der Steinbrüche), 7′ 5″ hoch, 8′ 3″ breit, 1′ 6½″ tief, ursprünglich eingehauen in eine nach Osten gekehrte Felswand eines der Tuffsteinbrüche des Brohlthals, in geringer Entfernung vom Dorfe Tönnisstein, von den dort beschäftigten Soldaten, wohl beim Beginne eines neuen Steinbruchs, kurz nach dem Jahre 103 n. Chr., geweiht. Grobkörniger Tuffstein (Trass). Gefunden im Frühjahr 1862, beim Wegräumen des haushohen Schuttes eines verlassenen Steinbruches, in der Höhe von 14 bis 15 Fuss, vom Besitzer, Herrn Nonn sen. zu Brohl, dem Museum geschenkt. Ehe er an seine jetzige Stätte kam, hat er von den bei der Entdeckung noch vorhandenen Farben viel verloren. Prof. Freudenberg, der ihn an Ort und Stelle sah, beschreibt in seiner mit einer Abbildung ausgestatteten Schrift: „Das Denkmal des Hercules Saxanus im Brohlthal", dem Winkelmannsprogramme des bonner Vereins von 1862, unsern Altar also: „Die Felswand ist, soweit das Denkmal reicht, geglättet und mit einem weissen, ziemlich schwachen Kalkgrund überzogen; die an mehrern Stellen, besonders in den Nischen und am Sockel, noch sichtbaren Farben (hauptsächlich Gelb und Roth, daneben etwas Grün und Schwarz) lassen sich mit dem Messer von dem Kalkgrund leicht ablösen. — In der obern Wölbung erblickt man noch Reste einer Bemalung, aus abwechselnd rothen und grünen Rauten bestehend; die Seitennischen sind sämmtlich gelb bemalt, die beiden Altäre dagegen, die sich in den zwei Nischen zur linken Seite befinden, hochroth. Im Sockel bemerkt man noch Spuren von einer schwarzen fransenartigen Verzierung. — Auf dem äussersten Altar zur Linken sieht man den Rauch (der aufsteigenden Opferflamme) durch Spuren von schwarzer Farbe angedeutet, während in den beiden entsprechenden Nischen der rechten Seite sich nur schwache Reste der Bemalung erhalten haben. — Die über den beiderseitigen Nischen angebrachten Bilder stellen Sonne und Mond vor. Die Sonne ist durch sieben rothe Strahlen bezeichnet, welche in pfeilartige Enden ausliefen, die noch Spuren einer gelben Färbung zeigen; der Mond erscheint (wie gewöhnlich) sichelförmig mit aufwärts gekehrten Hörnern und gelber Bemalung. An den beiden Ecken des Denkmals (oberhalb der Sonnen) befinden sich Bilder der Lyra (Leier). Laut der Inschrift wurde der Altar gewidmet von den zu diesem Steinbruche beorderten Soldaten dreier Regimenter (der legio

sexta pia fidelis, der legio decima gemina pia fidelis und der legio duoetvicesima primigenia pia) und der Flotte. Die Aufsicht über diese Soldaten führte ein Hauptmann der legio sexta, Marcus Julius Cossutius. Statthalter (*legatus Augusti*. Vgl. Nro. 3) von Niedergermanien (*Germania inferior*) war damals Quintus Acutius, ohne Zweifel jener Acutius Nerva, der im November des Jahres 100 n. Chr. als Consul erscheint. Die Inschrift fällt ein paar Jahre später, nach dem Beginne des ersten dacischen Krieges (103); denn erst damals kam die legio duoetvicesima an die Stelle der legio prima Minervia nach Niedergermanien. Bonner Jahrbücher XXXVI, 101 ff. Der unten etwas eingebogene Altar hat oben die Gestalt eines Daches; er zeigt fünf Nischen, wovon die mittlere 3' hoch, 2' 1½'' breit, 4½'' tief ist, die beiden dieser zunächst rechts und links liegenden 2' 1'' hoch, 9½'' breit, 3¼'' tief, die beiden äussersten 1' 8½'' hoch, 9'' breit, 2¾'' tief sind. In der mittlern Nische steht ein 2' 1'' hoher Altar, der, wie gewöhnlich Weihaltäre, mit einem gebundenen Kranze belegt ist, woran man noch Spuren gelber Farbe bemerkt. Auf diesem Altare ist die Inschrift zu lesen:

```
     ///T · H E R C
   L · VI · VI · PF · L · X
  GPF · L · XXII · PR P
   ET·AL·  CO · C L·
    Q · S · Q · ACVT
     SV · C V ·  M I
     COSS V    T I
      ꟾLVI  V   I C
         P  F
```

(*Iovi optimo maximo e*)*t Herculi legio sexta victrix pia fidelis legio decima gemina pia fidelis legio duoetvicesima primigenia pia et alae cohortium qui sub Quinto Acutio sub cura Marci Iuli Cossuti centurionis legionis sextae victricis piae fidelis.*

Ueber der ersten Zeile muss I · O · M gestanden haben. Spuren des mittlern Buchstaben sind noch zu sehen.

Das V am Ende der vierten Zeile ist starke Interpunktion. *Alae* sind die Reitergeschwader, *cohortes* die Corps des Fussvolkes. Unter der Flotte ist die deutsche Flotte, die *classis Germanica*, zu verstehen. Vgl. die Inschrift im Erdgeschosse Nro. 3. Den cohortes der Flotte waren auch alae beigegeben; sie waren *cohortes equitatae*. Andere erklären *alae*, *cohortes*, *classis*, so dass nach den Mannschaften der Legionen, deren Anknüpfung durch *et* nach den Namen der Legionen auffällt, die Flotte besonders erwähnt würde. Vermuthen könnte man *alae cohortis classicae.* Neben der Mittelnische erheben sich auf Pfeilern Obelisken (beide waren roth) mit einer Kugel (die gelb bemalt war), und ein gleicher Pfeiler mit Obelisken und Kugel steht über der Wölbung derselben Nische. Wie die Bilder der Sonne und des Mondes auf den Dienst des gaditanischen, ursprünglich tyrischen Hercules deuten, der bei der sechsten Legion, die längere Zeit in Spanien gestanden hatte, wahrscheinlich besonders verehrt ward, so bezeichnen die Kugeln die Welt, die Leiern die Sphärenharmonie.

2. **Drei Pfähle der am Ende des vierten oder im Anfange des fünften Jahrhunderts bei Coblenz von den Römern über die Mosel geschlagenen Pfahlbrücke,** gefunden im Herbste 1865 und von der Königlichen Regierung zu Coblenz dem Museum überwiesen. Bonner Jahrbücher XLII, 45 ff.

3. **Weihestein des Juppiter, von einem Statthalter Niedergermaniens gesetzt.** Auffallend einfacher und kleiner viereckiger Stein aus Jurakalk, 1' 4¼" hoch, 1' 2½" breit, 7" tief. Die abgebrochene linke obere Ecke ist nothdürftig ergänzt. Der Stein war früher an der Aussenseite des Klosters zum Lämmchen auf der Burgmauer eingemauert, wo man ihn 1511 gefunden hatte.

O M
L · AEMILIVS
CA RVS· LEG
AVG

Ioui optimo maximo Lucius Aemilius Carus legatus Augusti.

Die Kaiser schickten bis zu Constantins Zeit Statthalter nach den beiden Germanien (*legati Augusti pro praetore*), unter deren Befehl gewöhnlich auch das Heer stand. Die Verwaltung der Finanzen hatten besoldete Verwalter (*procuratores*).

4. **Altar des Juppiter, des Ortsgenius (Genius loci) und aller Götter und Göttinnen, geweiht von einem Gefreiten des Consuls (beneficiarius consulis) für sich und die Seinen im Jahre 214 n. Chr.** Jurakalk, 2' 1½" hoch, 1' 1¾" breit, 7" tief. Oberhalb der Inschrift sind zwei Linien in der Entfernung von etwa 1½" gezogen. Oberhalb bemerkt man noch die Altargestalt, doch ist der Altar oben etwas abgebrochen; zu jeder Seite sieht man zwei von vorn nach hinten gezogene gerade Striche, dann zwei Löcher in gleicher Entfernung von beiden Seiten und rechts noch ein kleineres. An der einen Seitenfläche aus einem Topfe hervorwachsende Pflanzen, an der andern Arabesken, sehr schön gearbeitet. Gefunden zu Dottendorf bei Bonn. Befand sich schon in der am Ende des sechzehnten Jahrhunderts entstandenen Sammlung des Grafen Hermann von Blankenheim und Manderscheid (gest. 1604).

```
         I O M · ET GENIO
         L OCI · DIS · D · Q
         OMNIBVS· A V R
         S VPERINI V S
         MARCVS· B F
         COS ·PRO· S E
         ET SVIS ·V· S· L· M
         M E S SALA ·E T
         SA BINO· COS
```

Ioui optimo maximo et Genio loci dis deabusque omnibus Aurelius Superinius Marcus beneficiarius consulis pro se et suis uotum soluit lubens merito Messala et Sabino consulibus.

Die Verehrung des Genius des Ortes, den man durch zwei Schlangen bezeichnete, war allgemein verbreitet. Ihm wurden häufig mit Juppiter Weihesteine gesetzt. Marcus, eigentlich Vorname, findet sich auch sonst in späterer Zeit als Zuname. Mit dem Namen *beneficiarius* wurden solche Soldaten bezeichnet, welche durch die Gunst einer obrigkeitlichen Person (eines Consuls, eines Statthalters, eines Befehlshabers) von manchen Diensten befreit und mit besondern Aufträgen betraut waren. *Uotum soluit lubens* (andere erklären *laetus*) *merito*, er hat das Gelübde gern nach Gebühr erfüllt, ist stehende Weiheformel. Daneben kommt vor V·S·L·L·M (*uotum soluit laetus lubens* oder *lubens laetus merito*), aber es fehlt auch wohl *soluit* oder *uotum soluit* oder *lubens* oder *merito* oder *lubens merito*.

5. **Grosser roher Altar des Juppiter,** mit Sockel und Sims und der einfachen Weihung:

```
         I     O     M
```

Weissgräulicher scharfkörniger Sandstein mit rothen Streifen, vielleicht aus der Eifel, 3′ 9″ hoch, 1′ 10½″ breit und tief. Sockel und Sims treten 3½″ hervor. Gefunden im Frühjahr 1859 vor dem Gereonsthore in der Nähe der Gereonsmühle bei der Eisenbahn. Geschenk der Verwaltung der rheinischen Eisenbahn.

6. **Links und unten abgebrochener Altar des Juppiter und des Genius des Ortes, gesetzt von einem Gefreiten des Consuls für sich und die Seinen.** Jurakalk, 1′ 4″ hoch, 1′ 1½″ breit, 5½″ tief. Oberhalb der Inschrift zwei parallele Striche oben auf dem Altare, wie bei Nro. 4. Die Buchstaben sind sehr schön. Fundort unbekannt. Befand sich schon in den zwanziger Jahren im Museum.

     O · M
    GENIO
    ƆCI·C
   APRILIS
   CO S·PRO
   TSVIS

Ioui optimo maximo et Genio loci Caius Aprilis beneficiarius
consulis pro se et suis.

7. Gedenkstein des Baues eines Tempels des Mercur und einer Mauer um denselben unter Kaiser Titus (79—81 n. Chr.), von dessen Augustalen geweiht. Jurakalk. Der 1′ 2″ hohe, 3′ breite, 1′ 7½″ tiefe, oben mit einem Sims verzierte Stein ist an der linken Seite abgesägt, rechts etwas abgebrochen. Gefunden im August 1866 an der nordöstlichen Seite des Domes nahe der Trankgasse, etwa 7′ tief. Der Tempel wird in der Nähe gestanden haben. Geschenk der Dombau-Verwaltung.

VRIO·AVGVST
\TOR IS·TITI·CAESARIS
·TEMPLVM·A·EVNDAMENT
ᴚIEM·IN·CIRCVM·ITV·ET·A ED^IFICIs

(Merc)urio August(ales imper)atoris Titi Caesari(s Augusti) templum
a fundament(is et mace)riem in circumitu cum aedificis.

Die Buchstaben werden von Zeile zu Zeile kleiner und schmäler. An T, C, G und S sind oben die Spitzen von rechts nach links geneigt, nicht senkrecht. In der dritten Zeile steht am Anfange des letzten Wortes E statt F. Die Trennung *circum. itu* findet sich ähnlich sonst. In der letzten Zeile scheint der Stein bei dem ersten I von AEDIFICIS schadhaft gewesen oder ausgesprungen zu sein, weshalb das I über die Zeile erhöht wurde. In früherer Zeit wurde meist *aedificieis*, seltener *aedificis* oder *aedifceis* geschrieben. Vgl. Th. Mommsen im „Hermes" I, 465 f. Brambach ergänzt *(Merc)urio August(o pro salute imper)atoris*, aber dann bleibt kein Raum zur Angabe der Weihenden, die nicht fehlen kann. Die Augustales waren eine halb priesterliche Behörde, eingesetzt zum Dienste der Gottheit des Augustus; hier haben sie auch die Verehrung des noch lebenden Kaisers übernommen, und dessen Namen sich beigelegt. Wäre nicht die Bezeichnung *Augustus* beim Kaisertitel fast durchgängige Regel, so könnte man vor TEMPLVM ergänzen DE·S·S (*de suo sumptu*) oder SVA·PEC (*sua pecunia*). Bonner Jahrb. XLII, 79 ff.

Der Gedenkstein steht auf zwei Pfeilern aus Jurakalk, welche in Bogen oben auslaufende Riefen (Cannelüren) haben. 2' 1/2" hoch, 1' 8" oben breit, 1' 2" tief. Gefunden auf dem Frankenplatze.

8. **Stark abgestossenes Relief des Mercur als Gottes der Gymnastik.** Jurakalk, 1' 9" hoch, 2' 1" breit, 9½" tief. Mercur steht unbekleidet in einer Capelle (*aedicula*); in der Linken hält er einen geraden Stab, wie die Fechtmeister, nicht seinen Caduceus, die abgebrochene Rechte trug wohl den Beutel; auf dem linken Arme hängt das Gewand; der Kopf ist nicht mehr zu erkennen. Zur Linken erhebt sich rechts von einer Säule ein Palmbaum, das Sinnbild der Siege im gymnastischen Kampfe; daneben steht auf einem sechsstufigen Altare ein kleines Standbild desselben Gottes, das in der Rechten einen Beutel zu halten scheint. Gefunden nahe an derselben Stelle wie Nro. 7, etwas tiefer. Das Relief gehörte wohl zu jenem Tempel des Mercur, stand vielleicht oberhalb des Gedenksteines.

9. **Abgebrochener Weihestein des auch sonst bekannten Mercurius Arvernus, auf dessen Befehl gesetzt.** Jurakalk, 1' 1/2" hoch, 8½" breit, 5" tief. An der linken Seite hat sich der abfallende Rand erhalten, ist aber, wie noch mehr die rechte Seite, so abgeschliffen, dass die Buchstaben ganz verwischt sind. Die Inschrift steht auf der Fläche des Steines, nicht in der Tiefe, wie gewöhnlich. Oberhalb derselben zwei Striche. Der Stein war früher im Cäcilienhospital eingemauert, wo er Ende 1845 unter dem Schutte wieder aufgefunden ward.

```
   M E R C V R
  ///R V E R N
  /// A C R V////
  V L I V// I V//
  X I M P I///
```

Mercuri Aruerni sacrum. Iullus Iu(sa?) ex imperio ipsius.

Der Mercurius Arvernus hat seinen Namen vom gallischen Volksstamme der Arverner. Der Genitiv statt des bei *sacrum* gewöhnlichen Dativs, wie bei dem ganz ähnlichen Mercursteine im Antikencabinet zu Wien (vgl. die Beschreibung desselben von von Sacken und Kenner S. 109, 23) und sonst. In der vierten Zeile könnte man etwa IVLIVS · IV vermuthen, so dass das Zahlzeichen den Namen *Quartus* bezeichnete, wonach wir denn hier denselben Caius Iulius Quartus hätten, wie unten Nro. 39, wäre nicht IIII die stehende Bezeichnung für die Zahl vier. Dass ein Weihestein auf Befehl einer Gottheit gesetzt worden, kommt häufig vor; ob dabei immer an eine Erscheinung im Traume oder sonst zu denken sei, wie bei der Formel *ex uisu* oder *uiso, uisu iussus* oder *monitus, somnio admonitus*, bleibt zweifelhaft. Aehnlich stehen *ex iussu, ex monitu, ex praescripto*, bestimmter *ex oraculo*.

10. Altar der Mercurius Cissonius. Lockerer brauner Sandstein, vielleicht aus der Juraformation. 1' 6" hoch, 10½" breit, 6" tief. An der rechten Seitenfläche ein Füllhorn, an der linken ein Palmbaum, auf dem Altare Schneckenrollen zur Seite, in der Mitte Früchte. Gefunden auf der Burgmauer im Garten des Hauses Nro. 21 und vom Eigenthümer, Herrn Grimberg, zugleich mit fünf andern daselbst gefundenen Altären (Nro. 13. 16—18. 36) zu Wallrafs Jubelfeier geschenkt.

```
      M E R C V R I O
       C I S S O N I O
      L A R ///////// V S
      S E N ///////// I S
          V S  L    M
```

Mercurio Cissonio L. Ar(tin?)us Sen(il?)is uotum soluit lubens merito.

Der Mercurius Cissonius ist einer der manchen gallischen Mercure. Cissonius kommt auch als Personenname vor, wie Cisso, Cissus, Cissa.

11. Altar des Mercur, gesetzt von einem Hauptmanne der dreissigsten Legion. Jurakalk, 2' 8½" hoch, 1' 7½" breit, 9½" tief. In einer Tempelnische oberhalb der Inschrift sitzt der Gott selbst, der aber nicht mehr zu erkennen ist; zu seinen Füssen liegt rechts ein Bock, links steht ein Hahn, beide sehr verwittert. Diese Thiere zeigen sich wohl erhalten ganz so auf mehrern in Baden, Baiern und Würtemberg gefundenen Steinen; sie deuten auf Fruchtbarkeit. Vgl. Mezger „die römischen Steindenkmäler im Maximiliansmuseum zu Augsburg" Nro. 9 ff. Stälin „Verzeichniss der in Würtemberg gefundenen römischen Steindenkmäler" Nro. 63 ff. Bonner Jahrb. XLIV, 21. Neben dem Relief und der Inschrift Arabesken, an beiden Seitenflächen Füllhörner mit Früchten. Oberhalb, wie auf Nro. 10, Schneckenrollen und Früchte. Gefunden auf dem Wallrafsplatz im April 1835.

```
      M E R C V R I O
       T· F L A V I V S
      V /// C T O R I
      N V S·⊃ L E G
      X X X . V V
          V    S
```

Mercurio Titus Flaulus Uictorinus centurio legionis tricesimae Ulpiae uictricis uotum soluit.

Derselbe Mann widmete den *Matres paternae et Annaneptae* einen jetzt verkommenen Weihestein, der im Jahre 1643 in der goldenen Kammer der Ursulakirche ausgegraben wurde. Die dreissigste von Traian gegründete und von seinem Namen *Ulpia* genannte Legion wurde erst 359 n. Chr. aus Niedergermanien abberufen. Unsere Inschrift gehört wohl in's zweite Jahrhundert, jedenfalls vor das Jahr 223, wo die dreissigste Legion schon den Beinamen *pia fidelis* führte.

12. **Altar der Diana, gesetzt von einem Hauptmanne der legio prima Minervia.** Drachenfelser Trachyt, 3′ 3″ hoch, 2′ breit, 3½″ tief. An jeder Seitenfläche ein Baum, oberhalb zu beiden Seiten Schneckenrollen, in der Mitte ein Kranz. Gefunden 1862 an der Römermauer beim alten sogenannten Pfaffenthore bei Grundlegung des Eckhauses der Burgmauer.

```
    D  IANAE
    Q   IVLIVS
       FLAVOS
    //LEGI M P F
     VS L  L  M
```

Dianae Quintus Iulius Flauos (centurio) legionis primae Mineruiae piae fidelis uotum soluit laetus lubens merito.

Zwischen den beiden ersten Buchstaben der beiden ersten Zeilen finden sich grössere Zwischenräume, wahrscheinlich weil hier der Stein ursprünglich schadhaft war oder aussprang. Vor LEG in der vierten Zeile ist kein Zug sicher zu erkennen. Die *legio prima Mineruia* wurde von Kaiser Domitian gegründet und nach Niedergermanien gesandt, wo sie bis zur Zeit Constantins blieb. *Flauos* ist richtigere Schreibung als *Flauus*, da auf das vocalische oder consonantische *u* kein anderes *u* folgen soll.

13. **Altärchen der Diana, gesetzt von Tacitinius Tatucus für sich und die Seinen.** Jurakalk, 9″ hoch, 7″ breit, 3½″ tief. An der rechten Seitenfläche ein Palmbaum, an der linken ein Füllhorn, an der Rückseite in viereckiger Einfassung Faltenumrisse wie von einem Gewande. Gefunden mit Nro. 10.

```
    .  D  EAN A E
       T ACI TNIV//
       T AT V  C V//
       PROSEET SVIS
        V· S· L· M
```

Deanae Tacit(i)nius Tatucus pro se et suis uotum soluit lubens merito.

Die Form *Deana* steht häufig auf nachchristlichen Inschriften, auch in Italien.

14. **Altar der Diana, gesetzt von einem Hauptmanne der sechsten Legion im Anfange des zweiten Jahrhunderts.** Drachenfelser Trachyt, 3' 4" hoch, 1' 11" breit, 1' 2" tief. Auf jeder Seitenfläche ein Lorberbaum. Gefunden im August 1829 in einem halbrunden römischen Mauerthurme auf der Burgmauer, dem Appellhofe gegenüber; er lag am Eingange des Thurmes auf dem 3' 6½" über der ursprünglichen Sohle angehäuften Grunde neben zwei Matronensteinen (Nro. 81 und 90) und einem vierseitigen Altare (Nro. 147).

```
   D E A N A E
   S A C R V M
  A · Tı Tı V S · C · F
  P O M · S E V E R
  V S · A R  R  ΞΙΟ
  ⁊· L  EG · VI · VIC · PF
 I D E M Q V E · V I VA RI
  V M S A E P S I T
```

Deanae sacrum Aulus Titius Cai filius Pomptina Seuerus Arretio centurio legionis sextae uictricis piae fidelis idemque uiuarium saepsit.

Der Hauptmann heisst Aulus Titius Severus; der Vorname seines Vaters Caius wird nach seinem Familiennamen angegeben. Vor seinen Zunamen Severus tritt die Bezeichnung der Tribus (Pomptina), wozu sein Geburtsort (Arretium) gehört, der nach seinem Zunamen Severus genannt wird. Alle Städte des römischen Reiches wurden einer der fünfunddreissig Tribus zugetheilt; seit Tiberius hatten die Tribus ihre eigentliche politische Bedeutung verloren, doch wurden sie meist noch der Bezeichnung des Namens hinzugefügt; seltener geschah dies seit dem Anfange des dritten Jahrhunderts, doch finden wir die Tribus ausnahmsweise noch bis nach Diocletian (284) angegeben. Die Stadt Arretium (jetzt Arezzo) war eine der zwölf Hauptstädte des alten Etruriens, zur Kaiserzeit durch ihre Töpfereien bekannt. Unser Hauptmann hat nicht bloss den Stein geweiht, sondern auch, wie es am Schlusse heisst, das Behältniss für die wilden Thiere (*uiuarium*) mit einer Mauer umgeben. Dieses Thierbehältniss gehörte zum Amphitheater (dem Schauplatze der Kampfspiele), das sich auf der Burgmauer befand. Spuren davon hat man in den Gärten der Häuser Nro. 21. 35 und 37 entdeckt, deren amphitheatralische Vertiefungen zum Theil erst in unserm Jahrhundert ausgefüllt worden sind. Die sechste Legion kam im Jahre 71 aus Spanien an den Rhein; unter Hadrian, gegen 120, zog sie nach Britannien, wo sie verblieb.

15. **Oben abgebrochener Altar der Diana**, gesetzt von einem Hauptmanne der zweiundzwanzigsten Legion, wohl aus dem Anfange des zweiten Jahrhunderts. Oben zur Seite Schneckenrollen, in der Mitte wohl ein Kranz. Das Loch oben links von der Mitte rührt von späterer Verletzung des Steines her. Jurakalk, 2' 4" hoch, 1' 2" breit und tief. Gefunden Ende Juni 1858 auf dem Frankenplatze bei den Grundarbeiten zur Brücke.

)IANAE
SACR
QVETTIVS
RVFVS·⊃LEG
XXII
L   M

Dianae sacrum Quintus Vettius Rufus centurio legionis duoetvicesimae lubens merito.

Die zweiundzwanzigste Legion ist die, welche den Beinamen *primigenia* führt. Sie stand meist in Obergermanien, in den Jahren 104—120, vielleicht auch sonst zeitweise, in Niedergermanien.

Der Stein steht auf einem Capität aus Jurakalk, 11½" hoch, 2' 1" breit, 1' tief.

16. **Altärchen der Fama**, der Göttin des Gerüchtes. Jurakalk, 11" hoch, 5½" breit, 3½" tief. Gefunden zugleich mit Nro. 10.

FAMAE
PVBLICI
///SVTINV///
PEN///NV///
VS LM

Famae Publicius Utinius Peninus (?) votum soluit lubens merito.

Die beiden ersten Buchstaben der vierten Zeile sind sehr undeutlich.

An *Famae publicae* (*publice*) ist nicht zu denken. *Publicius* ist hier Vorname. *Utinius* ist Weiterbildung des Namens *Utius*.

17. **Altärchen des Honor (Ehre) und des Favor (Gunst)**. Jurakalk, 9½" hoch, 6" breit, 3" tief. Die erste Zeile steht oberhalb des hervorspringenden Simses. Gefunden mit Nro. 10.

```
    ONORI
    ĦAVORI
    SATVRN
    NIVSLV
    PVLV S
```

Honori et Fauori Saturninius Lupulus.

Uauori ist falsche Schreibung statt *Fauori*. Der erste Strich des V ist niedriger der Nähe des T wegen, wie auch in Nro 18. 25.

18. **Altärchen der Fortuna** (der Glücksgöttin). Jurakalk, 1′ hoch, 8½″ breit, 4″ tief. Gefunden mit Nro. 10.

```
    FORTVNÆ
    SACRVM
    ATTIVS
    FIRMVS
    EX///P V S
```

Fortunae sacrum Attius Firmus ex imperio uotum soluit.

19. **Gedenkstein des am 19. September 295 n. Chr. zu Bonn vollständig vom Befehlshaber der ersten Legion wiederhergestellten Tempels des kriegerischen Mars.** Oberhalb waren an den Seiten wie es scheint, Schnecken, die Spitze dachförmig, nach der Abbildung in Schannats „Eiflia" I Tafel IX, 30. Drachenfelser Trachyt, 3′ 1″ hoch, 2′ 3″ breit, 1′ tief. Gefunden zu Bonn, wahrscheinlich beim Neubau des Klosters Engelthal im Jahre 1345. Später lag der Stein lange Zeit ganz verworfen an einer Strasse zu Bonn, wo Wagen und Karren über ihn hergingen. Bonner Jahrb. XXIX, 101 ff. 1590 kam er in die gräfliche Sammlung zu Blankenheim, woher ihn Wallraf erhielt. Ganz verwahrlost lag er viele Jahre, obwohl im handschriftlichen Kataloge verzeichnet, auf dem Hofe des alten Museums, wurde erst bei der Aufstellung der Antiken im neuen wieder erkannt.

Der Stein ist sehr verwittert, doch ergeben sich bei genauer Betrachtung noch mehrere Züge als ganz sicher, welche Brambach, der die Inschrift nach einem Abklatsche (Nro. 467) gibt, nicht lesen konnte. Selbst die ältern Lesungen lassen sich auch bei dem jetzigen Zustande des Steines berichtigen.

```
        ·I   N   H·  D  ·  D
     P R O·S A L V T E ·I M P  P
     D I O CL E T I A N I·E T· M A X I M I
     A N I·  A V GG·C O N S T A N T I
     E T·  M  A X I MIA N I· N O B B
     C A ESS·  T E M P L V M·  M A R T I ⫽
     M I L I T  A R I  S·V E T V S T A T E·C O
     N L A P S  V  M·A V R·  S I N T V S·P R A E
     ⫽EG I M⫽⫽ A·S O  L O·R  E S T I
     T V IT·  D I E·X III⫽⫽ A  L O C⫽
     T V S C O·  E·A N V L I N  O·  C O S
```

In honorem domus diuinae pro salute imperatorum Diocletiani et Maximiani Augustorum Constanti et Maximiani nobilissimorum Caesarum templum Martis militaris uetustate conlapsum Aurelius Sintus praefectus legionis primae Mineruiae (piae fidelis) a solo restituit die decimo tertio (K)alendas Octobres Tusco et Anulino consulibus.

In honorem domus diuinae (zu Ehren des kaiserlichen Hauses) ist stehende Formel, womit eine Weihung ehrenvoll auf den Kaiser und sein Haus bezogen wird. Sie zeigt sich zuerst im Jahre 170, nicht mehr nach Constantin, im zweiten und dritten Jahrhundert sehr häufig. Alle Inschriften, worauf sie sich findet, gehören demnach frühestens dem Ende des zweiten Jahrhunderts an. Früher heisst das kaiserliche Haus *domus Augusta.* Hier tritt die Bezeichnung hinzu, dass die Weihung auch zum Wohle (*pro salute*) der beiden Kaiser und ihrer bestimmten Nachfolger (*Caesares*) gereichen möge. Den Oberbefehl der Legionen hatte gewöhnlich der *legatus Augusti*, seltener kommt ein besonderer Befehlshaber (*praefectus* oder *praepositus*) vor. *Constanti* ist Gen. von *Constantius.*

20. **Abgebrochene linke Seite eines oben ganz flachen Weihesteins des Hercules.** Schwarzer Marmor von Theux oder Namur, 3' 5¼" hoch, 1' 6" breit, 2' 1" tief. Rund herum läuft ein doppelter Rand. Die Inschrift steht der Höhe des Randes gleich. Gefunden zu Endenich bei Bonn auf dem Gute des Herrn P. Michels in Köln und von diesem geschenkt.

```
          H E R.
          6 · A V
          C L · V
          C·C·‾
          D · D
```
Die Punkte liegen alle schief.

Die Ergänzung ist völlig unsicher, da nicht bestimmt werden kann, wie breit die Inschrift gewesen. Möglicherweise stand in der ersten Zeile noch ein Beiname des Hercules. Bemerkenswerth ist die Form des G am Anfange der zweiten Zeile. Es können zwei Personen oder es kann eine den Stein geweiht haben; im letztern Falle wäre CL hier die Bezeichnung der tribus Claudia. D·D ist wohl *dono dedit*, ja es könnte noch ein D darauf gefolgt sein, so dass es *dono dederunt, dedicauerunt* geheissen hätte. C·C· erklärt Brambach (Nro. 403) *colonia Claudia*, deutet es also auf Köln, vermuthet dagegen anderswo in der zweiten Zeile *Claudia Virona*. In der vierten Zeile wäre möglich *centuria Cai T...i.* Vgl. zu Nro. 220.

21. **Oberer Theil eines zweiseitigen Altars,** an der einen Seite Minerva mit Helm und Speer, an der andern Hercules mit der Keule, beide in Nischen. Jurakalk, 1' 1/4" hoch, 7" breit, 4 1/2" tief. Gefunden 1845 auf der Cäcilienstrasse. Geschenk des Herrn Bildhauer Imhoff.

22. **Oberer Theil eines Hercules,** von einem ähnlichen Altare, wie Nro. 21. Jurakalk, 9" hoch, 7 3/4" breit, 4 1/2" tief. Fundort unbekannt.

23. **Bruchstücke einer Herculesstatuette mit Fussgestell und Inschrift des Weihenden.** Carrarischer Marmor. Der Torso ist 7 1/2" hoch, 4 1/2" breit, 1 1/2" tief, das Fussgestell mit einem Stücke der Beine 3 1/4" hoch, 7" breit, 3 1/2" tief. Gefunden zu Köln; denn Wallraf führt unsere Inschrift zum Beweise an, dass im römischen Köln sich auch Mitglieder der *gens Furia* befunden. Dadurch wird Brambachs Behauptung (Corpus inscriptionum Rhenarum p. XXXIII) widerlegt, Wallraf habe die Bruchstücke aus Italien oder aus Paris erhalten, und sei durch eine Fälschung getäuscht worden. Man sieht noch ein Stück der Keule zwischen dem gebogenen Arme und der Seite des Hercules. Zur Rechten des Hercules scheint ein Altar zu stehen, an dessen Fusse ein Stierhaupt, zur Linken ein Fels. Man opferte dem Hercules Stiere. Auf dem schmalen Fusse steht die Inschrift:

VS   DEO SANCTO HERCVLI
       FVRIVS   DATIVVS

Deo sancto Herculi Furius Datiuus uotum soluit.

Das *uotum soluit* tritt an die Seite aus Raummangel, ähnlich wie Nro. 52, und wie auf einer wiener Inschrift (von Sacken und Kenner S. 104, 9) die Datirung nebenan steht.

24. **Weihestein des Dis und der Proserpina** (der unterirdischen Gottheiten). Jurakalk, 1' 7" hoch, 1' 1" breit, 7 1/4" tief. Der Stein hat unten einen Sockel von drei Stufen, oben einen Sims. Gefunden 1835 in sehr grosser Tiefe, wahrscheinlich an der Budengasse. Geschenk des Herrn Advokat-Anwalt Nückel.

```
        D I T I
     ///A T R I · E T
     ///ROSERPIN///
       SACRVM
```
Diti Patri et Proserpinae sacrum.

Ein Stein mit derselben Inschrift und derselben Vertheilung der Wörter auf die Zeilen, nur mit anderm Interpunktionszeichen in der zweiten Zeile und Ausfall des E in der dritten ist früher in Köln gefunden worden, aber verloren gegangen. Solche Steine wurden wohl auf den Verkauf gemacht.

25. **Altar der Semele und ihrer Schwestern (Ino, Autonoë und Agave) gesetzt von der Vorsteherin des Dienstes der Semele wegen Erlangung ihrer Würde.** Feiner weisslich brauner Sandstein, 2' 3" hoch, 1' 5" breit, 6" tief. Oben auf dem Altare zu beiden Seiten Schneckenrollen; in der Mitte scheinen Früchte gelegen zu haben. An der linken Seitenfläche ein hoher Altar, darauf ein Tambourin (*tympanum*) mit einem dadurch gesteckten oben gekrümmten kleinen Stabe, an der rechten ein schmälerer Altar, woran ein dicker noch mit Sprossen versehener Thyrsusstab, in dessen Mitte Castagnetten (*crotala*). Diese Zeichen deuten auf bacchischen Dienst, wie er der Semele als Mutter der Bacchus wohl zu Theil ward. Die Römer hielten sonst die Göttin Bona Dea für dieselbe mit Semele. Ihr und ihrer Schwestern Dienst im römischen Köln ist um so bemerkenswerther, als wir sonst von der göttlichen Verehrung der Schwestern Semeles nichts wissen. Gefunden 1674 bei Grundlegung des Ursulinerklosters zugleich mit vier andern Weihesteinen, von denen nur einer (Nro. 31) sich erhalten hat.

```
    DEAE·SEMELAE·ET
    SORORIBVS·EIIVS
    DEABVS·OB HONOREM
    SACRI·MATRATVS
    REGINIA·PATE R N A
    MATER · NATA · ET
    FACTA · A RA M · PO:
         S VI T
    SVB·SA CE RDOTAL
    SERANI O·C ATV L LO
          PATRE
```

Deae Semelae et sororibus eius deabus ob honorem sacri matratus Reginia Paterna mater nata et facta aram posuit sub sacerdotal(i) Seranio Catullo patre.

Die Würde der Reginia Paterna wird als eine Mutterschaft (*matratus*) bezeichnet, die Priesterin eine geborene und gewählte Mutter (*mater nata et facta*) genannt, was mit mystischen Gebräuchen und Bestimmungen zusammenhängen muss. Aber sonderbar genug gab es beim Dienst der Semele auch einen Vater; dieses Amt bekleidete damals ein früherer öffentlicher Priester (*sacerdotalis*). Die Angabe seiner Vaterschaft (*sub patre*) dient als nähere Zeitbestimmung. Aehnlich steht *sub sacerdotibus* in einer wiener Inschrift bei von Sacken und Kenner S. 64, 47 a. Die Annahme, dass Seranius Catullus wirklicher Vater der Reginia Paterna gewesen, widerstreitet aller Wahrscheinlichkeit, da diese als *mater* bezeichnet wird. Das doppelte I in EIIVS nach häufigem Gebrauche. Vgl. Nro. 26.

Der Altar steht auf einem an der Nordostseite des Doms ausgegrabenen Friese aus feinem weissbraunem Sandstein, 1' 1" hoch, 2" breit, 10" tief.

26. Weihestein des Sol Serapis und dessen neben seinem Standbilde im Tempel stehenden heiligen Lagers, gesetzt von einer Kölnerin.

Dichter bräunlichweisser Marmor, 2' 5½" hoch, 1' 11" breit, 8½" tief. Einfaches Viereck mit einem doppelten abfallenden Rande; die Inschrift steht auf der Fläche, nicht in der Tiefe. Am Anfang und am Ende der dritten Zeile sieht man einen Palmzweig als Verzierung. Der abgebrochene erste Buchstabe in der letzten Zeile ist mit der ganzen untern Ecke links ergänzt. Gefunden, wie die Beischrift bezeugt, 1280, in einer alten Mauer des Hauses Domkloster Nro 2 bei dessen Neubau.

```
   SOLISERAPI
  CVM·SVA·CLINE·
    IN·H·D·D
  DEXTRINA·IVSTA
  L·DEXTRINI IVSTI
  ILIA·AGRIP P·D·D
```

Soli Serapi cum sua cline in honorem domus diuinae Dextrinia Iusta Luci Dextrini Iusti (f)ilia Agrippinensis dono dedit (oder dedicauit).

Dem mit dem Sonnengotte vermischten ägyptischen Serapis wurde besonders in Seestädten und an bedeutenden Stapelplätzen ganz ausnehmende Verehrung erwiesen; er verdrängte immer mehr den griechischen Gesundheitsgott Asklepios. Wahrscheinlich legten sich auf seinem Lager Kranke nieder, denen er zum Theil, wie Asklepios, im Traum erschienen sein dürfte. Die Formel in *honorem domus diuinae* (vgl. zu Nro. 19) steht hier, wie zuweilen auch sonst, in der Mitte. Zu *dono dedit* vgl. zu Nro. 20. Der erste Strich des N in der vierten Zeile ist schief.

Der Weihestein steht auf einem Capitäl aus Jurakalk, 1' 6" hoch, 1' 11" breit, 2' 2" tief, gefunden an der Nordostseite des Doms.

27. Oben abgesägter, unten und an den Seiten abgehauener Weihestein des Genius der zu Köln bestehenden Zunft der Ofenmacher oder Heizer (*focarii*). Jurakalk, 1′ 5″ hoch, 2′ breit, 5¾″ tief. Gefunden im Sommer 1866 nordöstlich vom Dome als Deckstein der Ableitung aus dem daselbst entdeckten kalten Bade (*frigidarium*) aus spätester römischer, wenn nicht gar fränkischer Zeit.

```
      E  N  I  O
   O L L E G I
   O C A R I O R V M
              IT IVM
```

In honorem domus diuinae (G)enio(c)ollegi (f)ocariorum (consiste)ntium (*Coloniae Claudiae Augustae Agrippinensium*).

Focarii müssen entweder solche sein, welche *foci*, kleine Herde zum kochen, machen, oder Heizer. Die Zünfte (*collegia*) schrieben sich einen eigenen Genius zu. Weihesteine für diese finden sich mehrfach. Bonner Jahrbücher XLII, 83 ff.

28. Oben in der Mitte etwas erhöhter, an den Seiten abgebrochener Altar des Mercur und der Rosmerta mit Relief. Feinkörniger lichtbräunlicher Sandstein (bunte Sandsteinformation), vielleicht aus der Gegend von Trier, 3′ 11″ hoch, 2′ 3″ breit, 1′ 1½″ tief, das Relief allein 2′ 2″ hoch, 1′ 10½″ breit, 2′ ½″ tief. War schon in der blankenheimer Sammlung. Das Relief findet sich sehr ungenau abgebildet in Schannats „Eiflia" I Tafel II, wo die Inschrift ganz übersehen ist. Das Relief zeigt in der Mitte einen an der einen Seite nach innen gebogenen Altar, hinten dem eine mehr als mit dem halben Körper über demselben hervorragende Person steht, die in der Linken einen Beutel zu halten scheint, während die Rechte (über dem rechten Arme hängt ein Gewand) von der zu ihrer Rechten stehenden Person gehalten wird, welche mit der Linken ihr langes Gewand heraufzieht. Zur Linken sieht man eine rund um den Kopf mit einer wulstigen Haube, wie wir sie bei den Matronen finden, bedeckte Frau, deren Linke einen Beutel hält, die Rechte den auf den Altar herabreichenden gewundenen Zipfel des Gewandes fasst. Die beiden Personen zur Seite sind grösser als die mittlere; zwischen ihren Füssen bemerkt man in der Ferne Pfeiler. Da auch die Person zur Rechten eine Frau darzustellen scheint, so dürfte in ihr wohl die Glücksgöttin Fortuna, in der zur Linken Rosmerta und in der mittlern Mercur zu erkennen sein. Von ähnlicher Art ist das unter einer Darstellung der Matronen sich findende Relief, das bei Schannat „Eiflia" I Tafel VI. 24 abgebildet ist. Rosmerta, die so häufig neben Mercur vorkommt, war bei den Galliern die Göttin des Erwerbes, des Handels und Wandels, yielleicht Vorsteherin der Viehzucht. Ueber die bildlichen Darstellungen der Rosmerta und die Verbindung des Mercur mit der Fortuna bonner Jahrb. XX, 109—119. Auf beiden Seitenflächen (von den Reliefs ist das eine 8½", das andere 10" hoch) sieht man einen Dreifuss; links steht darauf ein Korb mit Früchten, rechts ein Krug mit einem grössern und einem kleinern Becher. Die Inschrift oberhalb des Reliefs lautet, so weit sie noch zu erkennen ist:

MERCVRIO E///R
MERTE///IATV//
VSLM

Mercurio et Rosmertae . . . atus uotum soluit lubens merito.

Ueber dem T von ATVS war vielleicht noch ein I.

29. **Rechts abgebrochener Gedenkstein der Weihe eines Capellchens und zweier Standbilder des Mercur und der Rosmerta.** Jurakalk, 1' 7" hoch, 1' 5" breit, 6" tief. Gefunden Ende 1856 am Krahnenberge bei Andernach in dem daselbst entdeckten römischen Capellchen. Bonner Jahrb. XXVI, 155 ff.

IN·H·D·D·MERC
ROSMERTAE·A
SIGNISD\
FLAVIA·PR I
V · S · L

In honorem domus diuinae Merc(urio et) Rosmertae a(edem cum) signis du(obus) Flauia Pri(mula oder milla).

Ein *dedicavit* oder ein ähnliches Zeitwort ist nicht nöthig. Der Accusativ steht oft so allein. Sonst könnte man auch PRIMA·D (*dedicavit*) vermuthen.

30. **An beiden Seiten abgebrochener Weihestein des Mercur.** Tuffstein (Trass), wohl aus den grossen Steinbrüchen im Brohlthale, woher die Römer in den Rheinlanden ihren Tuff genommen zu haben scheinen, vielleicht auch schon aus Weibern bei Andernach. 1" 5" hoch, 2' 3" breit, 9½" tief. Gefunden zugleich mit Nro. 29.

N·HO·D·D· ME
O·EKARONIV
TA LIS·V·S·L·M

In honorem domus diuinae Me(rcuri)o Ekaroniu(s Ui)talis uotum soluit lubens merito.

Die Gestalt des K in *Ekaronius* findet sich nicht selten. Vgl. Nro. 192.

31. **Altar der Digines oder Diginae,** sonst unbekannter gallischer Götter oder Göttinnen. Jurakalk, 1′ 2¼″ hoch, 8½″ breit, 6½″ tief. Oberhalb des Altars an den Seiten Schneckenrollen, in der Mitte je zweimal zwei Striche wie bei Nro. 4. An den Seitenflächen Baumzweige. Gefunden zugleich mit Nro. 25.

```
         DIGINIBVS
          SACRVM
       SEXCOMMINVS
        SACRATVSET
        CASSIA VERA
        EX I MP·IPS
```

Diginibus sacrum Sextus Comminius Sacratus et Cassia Uera ex imperio ipsorum (ipsarum?).

In *Vera* Z. 5 sieht das R fast aus, als ob ein T damit verbunden wäre. Auch sonst gehen die obern Striche des R, P, E, F häufig weit über den senkrechten Strich.

32. **Unten rechts abgebrochener Weihestein der gallischen Pferdegöttin Epona** (das o ist kurz), mit dreifach gerieftem Simse und Fusse. Oberhalb Schneckenrollen zur Seite, ein Kranz in der Mitte. Tuffstein, 1′ 11½″ hoch, 11″ breit und tief.

```
         EPONAE
          SAC R
         CACIVS
         OPTAT
           M \
           V
```

Eponae sacrum Cacius Optatus Mu(sa?) uotum (soluit).

Das Bild der Göttin sah man an den Wänden der Ställe. Im eigentlichen Italien blieb ihre Verehrung meist darauf beschränkt, während man anderwärts ihr Altäre errichtete, zum Theil mit Bildwerk. So sehen wir sie auf einem Altare mit langem Gewande zwischen zwei Füllen, von denen sie das eine streichelt; ein andermal erscheint sie in langem Gewande zu Pferde, ein Körbchen mit Blumen im Schosse haltend, unter dem Pferde ein saugendes Füllen. Aus dem gallischen Oberitalien verbreitete sich ihr Dienst auch nach Rom. Dass die Göttin nicht römisch sei, scheint auch die Kürze des o zu beweisen.

Der Weihestein steht auf dem Bruchstücke eines mit Relief verzierten Steines aus Jurakalk, 1' 7½" hoch, 1' 7" breit, 1' 1½" tief, worauf man vorn ein Stück eines Pfeilers nebst korinthischem Capitäl sieht. Gefunden an der Nordostseite des Doms.

33. **Altar der sonst unbekannten malvisischen Göttinnen und des Waldgottes Silvanus, gesetzt von einem brittonischen Soldaten.**
Oberhalb ein Sims, darüber zwei parallel gezogene Linien, worauf in der Mitte ein kleines spitzes Dach. Oben an den Seiten Schneckenrollen, in der Mitte, wie es scheint, ein Kranz. Jurakalk, 1' 4½" hoch, 10" breit, 5" tief. Gefunden auf der Hochpforte, schon im sechzehnten Jahrhundert bekannt.

```
       I N H D D       .
       D IA B V  S
        M A LV I S I S
        ET S I L V A N O
         A V R V  E R E
          C V N  D V S
         ORD·BR I TO
           V S  L M
```

In honorem domus diuinae diabus Maluisis et Siluano Aurelius Uerecundus ordine Britonum uotum soluit lubens merito.

Das Zeichen D findet sich auch sonst mehrfach auf unsern Inschriften, auch einmal als Abkürzung. Es ist ganz ähnlich wie die Verbindung eines P, R, N, M mit I· Die *deae Maluisae* gehören zu den vielen örtlichen gallischen Gottheiten, die auf Wachsthum und Wohlstand gehen, worauf auch Silvanus sich bezieht. *Dia* für *dea*, wie umgekehrt *Deana* für *Diana*. *Ordo* bezeichnet eine Abtheilung der Hülfstruppen, wie auch *numerus*. Die Britonen, gewöhnlich Brittonen, waren ein gallisches Volk, von denen sechs Cohorten und sonstige Truppenabtheilungen erwähnt werden. Vgl. Nro. 220.

34. **Einfacher Weihestein der Matronae Rumanehae von einem Soldaten der sechsten Legion, spätestens 120 n. Chr.** (vgl. zu Nro. 14). An jeder Seitenfläche ein breitastiger Palmbaum mit Früchten. Hinten bemerkt man drei Löcher. Jurakalk, 1' 11" hoch, 1' 9½" breit, 1' 2½" tief. Er war früher zu Jülich über einem Stadtthore eingemauert. Die Buchstaben sind gross und schön.

```
      MATRONIS
      RVMAE HABVS
          SACR
      L·VITELLI VS
      CONSORSEX PC·
       LEG·VI·VICTR
```
*Matronis Rumanehabus sacrum Lucius Uitellius Consors explorator
legionis sextae uictricis.*

Bei der Ligatur am Ende von Z. 5 geht der senkrechte Strich des L höher als die andern Buchstaben. Die meist in der Dreizahl vorkommenden *Matronae* sind gallische und germanische Gottheiten des Wachsthums und des Wohlstandes, die unter sehr verschiedenen Beinamen, wohl örtlichen Ursprungs, erscheinen. Unsere Matronae Rumanehae (auch *Romanehae*) treffen wir noch auf Weihesteinen aus Lommersum bei Euskirchen und aus Bürgeln, Kreis Solingen, wo der Dativ aber auf *is* auslautet. Der weihende Soldat gehörte zur Abtheilung der Kundschafter (*exploratores*).

35. **Unterer Theil eines eine Flucht darstellenden Reliefs.** Jurakalk, 10" hoch, 2' 4½" breit, 8½" tief. Das Relief 1½" tief. Gefunden bei den Ausgrabungen nordöstlich vom Dome. Zur Linken sieht man drei bis zum Kopfe erhaltene nach rechts gewandte Personen in der Toga, neben ihnen eine grössere oberhalb der Brust abgebrochene weibliche mit ausgespanntem Gewande, die lebhaft an die ihre Kinder schützende Niobe erinnert. Rechts von der letztern zwei vollständig erhaltene kleinere Figuren in der Tunica, gleichfalls nach rechts gewandt; neben ihnen sieht man die Reste von zwei grössern und einer kleinern Gestalt. Man könnte darin Niobe und ihre sieben Söhne nebst dem Pädagogen sehen, so dass in freilich sehr eigenthümlicher Weise die Töchter unberücksichtigt geblieben wären.

36. **Bruchstück eines vierseitigen Altars.** Jurakalk, 1' 8" hoch, 8" breit, 9½" tief. Gefunden zugleich mit Nro. 29. Vorn steht auf einem Altärchen ein Gepanzerter, dessen Linke einen kleinen Stab in die Höhe hält, die herabhängende Rechte ein Büschel. Auf der entgegengesetzten Seite ist das Altärchen verloren gegangen, worauf die oberhalb der Brust gegürtete Gestalt stand, welche einen bis nach unten reichenden Stab in der Rechten trägt; der linke Arm ist abgebrochen. Die beiden Figuren an der Seite nahmen die ganze Höhe des Reliefs ein, das hier gleich hoch mit der Vorder- und Hinterseite. Rechts eine weibliche Gestalt in langem Gewande, die ein Büschel in der herabhängenden Linken zu halten scheint, links der auf seine Keule sich stützende Hercules, dessen unterer Theil verloren gegangen ist. Wäre die weibliche

Gestalt etwa Rosmerta? Bei den Figuren auf den Altären hat man an die Attisbrüder erinnert. Bonner Jahrb. XXVI, 157 f. Stäbe tragen auch die drei Matronengestalten auf dem dem *Genius loci* und wahrscheinlich drei Matronen geweihten Altare, den man neuerdings bei Ladenburg gefunden hat. Die in Nischen stehenden Matronen halten dort alle den Stab nach oben, zwei in der Linken, eine in der Rechten; an einem Stabe ist oben noch der Kopf zu sehen. Bonner Jahrb. XLIV, 36 f. Tafel II a 1.

37. **Relief der drei in einer Nische sitzenden Matronen**, Rest eines Weihesteines. Jurakalk, 1' 1½'' hoch, 1' 3½'' breit, 6'' tief. Gefunden 1848 auf dem Frankenplatze. Die linke Seite der Nische ist abgebrochen, die Köpfe der Matronen zerstört und die Früchte auf ihrem Schosse nicht mehr zu erkennen. Ueber dem Kleide tragen die Matronen einen unter der Brust mit einem Knoten zusammengehaltenen Mantel; in der Mitte des Kleides sieht man einen Querstreifen.

38. **Ein gleiches.** Jurakalk, 1' 2'' hoch, 1' 8½'' breit, 6¾'' tief. Gefunden 1812 beim Neubaue eines Hauses unter Fettenhennen. Die drei Matronen sitzen im Mantel in einer Nische mit Pfeilern. Die mit wulstartigen Hauben versehenen Köpfe sind zerstört, die Schösse verwittert. An der linken Seitenfläche in viereckiger Einfassung ein Topf, über und neben demselben Eicheln und eine Birne; die rechte Seitenfläche ist nicht mehr zu erkennen.

39. **Altar der nur hier vorkommenden Matronae Hamavehae mit Reliefs.** Feinkörniger weisser Sandstein, 3' 10'' hoch, 2' 6'' breit, 1' 2½'' tief. Gefunden gegen 1580 zu Altorf bei Jülich. Oberhalb der Inschrift Relief, 1' 10'' hoch, 1' 9'' breit, 5½'' tief. Befand sich vollständiger erhalten in Blankenheim, und ist abgebildet bei Schannat „Eiflia" I Tafel X, 34. Von den drei in einer Nische sitzenden Matronen ist die mittlere, wie häufig, etwas kleiner und sie war ohne Haube. Oberhalb dieser, deren Kopf jetzt zerstört ist, ein Medaillon mit einem Brustbilde. Die beiden andern haben wulstige Hauben. Der Schoss ist verwittert. Sie sitzen auf einem Ruhebette, aber mit dreieckig hervorspringenden Sitzen. Vgl. zu Nro. 81. An beiden Seitenflächen (das Relief ist links 1' 9½'' hoch, rechts 1' 11'' hoch, an beiden Seiten 9'' breit) Opferdiener, unter denen Blumenschmuck.

```
MATRONIS·HAMA
VEHIS · C · IVLIVS
///RIMVS E C·IVLIVS
QVARTVS EXIMPERIO
///PSARVM    /// S L M
```

Matronis Hamavehis Caius Iulius Primus et Caius Iulius Quartus ex imperio ipsarum uotum soluerunt lubentes merito.

Die beiden Widmenden scheinen Freigelassene eines Caius Iulius zu sein; die Beinamen bezeichnen sie als Ersten und Vierten.

40. Altar der sonst unbekannten Matronae Mahlinehae mit Reliefs.
Jurakalk, 3′ 4″ hoch, 2′ breit, 1′ tief. Gefunden wahrscheinlich Ende 1843 auf dem Gereonshofe Nro. 1 und von Herrn Maurermeister Mayrhofer geschenkt. Im Relief an der Vorderseite, 1′ 5″ hoch, 1′ 4″ breit, 6″ tief, sitzen in einer Nische drei Matronen im Mantel; die mittlere ist kleiner. Die Köpfe sind abgebrochen; an zweien bemerkt man noch eine *bulla*, einen runden Schmuck, den sie an einem Bande am Halse tragen. Auf dem Schosse haben sie Früchte. Vorn rechts neben der Inschrift eine durchgehende korinthische Säule. Oberhalb des Steines an den Seiten Schneckenrollen; auf der erhöhten Mitte lag wohl ein Kranz. An beiden Seitenflächen ein breitblätteriger Baum (2′ hoch, 6″ breit, 1″ tief).

```
    MATRONIS
    MAHLINEHIS
    TIB·CLAVDIVS
    TATICENVS
      V S L M
```

Matronis Mahlinehis Tiberius Claudius Taticenus uotum soluit lubens merito.

41. Altar der nur hier vorkommenden Matronae Aumenalenae oder Aumenaienae. Jurakalk, 3′ 4″ hoch, 1′ 5½″ breit, 8½″ tief. Gefunden zugleich mit Nro. 16. Oberhalb des Altars an den Seiten Schneckenrollen, in der Mitte ein Kranz mit Bändern. Ein Palmbaum auf beiden Seitenflächen.

```
    MATRONI//
    A/MENALEN///
    C·CALDINIVS
    CASSIVS·EX
    IMP·IPSA RM
```

Matronis Aumenalenis (oder *Aumenaienis*) *Caius Caldinius Cassius ex imperio ipsarum.*

Am Schlusse ist V mit M verbunden, so dass seine Spitzen oberhalb des M herausreichen. In der dritten Zeile ist im Namen *Caldinius* das bisher allgemein übersehene L mit D verbunden, wie sonst auch im Namen *Caldius*.

42. **Altar der Matronae Aufaniae, geweiht von einem Soldaten der ersten Legion nach der Rückkehr aus dem zweiten, im Jahre 106 beendeten dacischen Kriege.** Sehr verwitterter Jurakalk, 1' 4½" hoch, 8" breit, 5½" tief. Oberhalb ist er ganz gleich Nro. 41. Fundort unbekannt. Im Museum schon im Herbste 1844.

```
  M R O N I S
   A/ FA NIB·C
   IV L·MNS VE
   TVS·M·L·IM
  P·F·V·S·L·M·FV
   T·AD·A LVT M
   FLMEN·SECVS
   M ONE CA/CASI
```

Matronis Aufanibus Caius Iulius Mansuetus miles legionis primae Mineruiae piae fidelis uotum soluit lubens merito, fuit ad Alutum flumen secus montem Caucasi.

Altäre der *Matronae Aufaniae*, auch *Aufaniae* allein genannt (der Dativ lautet *Aufaniabus, Aufanibus, Aufanis*) hat man zu Bonn, bei Commern, zu Rheder bei Euskirchen, zu Zülpich, zu Bürgel, Nymwegen und Lyon gefunden. Der Fluss Alutus, auch Aluta genannt, entspringt auf einem Theile der Karpathen, der Kaukasus auch Kaukasis heisst. An diesem Flusse nahe beim Kaukasus ist unser Soldat gewesen; dort hat er, ohne Zweifel in grosser Lebensgefahr, den gallischen Göttinnen ein Gelübde gethan. Den Weihestein zu Lyon hat den *Matronae Aufaniae* ein Tribun derselben ersten Legion gesetzt.

43. **Oben rechts abgebrochener Weihestein der Matronae Vatuiae und Nersihenae auf deren Geheiss von einer Frau für sich und die Ihren gesetzt.** Feinkörniger, gelb weisslicher Sandstein, 2' 9" hoch, 1' 10" breit, 7" tief. Auf der linken Seitenfläche ein Baum, auf der rechten oben ein paar Blätter. Vielleicht ursprünglich mit einem Relief versehen. Gefunden in der Gegend von Jülich. Soll sich schon in Blankenheim befunden haben.

```
    M A T R O
    V A T V I A E
    N E R S I H E N I S
    P R I   M I N I A  ⸱
      I V S T I N A
    P R O⸱SE⸱ET⸱ SV I S
    EX⸱IMPERIO⸱I⸱P⸱L⸱M
```

Matronis Uatuiabus (et?) Nersihenis Priminia Iustina pro se et suis ex imperio ipsarum posuit lubens merito.

Die Buchstaben sind sehr schön, die Haarstriche fein, die Schattenstriche scharf. Die zweite Zeile schloss wohl BVS⸱E, so dass hier ein kleines S in das V eingeschrieben war. Die Verbindung zweier verschiedenen Matronen durch *et* scheint auch auf einer Inschrift zu Bürgel (Brambach 297) sich zu finden. Die drei Striche, die in Zeile 5 vor IVSTINA zu sehen, scheinen von spätern Hieben herzurühren. Das Blatt nach *Priminia* hat die Höhe der Buchstaben. Die *Matronae Uatuiae* kommen auf mehrern bei Jülich gefundenen Weihesteinen vor, die *Nersihenae* nur hier. In der letzten Zeile verbietet das deutliche Punkt zwischen I und P IP als *ipsarum* zu erklären. Ganz ähnlich steht in einer elsasser Inschrift (Brambach 1857) EX⸱I⸱P⸱L⸱L⸱M

44. Oben abgesägter, unten vielleicht abgebrochener Stein oder Altar der sonst unbekannten Matronae Vallamaeniliae oder Vallamaeneihiae, auf Geheiss gesetzt von Iulia Lella, der Tochter des Genetus. Jurakalk, 10" hoch, 1' 3" breit, 5½" tief. An jeder Seitenfläche ein Palmbaum. Angeblich unter Fettenhennen in Krakamps Hause gefunden.

```
    V A L L A M E N I
      H I A B  V S⸱
    I V L I A⸱G E N E T I
      F⸱L E L L A
    E X⸱I M P E  R I O
```

(Matronis?) Vallamaeniliabus (oder Vallamaeneihiabus) Iulia Geneti filia Lella ex imperio.

45. Oben abgebrochener Altar der Matronae Andrustehiae. Jurakalk, 1' 9" hoch, 1' 2½" breit, 5½" tief. Palmbäume an den Seitenflächen. Gefunden 1835, wohl vor dem Weyerthore. In De Noëls Catalog wird „Weyer" als Fundort angegeben. An das bei Münstereifel gelegene

Dorf Weyer hat De Noël ohne Zweifel nicht gedacht; er hätte dann eine nähere Bezeichnung des Ortes nicht unterlassen. Er konnte nur das Kloster Weyer vor dem Weyerthore meinen.

M A T R O N I S
A N D R V S T E
H I A B V S
L·SILVINIVS
RESPECTVS
V·S· L· M

Matronis Andrustehiabus Lucius Siluinius Respectus uotum soluit lubens merito.

Die *matronae Andrustehiae* kommen nur noch auf einem in Godesberg gefundenen Steine vor. Bonner Jahrb. XLIV, 81 ff.

46. **Reliefbild der gallischen Handelsgöttin Nehalennia**, wovon viele Bildwerke und Weihesteine in Seeland gefunden worden, zwei jetzt verlorene Weihesteine auch in Deutz. Jurakalk, 1' 4½" hoch, 1' 2½" breit, 5" tief. Gefunden in einer innern Wand des Hauses Hochstrasse 56. Geschenk des Herrn Gerichtsvollzieher Kosbab. Die Göttin sitzt in einer Nische auf einem hohen Sessel. Ueber dem langen offenen Gewande, das ein Knoten auf der Brust zusammenhält, hat sie, gerade wie die Matronen, einen Mantel; das geflochtene Haar hängt zu beiden Seiten vom Haupte herab. Rechts kommt unter dem Sessel die halbe Gestalt eines Hundes hervor, der, wie regelmässig bei unserer Göttin, zu ihr aufschaut. In der Nische, am Munde und an einzelnen Stellen des Gewandes sind Spuren ursprünglich aufgetragener rother Farbe.

47. **Ein gleiches, roher und mehr verwittert.** Jurakalk, 2' 2" hoch, 1' 7" breit, 8½" tief. Befand sich in der blankenheimer Sammlung, woraus es in seinem frühern bessern Zustande, aber ungenau, in Schannats „Eiflia" I Tafel I, 1 abgebildet ist. An beiden Seiten der Nische, worin die Göttin sitzt, Säulen; oberhalb schliessen zwei Parallellinien ab, in den beiden von ihnen und der Nische gebildeten Ecken Blumenschmuck. Sie sitzt in einem Sessel; ihr Gewand wie in Nro. 46; das gelockte Haar hängt zu beiden Seiten herab. Die auf dem Schosse ruhenden, in einander geschlossenen Hände trugen ein jetzt verwittertes Hündchen. Ganz ähnliche Thonfiguren hat man im Dorfe Uelmen im Kreise Kochem gefunden. Bonner Jahrb. XVIII, 96 ff.

48. **Stück eines Frieses**, worauf man Panzer, Helm und einen Theil eines Schildes sieht. Jurakalk, 1' 2" hoch, 1' 6" breit, 4" tief.

49. Oben rechts abgebrochener Altar der sonst unbekannten matres Mediotautehae, gesetzt von einem ausgedienten Soldaten der ersten Legion (vgl. Nro. 12). An den Seitenflächen Palmbäume. Jurakalk, 1' 7½" hoch, 11" breit, 4½" tief. Gefunden im Juni 1859 beim Neubaue des Hauses Trankgasse 13.

MAŘIB
MEÐ·TAVĒH I
IVL· PŘMVS
VE Ř A <u>N</u> V S
LEG· Ī·M·
P·F·V·S·LM

Matribus Mediotautehis Iulius Primus ueteranus legionis primae Mineruiae piae fidelis uotum soluit lubens merito.

Die *Matres* sind ganz ähnliche Gottheiten wie die *Matronae*. Wie Zeile 3 das V verkleinert wird, so ist Zeile 2 das O zusammengedrückt, des Raumes wegen. Der Anfang des Namens der Göttinnen erinnert an manche gallische Namen.

50. **Relief, wahrscheinlich Bruchstück eines Grabmals.** Jurakalk, 1' 9½" hoch, 1' 10¼" breit, 10" tief. Gefunden 1822 an der Kirchhofmauer des Dorfes Effern bei Köln. Auf der vordern, an beiden Seiten etwas eingebogenen Fläche das Bild eines Mannes bis unterhalb der Brust, mit herabwallendem Haare, im Mantel, das Kinn auf den rechten Arm gestützt, der auf dem unter ihn gehaltenen linken ruht; links davon Säulen mit einer Tempelwölbung. An der linken Seite biegt der Stein in eine Rundung, wo zunächst drei Riefen (Cannelluren) oben durchgehen. Dann sehen wir vom Halse bis zur Brust die halbe vordere Gestalt eines mit einem streifigen Gewande bekleideten Mannes, der den rechten Arm ausgestreckt hat; die rechte Hand zieht das jetzt abgebrochene Schwert, von dessen Gehänge der Unterarm bedeckt wird. Wahrscheinlich war diese Nische die nur zum Theil erhaltene Vorderseite des Grabdenkmals, das den Verstorbenen zugleich als Krieger und Weisen darstellen sollte. Die drei Löcher, die man am Steine bemerkt, sind wohl später bei anderer Verwendung des Steines eingehauen worden.

51. **Links abgebrochener Stein,** worauf ein Elephant bis zum Kopfe. Jurakalk, 1' 4" hoch, 1' 10½" breit, 6½" tief.

52. **Oben und rechts abgebrochener auf Geheiss eines Gottes diesem gesetzter Weihestein mit Relief.** Jurakalk, 1' 7" hoch, 1' 2" breit, 5½" tief. Gefunden im Oktober 1829 bei Anlage einer Gartenmauer in der Nähe von Gereon. De Noël gibt den Gereonsplatz an; da aber ein solcher nicht vorhanden ist, so wird die Gereonstrasse, der Gereons-

driesch oder das Gereonskloster gemeint sein. An der linken Seitenfläche ein Palmbaum. Unter dem Relief, wovon nur ein Altar und der Fuss einer Figur erhalten ist, steht der Schluss der Inschrift:

POSSESSOR
EXVICOLVCR
TIOSCAM NO
PRIMOEXIM P
RIOIPSIVS

Possessor ex vico Lucretio Scamno primo ex imperio ipsius.

Der obere Theil der Inschrift ist verloren, doch sieht man links vom abgebrochenen Relief, etwa in dessen Mitte, noch SL, offenbar *soluit laetus*, dem auf der entgegengesetzten Seite ein LM (*lubens merito*) entsprochen haben wird, so dass hier die Weiheformel zur Seite beigefügt wurde, wie in Nro. 23. *Scamnum* bezeichnete eine Landabtheilung, wie es als Breite des Ackers steht im Gegensatze zur Länge (*striga*). Wahrscheinlich befand sich der *vicus Lucretius* (vielleicht von einem Manne dieses Namens so bezeichnet) an der Stelle, wo der Stein gefunden worden, nordöstlich in nächster Nähe der römischen Stadt; hätte der Wohnort des Weihenden weit abgelegen, so würde man wohl eine genauere Bezeichnung seiner Lage zu erwarten haben. Welchem Gotte der Weihestein bestimmt war, lässt sich nicht ermitteln. Man könnte an Mercur denken, aber auch vieler andern Götter Geheiss wird auf Inschriften erwähnt.

53. **Stück eines Frieses, worauf Blättergewinde und in der Mitte eine den Mund nach einer Frucht (Traube?) aufsperrende Gans.** Jurakalk, 1' 5½'' hoch, 1' 11'' breit, 11½'' tief.

54. **Stück eines Inschriftsteines**, später als Säulenfuss mit attischer Basis bearbeitet. Jurakalk, 11' hoch, 10½'' breit, 6'' tief.

LLON
EN ^ O

Wahrscheinlich *Apollonio* . . . . . . *Ofentina*. Die *tribus Oufentina* wird gewöhnlich durch OVF, OVFF, OF, OFF bezeichnet, aber auch durch OFE, OVFEN, OFEN, OFFENT (Brambach 1080) und den ausgeschriebenen Namen. Weniger wahrscheinlich wäre die Vermuthung der *tribus Tromentina*, wofür TRO, TROM oder der ganze Name steht. Das folgende Wort scheint mit O begonnen zu haben.

55. **Oben abgebrochener Weihestein**, mit einem Palmbaume auf beiden Seitenflächen. Jurakalk, 1' 2'' hoch, 10'' breit, 6'' tief. Gefunden im Mai 1828 zu Deutz im Boden einer Gussmauer.

P · L · M
..... *posuit lubens merito.*

56. **Kolossale Maske eines Flussgottes** in viereckiger Einfassung, welche oberhalb des Kopfes abgebrochen zu sein scheint. Jurakalk, 3′ 1″ hoch, 2′ breit, 7″ tief. Bis zum Jahre 1848 war sie in einer Gartenmauer auf dem Laurenzplatze eingemauert. Der Mund ist geöffnet, das wellenförmige Haupt- und Barthaar fliesst reich herab. Rohe, aber antike Technik verrathende Arbeit. Da man viele Flüsse so meist liegend in ganzer Gestalt darstellte, so könnte man hier an den Rhein denken, dessen göttliche Verehrung durch Inschriften feststeht (bonner Jahrb. XVII, 178). Vgl. im Erdgeschosse Nro. 28.

57. **Bruchstück einer rechts, oben und unten abgebrochenen Inschrift.** Jurakalk, 10″ hoch, 7½″ breit, 5″ tief. Vielleicht bei Cunibert gefunden und von da mit andern Bruchstücken von Inschriften im Jahre 1856 ins Museum gebracht.

```
ɔvDvSN
MNGEΓ
NDN A R'
ΛⅤDACΛ̇
ÆORRC
```

Der dritte Buchstabe der ersten Zeile ist nach deutlichen Spuren ein *D*, und *Sudus* wohl Name, wie auch *Audacia* und der Schluss eines solchen *ndinia* (*Secundinia*). Das R der letzten Zeile kommt anderwärts als *pater* vor, und so deutet sich R der dritten Zeile als *frater*. *Aeor* ist wohl *eorum*, das auch sonst mit *ae* vorkommt. Der letzte Buchstabe war wohl ein O.

58. **Ein gleiches.** Jurakalk, 6″ hoch, 6½″ breit, 4″ tief.

```
'ICTC
 ᛌ  ɪ
```

Der Name lautete wohl *Victor* oder *Victorinus* oder *Victorina*, und vielleicht stand derselbe Name in der zweiten Zeile.

59. **Ein gleiches,** links und unten abgebrochen. Jurakalk, 10″ hoch, 10½″ breit, 5″ tief.

```
    ISSA
    E CIV'
    FRAEL_P
     )LLINI
```

Am Ende der zweiten Zeile ist ein rundes Loch, das den untern Theil des I und den oberen des D und L der dritten zerstört hat. Auffallend ist die Gestalt des E in der zweiten Zeile, wonach beim ersten Buchstaben der dritten wohl der linke Theil des obern Striches abgebrochen und TE zu lesen ist. Oder hätten wir hier eine Verbindung von F und E? Am Schlusse würde man vermuthen *Aedilis posuit Apollini*, könnte der Name des Gottes, dem ein Tempel geweiht wird, also nachstehen. Sicherer dürfte es sein, dass hier überhaupt Apollo genannt war.

60. **Stück der Vorderseite einer bekleideten, wohl weiblichen Figur.** Tuffstein, 2' 8" hoch, 1' 1½" breit, 11" tief. Fundort unbekannt.

61. **Bruchstück einer Inschrift.** Jurakalk, 7" hoch, 9½" breit, 2" tief. Unter einem Striche stehen die Buchstaben:

```
   OLVTAI
    )VI·IN
    CC F'
```

62. **Ein gleiches.** Weisser Sandstein, 6" hoch, 1' 1" breit, 5" tief.

```
    △ EML
     N IN
```
Aemilio (?) . . . . . nius.

63. **Relief eines auf einen Sessel gelehnten Lautenspielers in viereckiger Einfassung.** Jurakalk, 2' 9" hoch, 1' 5½" breit, 7" tief. Gefunden 1829 in der ehemaligen Dompfarrei auf der Litsch vor dem nördlichen Thurme des Domes, als Thürschwelle nach unten gekehrt. Aus allerspätester römischer, wenn nicht erst aus fränkischer Zeit. Der Lautenspieler hat den linken Fuss über den rechten geschlagen; der letztere ist vorn abgebrochen. In der ungeschickten Behandlung der Beine verräth sich der Mangel an antiker Kunstfertigkeit. Vgl. dagegen Nro. 82. Das Ende des Schuhes wird durch eine Linie bezeichnet. Das faltige Gewand ist durch einen breiten Gürtel aufgeschürzt. Ein weiter auf der rechten Schulter mit einer Spange oder einem Knopfe zusammengehaltener Mantel fällt vorn in mehrern Falten über die Brust, zur Rechten auf den Sessel herab, links jenseits der Laute bis nahe an die

Einfassung. Der rechte Unterarm ist abgeschlagen, auch die linke Hand, welche oben die auf den Knieen ruhende Laute hielt. Die dreisaitige Laute mit engem, langem, oben gebogenen Halse nähert sich der von Isidor beschriebenen Gestalt der *cithara*, die wir auch auf einem Basrelief im Hospital des heiligen Johann zum Lateran in Rom und in alten Handschriften finden. Unten bemerkt man zu jeder Seite ein Schallloch in der Gestalt ⌒. Ein Schallloch sehen wir auf dem attischen Relief in Müllers „Denkmälern" II, 130 und sonst. Am Gewande zeigen sich Spuren rother Farbe. Von dem runden schuppenartig verzierten Sessel treten vorn drei Füsse hervor. Oben auf der Einfassung befindet sich ein Loch, wohl zum Befestigen.

64. **Bruchstück einer Inschrift,** rechts abgesägt, links abgebrochen. Jurakalk, 1′ 1″ hoch und breit, 5½″ tief. Der untere Theil ist durch viele Hiebe verunstaltet, so dass hier kein Buchstabe sicher erkannt werden kann. Lesbar ist nur das Folgende:

Als sicher ergibt sich der Dativ *Caio Erioni*, wonach ein mit S anlautendes Wort folgte. In der zweiten Zeile könnte man (*Flav?*)*os Cassianus* vermuthen.

65. **Ein gleiches,** an allen Seiten abgebrochenes. Weisser Sandstein, 10″ hoch, 1′ 1″ breit, 5″ tief. Befand sich im Museum 1844.

    ᴿ·CON
    ᴺAPA¯

. . . . . *r Con* . . . . *nia Pa(terna?).*

66. **Ein gleiches,** überall abgebrochen. Jurakalk, 7″ hoch, 7½″ breit, 2″ tief.

    C L N
    A L Eᴦ
    M E R

Weniger die Gestalt des A mit dem durch die Spitze gehenden Horizontalstriche als das M mit zwei fast senkrechten äussern Strichen und den in der Mitte ungefähr in einem Drittel der Höhe zusammentreffenden Mittelstrichen könnten am römischen Ursprunge zweifeln lassen, obgleich Brambach das Bruchstück ohne Bemerkung hingehen lässt.

Vgl. indessen Nro. 223. 225. 227. Janssen Bedenkingen op de palaeographische Kritiek etc. (1868) S. 7 f. Der Winkel des letzten Buchstaben der zweiten Zeile ist grösser als der des M. Unbedenklich weise ich den christlichen Gedenksteinen (vgl. zu Nro. 73) die Bruchstücke bei Brambach 420 h und 420 dd zu, die beide dort nicht ganz richtig wiedergegeben sind; das letztere hat schon Brambach als nicht römisch verdächtigt.

67. **Ein gleiches.** Jurakalk, 1′ 1″ hoch, 1′ 1½″ breit, 7¼″ tief. Hinten ein Loch. War schon 1824 im Museum. In schönen und grossen Zügen haben sich nur noch die beiden, wahrscheinlich das Ende eines Namens bildenden Buchstaben erhalten

V S

68. **Ein gleiches**, überall abgebrochen. Weisser Sandstein, 11″ hoch, 6″ breit und tief.

V G
⊂ ƎR N

. . . ug . . . . cern . . .

69. **Ein gleiches**, an allen Seiten abgebrochen. Jurakalk, 6½″ hoch, 10″ breit, 3½″ tief.

ı A · C · ı
M · LVERF

ia Cati filia(?) . . . . mi Lucius Uerecundus(?).

70. **Ein gleiches.** Jurakalk, 6′ hoch, 6½″ breit, 3″ tief.

ı A
V ERI · Ł
ƆFCVI

. . . ia . . . . (Se?) ueri e(t?) . . . . (Ue)rerun(di).

71. **Ein gleiches.** Jurakalk, 6′ hoch und breit, 3½″ tief.

A R
Γ

72. **Unten rechts abgebrochener Stein mit Bandverzierungen.** Jurakalk, 1′ 8″ hoch, 2′ breit, 5½″ tief. Unten rechts liest man noch:

CST
... *est* ...

73. **Fries mit Vierecken, wodurch Diagonallinien gezogen sind.** Jurakalk, 1′ 1″ hoch, 2′ 8″ breit, 6″ tief. Im Mittelalter ist der Stein als kirchlicher Gedenkstein für einen am 23. Oktober verstorbenen Laien Elquin verwandt worden, wie die Inschrift auf der Rückseite besagt. Eine Reihe solcher Gedenksteine bewahrt unsere mittelalterliche Sammlung. Sie befinden sich am diagonal entgegengesetzten Ende des Kreuzganges am Fenster und demselben gegenüber. Vgl. bonner Jahrb. XXXII, 114 ff.

74. **Sehr schöner Rumpf eines Imperators.** Jurakalk, 3′ 2″ hoch, 1′ 9″ breit, 1′ tief. Bis 1848 eingemauert in derselben Mauer auf dem Laurenzplatze wie Nro. 56. Kopf, Füsse und Arme sind abgebrochen. Ueber dem Panzer trägt er den auf der rechten Schulter mit einem Knopfe oder einer Spange befestigten Feldherrnmantel, das *paludamentum*, das über Brust, Rücken und den linken Arm herunter hängt. Die rechte Schulter ist erhoben, woraus nicht folgt, dass er eine Lanze in der Rechten hielt; wahrscheinlich war er dargestellt, wie er mit erhobener Rechten das Heer anredete, wie Titus im berühmten Standbilde im Louvre, woran freilich der rechte Arm neu ist. Man vergleiche auch den mit dem Kopfe des Claudius Albinus versehenen Rumpf im Museo Pio-Clemendino III Tafel XI.

Er steht auf dem Stücke einer mit Riefen und Zwischenstäben (*striae*) verzierten Säule nebst Fuss. Die Zwischenstäbe fehlen nur bei der dorischen Säule.

Rechts von hier uns wendend gehen wir am Fenster entlang.

75. **Römisches Capitäl** mit grossen Blättern. Drachenfelser Trachyt. 2′ 4″ hoch, oben 2′ 7″ Durchmesser.

Darauf steht ein verwittertes römisches Capitäl. Jurakalk, 1′ 9″ hoch, 1′ 7″ breit, 1′ 5½″ tief. Angeblich am Kreuze vor dem eigelsteiner Thore auf dem Wege nach Nippes gefunden.

76. **Viereckiges Aschenkästchen aus weiss gräulichem, scharfkörnigem Sandstein mit Relief vorn**, 10½″ hoch, 1¼″ breit, 9″ tief, mit einer Oeffnung von 4″ Höhe, 5″ Durchmesser. Links eine weibliche Gestalt mit fliegendem Gewande, die mit der Rechten nach der Krone eines Baumes greift, während sie nach dem sie beim Gewande fassenden unbekleideten Manne hinschaut. Rechts von diesem ein Baum und eine bekleidete Gestalt, mit dem Gewande über dem linken Arme und einem Scepter in der Linken, einem Kruge, wie es scheint, in der Rechten. Wohl Daphne, Apollo und der Flussgott Inachus, der Vater der Daphne.

77. **Maske des Augustus mit dem Lorbeerkranze.** Maske aus carrarischem Marmor, 9½" hoch, 8" breit, 2½" tief, auf einer Scheibe von gleichem Marmor (1' 1½" hoch, 10½" breit, ¾" tief).

78. **Bekleideter weiblicher Torso** bis zu den Füssen und dem Halse. Jurakalk, 1' 10½" hoch, 10" breit, 5½" tief. Das Gewand bedeckt Brust, Rücken und den rechten Arm; der linke ist abgebrochen. Gute Arbeit. Gefunden 1845 in der Lungengasse.

79 u. 80. **Zwei Ellenbogenstücke aus carrarischem Marmor,** das eine 8" hoch, 3½" Durchmesser, das andere 6¾" hoch, 4" Durchmesser. Geschenk des Herrn Bildhauer Imhoff.

81. **Altar der sonst unbekannten Matronae Axinginehae.** Grobkörniger Jurakalk, 3' 4" hoch, 2' 2" breit, 1' 1½" tief. Gefunden zugleich mit Nro. 14. Abbildung in Lersch's „Centralmuseum" I S. 25. Vom Sockel erheben sich zu beiden Seiten schlanke, mit Blättern regelmässig geschmückte Pfeile mit korinthischem Capital; auf ihren Simsen ruht ein Dach, unter welchem eine 1' 5½" hohe, 1' 6¾" breite, 4½" tiefe Nische, worin die drei Matronen sitzen. Oberhalb des Altars zu beiden Seiten oben mit Blätterschmuck versehene Schneckenrollen; zwischen ihnen und der in geschwungener Linie zu einer Spitze sich erhebenden Mitte liegt je eine Frucht. Die Matronen sitzen auf einem zierlichen Ruhebette, dessen Lehne bis zur Höhe der verwitterten Köpfe reicht; an den Seiten bemerkt man dessen Füsse. Der Sitz jeder einzelnen Matrone springt dreieckig hervor, was man an den unter ihren Füssen hervorkommenden vorn einen Winkel bildenden Stempelchen erkennt. Vgl. Nro. 39. 40. 184. Alle drei haben auch hier über dem Gewande den unter der Brust mit einem Knoten verschlungenen Mantel, der an den Seiten und über die Füsse herabhängt. Am Halse bemerkt man auch hier die Bulla. Die beiden zur Seite sitzenden Matronen tragen auf dem Kopfe die wulstige Haube, die ein wenig kleinere mittlere hat das zu beiden Seiten herabhängende Haar geflochten. Die mittlere und die ihr zur Seite sitzende ruhen auf dem vorantretenden rechten Fusse, während der linke zurückgezogen ist; umgekehrt die dritte. Die Fruchtkörbe in den auf dem Schosse zusammengelegten Händen sind nicht mehr zu erkennen. In den Reliefs auf den Seitenflächen (2' 10" hoch, 6¾" breit) erheben sich zur Seite zwei geriefte, oben durch einen Kranz verbundene Pfeiler, zwischen denen auf einem nach zwei Drittel seiner Länge in einen Winkel eingebogenen Altare ein geschürzter Opferdiener, von denen der auf der linken Seitenfläche einen Krug in der herabhängenden Rechten hat, mit der Linken das Gewand über der Brust fasst, der andere in der erhobenen Rechten einen Becher hält, mit der herabhängenden Linken ein Gewand trägt. Die Inschrift unter dem vordern Relief lautet:

MATRONIS
AXSINGINEHIS
M·CATVLLINVS
PATERNVS
V·S·L· M

Matronis Axsinginehis Marcus Catullinius Paternus uotum solnit lubens merito.

82. **Relief des phrygischen Attis, des Lieblings der Kybele, wohl zu einem Grabmale gehörend**, da ein Attis häufig zu beiden Seiten des Grabmals steht. Attis steht auf einem Sockel ($1/2''$ hoch, $9 1/2''$ breit, $6 1/2''$ tief) hinten angelehnt auf dem linken Beine, das rechte gebogen und auf die Spitze des Fusses nach rechts gewandt. Das Gewand ist gegürtet; der Mantel, über der rechten Schulter befestigt, hängt über Brust, Rücken und den linken Arm herab. Vgl. Nro. 63. 73. Auf dem Kopfe hat er die phrygische Mütze. Traurig schaut er nach links zur Erde nieder. Vgl. bonner Jahrb. XXIII, 48 ff.

83. **Kleineres roheres Bild des Attis.** Jurakalk, $1' 2 1/4''$ hoch, $5 1/2''$ breit, $4 1/2''$ tief. Im Rheine gefunden. Geschenk des Herrn Baumeister Weyer. Betrübt blickt er gerade vor sich hin, das Kinn auf den linken Arm gestützt, der auf dem nach ihm hingestreckten rechten ruht, das rechte Bein um die Mitte des aufstehenden linken geschlagen. Von der phrygischen Mütze hängen Bänder nach hinten und beiden Seiten weit herab.

84. **Stück eines Frieses, an den beiden Seiten und hinten abgebrochen, mit Relief.** Jurakalk, $1' 2''$ hoch, $2' 10''$ breit, $1' 3''$ tief. Fast die Hälfte des Frieses nimmt eine in der Mitte auf zwei nach auswärts gebogenen Füssen stehende Arbeitsbank ein.

85. **Ein über einem Eber stehender, ihn zerreissender Löwe.** Jurakalk, $2' 2''$ hoch, $2' 11''$ breit, $10''$ tief. Der einfache viereckige Sockel ist $7''$ hoch, $11 1/2''$ breit, $1 1/4''$ tief. Gefunden 1865 am Severinswalle Nro. 3 ein paar Fuss unter der Erde. Abgebildet in den bonner Jahrb. XXXIX. XL Tafel I. Sehr gute Arbeit. Der Löwe ist ausgezeichnet erhalten, da er wahrscheinlich nicht lange der Witterung ausgesetzt war, sondern das Gebäude, zu dessen Ausschmückung (vielleicht oberhalb eines Thores) er bestimmt war, bald zerstört ward. Der Theil des Kopfes unterhalb der Augen (nur das rechte ist halb erhalten) bis zur Unterlippe und ein Theil des Schweifes, dessen Ende in gangbarer Weise um das rechte Hinterbein geschlagen ist (schon Homer hebt das Schlagen des wüthenden Löwen mit dem Ende des Schweifes hervor), fehlt hier, so wie auch von dem mit dem Kopfe vorn unter dem Löwen liegenden, punktirten Eber der Schweif verloren gegangen ist. Der den Eber tödtende Löwe ist ein sehr verbreitetes Sinnbild des Mithras, aber hier fehlen alle

Zeichen dieses Gottes. Die Vorstellung war eine beliebte geworden, der wir in Bildwerken, Gemmen und Münzen häufig begegnen. Besonders zum Thorschmucke scheint man sie verwandt zu haben. Ein ähnliches Bildwerk besitzt das wiesbadener Museum. Auch in Bonn hat man solche gefunden. Eine vortreffliche kleine Bronze ist im wiener Cabinet (1504 a). Vgl. Nro. 111.

86. **Fries mit Blätterarabesken**, abgebrochen an den Seiten. Jurakalk, 8½" hoch, 3' 3½" breit, 1' 10" tief. Gefunden zugleich mit Nro. 85 und mit ihm abgebildet am angeführten Orte.

87 **Maske eines bärtigen mit dem Lorbeerkranze geschmückten Kopfes** auf einer Scheibe. Carrarischer Marmor. Die Maske 7" lang, 7¼" breit, 3" tief; die Scheibe 7½" lang, 8½" breit, 1" tief. Rechts oben neben der Maske haben sich von der ursprünglichen Umschrift nur noch die Züge erhalten • A |. Sie scheint zu einem Denkmal gehört zu haben. Ein Theil der ursprünglichen Rundung und mit ihm der Umschrift (ANTONINVS?) ist verloren gegangen.

88. **Hautrelief einer weiblichen reich drapirten Gestalt bis zu den Knieen, in einer Einfassung, die fast an allen Seiten abgebrochen ist.** Jurakalk, 2' 2" hoch, 1' 7¾" breit, 2" tief, die Gestalt allein 2' hoch, 1' 1" breit, 5" tief. Die vom Beschauer abgewandte Gestalt hat den Leib eingebogen; der rechte, fast bis zur Hand erhaltene Arm war erhoben; der linke ist abgebrochen. Auch der Kopf ist verloren gegangen. Man könnte an eine Tänzerin denken.

89. **Bruchstück einer Reliefdarstellung.** Jurakalk, 5" hoch, 6½" breit, 2¼" tief. Man sieht noch den rechten, mit einem oben runden Schuhe bekleideten Fuss, einen kleinen entblössten Theil des Beines und des tief herabreichenden Untergewandes, höher hinauf das abgebrochene Ende eines nicht mehr zu erkennenden Gegenstandes (einer Schwertscheide?).

90. **Altar der sonst unbekannten Matronae Afliae.** Jurakalk, 3' 3" hoch, 2' ¾" breit, 1' 1" tief. Gefunden zugleich mit Nro. 14. Auf dem Altare liegen zu beiden Seiten mit Blättern verzierte Schneckenrollen. Geriefte Pfeiler mit korinthischen Capitälen erheben sich zur Seite der 1' 3½" hohen, 1' 1¼" breiten, 4" tiefen Nische; mit der Wölbung der Nische stehen sie durch einen durchlaufenden Kämpferstein in Verbindung. Die Matronen selbst entsprechen wesentlich den auf Nro. 81. nur sind die zur Rechten und Linken sitzenden beide nach auswärts gewandt. Auf ihrem Schosse erkennt man noch die Fruchtkörbe. In den Reliefs der beiden Seitenflächen (2' 3¼" hoch, 8" breit, 2" tief) stehen unter einfachen viereckigen Nischen auf nicht gebogenen Altären geschürzte Opferdiener; der zur Linken trägt in der Linken einen Korb mit Früchten, wovon die Rechte eine zu nehmen scheint, während der zur Rechten einen Krug in der Rechten trägt, mit der Linken das über die Schulter hängende Gewand festhält. Die Inschrift lautet:

```
      M A T R O N I S
      A F L I A B V S
      M · M A R I V S
      M A R C E L L V S
      PRO·SE· ET· S V I S
      EX·IMPERIO·IPSARVM
```
Matronis Afliabus Marcus Marius Marcellus pro se et suis ex imperio ipsarum.

91. **Ein Händchen mit darüber hängendem Gewande bis zum Anfange des Armes.** Carrarischer Marmor, 2" hoch, 4" breit, 3" tief.

92. **Torso eines unbekleideten Ganymedes bis zu dem Halse und zu den Knieen, mit Resten der Adlerflügel hinten und vorn.** Er ist wohl, wie so häufig, zum Himmel schwebend gedacht. Jurakalk, 1' hoch, 9" breit, 5" tief. Gefunden 1824 auf dem Appelhofsplatze bei Grundlegung des Justizgebäudes.

93. **Ausgezeichnet schöner Torso des Ganymedes mit dem Adler.** Jurakalk, 2' 3½" hoch, 1' 6½" breit, 1' 2" tief. Gefunden im Mai 1864 bei dem Dorfe Nippes in der Nähe von Köln, 8' unter der Erde. Die über Brust, Rücken und den linken Arm hängende Chlamys ist auf der rechten Schulter mit einer Spange oder einem Knopfe befestigt. Die Köpfe des Ganymedes und des Adlers, der untere Theil des nachlässig herabhängenden rechten Armes und die Beine des Ganymedes sind abgebrochen. Links lehnt er sich an einen Altar, auf welchem der linke Arm aufliegt, dessen Hand einen abgebrochenen Hirtenstab hält. Die vordere Kralle des Adlers ruht auf dem Altare; die Flügel umgeben die linke Seite des Jünglings. Einen ganz ähnlichen Ganymedes besitzt das bonner Museum.

94. **Theil eines Decksteines eines Grabmals mit Schuppen des Pinienapfels.** Jurakalk, 3' 4" hoch, 1' 11½" unten, 3' ½" oben breit, 2' 3" unten, 1' 6" oben tief. Gefunden in der römischen Grabkammer im Kreuzgange der Kirche St. Maria (im Capitol). An den Ecken nur schmale Ränder. Bonner Jahrb. XVI, 48 ff.

95. **Kleiner Kopf eines wasserspeienden Löwen**, nach links gewandt, abgebrochen von einem Gebäude. Mit dem Untersatze 2' 11" hoch, 1' 10" breit und tief. Stand früher auf einem Hause links vom Pfaffenthore, nach der Komödienstrasse hingewandt. Das Loch ist oben hinten. Ein mittelalterlicher wasserspeiender Löwe, der früher auf dem Pfaffenthore stand, ist gleichfalls im Besitze des Museums.

96. **Kröte**, aus schwarzer poröser Basaltlava (vielleicht von Niedermennig), 4" hoch, 3½" breit und tief. Im Rheine gefunden. Geschenk des Herrn Baumeister Weyer. Ob römisch?

97. Unten abgebrochener vierseitiger Altar mit Reliefs. Jurakalk, 2′ 10½″ hoch, 1′ 2″ unten, 1′ 1¼″ oben breit, 1′ ¼″ tief. Befand sich in der blankenheimer Sammlung. Abgebildet bei Schannat „Eiflia" I Tafel IV, 17—19. Vorn unter einander in zwei Nischen zwei jetzt ziemlich verwitterte Darstellungen. Oben ein Genius mit zwei jetzt unkenntlichen, noch in der Abbildung von Schannat zu erkennenden Flügeln, auf dem Kopfe eine Spitze; in der Rechten hält er gerade vor sich ein Trinkgeschirr. Zu seinen Füssen links am Boden ein Henkelkrug. Am rechten Beine glaubt man das herabgefallene Gewand zu erkennen. Unten eine weibliche Gestalt in langem Gewande, die in der Rechten einen Korb zu tragen scheint, während die herabhängende Linke das Gewand hält, wohl eine Erdgöttin, wie die Matronen. An beiden Seitenflächen aus Töpfchen sich emporrankende Pflanzen.

98. Relief des Juppiter mit dem Adler. Jurakalk, 11¼″ hoch, 10½″ breit, 2½″ tief. In einer oben runden Nische steht der bekränzte, bärtige, nackte Juppiter, auf dem rechten hervorstehenden Fusse ruhend, während der linke zurücktritt. Ueber dem rechten Arme hängt die Chlamys; in der Linken trägt er das Scepter; die herabhängende Rechte ruht auf dem Adler, der auf einer hier auffallend durch zwei kreuzweise Durchmesser in vier Theile getheilten Kugel steht.

99. Bild des auf der Löwenhaut ruhenden Amor. Carrarischer Marmor, 9¾″ hoch, 2′ 5″ lang (die Figur allein 2′ 2½″), 1′ 3½″ breit. Aus Italien stammend, schwerlich antik, etwa Nachbildung eines echten Werkes. Der kleine Gott hat das rechte Bein über das nach rechts gewandte linke geschlagen und ist auf den linken Arm gestützt, an den der einen Kranz fassende linke gelehnt ist. Links neben der Löwenhaut liegt sein Bogen. Der rechte Flügel steht hervor. Von der Nase fehlt ein Stück.

100. Unten abgebrochener vierseitiger Altar mit Reliefs. Oben eine Höhlung. Jurakalk, 2′ 10¼″ hoch, unten 1′ ¾″, oben 1′ ½″ breit, 1′ tief. Die ungleiche Tiefe beweist, dass er nicht zu Nro. 97 gehört haben kann. Schon in der blankenheimer Sammlung, woher er sich bei Schannat „Eiflia" I Tafel IV, 14—16 abgebildet findet. Vorn oben in einer engen Nische Ceres in hoher Haube, mit einem Aehrenbüschel in der Rechten. Unten eine an den Knieen abgebrochene weibliche Gestalt, einen Modius (ein Getreidemaass) auf dem lockigen Haupte, ein Scepter in der Rechten; der Hirtenstab, den sie in der Linken trug, ist jetzt verwittert. Wohl eine ähnliche Göttin, wie die auf Nro. 97. An der rechten Seitenfläche oben Apollo nackt mit herabwallenden Haaren, auf den rechten Fuss gestützt, die Leier auf einen Altar gelehnt, den rechten Arm erhoben; das Gewand fällt am linken Beine herab. Unten Pflanzenarabesken. An der linken Seitenfläche oben Hercules nackt mit der Keule und der Löwenhaut links, den rechten Arm über die Schulter erhoben. Auch hier unten Pflanzenarabesken.

101. **Gewundene Schlange** aus rother poröser Basaltlava, wie 96, 2" hoch, 6" breit, 4½" tief. Wie 96, im Rheine gefunden und von Herrn Baumeister Weyer geschenkt. Ob römisch?

102. **Würfelcapitäl mit Pinienschuppen** (vgl. Nro. 94), Jurakalk, 1' 2¼" hoch, unten 1' 2½", oben 1' 9" breit, unten 1' 6", oben 1' 10" tief. An den Ecken breite durch zwei Linien bezeichnete Ränder.

103. **Rest einer wie Nro. 74 gerieften Säule mit Fuss.** Jurakalk, 1' 2¼" hoch und Durchmesser.

    Darüber römisches Capitäl, Jurakalk, 1' 4½" hoch, 1' 8" Durchmesser.

104. **Löwenköpfchen mit aufgesperrtem Rachen.** Jurakalk, 7½" hoch 7" breit, 8¼" tief.

105. **Grabstein vom Vater der Tochter gesetzt mit ihrem Brustbild in Medaillon** (6" Durchmesser, 1½" tief). Jurakalk, 1' 8" hoch, 1' 4" breit, 7" tief.

```
      PATERNIAE
      PROBAE·FI LIAE
      PATEI      AN V S
```
Paterniae Probae filiae Paternianus.

In der dritten Zeile hat ein später in den Stein gemachtes Loch drei Buchstaben zerstört. Der Steinmetz hatte irrig I, wie deutlich noch zu sehen, nach E eingemeisselt, wahrscheinlich irrig *Pateirnianus* statt *Paternianus* geschrieben.

106. **Unterer Theil einer hohen, an der rechten Seite abgebrochenen Aschenkiste mit Inschrift und Relief für den Weihenden und dessen verstorbenen Bruder bestimmt.** Jurakalk, 1' 8½" hoch, 3' 1½" breit, 2' 7" tief. Angeblich vor dem Weyerthore zur Zeit der französischen Herrschaft gefunden. Vom Relief der linken Seitenfläche sieht man nur noch etwa ein Drittel der ursprünglichen Höhe, links zwei Beine eines Mannes, davor den Untertheil eines vierfüssigen Opfertisches (*anclabris*); zwei schief stehende Füsse gehen nur bis zum Mittelbrette. In der Aschenkiste rechts eine von vorn nach hinten gehende Bank zur Aufstellung von Gegenständen, die man dem Verstorbenen mitgab. Vorn an der sehr schönen, auf die beste Zeit hindeutende Buchstaben zeigenden Inschrift ein breiter Rand von nach oben gerichteten Pinienschuppen.

```
        V I V S·S I B I·E
        C·I VL  SPERA
        FRATRI·O B I
            FECI T
```
... (*Iulius*) ... *uiuus sibi et Caio Iulio Sperato fratri obito fecit.*

Nur der Vorname und der Zuname des Weihenden, die in der ersten Zeile standen, fehlen. *Uius*, wofür gewöhnlich *uiuos*, auch *uiuus*, *ulbus*. Die Unterdrückung des zweiten Vokals gründet sich auf die Aussprache, wie sich auf Inschriften *se uio, Flaus, fluius, Iuentius* u. ä. findet. *Uiuos, uiua, uiui sibi* ist stehende Verbindung, wo nicht durch den Zusammenhang die umgekehrte bedingt wird. Nach IVL Z. 2 steht keine Interpunktion.

107. **Unterer, ungleich an den verschiedenen Seiten, nach hinten fast ganz abgebrochener Theil einer drei- oder vierseitigen, wohl zu einem Grabmal gehörenden Reliefdarstellung.** Jurakalk. 2' 2½" hoch, 1' 9¼" breit, 2' 7½" tief. Gefunden im Anfange des Jahres 1824 auf dem Appellhofsplatze bei Grundlegung des Justizgebäudes. Ueber einem Sockel erkennt man vorn Kastor mit dem Pferde. An der linken Seitenfläche in der Mitte ein Altar, rechts ein Flötenspieler (die beiden Flöten, welche zugleich geblasen wurden, erkennt man noch, der Kopf ist weg), links zwei Paar Beine, wohl des Priesters und des Opferknaben; an der rechten Seitenfläche, gleichfalls in der Mitte ein Altar, worauf ein Mann (wohl der *uicthmarius*) das Opferthier hebt; rechts wieder zwei Paar Beine, wohl wieder vom Priester und Opferknaben.

108. **Ein Stück Fuss oder Einfassung mit Arabesken.** Jurakalk, 4" hoch, 7½" breit, 4" tief. Man sieht darauf noch Spuren verschiedener Farben.

109. **Viereckiger Stein mit weiblichem Brustbilde in Medaillon** (10½" Durchmesser, 1¾" tief). Jurakalk, 1' 7" hoch, 1' 5½" breit, 5¼" tief. Unter dem Medaillon ist ein Schild eines Fussgestells eingehauen, zunächst ein kleiner viereckiger Fuss, dann ein schmales, die ganze Länge des Medaillons einnehmendes Viereck, an beiden Enden in der bekannten Weise solcher Schilder verziert.

110. **Stück eines gerieften Pfeilers** (vgl. Nro. 103) **nebst Fuss**, rechts und hinten abgebrochen. Bräunlicher Sandstein, 1' 9½" hoch, 1' 10½" breit, 1' 10" tief. Darauf steht ein Stein vorn mit Blätterschmuck, an den beiden weiter einwärts liegenden glatten Seitenflächen nur eine runde Leiste. Jurakalk, 1' 6½" hoch, 1' 5" breit, 1' 3½" tief.

111. **Ein Löwe, welcher einen unter ihm liegenden Eber zerreisst.** Jurakalk,. 1′ 3½″ hoch, 1′ 8″ lang, 8″ breit. Der Schweif und der rechte hintere Fuss des Löwen sind abgebrochen, das Ganze arg verwittert. Vgl. Nro. 86.

112. **Abgeschlagener gelockter Frauenkopf.** Jurakalk, 8″ hoch, 8½″ breit, 8″ tief. Die Nase ist abgebrochen. Haare und Augen sind gebohrt.

113. **Eine auf einem Sessel in langem Gewande sitzende Juno.** Jurakalk, 11′ hoch, 6½″ breit, 9½″ tief. Gefunden im Garten des Hauses Burgmauer 21 (vgl. Nro. 10) und von Baumeister Schmitz geschenkt. Der Kopf und die linke Hand sind abgebrochen. Die rechte ruht auf dem vorspringenden, wohl mit einem Thierkopfe geschmückten Eckknopfe des hier weit hervorreichenden Sessels; der Sitz steht vor dem eigentlichen Sessel hervor, wie bei den Matronen. Der linke Fuss tritt vor.

Darunter Säule von bräunlichem, grossspathigem Kalkstein.

114. **Schönes Bruchstück eines Kniees** aus griechischem Marmor, 3′ 5½″ hoch, 7″ breit, 6½″ tief. Geschenk des Herrn Bildhauer Imhoff.

115. **Unten abgebrochene Reliefdarstellung eines Opferdieners,** wohl zu einem Grabmal gehörend. Jurakalk, 2′ 2″ hoch, 1′ 2½″ breit, 3″ tief. Unter einer Verdachung steht ein bekränzter gegürteter Opferdiener, der in gewohnter Weise das Weihrauchkästchen (*acerra*), das hier geöffnet ist, in der Linken trägt. Die Rechte hat nicht, wie z. B. auf einem Basrelief zu Rom, einen Krug, sondern eine kleine männliche Büste, welche sie in die ausgehöhlte Brust wie in eine Nische hält. Soll diese seltsame Darstellung auf die Liebe des Gestorbenen zu seinem Sohne deuten, der ihm das Denkmal gesetzt, so dass die Büste, die sonst ohne Zusammenhang mit der Hauptfigur ist, den Sohn darstellte? Man könnte an den Ausdruck *in sinu gestare*, im Busen tragen, denken; doch bliebe diese sinnbildliche Bezeichnung freilich immer sehr auffallend. Die Beine sind abgebrochen. Auf der linken Seitenfläche sieht man in Relief oben einen auf der Rohrpfeife spielenden Hirten (1′ 1½″ hoch, 6″ breit, ¾″ tief), unten ein Lamm (4″ hoch, 5½″ breit, ½″ tief), auf der Rechten, deren unterer Theil abgebrochen ist, einen Diener, der ein Lamm auf der Schulter trägt (11½″ hoch, 6½″ breit, ¾″ tief).

Darunter steht ein korinthisches **Capitäl**. Jurakalk, 2′ 2¾″ hoch, 2′ 5″ Durchmesser.

116. **Unterhalb der Brust bekleideter männlicher Torso** bis auf die Kniee, ohne Kopf. Carrarischer Marmor, 5″ hoch, 3¼″ breit, 1½″ tief. Gefunden im alten Ostia, wohl von Giorgini.

117. **Zwei abgebrochene Junoköpfchen,** mit Diadem und Schleier, eines mit Augensternen. Jurakalk, 5½″ hoch, das eine 3″, das andere 3¾″ breit und tief. An einem ist die Nase abgebrochen. Gefunden auf dem Appellhofsplatze 1824.

118. **Ein gleiches** mit Diadem ohne Schleier. Jurakalk, 6" hoch, 4½" breit, 4¾" tief. Gefunden ebenda.

119. **Juppiter auf einem Sessel sitzend mit dem Blitz in der Rechten.** Schöne Arbeit. Jurakalk, 1' 5½" hoch, 8½" breit, 9½" tief. Gefunden vor dem Weyerthore auf dem Wege zum frühern evangelischen Kirchhofe, von General Rauch an Wallraf geschenkt. Der Oberkörper ist ganz entblösst, nur Schulter und Schoss mit dem herabfallenden Gewande bedeckt. Der vorn abgebrochene linke Fuss tritt vor, die Rechte ruht auf dem rechten Kniee. Er ist bärtig und bekränzt, das Haar parallel gestrichen und eingekeilt. Auch die hintere Seite ist bearbeitet.

Darunter Säule von Granit, 2' 9½" hoch, 11" Durchmesser, und geriefter Säulenstumpf von Jurakalk, 1' 4" hoch, 1' 8½" Durchmesser.

120. **Vierseitiger Stein mit Relief.** Jurakalk, 3½" hoch, 1' 2" breit, 1' 1½" tief. Gefunden im December 1855 im Garten des Cäcilienhospitals nach der Lungengasse hin. Vorn oben in einer Nische das Relief eines wohl frisirten Mannes bis unterhalb der Brust (1' 3" hoch, 1' breit, 3¾" tief), der die herüberhängende Toga links oberhalb der Brust mit der Rechten hält; die Linke hat eine Rolle gefasst als Zeichen seiner obrigkeitlichen Würde. Hinter seinem Kopfe sieht man in der Nische drei Streifen. Unterhalb der Nische das Vordertheil eines Schiffes. Auf der linken Seitenfläche Pflanzen mit runden Büscheln von Früchten, auf der rechten ein grösserer Baum mit Früchten und mehrern kleinern.

Das Relief steht auf einem gerieften Säulenreste mit Fuss aus Jurakalk, 1'3" hoch, oben 1' 8", unten 1' 10" Durchmesser. Gefunden 1824 auf dem Margarethenkloster in Hardys Garten.

121. **Eine auf einem Sessel sitzende männliche Gestalt** (ein Kaiser?), oberhalb des Schosses abgebrochen; das auf dem Schosse liegende Gewand hängt bis zur Erde herab. Sandstein, 1' 8" hoch, 1' 3½" breit und tief. Gefunden mit Nro. 5.

122. **Links abgebrochener Grabstein eines Rechnungsführers der zweiten parthischen Legion.** Weiss gräulicher Sandstein, 1' 5½" hoch, 1' 8¾" breit, 4¾" tief. Gefunden in den zwanziger Jahren zu Rheinkassel bei Dormagen und vom dortigen Pfarrer geschenkt. Dass das kleine Bruchstück mit den beiden Buchstaben (4" hoch und breit, 4¾" tief) dazu gehört, wie aus De Noëls Catalog sich ergibt, wusste weder Lersch noch Brambach. Die Bruchstücke selbst bestätigen dies und zeigen, dass das kleinere die linke obere Ecke bildete.

```
B         IOVICTORI·L
R.        CIPIS LEG·II·PARTHIC
          EVERVS · BF·PREF· PRET
```

B(elloni?)io Uictori a(cta)r(io prin)cipis legionis secundae Parthicae
. . . . (S)euerus beneficiarius praefecti praetorio.

Die drei parthischen Legionen wurden von Kaiser Septimius Severus am Ende des zweiten Jahrhunderts zum Kriege gegen die Parther errichtet. Von der zweiten wissen wir sonst nur, dass sie unter Severus Alexander und unter Gallienus in Italien stand. Der *praefectus legionis* hatte zu seinem Dienste einen *actarius* oder *optio ab actis*, einen Rechnungsführer. Der Befehlshaber der Legion heisst hier, wie zuweilen, *princeps*, gewöhnlich *praefectus legionis*. Den Titel *praefectus praetorio* führten die zwei, später vier höchsten Reichsbeamten; hier ist der *praefectus praetorio Galliarum* oder *per Gallias* gemeint. Das e statt ae kommt besonders häufig auf spätern Inschriften vor.

123. **Verzierter Stein mit drei concentrischen Kreisen**, von denen der äusserste inwärts mit Kreisbogen umgeben ist, im mittelsten eine aus acht Kreisbogen gebildete Figur sich findet. Tuffstein, 11¾" hoch, 1' 1½" breit, 5" tief.

124. **Vierseitiger Altar mit Reliefs auf drei Seiten.** Braun röthlicher Sandstein, 1' 3" hoch, 1' 3/4" breit, 10½" tief. Gefunden beim Abbruche eines Hauses auf der Cäcilienstrasse. Vorn unter einem Vorhange auf das rechte Bein sich stützend eine weibliche unbekleidete Gestalt, die Mondsichel auf dem Kopfe, mit herabhängenden Flechten oder Bändern. Sie hat ein Tuch um die Mitte des Leibes geschlagen; mit den Händen ihrer ausgestreckten, durch ein längliches Viereck gehenden Arme fasst sie eine unten von einem Genius gehaltene Fackel. Links eine weibliche Gestalt, deren Beine in Laubranken mit einer Frucht auslaufen; auf jeder Frucht steht ein Knabe. Die Knaben halten über der Mittelfigur einen undeutlichen Gegenstand, eine Art Baldachin. Rechts steht unter einem mit herabhängenden Blumen geschmückten Vorhange eine weibliche Büste mit lang herabwallenden Flechten oder Bändern; an der Stelle der Hände sieht man bis zum Vorhange reichende Gewänder, unten in der Mitte gebogene Bocksbeine. Es scheinen Darstellungen gallischer Gottheiten. Die Mondsichel deutet auf eine Mondgöttin.

Darunter eine gewöhnlich geriefte Säule. Jurakalk, 2' 11" hoch, 1' 5" Durchmesser.

125. **Torso eines auf einem Felsen sitzenden Imperators**, oberhalb des Schosses abgebrochen. Jurakalk, 1' 9" hoch, 1' 2½" breit, 1' 1" tief. Gefunden im Anfange des Jahres 1824 auf dem Appellhofsplatze. Der untere Theil des Panzers ist wohl erhalten. Die am Schosse herabhängende linke Hand hält einen abgebrochenen Gegenstand, etwa eine Schwertscheide.

126. **Unten und rechts abgebrochener Grabstein eines duum(?)vir praepositus ducenarius.** Weiss gräulicher Sandstein, 1' 2½" hoch. 1' 10" breit, 1' 1" tief. Fundort unbekannt, vielleicht aus dem Cäcilienspital 1849 in's Museum gebracht.

```
A C C E P ⌐
F A V S T
VI RO·PP·DVC
EXVARI CVI
```

Acept(o?) Faust(o duum?) uiro praeposito ducenario ex Uaria ui(co?).

Der hier genannte Acceptus (Acceptius?) Faustus (Faustius?) hatte in seinem Orte zwei Aemter; er war wohl *duumuir praepositus* und *ducenarius* gewesen. Wir wissen nicht, welches Amt der *duumuir praepositus* bekleidete. Es kommt sonst nicht vor, erinnert aber an den *duumuir praefectus iuri dicundo*. Den Namen *ducenarius* führten die Bagatellrichter und die Hauptleute von 200 Mann, aber auch, woran hier zu denken, die *agentes in rebus* der höchsten Klasse, die nach allen Seiten des Reiches mit besondern Aufträgen geschickt wurden. Wollte man *praepositus ducenarius* verbinden nach *procurator ducenarius* (Suet. Claud. 24. Orelli inscr. 3819), so erhielten wir einen gar vornehmen Beamten mit 200 *sestertia* (etwa 10000 Thaler) Gehalt. Auch scheint es kaum räthlich, drei verschiedene Aemter anzunehmen, so dass duum(?)uir für sich zu fassen wäre. Eben so wenig empfiehlt sich ein *praepositus ducenariorum*, nach *praepositus tabulariorum*. Wir sind hier bis jetzt eben auf das Rathen angewiesen. Der *uicus Uarii* oder *Uariae*, der als seine Heimat bezeichnet wird, dürfte, wie der *uicus Lucretius* (Nro. 52), in der nächsten Nähe des römischen Köln zu suchen sein.

127. **Statuette einer Priesterin.** Carrarischer Marmor, 2' 9¼" hoch, 1' 1" breit, 8" tief. Aus Italien. Höchstens das Gewand bis oberhalb der Kniee mit dem Anfange der Arme ist alt. Ergänzt als Priesterin mit der Opferschale in der Rechten und erhobenem linkem Arme.

Darunter **Säule** aus grauem Granit, 4' 8" hoch, 1' 1½" Durchmesser, die bis zum Jahre 1820 an dem Hause Lichthof Nro. 14 gelehnt stand.

128. **Vierseitiges Aschenkästchen eines neunjährigen Knaben.** Aus carrarischem Marmor zierlich gearbeitet, 11" hoch, 1' breit, 9½" tief. Aus Italien stammend (vgl. oben S. 3), woher ähnliche nach Deutschland gekommen, wie nach Wien (Sacken und Kenner S. 70 ff.) und Augsburg (Metzger S. 65). Oben an der Ecke ein halb nach vorn, halb nach der Seitenfläche hin gerichteter Kopf des Juppiter Ammon. Vorn unten zwei schwebende Genien, die eine **Rosette** zwischen sich

tragen; oberhalb derselben eine unten und an den Seiten mit einem vierfachen Rande eingefasste Tafel, mit tieferer Fläche für die Inschrift, deren erste Zeile oberhalb der Tafel, die letzte in der ersten untern Randeinfassung steht. Die beiden Seitenflächen sind glatt, die hintere Seite nicht bearbeitet, weil das Aschenkästchen von hinten nicht gesehen werden sollte. Der abnehmbare Deckel ist dachförmig, auf den beiden vordern Ecken oben Akroterien (Eckausläufe), in Gestalt eines abwärts gewandten Viertelkreises mit drei kleinen Füllhörnern, im Giebel ein Füllhorn. Die sehr kleinen Buchstaben der Inschrift sind unregelmässig.

```
    DIIS·MANIBVS·
   CN·COSSVTI·EPITYN
   CHANI·F·IANVARI
   DVORV M·COSSVT I
   ORVM BASSI·ET·ASTERIS
   LIB·VIX I TANNIS· VIIII
```

Diis Manibus Cnaei Cossuti Epitynchani filii Ianuari Cossutiorum Bassi et Asteris liberti uixit annis nouem.

Der Knabe war der Sohn eines *Cossutius Ianuarius*, eines Freigelassenen des *Cossutius Bassus* und des *Cossutius Aster*. *Diis* findet sich als seltenere Schreibung neben *dis*, wie auch *diibus* neben *dibus*.

Darunter Rest einer gerieften Säule. Jurakalk, 2' 8¾" hoch, 1' 1½" Durchmesser. Gefunden 1824 auf der Burgmauer bei Grundlegung des Justizgebäudes.

129. Hohler Ziegel zur Wärmeleitung, mit Schlangenlinien verziert, wie sie häufig gefunden werden, mit Oeffnungen an beiden Seitenflächen, an der einen Seite viereckig, an der andern in der Gestalt zweier mit den Spitzen auf einanderstehender Dreiecke, 9" hoch, 9½" lang, 3¾" breit. Vgl. Nro. 133. 243.

130. An allen Seiten abgesägtes Bruchstück des Grabsteins eines Reiters. Jurakalk, 6¾" hoch, 4" breit, 2" tief. Gefunden im Juni 1845 an der Stelle der ehemaligen Machabäerkirche (Machabäerstrasse 15 —), 12' unter der Erde. Geschenk der Herrn Gebrüder Carstanjen. Die Buchstaben sind roth gefärbt.

```
        IVL
        EQF
        MII
```

... *Iul(io)* ... *equiti e(x ala* ... .) *militauit (annos* ... .).

Ueber der Inschrift hat sich der Rest eines Kreises erhalten, wie solche häufig auf Legionsziegeln sich finden. Die obern Striche des E reichen weit links über die senkrechten.

Darunter steht ein Stück eines **Säulenfusses** von Drachenfelser Trachyt, 5" hoch, 5" breit, 3" tief.

131. **Abgebrochenes Stück eines architektonisch bearbeiteten Steines.** Jurakalk, 7½" hoch, 8" breit, 4½" tief. Gefunden im Mai 1828 zu Deutz im Grunde einer römischen Gussmauer. Darunter der **Fuss eines Altars**. Jurakalk, 6" hoch, unten im Sockel 6⅓", oben 3¾" breit und tief.

132. **Unten und an beiden Seiten abgebrochener Grabstein**, wenn nicht blosses Schild unter einer Aschenurne (*olla*). Jurakalk, 7½" hoch, 1' 8" breit, 4½" tief. Gefunden im April 1835 unter dem Wallrafsplatze. Oben und rechts hat sich die viereckige Einfassung erhalten, worin die Inschrift etwas vertieft stand, rechts daneben eine Rosette und der Anfang weitern Schmuckwerks.

EVERVS
MAXIMVS

(S)*everus Maximus.*

133. **Stück eines mit Schlangenlinien verzierten Ziegels**, 1' 2" hoch, 10½" breit, 1½" tief.

134. **Vierseitiges Aschenkästchen des Marcus Ulpius Januarius für seine Gattin Cäsia Libas und sich.** Carrarischer Marmor, 1' 1½" hoch, 1' 2" lang, 11" tief. Stammt aus Italien. Vorn ein Topf mit daraus sich hervorrankendem Blätterwerk sammt Blumen und Früchten; zwei pickende Täubchen oberhalb des Topfes. An beiden Ecken Fackeln, die sich auf die Seitenflächen herüberziehen. In der Mitte oben eine mit mehrern Rändern eingefasste Tafel, auf deren tieferer Fläche die Inschrift steht, die in den beiden letzten Zeilen aus Raummangel den Schluss der letzten Wörter weglässt. Die Seitenflächen sind glatt, die hintere Seite nicht bearbeitet. Auf dem abnehmbaren, dachförmigen Deckel liegen als Ziegel Blumen übereinander, auf jeder Ecke eine sich in der Mitte verdünnende Doppelrolle; über die Mitte des Daches läuft ein Streifen. Im Giebel in der Mitte eine Phantasieblume mit Rosetten daneben. Auch hier sind die Buchstaben der Inschrift klein und unregelmässig.

```
        D·M·CAESIAE
        LIBADI·FEC
        BM·M·VLPIVS
        IANVARIVS·VXOR
        KARISSIMAEETSI
```
Dis Manibus Caesiae Libadi fecit benemerenti Marcus Ulpius Ianuarius uxor(i) carissimae et si(bi).

Marcus Ulpius Ianuarius könnte, wie der in 128 genannte Cossutius Ianuarius, ein Freigelassener sein; wahrscheinlich stammt er von einem Freigelassenen des Kaisers Traianus ab. Vgl. Nro. 196. *Libadi* ist wohl Dativ, könnte aber auch, da nach D·M sowohl der Genitiv (vgl. 128. 135) wie der Dativ steht, wohl Genitiv von *Libadius* sein, so dass *filiae* ergänzt werden müsste. Für den Dativ spricht das schliessende *et sibi*.

Das Kästchen steht auf einer gerieften Säule aus Jurakalk, 1′ 11″ hoch, 1′ 3½″ Durchmesser. Gefunden im Jahre 1828 auf der Burgmauer in einem Hause des Domcapitels.

135. **Vierseitiges Aschenkästchen eines Freigelassenen.** Carrarischer Marmor, 11⅓″ hoch, 1′ 1½″ breit, 8″ tief. Aus Italien. Es zeigen sich starke Spuren früherer Färbung, besonders sieht man Roth, womit auch die Buchstaben bemalt waren, und Dunkelblau. Vorn umschlingen aus einem Topfe sich hervorrankende Zweige mit Blumen und Früchten die von höhern Rändern eingefasste Inschrift. Die Seitenflächen sind ganz glatt, die hintere Seite ist unbearbeitet. Auf dem, wie bei 128, spitz zulaufenden Deckel liegen an beiden Ecken Doppelrollen, wie bei Nro. 134. Im Giebel sieht man eine Rosette nebst anderm Schmuckwerk.

```
        DIS·MANIBVS
        T·RVSTI·Ↄ·L·
        ALYPI
```
Dis Manibus Titi Rusti Caiae liberti Alypi.

Die Arme des Y in der letzten Zeile (vgl. 128) sind gebogen. Caia ist nach stehendem Gebrauch allgemeine Bezeichnung der Herrin des Freigelassenen. Die Herrin des Titus Rustius Alypus (Trauerlos) hiess Rustia; führte sie selbst einen Vornamen, so war dieser Tita, sonst hatte ihr Vater, oder, sollte sie eine Freigelassene gewesen sein, ihr früherer Herr den Vornamen Titus.

Das Kästchen steht auf dem Reste einer gerieften Säule aus Jurakalk, 2′ 8″ hoch, 8″ Durchmesser.

136. **Vierseitiger Stein mit Relief,** ganz ähnlich Nro. 120, womit er zugleich gefunden worden, nur gleich unter dem rechten Arme abgesägt.

Jurakalk, 1' 6" hoch, 1' 2" breit und tief. (Relief 1' hoch, 11½" breit, 4" tief). Die ganze Anordnung ist dieselbe wie bei Nro. 120, nur der Kopf grösser. An den Seitenflächen ähnlicher Blätterschmuck, wie an der linken von Nro. 120.

Steht auf dem Reste einer Säule aus grauem Granit, 2' 11½" hoch, 1' 6½" Durchmesser, die bis zum Jahre 1829 an dem Hause Bolzengasse Nro. 12 sich befand und vom Eigenthümer Herrn Cohen geschenkt ward.

137. **Halb verwitterter Tuffstein, vorn roh verziert,** 1' 9½" hoch, 4' lang, 11" tief. Gefunden mit andern unverzierten Steinen in der römischen Grabkammer im Kreuzgange von St. Maria (im Capitol). Der Einschnitt ist Folge der Zerstörung. Bonner Jahrb. XIV, 98. XIX, 71. Ein Grabstein, welcher gerade gegenüber eingemauert ist (Nro. 225), fand sich zwischen unserm und einem ähnlichen unverzierten Steine. Man legte solche Steine über die unter dem Boden Bestatteten.

138. **Bruchstück eines Grabsteins eines Veteranen der ersten Legion.** (vgl. zu Nro. 12.) Gefunden im nördlichen Stadttheile, wahrscheinlich in der Nähe der Gereonskirche. Jurakalk, 1' 5¾" hoch, 1' 2" breit, 4¼" tief.

⊃
A/DIO·SAT
T·LEG·I·PRI

Zur Seite des ⊃ findet sich rechts ein rechts abgebrochenes Medaillon nebst Brustbild (8¾" hoch, 8" breit, 2½" tief). Die rechte Seite des Grabsteins war in der blankenheimer Sammlung, und ist bei Schannat „Eiflia" I, Tafel XIV, 53 abgebildet. Hiernach befand sich oben in der rechten Ecke neben dem Medaillon eine Haue (ascia), wie wir solche nicht selten neben D·M, auch unterhalb der Inschriften, in Gallien und Germanien finden. Vgl. Nro. 222. Das Zeichen der Haue, wie die Formeln *sub ascia, ad asciam dedicare, ab ascia facere*, scheinen auf eine besonders sorgfältige Arbeit des Steinmetzen zu deuten. Verbunden ergeben beide Stücke folgende Inschrift:

D⎯ M
A/DIO·SATVRNNO
T·LEG·I·PRIMINI
Ð

Dis Manibus (Cl)audio Saturnino (ve)terano legionis primae primini.

Das T· hat Lersch irrig für T(ribuno) genommen, Brambach als MILIT(i) ergänzt.

Für das in der vierten Zeile bezeugte B habe ich D (vgl. zu Nro. 33) gesetzt, da ich vermuthe, dass man dieses irrig als B gelesen. Ein D in einer Zeile für sich findet sich unter DM in Nro. 209. Sollte dies Zeichen etwa *dicauit, dicauerunt* statt des gewöhnlichen *dedicauit* bezeichnen? *Primini* heissen hier wohl die *milites principales*, die Soldaten zunächst abwärts vom Hauptmanne, die Soldaten der ersten Klasse, kaum die Soldaten der ersten Legion, wofür wir *primani* bei Tacitus finden.

139. **Rings abgebrochener Grabstein.** Jurakalk, 1' 7½" hoch, 11" breit, 8" tief. Gefunden 1845 beim Abbruche des Annothurms (Georgstrasse 7). Geschenk von Herrn Stroof.

```
   ↄ
  ↃR
  AE
  ƎC.
```

Das Ɔ ist wohl *uo* zu lesen, so dass das Wort *uiuos* hiess, die richtigere Schreibung statt *uiuus*. Es ist wohl der Rest einer Grabschrift, die einer sich und seiner gestorbenen Gattin setzte.

140. **Oben, links und unten abgebrochener Grabstein,** dessen Rand sich rechts erhalten hat. Jurakalk, 11½" hoch, 10" breit, 5¼" tief. War schon vor 1839 im Museum.

```
  ⊣EN
  I·XXIX
  ⊐· C
```

.... *nen* .... (*an*)*norum uiginti nouem* ....
(*heres*) *faciundum curauit.*

Man bemerke die später seltene Bezeichnung der Zahl neun durch IX statt durch VIIII.

141. **Rings abgebrochener Grabstein eines Soldaten.** Jurakalk, 10½" hoch, 9" breit, 3¼" tief. Im Museum frühestens 1844.

```
  T·Ν
  MIL·LE
  SOLIΓ
```

Tito M ... militi legionis .... Solim(arus?).

142. **An allen Seiten abgebrochener Grabstein.** Jurakalk, 1' 1½" hoch, 10" breit, 5¼" tief. Nicht vor 1844 im Museum.

```
    TVRNN
    ACDA
   ·EI VS
     C
```

(Sa)*turnino* . . . . . . (Pl)*ac*[i]*dia* (filia?)*eius* . . . . . (faciundum) *curauit*.

Vgl. oben 140.

143. **Rings abgebrochener Grabstein eines Soldaten.** Jurakalk, 7½" hoch, 8½" breit, 3" tief. Schon 1839 im Museum.

```
    ORTIS
   \·CLASS
     F·F·
```

. . . . (*militi co*)*hortis* . . . . *Aulus*(?) *Classicus Publi*(?)
filius fuciundum (*curauit*).

144. **An allen Seiten abgebrochener Grabstein.** Jurakalk, 9" hoch, 1' 1½" breit, 5" tief. Im Museum nicht vor 1844. Die Buchstaben waren roth gefärbt.

```
     VIA
   AEE I I VS
   I CISS I ME
   /ER E C  D VS
   FOR VM
```

. . . . *nia*(*e*) (*fili*?) *ae eius* (*infel*)*icissimae* . . *Uerecundus* . . . .
e(?)*orum*.

145. **Unten und links abgebrochener Grabstein, den ein Gatte sich und seiner Gattin gesetzt.** Jurakalk, 1' 5½" hoch, 2' 2" breit, 9½" tief. Nicht vor 1844 im Museum.

```
         M
      ⊂VNDVS
       BIET
      ᛀATAE
        ᴧE
```

(*Dis*) *Manibus* . . . . (*Uere*)*cundus* . . . . (*si*)*bi et* . . . . . .
(*Ser?*) *uatae* (*coniugi dulcissim*)*ae*.

Dass der vorletzte Buchstabe ein A, kein M gewesen, ist jetzt nicht mehr zu erkennen. Vielleicht schloss die Inschrift mit *obitae*.

146. **Stück eines korinthischen Capitäls.** Jurakalk, 1′ 4″ hoch, 2′ 4″ Durchmesser.

147. **Vierseitiger Altar mit Reliefs auf drei Seiten.** Röthlicher Sandstein, 2′ 1″ hoch, 1′ 5½″ breit, 1′ 3½″ tief. Die Reliefs 1′ 3½″ hoch, 8″ breit, 7½″ tief. Gefunden zugleich mit Nro. 14 im linken Eckwinkel des dort erwähnten Mauerthurms. Vorn in einer Nische Hercules nackt, auf die Keule gestützt, auf dem linken Fusse ruhend, über dem linken Arme die Löwenhaut. Auf der linken Seitenfläche Apoll, die Leier auf den Altar stützend. Die undeutliche Figur auf der rechten Seitenfläche war wohl Mercur, der das Gewand auf dem linken Arm trägt; er ruht auf dem linken Fusse.

148. **Stück einer schön mit Arabesken rings verzierten Säule.** Jurakalk, 2′ 1″ hoch, 1′ ½″ Durchmesser. Gefunden 1848 auf dem Frankenplatze. Vorn zeigt sich unter den Arabesken ein männlicher Kopf.

149. **Unten und an den Seiten abgebrochener Grabstein, oben mit Sims.** Jurakalk, 1′ 10″ hoch, 1′ 2½″ breit, 1′ 3¾″ tief. Gefunden schon vor 1824.

```
      DIS·ᴧ
      SEPᵀ
       ᴛꜱᴦ
```

Dis Manibus . . . . . *Sept*(*imio?*) . . . . . (*e?*)*t Se*(*uero?*).

150. **Ziegelplatte,** (10″ Quadrat, 1½″ dick) mit dem Stempel des Töpfers Malicus oder Malico:

MALIC

Zu Trier hat man Ziegel mit den Stempeln MALIC, MALICO, TMALICO (*Titus Malico*) gefunden. Bonner Jahrb. XVI, 69 f.

150a. Stück eines Ziegels, 9¾" lang, 8" breit, 1¼" dick mit dem Stempel:

M L B

Gefunden an der Nordostseite des Domes im Sommer 1866 und von der Dombauverwaltung geschenkt. Die Buchstaben bezeichnen wohl die Namen des Töpfers, wie wir auch sonst in ähnlicher Weise Töpfernamen durch zwei oder drei Buchstaben bezeichnet finden, auch die Namen der Steinhauer auf Steinen zu Trier (Brambach S. 357).

151. Zwei Würfel aus Thon, auf beiden Seiten mit dreieckigen Einschnitten, 4¾" hoch und breit, 3" dick mit den Stempeln:

Ʀ und Ƒ

Wahrscheinlich die Buchstaben FR, so dass der Mittelstrich des F unten quer (einmal gebogen) gemacht wurde, wie man Λ statt A findet. Es würde der Stempel demnach *fabrica Rufi* oder *fecit Rufus* zu lesen sein. Auf einem Legionsziegel (Brambach 128 I, 7) findet sich Я, das wohl *Rufus* zu lesen ist, da die Umstellung des R sich auch sonst findet.

152. Kleines Ziegelbruchstück mit dem Stempelreste:

⁊ᛕLFN

Wohl der Schluss eines Töpfernamens, etwa *Arcilfnl*. Am zweiten Buchstaben ist die obere Biegung grösser als die untere.

153. Legionsziegel mit Stempeln in länglichen Vierecken.
   a) **Drei der legio prima Minervia**, zwei ganz (der eine 1' Quadrat, 1½" dick, der andere 11½" hoch, 1' 1¼" breit, 3" dick), einer abgebrochen (9" hoch, 1" breit, 3" dick).

L · T̄ · M

T̄, wie häufig, statt Ī. Einmal mit einem Kreisbogen darunter, einmal mit dem Beinamen ANTONIANA, den diese Legion auf manchen Ziegeln in Holland führt (Brambach S. 8 und 33).

IƆIMA

das ist *legio prima Minervia Antoniana*. Der Strich unter dem M sollte eigentlich nach A stehen, in dieser Weise MA̅. Das IƆ ist die Umkehrung von EG, da die Querstriche von E und das vorhergehende L sich nicht ausgedrückt haben. Anderer Art ist bei Brambach 63a.

b) Ein abgebrochener der legio sexta victrix pia fidelis.

LEG VI·VIC·PF

c) Zwei abgebrochene der legio decima quinta (nur auf einem ist der Stempel vollständig erhalten).

LEG XV

Ziegel dieser Legion finden wir zu Bonn, Nymwegen, Xanten, Cleve und Crefeld.

d) Ein vollständiger der legio duoetvicesima (1' 1" Quadrat, 1½" dick). Der Stempel (2" breit, ¾" hoch) ist schief eingedrückt und man sieht die Spuren der Finger auf dem Ziegel. Gefunden 1865 unter dem Rathhausplatze.

LEG·IIXX

Die Zahl XXII ist verkehrt eingedrückt, wie auf einem in Boppard gefundenen Ziegel (Brambach 718).

e) Ein abgebrochener der legio tricesima Ulpia victrix.

LEG XXXV///

f) Ein durchbrochener, vier abgebrochene der überrheinischen Legion (*legio Transrhenana*), einer Legion aus Germanien, die von ihrem Stande auf dem rechten Rheinufer den Namen hatte. Ziegel derselben fanden sich in Dormagen (woher auch die vier abgebrochenen in unserm Museum stammen), Nymwegen, Xanten, Gelb (Gelduba) und Trier. Die Inschrift des durchbrochenen Ziegels ist vollständig.

TRANSRHENANA

Auf einem abgebrochenen, ganz gleichen andern Stempel fehlt bloss T mit dem geraden Striche des R, und man sieht darunter einen Kreisbogen.

Ein dritter zeigt noch den Stempelrest:

NSRHENANA

ein vierter:

NSRHENANA

mit einem Kreise darunter, der fünfte:

SRHENANA

wo ein Kreisbogen die Buchstaben von R an bis zum zweiten N durchschneidet. Man bemerke die abweichende Gestalt des letzten A.

g) **Stück eines Ziegels der cohortes Germaniae piae fideles,** mit dem Stempel:

CGPF

Aehnliche wurden in Leyden und Voorburg gefunden, mit dem Zusatze EX·GER·INF (*exercitus Germaniae inferioris*) in Leyden, Nymwegen und bei Jülich. Vgl. unten i.

h) **Auf einem Bruchstücke** steht in einem Kreise:

CCO

denn die paar davor sich zeigenden geraden Striche gehören zur Verzierung des Kreises.

In Aschaffenburg findet sich auf einem zu Saulheim gefundenen Ziegel in einem Kreise CCOI (Brambach 2068). Das vorausgehende C ist auffallend, da sonst die nähere Bezeichnung der Cohorte immer nachtritt.

i) **Stück eines Ziegels,** 4³/₄" lang, 2³/₄" breit, 1" dick. Gefunden an der Nordostseite des Doms im Sommer 1866. Geschenk der Dombauverwaltung. Erhalten ist nur noch ein Theil von der im Kreise geschriebenen Bezeichnung EX: (GER:) INF: (*exercitus Germaniae inferioris*) und darüber in einem Hufeisen die Zahl II, wonach etwa zu lesen ist *cohors* oder *cohortes II exercitus Germaniae inferioris*. Einen ganz gleichen vollständig erhaltenen Ziegel, der bei Utrecht gefunden worden, bei Brambach 60 a, 3. Cohorten des Heeres des untern Deutschlands wurden zum Ziegeln beordert. Vgl. Brambach S. XIV.

k) **Kleines Stück eines Ziegels,** 4½" lang, 4" breit, 1" dick. Gefunden zugleich mit i. Vom Stempel ist nur der letzte Theil erhalten:

ΛbԻ

d. i. MPF. Die beiden letzten Buchstaben stehen auf dem Kopfe Vollständig lautete er:

LEGIMLE
Legio prima Minervia pia fidelis.

Ein grösserer Theil der Inschrift ist auf ein paar bei Bonn im Rhein gefundenen Ziegelbruchstücken (Brambach 511, a 7) erhalten.

l) **Kleines Bruchstück mit einem Stücke eines Kreisbogens.**

m) **Ziegelplatte mit Rand,** 1' 6" hoch, 1' 1½" breit, 1" (mit Rand 2") dick.

154. **Säule von röthlichem Sandsteine,** 3' 8½" hoch, 1' 9" Durchmesser. Gefunden 1865 unter dem Rathhausplatze.

155. **Urne von carrarischem Marmor,** 11" hoch, oben 1' ½", unten 10" Durchmesser. Aus Italien stammend und beim Ankaufe als *urna cineraria* bezeichnet. Neuere Arbeit. Eigenthümliche Darstellung der Theilnahme der Nymphen des Flusses Ladon in Arkadien an der Verwandlung der unter ihnen lebenden Daphne. Nur an einzelnen Stellen hat die Urne gelitten. Vorn steht Daphne nackt mit ausgebreiteten erhobenen Armen und leidendem Blicke; ihre Arme haben schon begonnen zu Zweigen und Blättern, ihre Füsse zu Wurzeln zu werden. An der gerade entgegengesetzten Seite der Urne steht ein Lorbeerbaum. Zur Linken Daphnes kniet eine Nymphe, welche die Mitte ihres Leibes mit einem Tuche bedecken will, eine neben ihr stehende redet ihr theilnehmend zu. Daneben drei andere Nymphen mit entblösster Brust im Gespräche begriffen; hinter ihnen zwei unbekleidete mit Gewändern in der Hand. Rechts von Daphne zwei mit umgeschlagenen Tüchern nur zum Theil bedeckte Nymphen, von denen die eine eine Schale hält; sie ist nach der andern hingewandt, welche sie fasst und sie neugierig zu fragen scheint. Dann folgen zwei andere im Gespräch begriffene Nymphen; die eine, deren Kopf fehlt, ist ganz bekleidet, nur am Halse ist das mit einer breiten Einfassung versehene Gewand in gerader Linie ausgeschnitten; sie hält mit beiden Händen einen grossen Krug in die Höhe; die andere, an der Brust entblösst, weist auf den hinter ihr stehenden Lorbeerbaum hin.

Darüber liegt ein wohl nicht dazu gehörender Marmorstein.

156. **Viereckige Marmortafel mit vier im Tanzschritte sich bewegenden weiblichen Figuren.** Carrarischer Marmor, 8" hoch, 1' 1¾" lang, ½" dick; dahinter eine gleich grosse und dicke schwarze Marmortafel. Aus Italien stammend. Nicht antik. Die Figuren sind bekleidet, nur die letzte hat den Oberkörper entblösst. Eine trägt ein Säckchen mit Früchten in beiden Händen, die andere hält in der herabhängenden Rechten ein Kränzchen, über dem linken Arme hängt ein Gewand; die dritte hat ein Tambourin (*tympanum*) in beiden in die Höhe gehobenen Händen; die vierte hebt mit der Linken ihr Gewand auf, während die Rechte ein flatterndes Tuch hält. Das Ganze scheint einen mimischen Tanz darstellen zu sollen.

157. **Rund mit den drei Göttinnen des Wohlstandes (Monetae) in Relief.** Carrarischer Marmor, 1′ 8½″ Durchmesser, 2½″ dick (mit dem Rande). Die Figuren 10½″ hoch, 1¾″ tief. Herkunft unbekannt. Nicht antik. Alle drei Göttinnen halten ein Füllhorn mit Früchten in die Höhe; in der Linken, welche zwei herabhängen lassen, die mittlere erhoben hat, eine Wage.

158. **Marmortafel mit unten und an den Seiten sich herumschlingenden Reliefdarstellungen.** Carrarischer Marmor, 2′ 1″ hoch, 1′ 10″ breit, 1¾″ dick. Aus Italien stammend und als *Basso Rilievo con maschere* bezeichnet. Spätere Arbeit mit allgemeiner Benutzung antiker Darstellungen von Sarkophagen. Unten eine komische Maske zwischen zwei andern mit phrygischen Mützen. Zur rechten Seite eine männliche Gestalt, die eine Rolle in der Linken hält, während die Rechte die Toga oberhalb der Brust fasst. Auf der linken Seite eine Frauengestalt, die in der Rechten eine Tafel zu halten scheint; die Linke ist abgebrochen. In der Mitte ist die Tafel mit der überaus wunderlichen Grabschrift:

>   D   M
>   L · C A I VS
>   AFFECTVSESTAMORE
>   E R GA M V SAS

Dis Manibus Lucius Caius affectus est amore erga Musas.

Dass V und S am Ende der zweiten Zeile sind oben geschwungen, die untern Striche des A sind schief, das C liegt. *Affectus est amore* deutet auf eine noch bestehende Liebe, und der Ausdruck ist so nichtssagend wie möglich.

159. **Relief von zwei verwitterten Figuren, von denen die grössere vor der andern kniet.** Drachenfelser Trachyt, 2′ 1″ hoch, 1′ 10″ breit, 5½″ dick. Gefunden im Jahre 1848 am Rheinufer, wohin sie mit andern auf dem Frankenplatze bei Wegräumung des Erdhügels gefundenen Gegenständen geschafft worden war.

160. **Standbild der Cleopatra, die im Begriffe ist, sich die Natter an die Brust zu setzen.** Carrarischer Marmor, 2′ 6″ hoch, 11½″ an der Basis breit, 8″ tief. Aus Italien stammend. Entschieden modern. Die Schlange zwischen den Fingern der linken Hand ist verloren gegangen. Der unterste Theil des Gewandes und die Basis mit der Inschrift: SIC VERVS EXIGIT AMOR (So verlangt es die wahre Liebe) scheinen später hergestellt. Der Kopf ist angesetzt, aber gehörte ursprünglich zum Standbilde; er ist mit dem Ausdrucke schmerzlicher Entschlossenheit nach oben gewandt. Sie ruht auf dem rechten Beine, das durch das Heraufziehen des Gewandes entblösst ist.

Unter dem Standbilde eine Granitsäule, 3' 4½" hoch, 1' 1½"
Durchmesser. Darunter ein Säulenstumpf, Jurakalk, 1' 3½" hoch,
1' 8½" Durchmesser.

161. **Korinthisches Capitäl von scharfkörnigem Sandsteine,** 1' 2" hoch,
1' 8½" Durchmesser. Darunter ein Säulenfuss von weisslichem Sandsteine (6½" hoch, 1' 6½" Durchmesser), und eine Säule von röthlichem,
3' 1½" hoch, 1' ½" Durchmesser.

162. **Schönes korinthisches Capitäl.** Jurakalk, 2' 8" hoch, 2' 6½" Durchmesser. Gefunden 1854 auf dem Frankenplatze.

Darunter Säule von weichem krystallinischem Quarzfelse (muth-
masslich vom Rochusberge bei Bingen), 3' 4½" hoch, 1' 10½" breit.
Gefunden 1849 im Umgange der Kirche St. Maria (im Capitol).

Von hier wenden wir uns zur diagonal entgegengesetzten Ecke des Kreuzganges.

163. **Mehrere architektonische Reste,** gefunden 1866 an der Nordostseite
des Doms und vier eben daselbst gefundene Altäre von Jurakalk,
vorn und an der Seite mit Sockel und Sims, einer an den Seitenflächen
gerieft, 1' 2½" bis 2' 1" hoch, 1' ½" bis 1' 3" breit, 5" bis 1' 1¼"
tief. Zwei derselben waren ohne Zweifel ganz unbearbeitet, wahrscheinlich auch die andern. Aehnliche Altäre ohne Schrift und Sculptur
hat man auch in einem römischen Gemache zu Dormagen und in den
brohler Tuffsteinbrüchen gefunden.

164. **Gesimsstücke** von Jurakalk und Säulenfuss von röthlichem Sandsteine, gefunden 1866 an der Nordostseite des Doms.

165. **Eine Anzahl rother Thonplatten** (1' 10¾", 1' 4½", 8¾", 8¼"
Quadrat und in entsprechender Dicke von 2¾" an). Sie bildeten eine
viereckige Kiste, worin in der Mitte in einem runden steinernen Be-
hältnisse sich ein grosses prächtiges Glasgefäss und zur Seite mehrere
kleinere Gläser befanden, die oben unter den Gläsern aufgestellt sind.
Gefunden im Dorfe Lövenich bei Köln im August 1857.

166. **Unterer Theil eines Standbildes des Mercur,** auf den der zur Linken
auf einer Schildkröte stehende Hahn deutet, die beide sehr verwittert
sind; denn beide Thiere wurden diesem Gotte beigegeben. Feiner Tuffstein, 9" hoch, 1' 9" breit, 10½" tief. Gefunden zugleich mit Nro. 29.
Ausser den Resten der Thiere haben sich nur die Füsse und ein kleiner
Theil der Beine erhalten.

167. **Bruchstücke eines colossalen Standbildes des auf einem Sessel
sitzenden an einen Altar angelehnten Mercur.** Feiner Tuffstein,
(vielleicht aus Weibern bei Andernach). Die nicht glücklich zusammen-
gefügten Reste (andere liegen dabei) nehmen eine Höhe von 5' 10",
eine Breite von 2' 9", eine Tiefe von 2' 11" ein. Der Gott allein ist

4' 2" (der Oberleib 2' 2") hoch, 1' 9" breit, 2' 11" tief. Kopf und Arme, von denen noch Theile sich erhalten haben, sind abgebrochen. An der Brust ist der Gott mit der Chlamys bekleidet. Am rechten abgebrochenen Fusse bemerkt man Flügel, am linken Fusse die Sandale; ein Riemen läuft durch die beiden vordern Zehen durch und ist oben auf dem Fusse mit Schnüren (*corrigiae*) befestigt, die in drei Enden herabhängen. Der Sessel lief oben in zwei Thierköpfe aus. Bonner Jahrb. XXVI, 155.

168. **Mosaikboden mit Medaillons**, jedes 4' 10" Durchmesser. Gefunden auf dem Hofe des Hauses auf dem grossen Griechenmarkte Nro. 121 in gleicher Tiefe mit dem Keller. Das ganze Mosaik war grösser. Man bemerkt auf dem geschmackvoll angelegten Boden einen Hund und zwei Tauben. Erklärung und Abbildung in den bonner Jahrb. XLI, 129 ff. und Tafel V. Vgl. XLII, 195. 201—203.

169. **Roher Aschenkasten aus Tuffstein**, 1' 3¼" hoch, 3' 11" breit, 2' tief. Gefunden auf der Machabäerstrasse zugleich mit Nro. 130. In gleichem Abstande von den Seiten finden sich zwei Vertiefungen, worin zwei bleierne Gefässe mit Deckel (drinnen 11¼" hoch, 8" Durchmesser), welche Asche verbrannter Körper mit Kohlen vermischt enthielten.

170. **Einfacher bunter Mosaikboden**, 6' 3" lang, 9' 5" breit. Gefunden im Jahre 1866 auf dem Ecke der Mörser- und Röhrergasse in beträchtlicher Tiefe. Die Pasten sind roth, gelb, grau, schwarz und weiss. Zwischen acht Quadraten (im Innern 1' 4¾") finden sich drei längliche Vierecke (2' 5" lang, 1' 2¼" breit).

171. **Ganz einfacher Mosaikboden, schwarz und weiss**, 2' 10¼" lang, 5' 11½" breit. Gefunden bei der Cäcilienkirche.

172. **Roher Tuffsteinsarg**, mit dem Deckel 2' 9½", ohne denselben 1' 11½" hoch, 8' 5½" lang, 2' 7" tief. Gefunden in bedeutender Tiefe im Arresthause am Klingelpütze. Oben findet sich in der Mitte eine Höhlung, 1' 3½" lang, 9" breit, 5½" tief. Im Innern ist der Sarg durch eine von vorn nach hinten gehende Wand in zwei eine Höhlung bildende Theile geschieden, jede 3' lang, 1' 3½" breit. Vorn steht in der Mitte:

XLII†I

Die Zahl 44 mit dem durch einen Querstrich durch den vorletzten Einer gebildeten christlichen Kreuze. Man hat mehrfach zu Rom Zahlen, einmal die Zahl LVIII, auf Gräbern und Sarkophagen gefunden, die aber nicht alle dieselbe Deutung gestatten. Vgl. Martigny *dictionnaire des antiquités chrétiennes* unter *Martyrs* (398 f.), *De Rossi inscriptiones Christianae urbis Romae* zu Inschrift 1. 4 und 43, auch *Roma sotteranea* II, 156. 231. Da der bis zum Anfange des fünften Jahrhunderts lebende christliche Dichter Prudentius von Särgen spricht, worin viele Martyrer bestattet gewesen, deren Zahl man darauf allein, nicht ihre Namen gelesen habe, so könnte dies ein solcher Sarg sein. Bei den Christenverfolgungen wurden die Leichen oft verbrannt oder sonst gegen sie gewüthet, so dass die Gläubigen nur weniges von ihren Gebeinen auffinden konnten. Möglich, dass in diesem Sarge die kärglichen Reste von vierundvierzig Martyrern niedergelegt wurden, auf dem man nicht einmal die Bezeichnung *Martyres* anzubringen wagte, sondern sich einfach mit dem fast verborgenen christlichen Kreuzzeichen begnügte. Ein ähnlicher daselbst gefundener Sarg (unter Nro. 257) trägt keine Bezeichnung.

173. **Drei runde Aschenkrüge aus Jurakalk.** Die Höhe derselben beträgt 1′ 8″, 1′ 5½″, 1′ 4″, der Durchmesser 1′ 5″, 1′ 4½″, 1′ 4″.

174. **Rings abgebrochener Grabstein eines Standartenträgers und Veteranen der legio unetricesima rapax aus der italischen Stadt Vercellä (Vercelli), aus dem ersten Jahrhundert.** Jurakalk, 1′ 9¾″ hoch, 2′ 1½″ breit, 1′ 2½″ tief. War schon in der blankenheimer Sammlung. Abgebildet bei Schannat „Eiflia" I Tafel VI, 22. An der rechten Seitenfläche ist ein dort übergangenes weibliches Relief von der Brust bis zu den Knieen erhalten (1′ 8¾″ hoch, 1′ 3″ breit, 3″ tief); beide Arme sind abgebrochen, in dem einen befand sich nach Schannats handschriftlicher Beschreibung eine Axt. Diese Figur stellt nicht die Bellona dar, wie Schannat meinte, sondern die siegende Roma, und deutete wohl auf die Besiegung der Germanen unter Germanicus. Vgl. bonner Jahrb. XIV, 93 ff.

```
\NIVERLCVN
  DOM O·VERCEL
  SIG·ET·VETER· LE
  XXI RAP·H·F PC
```

. . . . . . *Ani(ensis) Uerecundus domo Uercellis signifer et ueteranus legionis unetuicesimae rapacis. Heres faciundum(?) ponendum curauit Ossa hic sita.*

Vorname und Namen fehlen. *Ani (Aniensis)* bezeichnet, dass er zur Tribus Ania gehörte. Ganz so steht ANI sonst, wie auf einer zu Zahlbach gefundenen Inschrift (Brambach 1208), aber auch bloss AN· (*Ania*), oder ANIES, oder ausgeschrieben ANIENSIS. Gewöhnlich lautet die Formel H·F·C. Vermuthen könnte man *heres filia* (doch erwartete man eher *filia heres*) oder dass statt F ein E (*eius* oder *ei*) stehen sollte. Das Zeichen unter der Inschrift, das wir auch Nro. 228 finden, eine Verschlingung von O, H und S, die auf dem Steine die Breite von vier Buchstaben und eine entsprechende Höhe hat, bezeichnet, dass die Asche unter dem Denkmale ruht. Die einundzwanzigste Legion ward nach der Niederlage des Varus von Augustus gebildet und stand zunächst in *Castra Uetera* bei Xanten. Dem Germanicus folgte sie auf seinen Zügen gegen die Marser und Cherusker und kämpfte unter Cäcina gegen Arminius. In diese Zeit könnte unsere Inschrift fallen, deren Fundort leider ganz unbekannt ist. Später, vielleicht unter Nero, ward sie nach *Mogontiacum* verlegt, ging darauf nach *Uindonissa* (Windisch bei Brugg in der Schweiz). Dort erklärte sie sich für Vitellius und zog nach Italien, wo sie aber von Vespasian besiegt ward. Im Jahre 71 ging sie zur Bekämpfung des Civilis nach Germanien, und sie zog als Siegerin in Trier ein. Nach völliger Beendigung des Krieges kam sie an die Stelle der *legio prima Germanica* nach Bonn, wo sie wahrscheinlich bis zu Domitians Zeit blieb. Nach Domitian findet sich von ihr keine Spur mehr; wahrscheinlich war es diese Legion, die im Jahre 92 von den Sarmaten vernichtet wurde.

175. **Unten abgebrochener Grabstein, oben in Dachform.** Stark verwitterter Jurakalk, 1' 3" hoch, 1' 1" lang, 3" tief. Nach der Angabe des frühern Antiquar Scheibner wurde er vor dem Eigelsteinerthore auf dem Ackerland eines Herrn Baum gefunden. Scheibner wollte die ganz leserliche Inschrift, als er den Stein zurückgeben sollte, zerstört haben. Vgl. bonner Jahrb. XXXIII. XXXIV, 188 f. Brambach 309. Sicher scheinen mir jetzt folgende Züge:

```
MAN//N V
NOI//G E N
//NG//N VA
CI......N
FCOSCO
  I V
```

*Mannuno Ingenuo Ingenua . . . ei (filia?) . . . . . . , e(?) Cosco
. . . . . . (u)ix(it) . . . .*

In der ersten Zeile war vielleicht zwischen den beiden N der Stein ursprünglich schadhaft oder beim Einhauen des Buchstabens ausgesprungen. In der vorletzten Zeile scheint der Name *Cosconius* oder *Cosconia* zu stehen.

176. **Rings abgebrochener Stein, wahrscheinlich Grabstein eines höheren Beamten.** Jurakalk, 1′ 4³/₄″ hoch, 3′ lang, 1′ 2″ tief. Gefunden 1835 in der ehemaligen Stephanscapelle, Hochpforte Nro. 24, unter dem Boden.

```
       FRONTO
       SVLARIS
       I D VM
```

.... *Fronto* .... (*Con*)*sularis* ....
(*faciu*)*ndum* (*curauit*).

Fronto ist ein sehr häufig vorkommender Beiname; Name und Vorname fehlen. *Consularis* bezeichnet den consularischen Rang; zur näheren Bezeichnung trat immer ein bestimmender Genitiv hinzu, wie *consularis aquarum*, *operum publicorum*. Eine Inschrift von einem *Germaniarum consularis* hat man in Bonn gefunden.

177. **Unten und links abgebrochener Grabstein eines Untersteuermanns (oder Wächters auf dem Vordertheile eines Schiffes) aus Alexandrien in Aegypten.** Jurakalk, 1′ 11½″ hoch, 1′ 8½″ breit, 6″ tief. Nach E. Weyden (Rückblicke auf Kölns Kunstgeschichte 1855 S. 10) gefunden „an einem nach Osten gelegenen Kopfende eines Sarges bei der Fundamentirung der neuen Salzmagazinstrasse neben der Ursulakirche". Oben in Relief doppeltes Tempeldach, im Giebel Verzierungen, mit einer Rosette in der Mitte; darunter die mit einem höhern Rande eingefasste Inschrifttafel.

```
HORVS·PABEC
I·F· PRORETA·AI
EX SANDRIN
V S· EX CLASSE
A N N· LX· MILIT
A V II· A NN
```

Horus Pabeci filius proreta Alexandrinus ex classe annorum sexaginta militauit annos . . . . .

Dieser ägyptische Schiffsmann starb zu Köln, bei der deutschen Flotte. Vgl. zu I 3. Sein Name und der des Vaters sind echt ägyptisch. Man bemerke das enge H am Anfange, den Fehler AI statt AL und das S nach X in *Alexandrinus*, als wäre der Name lateinisch und *ex* die Präposition, die häufig *exs* geschrieben wird. In Zeile 4 ist das L in CLASSE kleiner.

178. Grabstein der Frau eines Wechslers. Weissgrauer Sandstein, 1' 10½" hoch, 1' 5" breit, 4" tief. Gefunden im Jahre 1866 auf der Baustelle der Severinsknabenschule.

```
ME MORIAE·AE E ı
ACC ƎPT IAE·AC C ƎP T ⸝
FEMI NE· I NNOC ƎN ı SS
TAELIV S· VIPER I N VS
NE GOT IA T·N VM M VL
C ONĪV G I· D V L CI S S
   FAC       C V R
```

Memoriae aeternae Acceptiae Acceptae feminae innocentissimae Titus Aelius Uiperinus negotiator nummularius coniugi dulcissimae faciundum curauit.

Die N, wo sie nicht mit andern Buchstaben verbunden sind, stehen schief.

Der Wechsler (*negotiator nummularius*) weiht den Stein „dem ewigen Andenken" seiner geliebten Gattin, die er als eine ganz unbescholtene Frau preist. Die Dativformen auf *ae* und *e* stehen häufig bunt nebeneinander.

179. Rings abgebrochener Grabstein. Jurakalk, 1' 2½" hoch, 1' 1/3" breit, 1" tief. Fundort unbekannt. Schon 1835 im Museum.

```
     I A I///
   ////Γ I N
    E·C O N
   VLI V S·R
   √ TI B V
   V C ı
```

. . . . *iae*(?) . . . . *tin* . . . . . . *e Cun* . . . . . *ulius R* . . . .
       ntibus . . . . . *uc* . . . .

Die Züge, die man am Anfange der zweiten Zeile zu erkennen glaubt, rühren von spätern Hieben her. Alles ist hier so ungewiss, dass fast jeder Halt zu einer Vermuthung fehlt; selbst *Iulius, parentibus* und am Schlusse *coniugi* sind nicht unzweifelhaft. Am Anfange scheinen zwei weibliche Namen im Dativ zu stehen.

180. **Unten abgebrochener, in drei Stücken erhaltener Grabstein einer Mutter für sich und ihre Tochter.** Jurakalk, 1' 1" hoch, 1' 5¾" breit, 2½" tief. Er war schon in den zwanziger Jahren im Museum.

```
D·M·POMPEIIA
D A G A N I A·VIVA
SIBI·FECIT·ET
A VRE L I AF VRSE
FI I
```

Dis Manibus Pompeia Dagania sibi et Aureliae Ursae fil(iae dulcissimae).

Das doppelte i im Namen *Pompeia* nach vielfachem Gebrauche, wie häufig in EIIVS.

181. **Grabstein eines Kölner Parfürmeriehändlers von dessen Brüdern gesetzt.** Jurakalk, 1' 8½" hoch, 1' 7¾" breit, 3" tief. Im Museum schon 1847.

```
SEX· HAPARO
NO·IVSTIN O
NEGOTA T O
RI·SEPLAS I A
R I O·RATR E S
FAC   CVR
```

Sexto Haparonio Iustino negotiatori seplasiario fratres faciundum curauerunt.

In der zweiten Zeile ist das zweite I, wie in 178, kleiner, obgleich es nicht unter dem T steht, in der dritten ein I zwischen TA ausgefallen. *Seplasiarius* wird, wie *unguentarius*, von den Salben- und Parfümeriehändlern gebraucht. *Seplasia* war der eigentliche Ausdruck für alle Parfümerien, woher auch eine Strasse in Capua, worin Parfümerien verkauft wurden, *Seplasia* hiess.

182. **Grabstein eines Freigelassenen mit Relief.** Jurakalk, 2' 2" hoch, 3' 1" lang, 1' 5½" tief, doch sind an beiden Seiten, 8" lang, hinten 11" abgeschlagen, so dass hier in der Mitte nur ein schmaler mit vier starken Riefen verzierter Streifen geblieben ist, womit der Stein wohl an eine Mauer angelehnt war, wenn er nicht etwa einen Theil eines grössern Denkmals bildete. Angeblich gefunden in einer Lehmgrube am Judenkirchhofe bei Köln. Vorn in einer Nische das Brustbild eines

Mannes, der mit der Rechten die Toga links oberhalb der Brust fasst (1' 3" hoch, 1' 4" lang, 4" tief). Zu beiden Seiten des Kopfes ein schräg nach der Spitze des Kopfes zulaufendes Dach, worunter Blätterschmuck. Unterhalb steht mit grossen Buchstaben in der ganzen Breite des Steins:

C·MESSVLENO·C·L· IVVENI

Caio Messuleno Caii liberto Iuueni.

Iuuenis ist hier Beiname. Die Namen *Caius Messulenus* hatte er von seinem frühern Herrn angenommen.

183. 184. Grabstein mit Relief und doppelseitiger, auf ganz verschiedene Personen bezüglicher Inschrift, wonach zu vermuthen, dass der Stein in einer Grabkammer gestanden. Den Stein hatte ursprünglich ein Veteran der *legio I Minervia* sich und seiner verstorbenen Gattin gesetzt; auf der hintern Seite weihte ihn die Gattin eines *tribunus praetorianus* ihrem Gatten und ihrer Tochter, die beide vor ihr gestorben waren. Jurakalk, 2' 8" hoch, 1' 11" breit, 4¼" tief. Gefunden im Jahre 1854 beim Neubaue des Hauses des Herrn Rentner Etzweiler auf dem Cunibertskloster und vom Eigenthümer dem Museum geschenkt. Vorn oben in einem Vierecke ein 1' 4¼" hohes, 1' 8" breites, 1½" tiefes Relief mit der auf Grabsteinen so häufigen Darstellung eines Mahles. Diese Darstellungen, welche man früher für Leichenmahle hielt, stellen den Verstorbenen im frischen Lebensgenusse dar, wie ja auch Sarkophagen und Urnen, nach Goethes schönem Worte, „der Heide mit Leben verzierte". Die Römer folgten hierin dem Beispiele der Griechen, bei welchen aber auch die ältesten Darstellungen, wie die in den lykischen Felsengräbern, nach der Blüthezeit der Kunst, die meisten nach Christi Geburt fallen. Bonner Jahrb. XXXVI. 105—115. Der Verstorbene ruht, mit der Toga bekleidet, halb aufrecht auf dem Speiselager (*lectus tricliniaris*), worüber die Matratze (*torus, culcita*) liegt; der linke Arm, welcher die Serviette (*mappa*) hält, ruht auf einem Armpolster (*cubital*); der Nacken ist mit einem hohen Kopfpolster (*ceruical*) gestützt. Die erhobene Rechte hält den nicht gehenkelten Trinkbecher in die Höhe. Vor ihm steht der dreifüssige Tisch (*cilibantum, mensa tripes*), dessen Füsse hier gerade Pfeiler mit drei Riefen und einem viereckigen Sockel sind; er ist nicht nach älterer Sitte ungedeckt, sondern ein Tischtuch (*mantele*) ist über ihn ausgebreitet und hängt faltig an den Seiten herab. Auf dem Tische steht hier bloss eine seine ganze Breite einnehmende Schüssel mit Früchten, keine Trinkgeschirre. Am hintern Ende des Speiselagers sitzt die Frau, welche das einfach geordnete Haar hinten in einen Knoten geschlungen hat; auch sie hält im Schosse eine Schüssel mit Früchten; unter ihren

Füssen kommen die untern Theile der Stempel des Stuhles zum Vorschein, wie auf den Matronensteinen. Hinter der Frau zeigt sich ein Hund, der auf den Tisch will. Zur Seite des Mannes steht in abwartender Stellung ein Diener mit dem zur Füllung des Bechers dienenden Schöpfgefässe (*cyathus*) in der herabhängenden Linken, hinter der Frau eine Dienerin.

D·M·C·IVL·MATERNVS
VET·EX·LEG ·I·M·VIVS·SIBI
ᛠ·MARIE·MAR C ELLINAE
COIIVGI·DVLCISSIME
///CASTISSIME·OBITAE·F·

Dis Manibus Caius Iulius Maternus ueteranus ex legione prima Mineruia uiuus sibi et Mariae Marcellinae coniugi dulcissimae (et) castissimae obitae fecit.

Die Dativformen auf *e* und *ae* wechseln auch hier. Statt *coniugi* steht, wie häufig, *coiugi*, mit Verdoppelung des I, und zwar ist das erste, wie nicht selten, länger. *Maria* ist die weibliche Form zu *Marius*.

Auf der hintern Seite oben Relief in einem Vierecke (7" hoch, 1' 8" breit, 1½" tief) drei Brustbilder, rechts der Mann in der Toga, links die Frau mit hohem Haarschmucke, in der Mitte die Tochter, kleiner mit einfach gescheiteltem Haare.

DLIBERALINIO·M
PROBINO·TRIBVNO
ΩPRÆ TORIANOᛠ
LIBERALINÆ ΩPRO
BINÆ·FILIÆ·EIIVS·BAR
BARINA·ACCEPTA· M
ARITO· ᛠ·FILIÆ·OBIᛏS

Dis Manibus Liberalinio Probino tribuno praetoriano et Liberaliniae Probinae filiae eius Barbarinia Accepta marito et filiae obitis.

Der Steinmetz hatte zweimal (Z. 3 und 4) irrig ein Q eingehauen, dies aber dann nach bekannter Sitte durch einen Querstrich als ungehörig bezeichnet.

Da die *praetoriani* die Kaisergarde sind, unser Liberalinius Probinus aber kaum bei einem zufälligen Aufenthalte zu Köln gestorben sein wird, so muss unser Stein wohl in die Zeit des Kaisers Postumus oder seiner nächsten Nachfolger fallen, unter denen ein eigenes römisch-gallisches Reich mit dem Regierungssitze zu Köln bestand. Liberalinius Probinus war der Befehlshaber einer zu Köln stehenden Abtheilung der Kaisergarde. Victorinus, der Nachfolger des Postumus, heisst auf einer trierer Inschrift *tribunus praetorianorum*. Bonner Jahrb. XL, 7 f. Dass ein *tribunus praetorianus* seinen Grabstein mit andern theilen muss, fällt freilich auf.

Der grosse Mosaikboden der Weisen ist oben S. 12 ff. beschrieben.

185. **Viereckige Aschenkiste mit Deckel.** Tuffstein, 11″ hoch, 1′ 7½″ lang, 1′ 3″ tief.

186. **Zweihenkliger, enghalsiger, unten spitzer thönerner Krug**, ein sogenannter *cadus*, der mit einem Stöpsel verschlossen wurde, und zur Aufbewahrung von Wein, Oel, Honig diente. 3′ 1″ (Hals 1′ 1″) hoch, 10½″ (Hals 5″) Durchmesser.

187. **Ein ähnlicher** mit gebrochenem Henkel, 2′ 4½″ (Hals 9″) hoch, 10½″ (Hals 5″) Durchmesser.

188. **Eingemauerte Reste einer Stuckwand,** 1849 im Umgange der Kirche St. Maria (im Capitol) gefunden.

Darüber eine Anzahl verschiedenartiger Töpfe und Aschengefässe aus Thon, Tuff- und Sandstein, mit und ohne Deckel, die Aschengefässe zum Theil mit Asche, in einer ein kleines rothes Schälchen mit einer Art Spielsteinchen.

189. **Sarkophag mit Deckel, vom Hauptmanne eines Reitercorps (ala) seiner Gattin auf Verlangen geweiht.** Gräulich weisser Sandstein, 3′ 1″ hoch, (Deckel allein 11″), 7′ 2″ lang, 2′ 7″ tief. Stand früher in der Ursulakirche. Wallraf erhielt ihn von dort zum Danke für seine Bemühung um die Herstellung der Kirche. Er war sonst vorn mit Kalk überzogen und mit einer heiligen Jungfrau in Oel bemalt, wovon man zum Theil noch jetzt Spuren sieht. Der Deckel läuft in der Mitte spitz zu, vorn bildet er ein Dach, worunter sich ein Brustbild befand; an den Ecken Erhöhungen. Am Sarge selbst vorn zu beiden Seiten Genien (1′ 10½″ hoch, 1′ breit, 1½″ tief), welche die mit dem Rande gleich hohe Inschrifttafel halten, die vorn an beiden Seiten einen doppelten einwärts gehenden Bogen bildet.

APOLLONIAE·VICTORINAE·BESSVLA///
VALGA·SMAIERI·DEC·ALAE·FIDE·VINDICIS
CONIVGI·CARISSIM AE·MEMORIAMQVEM
RO GAVIT   FECIT

Apolloniae Victorinae Bessulae(e) Valga Smaieri decurio alae fidae uindicis coniugi carissimae memoriam quem rogauit fecit.

Valga wird als Sohn eines Smaierus bezeichnet. *Filius* bleibt weg, wie wir auf rheinischen Inschriften finden. *Masius Ianuari et Titianus Ianuari* (Bramb. 632), *Iulius Couemi et Exuperator Taluppe* (1851), *Inticius Iassi et Titianus Ianuari* (816), *Bitanuarius Auiti* (1522), *Lufeia Caranti* (1710), *Nouia Postumi* (1765), *Ibiomarius Clesae* (1876), *Fictitius Gennalonis* (27), *Eduillus Visurionis* (1838). Die Interpunction nach Valga stoht freilich nicht ganz fest. Eine *ala fida uindex* (treu, rächend) kommt sonst nicht vor. Meist sind die Reitercorps nach Personen benannt. *Memoria* steht, wie auch sonst, zur Bezeichnung des Sarkophags, und wird hier sogar, wie *sarcophagus*, männlich gebraucht.

190. **Zwei mit einem Baume, Blumen am Rande und Festons zur Seite des Baumes verzierte Steine.** Jurakalk, 2' 5" hoch, 2' 2½" breit, 4" tief. Vor dem Hahnenthore im Wallgraben im Februar 1859 gefunden und von Herrn Steinmetzmeister W. Siegert dem Museum geschenkt, nachdem ein paar Fuss des unten unverzierten Steines abgesägt waren.

191. **Reste eines schönen Mosaikbodens,** gefunden auf einem Grundstücke der Herren Zanoli und Brentano hinter der Cunibertskirche. Der Boden war früher durch Anlage einer Weinpflanzung zerstört worden. Von den Eigenthümern dem Museum geschenkt.

192. **Bruchstück eines Mosaiks,** in früherer Zeit gefunden.

193. Sarkophag mit vier von Vierecken eingefassten Reliefs, einem Veteranen der legio tricesima Ulpia victrix vor dem Jahre 223 (vgl. zu Nro. 11) von seiner Tochter geweiht. Sandstein, 2' 5½" hoch, 7' 5" breit, 2' 6⅓" tief. Gefunden 1671 vor dem Weyerthore beim Einflusse des Duffesbaches in die Stadt und nach dem Zeughause gebracht, von Wallraf in Stücke zerschlagen, um ihn der Raubgier der Franzosen zu entziehen, was ihm Anklage und Strafe zuzog. Beschrieben von Welcker „Alte Denkmäler" II, 296 ff. Abgebildet in den bonner Jahrb. VII Tafel III. IV. Die von zwei Reliefs umgebene, umrandete Inschrift liegt etwas tiefer. Das beginnende DM steht oberhalb des Randes, das schliessende O Zeile 6 zum Theil in demselben.

```
D                                      M
C·SEVERINIOVITALI·VETERANo
HONESTEMISSIONIS·EX·BFCOS
LEG·XXXV·V·SEVERINA·SEVERINA
FILIA·PATRI·KARISSIMO·ADSEREN
E·VITALINIO·HILARIO NE·LIBERTo
FACIVNDVM·CVRAVIT
```

Dis Manibus Seuerinio Vitali ueterano honestae missionis ex beneficiario consulis legionis tricesimae Ulpiae uictricis Seuerinia Seuerina filia patri carissimo adserente Uitalinio Hilarione liberto faciundum curauit.

VITALI ist Fehler des Steinmetzen statt VITALI, wie der Name seines Freigelassenen *Vitalinius* zeigt. In der zweiten Zeile findet sich jetzt ein Punkt im O von *Seuerinio*, wie in der sechsten oberhalb der Mitte des O in *Vitalinio*; sie rühren beide von spätern Hieben her. Das letzte O von Zeile zwei und sechs ist kleiner, in Zeile fünf hat K die auch sonst vorkommende Form k. Vgl. Nro. 30. An dem R geht der obere Balken meist weit über den senkrechten Strich. Severinius Vitalis war als Veteran ehrenvoll entlassen worden; auch war er Gefreiter des Consuls (vgl. zu Nro. 4) gewesen. Die ehrenvolle Entlassung erfolgte gewöhnlich nach einer Dienstzeit von 25 Jahren mit Ertheilung des Bürgerrechtes und anderer Vortheile. Seine Tochter, die vom Vater Namen und Beinamen angenommen hatte, war als Frau rechtlich unselbständig; sie bedurfte daher zum Abschlusse des Geschäftes der Bestellung des Sarkophags eines männlichen Beistandes (*adserente*), den ihr der Freigelassene ihres Vaters Vitalinius Hilario leistete. Freigelassene nehmen zuweilen nicht geradezu den Namen ihres Herrn an, sondern mit einer ableitenden Endung.

Die Reliefs unseres Sarkophags enthalten eine gar bunte Zusammenstellung, sind aber meist Nachahmungen besserer älterer Darstellungen. Vorn links von der Inschrift sehen wir (2' 1" hoch, 1' 10" breit, 1½" tief) die Befreiung der angefesselten Hesione, der Tochter des troianischen Königs Laomedon, durch Hercules. Der Held steht, die Löwenhaut über dem rechten Arme, den hier eigentlich ganz ungehörigen Apfel in der Hand haltend, mit hinter dem Nacken erhobener Keule und schaut auf das mit dem Tode ringende Meerungeheuer hin. Um die nackt, mit erhobenen Armen am Meerfelsen noch gefesselte Hesione kümmert er sich gar nicht. Rechts von der Inschrift ist Hercules als Räuber des delphischen Dreifusses zu sehen (2' 1" hoch, 1' 9" breit, 1½" tief). Apollo sitzt nackt auf einem Felsen oder Altare, worauf sein Gewand liegt, unter einem Lorbeerbaume und sieht ruhig, die Leier auf dem Schosse haltend, dem Räuber zu, der den Dreifuss auf der linken Schulter trägt, die Löwenhaut über dem linken Arme, die Keule in der Rechten hat. An der rechten Seite ist Theseus mit dem Minotaurus dargestellt (2' hoch, 2' 1½" breit, 2" tief). Theseus bloss mit der flatternden Chlamys bekleidet, die Keule in der erhobenen Rechten, hat den nackten, vor ihm fliehenden stierköpfigen Minotaurus mit dem rechten Ohre gefasst. Dieser hat die rechte Hand abwehrend ausgestreckt, die herabhängende Linke ruht auf dem linken Schenkel. Die Stellungen sind gut und eigenthümlich, vielleicht nach einer Mosaikdarstellung. Bei weitem schlechter ist das Relief auf der linken Seitenfläche (2' 1" hoch, 2' 2½" breit, 2" tief). Eine nackte Tänzerin mit hohem Haarputze, nach links schauend, zur Seite gewandt, schwingt ein wie ein langes Band zusammengefaltetes Gewand über den Kopf; neben ihr, gleichfalls nackt und mit hohem Haarputze, nach ihr hinschauend, den Körper ganz nach vorn gewandt, eine Tambourinschlägerin, welche das Tambourin in der Linken höher als in der Rechten hält.

194. 195. **Zwei Halbmasken, sogenannte Faunenmasken**, wie man sie häufig auf den Ecken der Deckel von Sarkophagen findet. Vgl. Visconti *Museo-Pioclementino* VII Tav. XIII. Millin Galerie Nro. 406. 407. Carrarischer Marmor, 11" hoch, 10" breit, 3¼" tief und 1½" hoch, 8" breit, 1½" tief. Aus Italien stammend. Die eine, nach rechts blickend, hat beide Augen, die andere, nach links gewandt, nur ein Auge und fast die ganze Nase. Beide haben reiches Haar auf dem Haupte und zur Seite; der Mund ist geöffnet.

196. **Basrelief von Marmor**, 1' 3" hoch, 2' 3" breit, 4¾" tief. Aus Italien. In der Mitte männliches Brustbild in der Toga, welche die Linke oberhalb der rechten Brust fasst, während die Rechte eine Rolle hält zur Andeutung seiner wissenschaftlichen Beschäftigung oder seiner Amtswürde. Hinter ihm ein Vorhang, den zwei bekleidete, nach der Seite abwärts von ihm schauende Genien halten. Zu einem Sarkophage gehörend.

197. **Runder Aschenkrug ohne Deckel,** 11' hoch, 1' 5½" Durchmesser. Jurakalk.

198. **Grabstein eines neunjährigen Knaben mit einer Inschrift in Hexametern.** Jurakalk, 1' 9" hoch, 1' 10½" breit, 3½" tief. Im Frühjahre 1845 von Herrn Baumeister Mayrhofer zugleich mit einer mittelalterlichen Inschrift aus der Capelle des heiligen Christoph, Erasmus und Sebastianus geschenkt. Ringsum, ober- und unterhalb der Zeilen sind Linien gezogen, die Buchstaben äusserst schlecht, unregelmässig und eigenthümlich, so dass an eine sehr späte Zeit zu denken ist. Das Ende der zwei ersten Verse ist bezeichnet, dagegen zwischen dem Schlusse der Verse und der darauf folgenden Angabe in Prosa kein Abtheilungszeichen.

```
B LANDAM EP IETAS
M OR SI NP IAEV NE RE
TR I ST I ⌒AB STVLIT ED
VLCISRV P I T N OV AGAV
DI AVIE⌒ N ONIC VIT C
V PI DO SLO NGVM GAV D
E REPA RE N ESLVPASSIVS
P VER VIX A N ⌒ ISIII
```

Blandam te, pietas, mors impia funere tristi
Abstulit et dulcis rupit noua gaudia uitae.
Non licuit cupidos longum gaudere parentes.
Lupassius puer uixit annos nouem.

Dich, o liebendes Kind, dich herzliches, raubte der arge
Tod, ach, brach so früh die Freuden des lieblichen Lebens.
Nicht war längere Freude gegönnt den verlangenden Eltern.
Der Knabe Lupassius ward neun Jahre alt.

Das P liegt, das N hat statt eines Winkels oft eine Rundung, das letzte V in Zeile 7 und in VIX Zeile 8 ist oben geschweift, gleichfalls das obere rechte Ende des E in E. I und L enden zuweilen oben in zwei Zacken. E steht Zeile 3 statt ET. Das T von RVPIT ist oben in der Mitte eingebogen. In *funere* steht am Anfange irrig ein E. Zeile 4 ist in VIE ein T ausgefallen. In der letzten Zeile ist das zweite N von *ann(os)* missrathen. S kommt seit dem dritten christlichen Jahrhunderte als Zahlzeichen für sechs vor; es ist aus der griechischen Schrift genommen.

199. **Relief eines Grabmals.** Jurakalk, 2' 7½" hoch, 4' 8" breit, 1' ¾" tief. das Relief 2' 5" hoch, 3' ⅛" breit, 4" tief. Gefunden 1846 im Hause

Gereonstrasse 25. Geschenk des Eigenthümers Herrn Rendant Lüders. In einer runden Nische liegt, wie in Nro. 184, ein Trinkender, dessen rechte Hand abgebrochen ist, auf dem *lectus tricliniaris*, dessen Füsse an beiden Seiten sichtbar sind. Vor ihm der Tisch mit geschweiften Füssen; auf ihm ein kleineres und ein grösseres Trinkgefäss, beide gehenkelt. Der Diener mit dem Schöpfgefässe steht zur Linken. An den Seitenflächen Palmbäume mit Früchten.

200. **Grabstein eines Soldaten der legio duoetvicesima aus Virunum in Noricum (beim jetzigen Klagenfurt), wohl aus der Zeit Traians.** Jurakalk, 3′ 7″ hoch, 2′ 5″ breit, 8¼″ tief. Gefunden im November 1862 im Keller des Hauses Eigelstein 123, etwa 17 Fuss unter der Strasse. Abgebildet in den bonner Jahrb. XXXVI, Taf. I, 2. Oberhalb der runden Nische Löwe und Löwin, die sich nach den beiden Seitenflächen herüberziehen. Vgl. Nro. 124. Der Trinkende, der ein gehenkeltes Gefäss in der Rechten hält, wie in 199, liegt auf dem *lectus*, aber ohne Kopfpolster. An der Kopfseite des *lectus*, dessen Füsse man rechts bemerkt, hängt eine Decke herab, die aber nicht bis zur andern Seite sich erstreckt, auch nicht bis zur Erde reicht, das *toral*, das sonst auch wohl die ganze Länge des *lectus* bedeckt und bis zum Boden herabgeht. Am Boden steht links vom Tische ein gehenkeltes viereckiges Gefäss mit engem Halse, das weder ein Mischkrug ist, der oben eine weite Oeffnung hatte, noch eine *lagona*, die bauchig war, eher ein Wasserkrug, da man Wasser zum Mischen und zum Abwaschen der Hände brauchte. Vgl. unten Nro. 224. Auf den Seitenflächen Bäume, die abwechselnd breite Blätter und auf den Stielen sich erhebende runde Blumen haben. Unter der Nische steht die Inschrift:

```
    T·IVLIO·TVTTIO·T·F·
    CLAUDIA·VIRVNO·
    MIL·LEG·XXII·PRIMIG
    ANN·XXXXIII·STIPXIIX
```

Tito Iulio Tuttio Titi filio Claudia Viruno militi legionis duoet- uicesimae primigeniae annorum quadraginta trium stipendiorum octodecim.

Die O in den zwei ersten Zeilen sind kleiner. Nach XXXXIII finden sich ober- und unterhalb der Interpunktion später entstandene Punkte. Der Name *Tuttius* ist gallisch mit römischer Endung. *Virunum* gehörte zur *tribus Claudia*.

201. **Grabstein, von dem Sohne und der Tochter dem Vater gesetzt, mit sehr schöner, auf das erste Jahrhundert deutender Schrift.** Weisser Sandstein, 2′ 6″ hoch, 2′ breit, 8¼″ tief. Gefunden 1819 in der Gereonsdechanei. An der linken Seitenfläche ein Füllhorn, an der rechten ein Topf mit einer sich emporrankenden Pflanze.

```
        D    ҉     M
      L·VICARINIO
       AVGVSTO
      VICARINVS
      LVPVS·ET·VICA
      RINIA · AVGVS
      TINA · PATRI
     PIENTISSIMᴼ
      ROSVERVNT
```

Dis Manibus Lucio Vicarinio Augusto Vicarinius Lupus et Vicarinia Augustina patri pientissimo posuerunt.

In der letzten Zeile steht, was man bisher übersehen hat, am Anfange irrig ein R statt P.

202. **Grabstein, von einem Freigelassenen des Kaisers Traian seiner verstorbenen Gattin, sich, seinen männlichen und weiblichen Freigelassenen und ihren Nachkommen geweiht.** Tafel aus carrarischem Marmor, 1′ 11½″ hoch, 1′ 11″ breit, 4¼″ tief. Stammt aus Italien. Umher doppelter Rand, der, wie auch die Buchstaben, roth gefärbt war. Der letzte Buchstabe reicht in der zweiten, vierten und sechsten Zeile in den Rand herein. Die Buchstaben der letzten Zeile sind kleiner. Der Stein muss zu einer gemeinsamen Begräbnissstätte, zu einem Columbarium, gehört haben.

```
       DIS·MANIBVS
   COCCEIAE·AVG·L·RESTITVTAE
   VIXIT·ANN·XXV·M·VIII·D·IIII
   M·VLPIVS·AVG·L·FORTVNATVS
   A COM M·RAT·PATRI M
   CONIVGI·OPTIMAE·BENEQ
   DE·SE·MERITAE·ET·SIBI·LIB
   LIBERTABQ·SVIS·POSTERISQ·EOR
```

Dis Manibus Cocceiae Augusti libertae Restitutae. vixit annos viginti quinque menses octo dies quattuor. Marcus Ulpius Augusti libertus Fortunatus a commentariis rationis patrimoni coniugi optimae beneque de se meritae et sibi libertis libertabusque suis posterisque eorum.

Unser Freigelassener des Kaisers (*Augustus*) Marcus Ulpius Nerva Traianus war Rechnungsführer des Vermögensstandes (*a commentariis rationis patrimoni)*, ein uns sonst unbekanntes Amt am Kaiserhofe. Seine Gattin war Freigelassene des vorhergegangenen Kaisers Marcus Cocceius Nerva.

Im Treppenhause.

203. **Vordere Seite eines Sarkophages, den eine Frau mit ihren fünf Kindern ihrem Gatten, einem militärischen Beamten, gesetzt hatte.** Lichtbräunlicher scharfkörniger Sandstein, 2′ 2½″ hoch, 7′ 4½″ breit, 6″ tief. Gefunden 1650 in einer Gartenmauer des Klosters der unbeschuhten Carmeliter zum Dau auf der Severinstrasse Nro. 115.

M·GAVIO·PRIMO·A·MILIT./S·ARSVLANA·GERMANIL
LA·CVM·QVINQVE·FILIS·CONIVGI·INCOMPA
RABILI·CVM·QVO·VIXIT·ANIS·XXV·SARCOFAG
PONENDVM C V PAVIT

Marco Gavio Primo a militiis Arsulana Germanilla cum quinque filis coniugi incomparabili cum quo vixit annis viginti quinque sarcofagum ponendum curavit.

Militis, filis und *sarcofagum* nach herrschendem Gebrauche. *Anis* statt *annis* ist wohl Versehen des Steinmetzen. Das nur hier vorkommende Amt *a militia* muss ein niedriger militärischer Verwaltungsposten gewesen sein. Die Namen *Arsulana* und *Germanilla* weisen auf deutschen Ursprung hin. Die fünfundzwanzigjährige Ehe wird mit besonderer Wichtigkeit hervorgehoben. Des Beiwortes unvergleichlich (*incomparabilis*) bedient sich der überlebende Gatte oder Gattin nicht selten.

204. **In der Mitte und am untern Ende rechts abgebrochene Vorderseite eines Sarkophages, vom Gatten und der Mutter geweiht.** Weissgrauer eckiger Sandstein, das eine Stück 2′ 2″ hoch, 3′ 11″ breit. die beiden andern zusammen 1′ 3″ hoch, 1′ 10″ breit, alle 5½″ tief. Das eine kleine Stück, welches unter einander die Buchstaben MA, ƆS·X/, /BIC und MTΓ hat, führt de Noël schon im Kataloge von 1839 ohne Angabe des Fundorts an; erst bei der Aufnahme vom April 1843 werden alle Stücke von einander getrennt angeführt und von dem Bruchstücke links angegeben, es stamme aus der Kirche St. Maria (im Capitol). Die wunderbar getrennten Stücke sind von mir zusammengestellt worden. Zu beiden Seiten Genien, welche die auf der Fläche stehende Inschrift ganz so tragen, wie auf Nro. 189.

```
E ı ı                               ıVIÆ
FAVSı ı ı ı                         ΜAE
ETCASTISSIM ı                       ƆS·XXIIII
MENSES·VIII·DIES,                   /BIC
ANNIS·VIIII·MENSES·\                ΛTΓ
GALLICANVS·SPFΓ
DVLCISSIMAE· Eⁱ
MATER·I NFF
```

(Dis manibus) et m(emoriae aeternae L)iuiae Faustin(ae coniugis
dulcissi)mae et castissima(e quae uixit ann)os uiginti quattuor
menses octo dies decem (et[?] .., in con)ubio annis nouem menses
(. . . . dies . .) Marcus Te(tius?) Gallicanus spec(ulator
et filiae) dulcissimae et (castissimae) mater
infe(licissima).
Etwa noch zum Schlusse *faciundum* oder *ponendum curauerunt.*

D·M muss, wie zuweilen, oberhalb in der Mitte gestanden haben. *Memoriae aeternae* (zum ewigen Andenken), wie Nro. 178. Der Anknüpfung von *memoriae* durch *et* an *Dis manibus* begegnen wir auch anderwärts. *In conubio* (in der Ehe) findet sich sonst nicht, dagegen *cum quo uixit, fecit, egit.* Zeile 5 bemerke man den nicht ungewöhnlichen Wechsel des Ablativs und Accusativs in *annos* und *annis.* Ein *Tetius Secundus* steht auf einer bonner Inschrift. *Speculatores* hiessen besondere zum Beobachten bestimmte Abtheilungen des Heeres.

Wieder im Kreuzgange.

205. **Grabstein eines thrakischen Reiters der ala Sulpicia mit Relief eines Mahles.** Jurakalk, 2′ 7¼″ hoch, 4′ 8″ breit, 1′ 7½″ tief. Relief 1′ 1″ hoch, 2′ 11½″ breit, 6″ tief. Gefunden zugleich mit Nro. 199. Geschenk des Herrn Notar Claisen. Unter einer runden Nische liegt ein Trinkender, der ein gehenkeltes Trinkgeschirr in der Rechten

hält. Der *lectus tricliniaris* hat dreistufige Füsse. Auf den Seitenflächen Palmbäume mit Früchten. Unterhalb des Reliefs steht die bis zur äussersten Tiefe des Steines reichende Inschrift:

LONGINVS·BIARTA·BISAE·F·
BESSVS·EQ·AIAE·SVLP·AN·XXXXVI

Longinus Biarta Bisae filius eques alae Sulpiciae annorum quadraginta sex.

Unten am I von BIARTA ist der Stein ausgesprungen. In AIAE steht I statt L, wie Nro. 177. Die Besser waren ein von den Römern nach langen Kämpfen unterworfener, als räuberisch bekannter thrakischer Volksstamm am Hämus. Schon unter Traian findet sich eine *cohors II Flauia Bessorum*. Titus stellte einem Thraker dieses Volksstamms schon im Jahre 80 ein Diplom aus. Das sulpicische Reitercorps, das seinen Namen vom Kaiser Sergius Sulpicius Galba (68 n. Chr.) erhalten hatte, findet sich auch sonst. Thrakische auf a auslautende Namen kennen wir auch anderwärts. Zum Namen Bisa vergleicht sich der des thrakischen Volksstamms der Bisalten.

206. **Grabstein eines zu Lugdunum (Lyon) geborenen Soldaten der ersten thrakischen Cohorte, zwischen 74 und 85 n. Chr. gesetzt, mit Relief eines Mahles.** Jurakalk, 5' 2¼" hoch (zwei Fuss unterhalb der Inschrift sind zur bequemern Aufstellung abgesägt worden), 2' 4½" breit, 10¼" tief. Relief 2' 8" hoch, 2' 2" breit, 3" tief. Gefunden zugleich mit Nro. 200. Abgebildet in den bonner Jahrb. XXXVI Taf. I, 1. Der Trinkende liegt in einer runden Nische, ähnlich wie in Nro. 200, doch mehr aufrecht, durch ein Kopfkissen gestützt. Der Tisch ist etwas höher; man sieht nur einen Diener, der etwas grösser ist; das Gefäss am Boden fehlt. Die Seitenflächen, von denen eine abgebrochen ist, waren glatt. Die Buchstaben sind sehr schön.

C·IVLVS·C·GAE
RIA·BACCVS·LVG
DVN·MIL·COH·I·TH
RAC W·ANN·XXXIIX
STIP·XV·ANTISTIVS
ATTCVS·ET·BASSIVS
COMMVNIS·H·F·C

Caius Iulius Cai (filius) Galeria Baccus Luguduni miles cohortis primae Thracum annorum triginta octo stipendiorum quindecim. Antistius Atticus et Bassius Communis heredes faciundum curauerunt.

In dem mit **|** verbundenen **L** ist beim obern Ende des **L** ein kleiner Querstrich. In der ersten Zeile ist nach dem zweiten **C** nur aus Versehen **F** weggeblieben. Lugudunum oder Lugdunum gehörte zu *tribus Galeria*. Baccus, hier mit doppeltem c, ist ein gallischer Name. Die erste thrakische Cohorte hatte im Jahre 70 unter Cäcina gegen die Helvetier gefochten. Vier Jahre später finden wir sie in Obergermanien, im Jahre 86 in Judäa, wohin sie Ende 85 gesandt worden zu sein scheint. Zwischen die Jahre 70 und 85 wird ihr Aufenthalt in Niedergermanien fallen. Unter Antoninus Pius war sie in Obergermanien, unter Severus und Caracalla in Britannien. **H** für die Mehrheit *heredes* findet sich auch sonst.

207. **Rings abgebrochener Stein eines Soldaten der sechsten freiwilligen Legion.** Jurakalk, 11½" hoch, 1' 6½" breit, 5½" tief. Gefunden an derselben Stelle wie Nro. 200.

```
\D v S · DD N
C OH · VIN(
V · X X I I · S
```

... *adus domo* .... (*miles*) *cohortis sextae ingenuorum* (a)*nnorum uiginti duo s*(*tipendiorum*) ...

Wir wissen von 32 *cohortes ingenuorum* (vollständig *ingenuorum ciuium Romanorum*), auch *cohortes uoluntariorum* oder *cohortes Italicae ciuium Romanorum* oder einfach *cohortes uoluntariorum* oder *cohortes ciuium Romanorum* genannt. In diese Cohorten traten auch fremde Völker ein.

208. **Grabstein eines Hauptmannes der legio duoetvicesima und des Sohnes und der Tochter derselben, von der überlebenden Gattin gesetzt, mit Relief.** Jurakalk, 2' 4" hoch, 2' 2" breit, 2½" tief. Gefunden in der Achterstrasse, also neben der alten römischen Heerstrasse, ungefähr der Stelle gegenüber, wo Nro. 203 gefunden ward. Das Relief zeigt in viereckiger Vertiefung drei Brustbilder bis zum Ellenbogen, die Brustbilder derjenigen, denen der Stein geweiht ist. Rechts ein Mann in der Toga, daneben kleiner das Mädchen, links etwas grösser als dieses der Knabe, beide in der Tunica. An der linken Brust des Mannes kommt ein Gegenstand hervor, der wie ein vorn sehr breiter, nach aussen gebogener Knopf, wie das obere Ende eines Tambourmajorstabes, aussieht, wie ihn Werkmeister auf Denkmälern führen. Der Hauptmannsstab (*uitis*) erscheint zwar auch zuweilen oben gebogen, aber nicht mit einem Knopfe. Abgebildet ungenau bei Schannat „Eifila" I Taf. III, 11. Die Inschrift steht unterhalb des Reliefs, nur das **DM** links und rechts von diesem.

```
        D           M
    POTENTINASENN
    ANOCON IVG I C EN
    TVRIONI·LEGXXII· ET
    SERVANDO FILIO
    ETMAXIMINEFILI E
        F · C
```

Dis Manibus Potentina Senniano coniugi centurioni legionis duoet-vicesimae et Seruando filio et Maximinae filiae faciundum curauit.

209. **Bruchstücke des Grabsteins eines Veteranen und eines Soldaten (?) mit Relief.** Jurakalk, 2' hoch, 2' 2" breit, 3¼" tief. Gefunden vor dem Severinsthore im Fort am Severinsthurme im Graben Nro. 6. Oben drei in einander laufende Medaillons mit fast ganz zerstörten Brustbildern; das linke und das rechte Medaillon sind an der äussern Seite abgebrochen. Das von DM erhaltene M steht unter dem Medaillon zur Rechten, das D (vgl. zu Nro. 138) unter dem mittlern, eine Zeile tiefer als M.

```
            M
        D
        ӔRANO
          ET
        IOI N
        1 IL I
```

(*Dis*) *Manibus dicatum*(?) . . . . (*uet*)*erano* . . . .
et . . . . *io In* . . . . *militi*(?) . . . . . .

210. **Auf dem Stumpfe einer geriefelten Säule aus Jurakalk** (10" hoch, 1' 5" Durchmesser), gefunden im Jahre 1817 im Garten eines Hauses unter Gottesgnaden (der ehemaligen *aula episcopi*), steht der **oben und an den Seiten abgebrochene Grabstein eines Aurelius, vielleicht von Sohn und Tochter gesetzt.** Jurakalk, 1' 11" hoch, 1' ⅜" breit, 1' 2½" tief. Im Museum nicht vor dem Jahre 1844. Die Inschrift endet weit oberhalb des Endes des Steines.

```
    ӔREL ⁊ Ł
    AVREL⌒V
    AV REL⌒
```

Aurelio E . . . . Aurelius U(ictor?) et Aureli(us oder a?) . . . . .

Ganz ähnlich findet sich auf einem in Siebenbürgen aufgefundenen Sarkophago des Antikencabinets zu Wien (Nro. 232, Catalog S. 93) eine Inschrift, wonach dieser einem Marcus Aurelius Alexander, dessen Gattin und Töchtern, welche beide Aurelias heissen, gesetzt ist. Im Namen Aurelias ist AV, wie hier, durch Verschlingung bezeichnet. Was der Buchstabe am Ende der ersten Zeile neben E gewesen, ist nicht zu entscheiden.

211. **Tuffsteinsarg**, 1' 11" hoch, 3' 3/4" breit, 1' 2 1/2" tief. Gefunden beim Canalbau am Schafenthore im Jahre 1845. Unten ist eine Bank, oben eine Rundung im Boden. Man könnte auch den Stein umstellen und darin eine Nische zur Aufstellung von Aschenurnen (*ollae*) erkennen, ein sogenanntes Columbarium. Vgl. bonner Jahrb. III, 138. XVI, 119. XIX, 64 ff.

212. **Mosaikboden**, 9' 8 1/2" lang, 6' 9 3/4" breit. Gefunden im Juli 1844 beim Ausgraben eines Kellers am Apostelnkloster. Der ganze Boden, etwa 12' lang, 10' breit, wurde durch den Einsturz einer Mauer beschädigt. In der Mitte stehen in einem Rechtecke (1' 4 1/4" lang, 1' 4 1/2" breit) zwei Enten übereinander. Es wechseln hier grüne, rothe und schwarze Pasten. Rund um das Viereck sind sich verschlingende schwarz und weisse Kreise, gebildet aus einer Art Blumenblätter, die in der Mitte eine kreuzförmige Figur aus fünf schwarzen Steinchen haben. Das Ganze umgeben vier verschiedene Ränder, wovon der erste schwarz, der zweite weiss, der dritte schwarz, weiss und roth, der äusserste schwarz ist.

213. **Doppelter gewöhnlicher Mosaikboden, schwarz und weiss**, der äussere 5' 4" lang, 8' 6" breit, der innere 2' 7 1/2" lang, 4' breit. Gefunden 1849 ganz zerstört im Umgange der Kirche St. Maria (im Capitol) neben einem grössern wohl erhaltenen, der in der Kirche niedergelegt wurde.

214. **Starker schöner Sarg aus Jurakalk**, 4' hoch ohne Deckel, 5' 11" breit, 2' 8" tief, der Deckel 1' 1 1/4" hoch, 6' 2" breit, 2' 11" tief. Gefunden im September 1847 in der Norbertstrasse.

215. **Sarg aus Tuffstein mit Deckel**, 1' 1" hoch, 6' 10" breit, 2' tief.

216. **Simsstück aus Jurakalk**, 2' 6" hoch, 1' 1 1/2" breit, 1' 7 1/4" tief.

217. **Fries aus Jurakalk**, 1' 4 1/2" hoch, 2' 6" breit, 1' tief.

218. **Rest eines weiblichen Standbildes**, der Theil unter der Brust bis zu der das Gewand rechts fassenden Hand. Jurakalk, 1' 1 1/2" hoch, 2' 3" breit, 1' 10 1/2" tief. Gefunden im Juni 1858 auf dem Frankenplatze.

Umher stehen auf Consols Töpfe und Aschenkrüge verschiedener Art, zum Theil mit Asche, Münzen und Scherben.

219. Oben abgesägter Grabstein, dem Gatten und den Kindern von der überlebenden Gattin gesetzt. Jurakalk, 1' 1" hoch, 3' 8" breit, 1' 4" tief. Gefunden 1866 nördlich vom Hause Ferculum Nro. 15. An beiden Seitenflächen ein durch das Absägen abgebrochener schöner Topf mit daraus sich emporrankenden Pflanzen. Vielleicht stand über der in der Mitte durchsägten Zeile ein blosses DM, aber auch ein Relief könnte sich auf dem obern Theile des Steines befunden haben.

```
A L BA N I AL A////I IA
I NCO M P A R A B I L I · ET · VA ERIS
A VITIANO · E T · GRATI NA E · FI
L I S · DVLCISSI M I S ·  O B I T I S
```
Albania Lucio Auitia(no coniugi) incomparabili et Ualeri Auitiano et Gratinae filis dulcissimis obitis.

Die Kinder der Albania und des L. Avitianus hiessen Valerius Avitianus und Valeria Gratina. *Filis* von Sohn und Tochter. Seit Augustus brauchte man *filis* und *filiis* mit zweitem langen I neben einander, früher *filis, fileis* und *filieis*. Vgl. Nro. 203. 222.

220. Grabstein eines brittonischen oder britannischen Soldaten der sechsten freiwilligen Cohorte (vgl. zu Nro. 207) mit Relief. Jurakalk, 4' 2" hoch, 2' 9¼" breit, 6¾" tief. Gefunden an derselben Stelle wie Nro. 200. Das arg zerstörte Relief ist dem in Nro. 200 sehr ähnlich, doch findet sich nur ein Diener. Unterhalb der Inschrift hatte der hier abgebrochene Stein ein Brustbild in Medaillon.

```
D · SEN //O · VITA L//
MIL · CO///// T I////GENV
C ɔ Γ ///// II ↄ CIVIS BR †
A NN · LV · STIP · X V IIII
H E R E D E S
F            (
```
Decimo Senio (Sentio?) Uitali militi cohortis sextae ingenuorum centuria ... mi ciuis Britto(?) annorum quinquaginta quinque stipendiorum nouendecim heredes faciundum curauerunt.

Nicht unmöglich wäre es, dass die erste Zeile mit VITALM geschlossen hätte, so dass der Name *Uitalis, Uitalius* oder *Uitalinius* nicht ausgeschrieben gewesen, wonach das beginnende D mit dem schliessenden M als *Dis Manibus* zusammenzunehmen wäre. Für *centuria* steht sonst Ɔ, aber C findet sich auch neben Ɔ für *centurio*, und die Zeichen für *centurio* und *centuria* sind sonst dieselben. Unser Soldat gehörte zu einer Abtheilung der Cohorte, die von ihrem Hauptmanne bezeichnet wurde, dessen Name, etwa *Firmus*, nicht mehr zu lesen ist. Solche Abtheilungsbezeichnungen finden sich häufig. Der Nominativ *cius* statt des regelrechten Dativs mit einer auf Inschriften nicht seltenen Freiheit. BRT ist wohl eher *Britto* (vgl. zu Nro. 33) als *Britannus* zu lesen. Vgl. bonner Jahrb. XLI, 123 ff.

221. **Oben und unten abgebrochener Grabstein eines Soldaten der dritten lusitanischen Cohorte, wohl aus dem Ende des ersten christlichen Jahrhunderts mit Relief.** Jurakalk, 2' 2½'' hoch, 2' 5½'' breit, 6'' tief. Gefunden zugleich mit Nro. 200. Das oben abgebrochene Relief (1' 4'' hoch, 2' 2¾'' breit, 1'' tief) entspricht dem von Nro. 200, doch sieht man beide Theile des *lectus*, der Tisch ist breiter und es steht darauf ausser den beiden Trinkgeschirren eine Schüssel mit Früchten; auch ist nur ein, etwas grösserer Diener vorhanden. Abbildung in den bonner Jahrb. XXXVI Taf. I, 3. An den Seitenflächen Bäume. Oberhalb und an den Seiten der Inschrift bemerkt man einen durch zwei Linien gebildeten Rand, durch welchen mehrfach doppelte Querstriche in schiefer Richtung gehen.

```
M ANSVETVS · ARRAEN · F
   ͡  ͡   C H O · III · L VSITANO
      ͡ C MARS ͡
```

*Mansuetus Arrageni filius miles cohortis tertiae Lusitanorum . . .
Scmarsa (faciundum curauit?)*

Die dritte lusitanische Cohorte finden wir im Jahre 114 in Niedergermanien, wo sie auch unter Marcus Aurelius und Lucius Verus sich befand. Wahrscheinlich hatte sie Domitian oder Traian der dacischen Kriege wegen dorthin versetzt. Die Inschrift wird ziemlich gleichzeitig mit der an derselben Stelle gefundenen Nro. 206 sein. *Chors* findet sich mehrfach auf Inschriften statt *cohors*. Vielleicht stand in der letzten Zeile . . . . *s Cmarsae filius*.

222. **Grabstein, von einer Mutter ihren beiden Kindern und sich selbst gesetzt, mit Relief.** Jurakalk, 2' 10½'' hoch, 1' 10½'' breit, 8¼'' tief. Wohl zu Köln gefunden, wo Constantin von Lyskirchen den Stein besass. Ungenaue Abbildung bei Schannat „Eiflia" I Taf. VI, 23. Oberhalb drei in einander laufende Medaillons mit ·Brustbildern; das mittlere der Medaillons steht höher als die zur Seite; neben jenem über den beiden Seitenmedaillons steht das DM. Im mittlern Medaillon das Brustbild der Mutter, rechts der Sohn, links die Tochter.

```
        D           M
    S VPERINIORVSTICO
    ETSVPERINIAESVPE
    RBAE·INGENV I N I A
    I VNIA MA'ERFILIS D V L
    C ISSIMIS OO ET SIB I
        VI VA  F C
```

*Dis Manibus Superinio Rustico et Superiniae Superbae Ingenuinia
Iunia mater filis dulcissimis obitis et sibi uiua faciundum curauit.*

Rechts unter der Inschrift eine Axt. Vgl. zu Nro. 138. Links glaubt man die Züge eines V zu sehen, die aber wohl von späteren Hieben herrühren. Der Gatte und Vater hiess, nach dem Namen der Kinder zu urtheilen, Superinius.

Im Treppenhause.

223. **Bruchstücke eines Gedenksteines der Wiederherstellung oder Erbauung eines öffentlichen Gebäudes, wahrscheinlich auf dem Rathhausplatze, zwischen den Jahren 184 und 192 n. Chr.**
Jurakalk, 3″ tief. Das grössere zusammenhängende Stück ist 2′ hoch, 2′ 5½″ breit, das zweite 5″ hoch, 6½″ breit, das letzte 8½″ hoch, 9″ breit. Zwei kleine Stücke des grössern zusammenhängenden Theiles, welche in unter einanderstehenden Zeilen die Buchstaben SAR·, ₍NTO und MA enthalten, wurden im April 1835 unter dem Wallrafsplatze, die übrigen 1865 unter dem Rathhausplatze gefunden. Es deutet dies auf eine frühe Zerstörung. Die so lange auseinander gerissenen Stücke habe ich vereinigt. Die Buchstaben zeigen deutliche Spuren rother Färbung.

```
    I MP·CAESAR·
    MODVS· ANTO                  V ,
    RMA///·MAXIM                 A N
           _E
           M · M
       ⊂I ·  RE
       ⊃·   LΓ

                                  V
                                 ⊃!O
```

*Imperator Caesar (Marcus Aurellus Com)modus Anto(ninus Augustus
Pius Sarmatic)us (Ge)rmanicus maxim(us Brit)an(nicus) . . . .
le(?) . . . . m M . . . .
. . . . ci re v
        le . . . .*

Der vorletzte Buchstabe der vorletzten Zeile war V. Die Inschrift schloss mit . . . *dio.*

Wir bemerken, dass in der dritten und fünften Zeile die Mittelstriche des M nicht bis zur Zeile herabreichen.

Die drei ersten Zeilen enthielten den Titel des Kaisers Commodus, der sich erst im Jahre 184 den Titel *Britannicus* beilegte. In der zweiten wird der Strich nach V zu einem S der Endung gehört haben. Was in der fünften gestanden, ist kaum zu vermuthen. Der Strich vor E könnte auch zu einem C gehört haben. Hiess es hier etwa P•M• (*pontifex maximus*) HERCVLES•ROMANVS•COS•IIII (oder eine andere Zahl), da Commodus sich „römischer Hercules" nannte. Das erste Wort der folgenden Zeile könnte TEMPLVM gewesen sein und das zweite M der Anfang von MARTIS, worauf ein Beiname des Mars gefolgt wäre, dessen Ende *ei* wäre. Man würde dann RE als *restituit* fassen und danach ein *curante* sich denken, so dass die folgende Zeile mit dem Namen des Mannes, etwa des *legatus pro praetore*, begonnen hätte, der den Bau geleitet. Doch diese Vermuthungen sind nur Züge im Bretspiele; noch weniger ist zu bestimmen, was in der letzten Zeile stand, besonders da wir nicht wissen, ob die Zeile, deren vorletzter Buchstabe ein V, dieselbe war, aus deren Mitte O•LE erhalten ist oder ob eine oder mehrere dazwischen sich befunden.

Wieder im Kreuzgange.

224. **Grabstein eines Reiters des indianischen Corps, eines trierischen Bürgers, mit doppeltem Relief, wohl aus dem Ende des ersten Jahrhunderts.** Jurakalk, 6' 3" hoch, 2' 11¾" breit, 8" tief. Gefunden in Worringen, wo man auch andere Inschriften entdeckt hat, nach andern in Dormagen oder gar in den Trümmern des Klosters zu Deutz. Befand sich früher in der blankenheimer Sammlung. Abgebildet in seinem besser erhaltenen Zustande, aber ungenau, bei Schannat „Eiflia" I Taf. V, 20. 21. Oberhalb Relief (2' 10" hoch, 2' 7½" breit, 3½" tief) eines unter einer Nische •auf dem *lectus tricliniaris* Liegenden, dessen Rechte auf dem rechten Schenkel ruht; die abgebrochene Linke stützte sich, wie die Abbildung bei Schannat zeigt, auf das Polster. Auf dem niedern ungedeckten Tische, dessen Füsse gebogen sind, steht in der Mitte eine Schüssel mit Früchten, woneben ein grösseres und ein kleineres Trinkgeschirr. Rechts sieht man am Boden ein grosses, bis zur Höhe des *lectus*, dessen rechter Fuss sichtbar ist, reichendes gehenkeltes Gefäss, ähnlich wie auf Nro. 200. Die Zeichnung bei Schannat ist hier falsch. Zur Linken ein Diener mit übereinander geschlagenen Händen. An den Ecken der Nische Löwen, die sich nach den Seitenflächen herüberziehen, wie auf Nro. 200. Unter der Inschrift ein jetzt halb zerstörtes Relief, 1' 5" hoch, 2' 8" breit, 2" tief. Ein Knecht (*agaso*) hält mit der Rechten von hinten am Zügel ein den rechten

Fuss hebendes gesatteltes Pferd, an dessen Sattel ein Schild herabhängt; in der Linken hat er einen dicken Stab, den er auf der linken Schulter trägt. An den Seitenflächen hohe Palmbäume.

ALBA NO·VI TA LI
E Q·ALAE·IND I A NAE
T V R·BA R BI·C I V I
T R EVERO· AN·XX XS†P·X
H · EX · T· E·   C

Albanio Uitali equiti alae Indianae turma Barbi ciui Treuero annorum triginta stipendiorum decem heres ex testamento erigendum curauit.

Erigendum curauit, wie auf einer andern Inschrift *erigi iussit* steht. Freilich ist *faciundum curauit* auch nach *ex testamento* das Gewöhnliche, aber die Annahme, E sei hier ein Versehen des Steinmetzen statt F, ein Fehler, der sich sonst mehrfach findet, scheint nicht hinreichend begründet. Die ala *Indiana* hatte ihren Namen von dem auf die Seite der Römer getretenen Treverer *Iulius Indus* (Tac. Ann. III, 42). Sie wird noch in Grabschriften zu Mainz, Worms und Fossombrone erwähnt; auf der letztern, die frühestens unter Traian fällt, hat sie die Beinamen *pia fidelis*. Man hat vermuthet (bonner Jahrb. XIX, 63), sie habe längere Zeit in der Nähe des Dorfes Inden gestanden, wo später die Abtei Cornelimünster gegründet wurde. Die gewöhnlichen *alae* von 600 Mann hatten 16 *turmae*, die grössern von 1000 Mann (*alae miliariae*) 24. Der hier genannte Barbus war Hauptmann (*decurio*) einer solchen *turma*. Bei den *cohortes* wurden die *centuriae* auf ähnliche Weise vom *centurio* benannt. Vgl. zu Nro. 220.

225. Oben abgebrochener Grabstein, vom Bruder und Gatten einer Verstorbenen gesetzt, mit Relief. Jurakalk, 2' 11" hoch, 1' 10¼" breit, 6" tief. Gefunden zugleich mit dem am gegenüber liegenden Fenster stehenden Tuffsteine Nro. 137.

A DN A MATIVS GA
LI CA NVS S O RO
RI CA RI SSI ME ET
A D N A MATI v SS P ER
A T V S CONIVCI CO
N I VCD VLCISSI M Γ
D Q V EIN COM
I T 'I M P

Adnamatius Galicanus sorori carissimae et Adnamatius Speratus coniugi dulcissimae atque incomparabili titulum posuerunt.

Die wohl sehr späte Inschrift ist mit rohen Buchstaben höchst ungleich eingemeisselt. Neben A finden wir hier die Formen Λ, Λ̄ und Ā. Das T hat in Zeile 1 den obern Balken nach oben geschweift. Beim N ist der erste oder der zweite Strich schief. Die Zwischenstriche des M gehen nicht bis zur Zeile herab. Vgl. zu Nro. 66. In Zeile 1 und 4 sind die Buchstaben AMA und NAMA unmittelbar aneinander gerückt. Das Wort *coniugi* steht doppelt, beidemal mit C statt G, das letztemal mit Weglassung des I. Bruder und Gatte führen hier beide den gallischen Namen Adnamatius. Am Anfange der letzten Zeile ist der Schluss des ersten Striches des A ausgesprungen. *Adque* kommt oft für *atque* vor. *Titulus* bezeichnet häufig den Grabstein, wofür auch *titulus memoriae* steht.

226. **Aschenkiste aus Tuffstein,** 1' 8" hoch (Deckel allein 5½"), 1' 5" breit und tief. Gefunden 1866 in der Ursulagartenstrasse. Geschenk des Herrn Ed. Herstatt.

227. **Oben abgebrochener römisch-christlicher Grabstein eines achtjährigen Knaben.** Jurakalk, 1' 3¾" hoch, 1' 2⅓" breit, 4" tief. Gefunden zu Köln. Früher in der altenkirchenschen Sammlung, später von Herrn Buchhändler Lempertz erworben und dem Museum geschenkt. Unten in der Mitte das christliche Monogramm mit Alpha und Omega ⳨, eine Taube zu jeder Seite. Sehr späte Inschrift mit schlechten kleinen Buchstaben und den falschen Formen der spätern Volkssprache *iacit* für *iacet*, *fedelis* für *fidelis*, *annus* für *annos*. *Mensis* ist die bessere Form statt *menses*. Die Zwischenstriche des M reichen überall nur bis gegen die Mitte des Buchstaben.

```
LEONTIVSHICIACITFEDELIS
PVERDVLCISSIMVSPATRIPIENTIS
SIMVSMATRIQVIVIXITANNVS
VIIET MENSISIIIETDIESVI IN
  NOCENSF VNERERAP TVS
   BEATVSM ENTEFELIX
    ETI N PACE RE CE S
          SIT
```

Leontius hic iacet fidelis puer dulcissimus patri pientissimus matri qui uixit annus septem et menses tres et dies ses. innocens funere raptus beatus mente felix et in pace recessit.

Die Mittelstriche des M reichen hier nur etwas weiter als die Hälfte des Buchstaben. *Fidelis* geht auf den christlichen Glauben, *beatus mente*, selig im Geiste, auf die Hoffnung der ewigen Seligkeit, *felix* auf das Glück, so frühe der Erde entrückt zu sein, *in pace* auf die christliche Ergebenheit in Gottes Willen. *Funere raptus*, durch den Tod geraubt, deutet auf den Verlust der Eltern.

228. Oben und an den Seiten abgebrochener Grabstein mit Relief.
Jurakalk, 2′ 8″ hoch, 2′ 11½″ breit, 6½″ tief. Gefunden im April 1844 beim Abbruch des sogenannten Annothurms (Georgstrasse Nro. 7), wo er am Eingange des Thurms als Schwelle gedient hatte. Geschenk des Herrn Stroof. Zur Linken ist das Relief eines Genius (2′ 1/3″ hoch, 8″ breit, 1¼″ tief) erhalten, der oben und unten die dem Rande gleichstehende Inschrift hält.

C·IVLIVS·ADV
VERECVNDV
LARDARIO·ETI
F·TATTAE· VXOR

Caius Iulius Adu(entus? et) . . . . Uerecundus . . . . . .
. . . . Lardario et . . . . filiae
Tattae uxor (i faciundum curauerunt?) Ossa hic sita.

Der Stein ist von zwei Personen, vielleicht Freigelassenen, einem gewissen . . . . Lardarius und dessen Gattin . . . . Tatta gesetzt. Zwischen dem Namen und Zunamen der letztern war der Name ihres Vaters genannt. Vgl. Nro. 44. Das unten stehende abgebrochene Zeichen ist dasselbe, wie auf Nro. 174.

229. Bruchstück eines Grabsteins mit Relief. Jurakalk, 1′ 2½″ hoch, 1′ 7½″ breit, 6″ tief. Relief 11″ hoch, 1′ 4½″ breit, 2½″ tief. Befand sich in der blankenheimer Sammlung. Abgebildet bei Schannat „Eiflia" I Tafel 1, 4. Der Kopf und die rechte Schulter des bis zur Mitte des Leibes abgebildeten, mit der Rechten die Toga haltenden in einer Nische stehenden Mannes sind abgebrochen; die Linke trug einen Stab mit Knopf und herabhängenden Bändern, die ihn wohl als Werkmeister bezeichnen sollen. Am Halse scheint er eine Bulla getragen zu haben. An der erhaltenen rechten Seitenfläche ein langer Stab oben mit herabhängenden, unten mit nach oben gerichteten Bändern. Die unter dem Relief, unmittelbar über dem Ende des Steines stehende Inschrift lautet:

FLOR//NTINFL·RID

Florentinus Flaui rid(icularius?).

Der fünfte und sechste Buchstabe waren zu Schannats Zeit noch erhalten. Das ͞ oberhalb des N und des Raumes zwischen diesem und F scheint Abkürzung für us zu sein. *Flaui* könnte auch die Bezeichnung des Herrn sein, in dessen Werkstätte Florentinus Werkmeister war, wie wir den Genitiv ähnlich hinter den Namen von Töpfern finden. Oder *filius* ist ausgelassen. Vgl. zu 189. *Ridicularius*, wie wir ergänzt haben, würde einen Pflockmacher bezeichnen; denn *ridicula* bezeichnet einen Pflock, wogegen *ridica* von viereckigen Weinpfählen gebraucht wird.

230. **Aschenkiste aus Tuffstein.** 1' 5½" hoch und breit (Deckel allein 1' 2½" hoch, 1' 4½" breit), 1' 5" tief. Gefunden mit Nro. 226. Geschenk des Herrn Ed. Herstatt.

231. **Oben abgebrochener römisch-christlicher Grabstein eines fünfjährigen Kindes Namens Rusuma.** Die sehr undeutliche Schrift beginnt tief. Unten das christliche Monogramm ☧ mit den Tauben zur Seite. Jurakalk, 1' 7" hoch, 1' 5" breit, 6" tief. War schon 1839 im Museum.

```
  SIQISDICNATV//
  RESCIREMEoNoM////
  RVSVMADICoI/////
  VIVIXANNIS
   IIII ET MEXI
  S OCNA M S
```

Si q(u)is dignatu[r] rescire meo(m) nomen Rusuma dicor. [ui]uix(i) annis quattuor et mensibus undecim. Soc(i)nia mater sepeleuit.

Die drei ersten Zeilen bilden einen freilich holperigen Hexameter (*meom* einsilbig) mit überzähligem Fusse.

Sollte sich einer nach meinem Namen erkundigen, Rusuma heiss ich.

Gelebt habe ich 4 Jahre 11 Monate.

Socinia, meine Mutter, hat mich begraben.

In *quis* ist *u*, in *meom* *m*, in *Socinia* *i* ausgefallen. Die erste Silbe von *vixi* steht durch Versehen doppelt, wogegen die Endung fehlt.

232. **Grabrelief.** Jurakalk, 2' 5" hoch, 2' 2½" breit, 7½" tief. Relief 1' 9¾" hoch, 2" breit, 4" tief. Befand sich in der blankenheimer Sammlung, wenn sich auf unser Relief die in diesem Falle freilich sehr ungenaue Abbildung bezieht bei Schannat „Eiflia" Taf. II, 10. Ueber einer runden Nische, zu deren Seiten Pfeiler, erhebt sich ein mit einfachen Riefen verziertes Dach; oben in den Ecken zwei bis zu dem Ende der Seitenflächen* reichende Löwen. Auf dem *lectus tricliniaris* liegt eine Frau oder ein Knabe; die Linke ruht auf dem Lager; die abgebrochene Rechte hielt ein Trinkgeschirr. Die Darstellung eines trinkenden Knaben oder einer trinkenden Frau ist auffallend, viel selt-

samer aber noch die Erklärung von Bärsch, es werde hier eine Frau dargestellt, welche ihr Leben durch den Giftbecher ende. An den Seitenflächen ranken sich Pflanzen aus einem Topfe bis nach oben.

233. **Unten abgebrochenes Grabrelief.** Jurakalk, 1′ 2³/₄″ hoch, 1′ 6″ breit, 7¹/₂″ tief. Fundort unbekannt. Oberhalb ein Dach, in dessen Giebel Blumenschmuck; über demselben zu beiden Seiten Rollen, mit Blättern bedeckt, in der Mitte ein Apfel und eine Birne. Unter dem Dache zur Seite einfache breite Pfeiler, zwischen denen ein Viereck, worin ein Medaillon (7³/₄″ Durchmesser) mit einem weiblichen Brustbilde. Die leeren Ecken des Vierecks sind mit gewöhnlichen Riefen ausgefüllt. An beiden Seitenflächen Blumenschmuck.

234. **Zwei bei der Cäcilienkirche gefundene Mosaikböden,** hier ganz neu zusammengelegt und dem Raume angepasst, so dass sie als ein weiteres und ein engeres Quadrat um den Mittelpfeiler laufen. Das äussere Mosaik (12′ 6¹/₂″ Quadrat) ist weiss; darum geht ein weisser Rand mit schwarzen Würfeln und um diesen ein ganz schwarzer. Das innere Mosaik (7′ 6″ Quadrat), das einen ganz neuen Rand erhalten hat, besteht aus vier an dem Pfeiler zusammenstossenden, ganz gleichen Quadraten, worin schwarze Kreisbogen und Dreiecke mit nach innen gebogenen Katheten auf weissem Grunde ein einfach ansprechendes Muster bilden.

235. **Aschenkiste ohne Deckel** von Tuffstein, 11″ hoch, 1′ 5″ breit, 11¹/₂″ tief.

236. **Ein kleines bauchiges Gefäss** von Thon, oben mit einem Loche und einem Steinchen darin zum Klappern, ein Kinderspielzeug.

237. **Ein gehenkelter Cadus,** wie Nro. 186, 2′ 3″ hoch, 8¹/₂″ Durchmesser.

238. **Zwei bauchige thönerne Töpfe,** 1′ 6″ hoch, der eine 1′, der andere 11″ Durchmesser.

239. **Roh gearbeiteter Sarg aus gelblich weissem scharfkörnigem Sandstein mit Deckel,** der oben in der Mitte, vorn und hinten und an den Ecken Erhöhungen hat, 2′ 11¹/₂″ hoch, 6′ 11¹/₂″ breit, 2′ 4″ tief. Gefunden zugleich mit Nro. 130 und 169. In diesem Sarge ist ein daselbst gefundener oxydirter bleierner niedergelegt, worin sich Münzen aus den Zeiten der Antonine fanden.

Oberhalb des Sarges und weiter auf Consols verschiedenartige Töpfe und Krüge.

240. **Stück eines Capitäls aus Sandstein,** 8″ hoch, 1′ 6″ breit, 9″ tief.

241. **Sarg aus theils lichtbräunlichem, theils gelblich weissem Sandsteine mit Deckel,** ähnlich wie Nro. 239, 2′ 5¹/₂″ hoch, 6′ 8″ breit, 2′ 1″ tief.

Auf demselben mehrere Ziegelplatten.

242. **Platter Sarg mit Deckel aus röthlich braunem Sandstein,** der Deckel etwas dunkler, 1' 8½" hoch, 7' 1" breit, 1' 1" tief. Gefunden 1851 im Cäcilienspital. Inwendig im Deckel soll sich eine Verzierung befinden.

243. **Sarg aus blassröthlichem Sandstein,** mit oben spitz zulaufendem, an den Seiten Dreiecke bildendem Deckel, 1' 4" hoch, 6' 10½" breit. 2' 4" tief. Ueber denselben laufen sich durchschneidende Kreislinien, auf dem Deckel Querlinien.

Auf dem Sarge liegen bräunliche Ziegel, oben mit Schlangenlinien durchzogen, wahrscheinlich als Fussboden eines Hypokaustums, einer unterirdischen Heizung, gebraucht. Vgl. Nro. 129. Umher verschiedene Reste von Mosaikböden.

244. **Thönerner Topf** mit schwarzer Glasur, 9" hoch, 8½" Durchmesser.

245. **Thönerner Kochtopf** mit vier Füssen (*chytropus*), 1' 2" hoch, 11½" Durchmesser.

246. **Thönerner gehenkelter Krug,** 1' 6" hoch, 10½" Durchmesser.

247. **Oben zerbrochener Cadus,** wie Nro. 237.

248. **Säulenstumpf von Sandstein,** 1' 2½" hoch, 1' 6" Durchmesser. Darauf **Säule** aus schwarzem Marmor von Theux oder Namur, 3' 3½" hoch, 10½" Durchmesser. Antik?

249. **Stück eines Frieses mit Blumenschmuck vorn und an der rechten Seite.** Jurakalk, 11" hoch, 1' 1½" breit, 8" tief.

250. **Säulenrest von bräunlichem scharfkörnigem Sandstein,** 2' 3½" hoch, 1' 7½" Durchmesser.

251. **Römisches Capitäl aus weiss gräulichem, scharfkörnigem Sandstein,** 2' 1" hoch, oben 2' 4", unten 1' 2" Durchmesser.

252. **Zwei Stücke einer Wasserleitung aus Kalkmörtel,** das eine 1' hoch, 3' lang, 2' 6½" breit (im Innern 10¾"), das andere 10¼" hoch, 2' 2" lang, 1' 7½" breit (im Innern 9½"). Darüber Ziegelplatten, 1' 3½" lang, 10" breit, 1½" tief. Gefunden vor dem Gereonsthore am Nussbaumerwege, 2' unter der Erde. Das Gefälle war gegen Westen. Geschenk von Herrn Justizrath Fay.

253. **Halbrunder Sarg ohne Deckel** aus sehr festem vulcanischem Conglomerat von ungewissem Fundorte, 2' 4" hoch, 4' 3" breit, 3' 4" tief.

254. **Thönerne Röhre mit Kopf zur Wasserleitung,** 2' 8" hoch, 10" Durchmesser. Zugleich mit den daneben liegenden runden Ziegelplatten gefunden in der Lungengasse 1845.

255. **Eine andere,** 2' hoch, 7½" Durchmesser.

256. **Vier dünnere Wasserleitungsröhren,** 1' 9½" bis 1' 8½" hoch, 3" Durchmesser, vorn breiter.

257. **Roher Sarg,** Tuffstein, mit Deckel 3' hoch, 6' breit, 4' 1" tief. Gefunden zugleich mit 172. Im Innern ist er in der Mitte durch eine Querwand in zwei Theile getrennt.

258. **Reste von gerieften und ungerieften Säulen, Capitälen und Simsen.**
Im Garten, östlich vom Museum.

259. **Sarg aus rothem Sandstein** 2' 3/4" hoch (ohne Deckel), 7' breit, 2' 3½" tief, der Deckel gleich breit und tief, 1' 2" hoch. Gefunden auf der Baustelle der Severinsknabenschule wie Nro. 178. Vgl. bonner Jahrbücher XLI, 196 ff. Der Sarg läuft vorn und hinten oben in der Mitte spitz zu und hat viereckige Erhöhungen an den vier Ecken, wie 239.

260. **Ein gleicher, aus rothem Sandstein,** ebendort gefunden, der ganz ähnlich Nro. 259 ist, 2' 2" hoch, 7' breit, 2' 6½" tief. Der nicht dazu gehörende Deckel ist 1' 2" hoch, 7' 3" breit, 2' 6½" tief.
Zwischen beiden Särgen steht eine mittelalterliche Säule mit Capitäl, die aus dem Kloster Sion stammt.

Links von beiden Särgen an der Hinterwand des Hauses Minoriten 14 angemauert

261. **Reste des wohl dem dritten oder vierten Jahrhunderte angehörenden nördlichen Stadtthores,** welches westlich von dem Dome, nördlich der Strasse unter Fettenhennen sich befand, wo ein lateinisches Chronostichon Wallrafs uns belehrt, hier habe bis zum Jahre 1825 das Thor gestanden, welches die Kölner *porta Paphia* genannt. Die Strasse unter Fettenhennen hiess früher Pfaffengasse, das Thor Pfaffenthor von den dort häufig verkehrenden Geistlichen des Domstifts. Schon im Mittelalter waren es wohl nur Reste des Römerthores, vor allem des fast noch ganzen Bogens, die man nothdürftig als Bekleidung des überbauten Thores zusammengefügt hatte. Der Bogen besteht, wie die sonstigen Reste des Thores, aus Jurakalk. Seine Höhe und Breite betragen 7' 9". Es bilden ihn 14 nicht gleich lange, genau ineinander gefugte Steine. Der Schlussstein (in der Mitte des Bogens) ist 2' 1½" hoch, 2' 9½" lang. Er tritt nicht, wie sonst, hervor, weil er mit seinen Nachbarn rechts und links die Inschrift zu tragen bestimmt war. Die äussere aus sehr einfachen, allmählich sich senkenden Riefen bestehende Einfassung (Archivolte) ist 8" lang, dann folgt 5½" lang ein tieferes flaches Feld, auf dem die Inschrift steht, zuletzt 1' lang ein noch tieferes so dass der Bogen den Anblick von vier concentrischen Kreisen darbietet. Die Inschrift ist auf dem Schlusssteine und dem nächsten Steine rechts und links in grossen, tiefen Buchstaben eingemeisselt.

$$C \cdot C \cdot A \quad A$$

Die mittlern Buchstaben C · A stehen auf dem Schlusssteine, gerade in der Mitte des Bogens. Ein Punkt ist zwischen den beiden A nicht zu entdecken, scheint auch nicht verwittert zu sein, sondern sein Ausfall aus derselben Nachlässigkeit hervorgegangen, welche das

Punkt hinter dem zweiten C auf die Linie, dagegen hinter dem ersten etwas höher setzte. Freilich stehen die Punkte auf römischen Inschriften regelmässig hinter der Mitte der Buchstaben, aber diese Regel ist nicht ausnahmslos, und die Sache um so weniger auffallend, als der Steinmetz sich in den Punkten nicht gleich geblieben ist. Die beiden Spitzen an jedem der beiden C, welche sonst gerade, entweder perpendikulär oder schief (von rechts nach links geneigt), sind, erscheinen hier sowohl oben als unten nach aussen geschweift, was bei der spätern Sucht nach Schweifung des Endes der Buchstaben und bei dem Wunsche, die in der Höhe angebrachten Buchstaben recht entschieden hervortreten zu lassen, gar wohl erklärlich ist. Ganz ähnliche Spitzen finden sich am C, G und S auf neuerdings bei Ladenburg gefundenen Inschriften, nach den genauen Abbildungen in den bonner Jahrb. XLIV. XLV Tafel III. Brambachs einfach ausgesprochene Verdächtigung der Inschrift (S. 362) scheint uns unberechtigt. Hätte man im Mittelalter fälschen wollen, man würde es gewiss in deutlicherer Weise, nicht in so unverständlicher Abkürzung gethan haben. Auch sieht man gar nicht den Zweck einer solchen Fälschung. Die Inschrift hat man längst richtig gedeutet: *Colonia Claudia Augusta Agrippinensis*, wie in der Inschrift bei Mommsen *Inscriptiones regni Neapolitani* 1426. Auf einer zu Köln geschlagenen Münze des *Postumus* steht ganz dieselbe Inschrift, auf einer andern desselben gallisch-römischen Kaisers COL·CL·AGRIP. Vgl. bonner Jahrb. XV, 153 f. auch Brambach 2048. Da aber auf andern Inschriften Köln als ARA·AGRIPP oder einfach als ARA bezeichnet wird, so hat Grotefend *Imperium Romanum tributim descriptum* 123 f. die Vermuthung ausgesprochen, es sei das doppelte A als *Ara Agrippinensis* zu fassen. In der einzigen Inschrift, wo ARA· AGRIPP steht, fehlt *colonia*. und CLAVDIA steht nicht beim Namen der Stadt, sondern vorher als Bezeichnung der *tribus*. Bei *colonia* lag es nahe, wenn man ausführlich sein wollte, gerade dass sie kaiserlich sei, hervorzuheben.

Der Bogen, dessen Anfänger (die untern Steine) 2' 9" hoch, 2' 6" lang sind, ruht auf jetzt zum Theil verwitterten einfach verzierten Kämpfern, 1' 1" hoch, 3' 5" lang. Von den ganz glatten Pfeilern hat sich nur ein kleines Stück an jeder Seite (das grösste rechts 1' 5" hoch) erhalten Ob die jetzt zum Unterbau dienenden Steine zu beiden Seiten, wovon der am besten erhaltene noch 3' 3" hoch, 1' 11" breit, 1' tief ist, ursprünglich zum Thore gehört haben, ist nicht mehr zu entscheiden. Nach Herrn von Quast ist „alles in guter römischer Weise, aber auch ohne irgend hervortretende besondere Eigenthümlichkeit, wenn man nicht etwa eine gewisse Magerkeit der Profile dafür nehmen will" (bonner Jahrb. X. 190). Unterhalb des Bogens sind jetzt dreizehn Stücke Capitäle und verzierte Steine aus Jurakalk eingemauert, welche bei oder unter dem Pfaffenthore gefunden worden sind, zum Theil sehr schön; auf einem Steine findet sich ein Krug mit daraus sich emporrankenden Pflanzen.

Zur Uebersicht.

A. Fundorte.†)

I. In und bei Köln.

1. Im römischen Köln.*)

Nordöstlich vom Dome II, Z. 8. 27. 32*. 35. 150a.
  153 i. k. 163. 164.
Frankenplatz II, 7*. 15. 37. 148. 159. 162. 218.
Unter Gottesgnaden 210.
[Bürgerstrasse 331 Br.]
Rathhausplatz 153 d. 154. 223.
St. Maria (im Capitol) II, 94. 137. 188. 204. 213. 225.
  [366 Br., noch 1839 im Museum. 2042? Br.]
[St. Peter 360. 361 Br.]
Hospital an Cäcilien I, 30. II, 9. 120. 136. 210
  (nach Brambach S. XXVIII). 242.
Bei der Cäcilienkirche II, 171. 234.
Cäcilienstrasse II, 21. 124.
Lungengasse I, 3. II, 78. 254.
Apostelnkloster 212.
Burgmauer II, 3. 10. 13. 14. 16—18. 41. 81. 90.
  113. 128*. 134*. 147. 253.
Appellhofsplatz II, 92. 107. 117. 118. 125.
Pfaffenthor II, 12. 95. 261.
Fettenhennen II, 38. 44.
Margarethenkloster II, 120*.
Domkloster II, 26.
Litsch II, 63.
Wallrafsplatz II, 11. 132. 223.
Budengasse II, 24.
Laurenzplatz II, 56. 74.

---

†) Ein der Zahl beigefügtes * deutet auf einen unter dieser Zahl erwähnten, nicht besonders gezählten Gegenstand.

*) Im Umfange der ältesten Mauer, die im Süden an St. Peter vorbeiführte. Wir folgen zunächst dem Laufe der Mauer. Die sonst in Köln gefundenen, nicht im Museum befindlichen Inschriften haben wir den Fundorten nach den Zahlen von Brambach's corpus inscriptionum Rhenanarum in Klammern beigefügt.

Hochstrasse II, 46.
Lichthof II, 127*.
Hochpforte II, 33. 176.
Elstergasse I, 19*.
Mörser- und Röhrergasse II, 170. Röhrergasse I, 19*.

2. Im übrigen Köln.

Trankgasse II, 49.
Ursulakirche II, 189. [321—327. 395, wo der Ort irrig angegeben ist.]
Ursulagartengasse II, 226. 230.
Salzmagazinstrasse II, 177.
Eigelstein II, 200. 206. 207. 220. 221.
Machabäerstrasse II, 25. 31. 130. 169. 239.
Cunibertskloster II, 57 (?). 183. 184. 191. [315—317 Br.]
Klingelpütz II, 172. 257.
[Altergraben (Eintrachtstrasse) 383. 384 Br.]
Bei Gereon II, 40. 52. 138. 201. [346. 347. 350—352 Br.]
Gereonstrasse II, 199. 205.
Apernstrasse I, 2.
[Benesisstrasse 354 Br.]
Am Schafenthore II, 211.
Norbertstrasse II, 214.
[An Mauritius 356 Br. Mauritiussteinweg 421 Br., wo der Fundort nicht angegeben ist.]
[Telegraphenstrasse 358. 359 Br.]
Grosser Griechenmarkt II, 168.
Severinswall II, 85. 86.
Ferculum II, 219.
An Severin II, 178. 259. 260. [369. 370. 422 Br.]
Severinstrasse (Dau) II, 178.
Achterstrasse II, 208. [368 Br.]
Georgstrasse II, 228.
Filzengraben I, 16*.
Hochpforte II, 33. 176.
Bolzengasse II, 136*.

3. Bei Köln.

Vor dem Eigelsteinthore II, 75* (nach Nippes zu). 93 (bei Nippes). 175.
Vor dem Gereonsthore II, 5. 121. 252 (am Nussbaumerwege).
Vor dem Hahnenthore II, 190.
Vor dem Weyerthore II, 45 (?). 106. 182 (beim Judenkirchhofe). 193. 199 (beim alten evangelischen Kirchhofe). [375. 376 Br.]

Vor dem Severinsthore II, 209. [372. 377. 378 Br.]
[Auf der alten Burg 379—381. 436 b, L 3. e, L g, 2. h, 1 Br.]
Im Rheine I, 20. II. 83. 96. 101.
[Am Rheine bei Köln 433 Br.]
[Bei Köln 433—435 Br.]

4. In oder bei Köln, unbekannt wo.

I, 13 (auf einem Kirchhofe bei Köln). 14. 17(?). 18(?). 27*. 29(?). 33(?). 34(?). II, 6. 22. 23. 32. 42. 48. 51. 53. 54. 58—62. 64—73. 75—77. 79. 80. 82. 84. 87—89. 91. 98. 102. 103. 103*. 104. 105. 108—112. 114. 115. 115*. 119*. 123. 124*. 126. 129. 130*. 131*. 133. 135*. 140—146. 149. 150. 151. 152. 153 a—c. e—h. l. m. 161. 161*. 173. 179—181. 185—187. 192. 198. 215—217. 222. 227. 231. 233. 235—238. 240. 243. 243*. 244—251. 253. 255. 256. 258. [385—390. 392—394. 396. 397. 404. 414. 415. 418. 419.]

II. In der Rheinprovinz sonst.

Deutz II, 55. 131.
Lövenich II, 165.
Effern II, 50.
Rheincassel II, 122.
Dormagen II, 153 f.
Worringen II, 224.
Bonn II, 19.
Endenich II, 20.
Dottendorf II, 4.
Brohl II, 1.
Krahnenberg bei Andernach II, 29. 30. 36. 166. 167.
Coblenz II, 2.
Jülich II, 43. Bei Jülich II, 43.
Altdorf bei Jülich II, 39.
Unbekannt, wo in der Rheinprovinz gefunden, II, 47. 97. 100. 229. 232.

III. In Italien.

Rom I, 1.
Ostia II, 116.
Unbekannt, woher, I, 4—7. 11(?). 12(?). 15. 16. 19. 21. 22—28. 31. 32. II, 127(?). 128. 134. 135. 194—196. 202.
Unecht I, 8. II, 99. 127. 155—158. 160.

B. Hinweisung auf Bedeutenderes.

1. Büsten, Standbilder und merkwürdige Reliefs.

I, 1. 9. 16. 21. 24. 33. II, 1. 4. 25. 28. 35. 36. 39. 40. 46. 50. 63. 74. 76. 81. 82. 85. 87. 90. 93. 97. 98. 100. 106. 107. 113—115. 119. 120. 124. 125. 128. 134. 135. 167. 174. 183. 184. 193—196. 206. 208. 222—224. 229. 232. 233.

2. Mosaikböden und Stuckwände.

I, 30. II, 168. 188. 212.

3. Architektonisches.

II, 48. 53. 75. 94. 148. 162. 190. 261.

4. Sarkophage und Grabmäler.

II. 101. 137. 172. 211. 214. 242. 243. 253.

5. Aschenkrüge.

II, 106. 169. 173. 188*.

6. Gefässe.

II, 186. 187. 236. 237. 245.

7. Inschriften.

Aus dem ersten Jahrhunderte II, 6(?). 7 (zwischen 79-81). 43(?). 67(?). 106(?). 174 (gegen das Jahr 15 ?). 206 (zwischen 74—85). 201. 205(?). 221. 224.
Aus dem Anfange des zweiten Jahrhunderts II, 1. 14. 15. 34. 42. 120. 134. 200. 202. 207. 220.
Zwischen 184 und 192 II, 223.
Aus dem Jahre 214 II, 4.
Vor 223 II, 11. 193.
Gegen 270 II, 183. 184.
Aus dem Jahre 295 II, 19.
Christliche Inschriften II, 227. 231. vgl. auch II, 172.
Inschriften in Versen II, 198. 231.
Gefärbte Inschriften II, 130. 135. 144. 202. 223.

8. Legionsziegel und Töpferstempel.

II, 150—153.

C. Sachliches.

I. Götter, Göttinnen und Personen der Sage.

Juppiter I, 2. 3. II, 1—3. 5. 6. 98. 119. Juppiter Ammon I, 27. II, 128.
Juno II, 113. 117. 118.
Minerva I, 17. II, 21.
Apoll II, 59 (?). 100. 147. 193.
Diana II, 12—15.
Mercur I, 14. II, 7. 8. 11. 28—30. 147 (?). 166. 167. Mercurius Arvernus II, 9. Cissonius II, 10.
Mars militaris II, 19.
Bacchus I, 15.
Ceres II, 100.
Venus I, 26 (?). 29 (?). 33 (?).
Hercules II, 20—23. 36. 100. 147. 193. Hercules Saxanus II, 1.
Dis und Proserpina II, 24.
Medusa II, 1.
Genius loci II, 3. 6.
Genius collegi focariorum II, 27.
Silvanus II, 33.
Amor (neu) II, 99.
Fortuna II, 18.
Fama II, 16.
Honor und Favor II, 17.
Roma II, 174.
Monetae II, 156 (neu).
Sol Serapis II, 26. Sonne und Mond II, 1.
Semele und deren Schwestern II. 25.
Epona II, 32.
Rosmerta II, 28—30. 36 (?.)
Nehalennia II, 46. 47.
Digines oder Diginae II, 31.
Deae Malvisae II, 33.
Matres Mediotautehae II, 48.
Matronae Afliae II, 90. Andrustehiae II, 45. Aufaniae II, 42. Aumenalenae oder Aumenaienae II, 41. Axsinginehae II, 81. Hamavehae II, 39. Mahlinehae II, 40. Nersihenae II, 43. Rumanehae II, 34. Vallamaenilihiae(so) oder Vallamaeneihiae II, 44. Vatviae II, 43. Ohne nähere Bezeichnung II, 37. 38.
Andere gallische oder germanische Göttinnen und Genien II. 97. 100. 124.

Kastor II, 107.
Attis II, 82. 83.
Niobe I, 16. II, 35 (?).
Daphne II, 76 (?). 155 (neu).
Ganymedes II, 92. 93.
Hesione II, 193.
Theseus II, 193.

2. Geschichtliche Personen.

Chilon, Kleobulos, Sokrates, Diogenes von Sinope
  und Sophokles I, 30. Diogenes I, 5 (?).
Epikur I, 4.
Scipio Africanus der ältere I, 9. 20.
Cato der ältere I, 24.
Cato der jüngere I, 22.
Julius Caesar I, 21.
Cleopatra I, 19. II, 160 (neu).
Augustus I, 11 (?). II, 77.
Drusus der ältere I, 25 (?).
Germanicus I, 12 (?). 23.
Agrippina die ältere I, 10.
Agrippina die jüngere I, 13.
Vitellius I, 8 (neu).
Vespasian I, 6.
Titus I, 7. II, 7.
Traian II, 202.
Commodus II, 223.
Julia Mammaea I, 31.
Diocletian, Maximian und die gleichzeitigen Caesares II, 19.
Consuln M. Messalla und Sabinus (214) II, 4.
Consuln Tuscus und Anulinus (295) II, 19.
Statthalter (*legatus Augusti*) Acutius Nerva II, 1.
Statthalter L. Aemilius Carus II, 3.
Befehlshaber der deutschen Flotte M. Aemilius Crescens I, 3.
Befehlshaber der ersten Legion M. Aurelius Sintus II, 19.
Befehlshaber der Kaisergarde Liberalinius Probinus II, 184.

3. Legionen, Corps und Geschwader.

Legio I Minervia pia fidelis II, 12. 19. 42. 49. 138. 153 a. k. 183.
Legio VI victrix pia fidelis II, 1. 34. 153 b.
Legio X gemina pia fidelis II, 1.
Legio XV 153 c.
Legio XXI rapax II, 174.
Legio XXII primigenia pia II, 1. 15. 153 d. 200. 208.
Legio XXX Ulpia victrix II, 11. 153 e. 193.
Legio II Parthica II, 122.
Legio Transrhenana II, 153 f.

Cohors I Thracum II, 206.
Cohors III Lusitanorum II, 221.
Cohors VI ingenuorum II, 207. 220.
Cohortes Germaniae piae fideles 153 g. i.
Ala fida vindex II, 189.
Ala Indiana II, 224.
Ala Sulpicia II, 205.
Ordo Brittonum II, 33.
Turma Barbi II, 224.
Centuria . . . mi II, 220.
Classis Germanica I, 3. II, 1. 177.

4. Völker, Orte und tribus.

Bessi II, 205.
Brittones II, 33. 220.
Thraces II, 206.
Treveri II, 224.
Alexandria II, 177.
Alutum flumen II, 42.
Arretium II, 14.
Colonia Claudia Augusta Agrippinensis II, 26. 261.
Vicus Lucretius II, 52.
Lugudunum II, 206.
Vicus Varii oder Variae II, 126.
Vercellae II, 174.
Virunum II, 200.
Tribus Claudia II, 200. vgl. 261.
— Galeria II, 206.
— Offentina II, 54.
— Pomptina II, 14.

5. Verschiedenes.

Darstellungen eines Mahles auf Grabsteinen II, 183. 199. 200. 205. 206. 220. 221. 224. 232.
Opferscenen II, 106. 107. vgl. II, 115.
Opferdiener II, 115.
Lautenspieler II, 63.
Brustbilder II, 109. 138. 182. 184. 189. 208. 209. 220. 222. 229. 233.
Ein von einem Diener gehaltenes Pferd II, 224.
Form der Weihaltäre II, 1. 4—6. 10. 12. 19. 24. 25. 31—33. 40—42. 81. 90. 128. 233. Runder Altar I, 2.
Grabsteine oben in Dachform II, 175. 177.
Zeichen der ascia II, 138. 222.
Bäume (Palmbäume, Lorbeerbäume), Zweige und Arabesken an den Seitenflächen II, 4. 10. 12—14. 31. 34. 40. 43—45. 49. 52. 55. 200. 205. 221. 224.
Füllhörner daselbst II, 10. 11. 13. 201.
Töpfe mit Pflanzen daselbst II, 38. 201. 219. 232.

Andere Reliefs an den Seitenflächen II. 28. 29. 39.
81. 106. 107. 115. 174. 229.
Reliefs, Zweige, Arabesken und anderer Schmuck
neben der Inschrift II. 11. 26. 40. 81. 90. 193.
Genien an Sarkophagen II, 189. 204. 228.
Verzierung von Aschenkästchen II, 128. 134. 135.
Inschrift mit dem Rande gleich hoch II, 9. 20. 204.
228. vertieft II, 132.

---

actarius principis legionis II, 122.
a militiis II, 205.
a commentariis rationis patrimoni II, 202.
Augustales II, 7.
beneficiarius consulis II, 4. 5. *ex beneficiario consulis*
II, 189. *beneficiarius praefecti praetorio* II, 122.
centurio (⊃, C, ⋏, ⟨) II, 1. 11. 12. 14. 15. 208.
consularis II, 176.
decurio alae II, 189. *turmae* 224.
duumvir II, 126.
eques II, 205. 224.
explorator II, 34.
focarius II, 27.
mater und *pater* beim Dienste der Götter II, 25.
miles II, 42. 141. 200. 206. 207. 209 (?). 220. 221.
negotiator seplasiarius II, 181.
nummularius II, 174.
praepositus ducenarius II, 126.
primini II, 138.
proreta II, 177.
ridicularius (?) II, 229.
sacerdotalis II, 25.
signifer II, 174.
speculator II, 204.
ueteranus II, 49. 138. 174. 183. 209. *honestae missionis* II, 193.

Besondere Buchstabenformen II, 7. 20. 30. 31. 49.
57. 59. 66. 128. 152. 153 f. k. 158 (unecht). 177.
178. 193. 198. 225. 227. 261.
Viele oder besondere Verschlingungen II, 25. 34. 41.
42. 49. 57. 151. 152. 198.
Ð II, 33. 138 (?). 209.
Zeichen II, 139. 174. 228.
Tilgungszeichen II, 184.
Fehler des Steinmetzen II, 7. 105. 177. 183. 201.
205. 225. 227. 231.

www.ingramcontent.com/pod-product-compliance
Lightning Source LLC
Chambersburg PA
CBHW020323240426
43673CB00039B/903